陶富源文集

第6卷

唯物辩证论与实践智慧

陶富源◎著

安徽师范大学出版社
ANHUI NORMAL UNIVERSITY PRESS
·芜湖·

责任编辑:张奇才　吴顺安
　　　　　谢晓博　陈　艳
装帧设计:张　玲　王晴晴
责任印制:桑国磊

图书在版编目(CIP)数据

唯物辩证论与实践智慧 / 陶富源著.—芜湖:安徽师范大学出版社,2016.5(2024.7重印)
(陶富源文集;第6卷)
ISBN 978-7-5676-2284-5

Ⅰ.①唯… Ⅱ.①陶… Ⅲ.①马克思主义哲学–唯物辩证法–文集 Ⅳ.①B024-53

中国版本图书馆CIP数据核字(2015)第280655号

唯物辩证论与实践智慧
WEIWU BIANZHENGLUN YU SHIJIAN ZHIHUI
陶富源　著

出版发行:安徽师范大学出版社
　　　　　芜湖市北京中路2号安徽师范大学花津校区　邮政编码:241000
网　　址:http://www.ahnupress.com/
发 行 部:0553-3883578　5910327　5910310(传真)
印　　刷:江苏凤凰数码印务有限公司
版　　次:2016年5月第1版
印　　次:2024年7月第2次印刷
规　　格:700mm × 1000mm　1/16
印　　张:24.25　　插页:2
字　　数:402千字
书　　号:978-7-5676-2284-5
定　　价:136.00元

凡发现图书有质量问题,请与我社联系(联系电话:0553-5910315)

出版前言

陶富源（1944.11.3—），江苏海安人，1969年7月毕业于北京大学哲学系，安徽师范大学马克思主义学院教授，博士生导师。曾任中国历史唯物主义学会常务理事、中国人学学会常务理事、国家社会科学基金学科评审组专家，终身享受国务院政府特殊津贴。获全国模范教师、省级教学名师、省十大杰出教师、省五一劳动奖章、安徽好人等10多项荣誉。主持和完成国家社会科学基金项目3项。独撰和合作出版著作、译作13部，发表论文240多篇，其中在《中国社会科学》《哲学研究》《马克思主义研究》发表论文20篇。获省部级教学科研成果一等奖、曾宪梓教育基金会高等学校教师奖三等奖等10多项奖项。

《陶富源文集》原10卷本，390余万字，于2016年5月由安徽师范大学出版社出版。2023年12月，陶富源先生又增加2卷本内容，并对原有10卷本进行修订，现为12卷本，470余万字。各卷的书名分别是《形上智慧论》《实践主导论》《终极关怀论》《哲学与马克思主义哲学》《青年马克思与费尔巴哈》《唯物辩证论与实践智慧》《唯物史观在当代》《政治文明的哲学观照》《精神家园的哲学守望》《面向世界的哲学沉思》《流年履踪的哲学随想》《学术论文写作通鉴》。

本套文集为陶富源先生从事马克思主义哲学研究50多年成果的结集，分别以哲学基本理论、马克思主义哲学基本理论、马克思人学基本理论、马克思主义辩证论、历史论、价值论、政治论、精神论等为主题，对学术界的既有成果给予了科学概括、论证和创造性理解、说明。本套文集视野开阔、时代气息浓郁、学术品味醇厚，全景式展现了一代哲学家的思想轨迹和学术贡献，从一个侧面反映了中国哲学理论研究的新进展和新成就，对推进中国哲学理论研究具有重要的学术价值。

由于收入本套文集的大部分作品为公开出版或发表过的，因此为了保留原作的本来面貌，除对个别文字、标点符号、部分参考文献作必要的技术处理外，对原文不作实质性改动。文集难免有文字讹错之处，敬请方家批评指出，以便今后重印时改正。

安徽师范大学出版社
2024年7月20日

总　序

哲学是时代的产物。

党的十一届三中全会开启了中华民族走向经济腾飞、文化复兴的伟大时代。这是一个古老民族从挫折中总结，于艰难中奋起，不断走向昌盛的时代，是一个解放思想、继往开来、锐意革新的时代。

沐浴着时代风雨，鼓荡起哲思才情，50多年一路走来，我共独撰和合作出版了著作和译作13部，发表学术论文240余篇，这些是我在哲学旅程中的一些思考和记录。在发表的论文中，有近半数的论文被《新华文摘》《光明日报》《中国人民大学复印报刊资料》《全国高等学校文科学术文摘》等转载、摘介和被多种著作所引用。

我信奉马克思主义哲学，因为它是指引人类走向彻底解放的真理，是科学的哲学。和一切科学一样，马克思主义哲学会随着时代的变化而发展。它的某些具体结论和具体原理，有的可能有错而被证伪，有的也会过时而被取代，但其基本原理具有持久的生命力，是不会从根本上被驳倒，被推翻，因而是必须坚持的。当然，马克思主义哲学的基本原理也要与时俱进，要经过不断改进、补充和丰富，从而能更系统、更全面、更正确地反映不断发展着的时代精神。

我这几十年来，除对自己留意以外，确也时时想到国家，想到社会，想到自己的责任，因而对治学始终持一种认真的态度，并以能为马克思主义哲学的宣传和发展尽自己的一点微力而感到欣慰。

承蒙学界朋友的鼓励和支持，我对多年来撰写和发表的部分文稿进行了梳理和审定，按相关专题，分成12卷出版。这12卷的书名分别是《形上智慧论》《实践主导论》《终极关怀论》《哲学与马克思主义哲学》《青年马克思与费尔巴哈》《唯物辩证论与实践智慧》《唯物史观在当代》《政治文明的哲学观照》《精神家园的哲学守望》《面向世界的哲学沉思》《流年履踪的哲学随想》《学术论文写作通鉴》。

收入该文集的个别文章在发表时因各种原因删减较多，现恢复原稿，这种情况已在文中作了说明。其余文章，除个别文字校正外，未作修改，以保持原貌。有少量文章是与别人合作撰写的，对此在书中也有标明。

本文集的出版，得到了安徽师范大学领导、安徽师范大学马克思主义学院领导的大力支持，得到了我的学生兼好友王平、陶庭马、汪盛玉、方芳、金承志、马和平、杨晶、张涛、黄友生、刘洋、毛加兴等的帮助，得到了我的家人的关怀，也得到了安徽师范大学出版社的鼎力相助。对各方的支持，谨此致以衷心的谢意。

陶富源

2024年6月20日

序　言

马克思主义哲学世界观是辩证唯物论或唯物辩证论。它是由马克思恩格斯共同创立，并由他们的后继者不断发展的哲学体系。

唯物性、辩证性及其统一是马克思主义哲学的根本属性和特征。

马克思主义哲学革命的实质不是对一般唯物主义的超越，而是对唯物主义的坚持和创新。即把旧唯物主义对自然和人及社会的直观理解，转换成以人为中心，以人的实践活动为主导的科学理解，从而形成了实事求是、实践主导、以人为本的辩证唯物主义。这是从对“人之谜”的消除，到“历史之谜”的破解，再到“世界之谜”的解答的，相互“链接”、互为“贯通”的过程中所形成的哲学理论成果。

人是什么？人是自然发展到一定阶段所产生的，通过实践改造环境并改造自身的能动的社会存在物。人的本质是人在实践活动中所结成的一切社会关系的总和。

历史是什么？历史是在自然基础上，通过人的劳动的生成，是作为劳动结果又作为劳动继续的物质生产力，与作为劳动结果又作为劳动继续的物质生产关系的矛盾，以及在此基础上形成的经济基础与上层建筑的矛盾，不断产生又不断解决的运动过程。

世界是什么？世界是辩证统一的物质世界。从人的角度来说，世界是自在态物质、自为态物质、人工态物质密切联系、互相制约的统一体。在这个统一体中，自在态物质在自身的发展史上产生了进行实践活动的人这种自为态物质；自为态物质又在自在态物质的基础上，通过能动的活动和持续的历史创造，产生了人工态物质，包括创造了人类的历史。这三种物质形态在辩证的联系中，在历史的运动中，在人的能动活动中，互相联系、相互作用。

马克思主义哲学从最一般的概括来说，是辩证唯物论，或唯物辩证论。从一般与个别的关系来说，承认马克思主义哲学的辩证性，也就必然承认马克思主义哲学的历史性和能动性。因为历史性只是世界的辩证性在其纵向的形态表现，即过程形态的表现（除此以外，世界的辩证性还有其横向的形态表现，即系统形态的表现）。所以列宁说："辩证法包括历史性。"[①]另外，能动性是世界辩证性的一种人为形态的表现，即人的实践形态的表现（当然，辩证性还有自在形态的表现，并且人为形态的辩证性是以自在形态的辩证性为前提和基础展开的）。对人来说，能动性是人区别于动物的根本特点。所以毛泽东说，辩证法"的最重要方面是能动性。"[②]

由此可见，唯物辩证论与（广义）历史辩证论、与实践辩证论在根本上是一致的。从理论上说，唯物辩证论是（广义）历史辩证论、实践辩证论的逻辑根据；（广义）历史辩证论、实践辩证论是唯物辩证论的逻辑引申。因此，那种强调历史唯物主义是马克思主义的重大成就，以此为理由把历史唯物主义作广义理解，进而把它与辩证唯物主义相提并论的观点，是不可取的。另外，以实践重要性为理由，把马克思主义辩证论归结为实践辩证论而拒斥唯物辩证论做法也是不能成立的，错误的，其结果是从根本上否定了实践辩证论的世界观基础。

哲学是世界观与方法论的统一。哲学作为世界观是客观世界之道的反映；哲学作为方法论，是运用这个道对客观世界的认识和改造。无论作为世界观，还是作为方法论，其"道"是一个，或者说是同一个道。这个"道"从客体世界的角度说，是世界的普遍之道；从主体角度说，是人的活动的根本之道。

辩证唯物论关于世界的物质性和辩证性的终极解释就为人的实践活动提供了最根本的依据。这就是一切从实际出发，按照世界的本来面目和人的合理需要来认识和改造世界的原则，以及以普遍联系、系统整体、运动发展和矛盾分析等辩证观点为指导对世界进行认识和改造的原则。坚持这两条原则，去解决现实问题，以达于合规律性与合目的性的统一，就是实践智慧的根本体现。

马克思说："哲学家们只是用不同的方式解释世界，而问题在于改

① ［俄］列宁：《对布哈林〈过渡时期的经济〉一书的评论》，44页，北京：人民出版社，1958年。

② 《毛泽东哲学批注集》，311页，北京：中央文献出版社，1988年。

变世界。”①关注对世界的改变，这是马克思主义哲学的实质所在，是马克思主义哲学区别于其他哲学的根本特点。从这个意义上说，马克思主义哲学不仅是解释世界的科学世界观，而且主要的是面向实践的科学认识论和方法论。

中国共产党人学习和运用马克思主义哲学，是“以研究思想方法论为主”②的，是立足于中国历史、中国国情，以中国实践提出的总体性战略问题为对象，去着力解决思想路线和思维方式的问题。

毛泽东思想倡导实事求是，一切从中国的实际出发；邓小平理论强调实事求是与解放思想的统一；“三个代表”重要思想关于解放思想、实事求是、与时俱进的辩证关系的阐发，科学发展观强调以人为本，都是从思想方法论的角度，以中国语言对马克思主义哲学理论的精髓和核心所作的概括和总结，都凝聚着中华民族智慧的巨大创造，是指导中国人民进行伟大实践的思想路线。历史的经验告诉我们，坚持这条思想路线是我们不断取得胜利的根本保证，偏离这条思想路线，就必然会导致挫折和失败。

收入本卷的论著，其主要内容旨在说明在实践中坚持马克思主义唯物辩证论的世界观和方法论，以造福中国人民和世界人民，这就是最高的实践智慧。具体说来，包含有以下三个方面。一是马克思主义辩证论的逻辑体系研究。这里主要说明了四点：马克思主义辩证论是系统辩证论与过程辩证论的统一；马克思主义辩证论是自在辩证论和能动辩证论的统一；马克思主义辩证论是自然辩证论与历史辩证论的统一；马克思主义辩证论是客观辩证论与主观辩证论的统一。二是马克思主义辩证论的实践功能研究。这里重点分析了普遍与特殊、人与自然、主体与客体、目的与手段、矛盾与和谐等辩证原理及其实践运用。三是马克思主义辩证论的当代运用研究。主要说明了中国特色社会主义建设理论中所蕴含和体现的唯物辩证论精神。

陶富源

2015年10月20日

① 《马克思恩格斯文集》第1卷，502页，北京：人民出版社，2009年。

② 《毛泽东书信选集》，189页，北京：人民出版社，1983年。

目　录

马克思辩证哲学革命的路径*

一、马克思和费尔巴哈的辩证论

众所周知，费尔巴哈是一个半截子唯物论者，那么能否说，费尔巴哈也是一个半截子辩证论者呢？我认为，是这样。即他在自然观上坚持了辩证论，而在社会历史观上陷入了直观论形而上学。也就是说，他对人和人生活于其中的世界作了感性直观而非实践能动的理解。马克思创立自己的彻底辩证论，即唯物辩证论，就是从这个根本点上获得突破的。

对辩证论问题上马克思与费尔巴哈关系的理解，在国内哲学界曾有以下两种观点:

一是“对立说”。这曾经是一种颇为流行的观点。这种观点认为，费尔巴哈批判了黑格尔唯心论，同时也抛弃了黑格尔辩证论，从而使他退回到了形而上学唯物主义立场。据此，人们认为，马克思是综合了费尔巴哈唯物论和黑格尔辩证论，创立了唯物辩证论。因此，在这种观点看来，费尔巴哈哲学是形而上学的，马克思哲学是辩证的，因而二者是对立的。

对此，我曾于1985年写了《费尔巴哈哲学中的辩证因素》一文对此加以澄清。指出“费尔巴哈……哲学中含有丰富的辩证法思想，但他也不是一个自觉的辩证法家，他的丰富的辩证法思想，还只是作为因素，以量的形式存在着，还没有从质上突破形而上学的藩篱”①。（现在看来，这一认识在世界观意义上是对的，但也有其粗疏之处，即没有能从自然观和历史观这两个层次，来对费尔巴哈有关思想的辩证

* 原刊于《安徽师范大学学报》（人文社会科学版），2008（3）。

① 陶富源：《费尔巴哈哲学中的辩证因素》，《河北学刊》，1985（4）。

性或形而上学性分别作出恰当的分析）时隔20多年，上述“对立说”已经没有市场了。作为另一种观点的“等同说”又被某些论者提了出来。

二是“等同说”。这种观点认为，作为马克思主义哲学理论来源的费尔巴哈唯物主义，不是机械的或形而上学的唯物主义而是辩证的唯物主义。这种辩证的唯物主义与通常我们把马克思主义哲学称之为辩证的唯物主义并无根本的区别。据此，有的论者认为，既然在旧唯物主义中，已经有费尔巴哈这样的辩证的唯物主义，因此，作为对旧唯物主义革新产物的马克思新唯物主义，就不能称之为辩证的唯物主义，创立辩证的唯物主义也并非是马克思的功绩。在这些论者看来，旧唯物主义之旧，在于它是直观的唯物主义；马克思的新唯物主义之新，在于它是把感性理解为实践活动的唯物主义。因此，马克思哲学不是辩证的唯物主义，而是实践的唯物主义。

我认为，这里存在着一些混乱。

其一，在辩证论问题上，不能把费尔巴哈与马克思相提并论、等量齐观。马克思是彻底的辩证论者，而费尔巴哈则是半截子辩证论者。即他是一个自然辩证论者，而非社会历史辩证论者。

其二，费尔巴哈在社会历史观上的形而上学，主要表现是他的哲学的直观性。直观性本身就是一种形而上学性，或曰直观论形而上学。这种直观论形而上学导致他只承认自在形态或自然形态的辩证法，而不了解辩证法的更为重要的形态——能动形态，即人的实践辩证法的意义。因此，上述那种既从总体上肯定费尔巴哈唯物主义是辩证的唯物主义，同时又指出其唯物主义直观性缺陷并加以批判的观点，是前后矛盾的，是不能成立的。

其三，由于费尔巴哈不了解实践辩证法的意义，因而也就从本质上决定了他不了解人与自然相互作用的辩证法，不了解在实践基础上，人及其社会的生成和发展的辩证法。在世界观转变过程中，马克思正是通过对黑格尔劳动辩证论的唯物主义改造，以此为基础，才超越了费尔巴哈的自然辩证论，从而创立了以自然辩证论为前提的社会历史辩证论，以及涵盖自然辩证论与社会历史辩证论的唯物辩证论的世界观理论。因此，对自然辩证论与社会历史辩证论、实践辩证论与唯物辩证论不能作上述那种非此即彼、绝对排斥的理解。

二、费尔巴哈是半截子辩证论者

费尔巴哈在自然观上是一个辩证论者，这是他的优长。但他的辩证论仅限于自然观，这又铸成了他的缺陷。就费尔巴哈的自然辩证论而言，其内容主要可以概括为以下三个方面。

第一，他肯定一切自然物的产生都是一种自然的过程。他说："有机物、地球、太阳等等的发生……也永远只是一种自然的过程。"①"地球……是由那行星质体或其他什么原素形成起来的。""人是从自然界产生出来的。"②

第二，他揭示了自然过程发生的原因是自然界事物的普遍联系和相互作用。他说："自然到处活动，到处化育，都只是在内在联系之下，凭着内在联系而进行的。"③因而"自然是只应当通过自然本身去了解的"。"自然界没有始点，也没有终点。自然界中，一切都在交互影响，一切都是相对的，一切同时是效果又是原因。"④

第三，他在对自然事物普遍联系的理解中，提出了矛盾是事物发展源泉的思想。他说："单一是不能生产的，只有二元、对立、不同才是多产的。……产生水的东西也不只是一些与水本身不同的质料，而是一些彼此不同甚至相反的质料……生命也只是在许多不同的而且相反的质料、力量和事物的冲突中产生出来。"⑤

从上述引证可见，费尔巴哈在自然观上的辩证思想是比较丰富的，是应该充分肯定的。

这些思想成果的取得，既得益于黑格尔辩证思想的影响，也得益于他对自然科学的研究。费尔巴哈于1824年2月入柏林大学神学系学习，由于受黑格尔哲学的吸引，不久他就从神学系转到哲学系。他先后选择了黑格尔所开设的除美学以外的全部哲学课程，而且对黑格尔的《逻辑学》特意听了两遍。这为费尔巴哈形成自己的辩证思想提供了理论的渊源。

---

① 《费尔巴哈哲学著作选集》下卷，荣震华等译，677页，北京：商务印书馆，1984年。
② 《费尔巴哈哲学著作选集》下卷，荣震华等译，596页，北京：商务印书馆，1984年。
③ 《费尔巴哈哲学著作选集》下卷，荣震华等译，484页，北京：商务印书馆，1984年。
④ 《费尔巴哈哲学著作选集》下卷，荣震华等译，602页，北京：商务印书馆，1984年。
⑤ 《费尔巴哈哲学著作选集》下卷，荣震华等译，453页，北京：商务印书馆，1984年。

1826年10月他又转入埃朗根大学学习自然科学，主修植物学、解剖学和生理学。这为费尔巴哈在自然观上改造黑格尔唯心辩证论提供了自然科学基础。如他自己所言："我们愈是研究自然，我们就更加了解自然的发展，就会更早地得出关于自然界具有独立性的思想，就会更早深入地理解自然的原因。"[①]他以自然科学的研究为基础，并上升到哲学的高度指出：必须抛弃思辨的"醉汉的哲学"，而创立一种"和自然一同思维"，"遵循自然的方法"[②]的清醒的哲学，即他自己创立的以自然为根据和出发点的自然唯物论和自然辩证论，及以此为基础的人本学。

马克思于1843年初转向费尔巴哈以后，曾对费尔巴哈批判黑格尔辩证论的功绩给予了充分的甚至有些偏高的肯定。他说："费尔巴哈是惟一对黑格尔辩证法采取严肃的、批判的态度的人；只有他在这个领域内作出了真正的发现，总之，他真正克服了旧哲学。"[③]

这个真正的发现是什么呢?马克思指出："费尔巴哈这样解释了黑格尔的辩证法（从而论证了要从肯定的东西即从感觉确定的东西出发）：……他扬弃了无限的东西（指黑格尔的绝对精神——引者注），设定了现实的、感性的、实在的、有限的、特殊的东西。"[④]这就是说，费尔巴哈克服了黑格尔辩证论的思辨性，而赋予了辩证论以现实的、感性的、实在的特性。

马克思在肯定费尔巴哈现实的、感性的辩证论的同时，也给予了有保留的批评。他在离开黑格尔转向费尔巴哈的初期，就曾指出："费尔巴哈的警句（指费尔巴哈于1843年3月发表的《关于哲学改造的临时纲要》——引者注）只有一点不能使我满意，这就是：他过多地强调自然而过少地强调政治。"[⑤]

这一批评是对费尔巴哈哲学的整体而言的，因此不仅对他的唯物论，而且对他的辩证论都是完全适用的。

后来，马克思进一步指出："历史在他（指费尔巴哈——引者注）

① 《费尔巴哈哲学史著作选》第3卷，涂纪亮译，27页，北京：商务印书馆，1979年。
② 《费尔巴哈哲学著作选集》上卷，荣震华等译，240页，北京：商务印书馆，1984年。
③ ［德］马克思：《1844年经济学哲学手稿》，96页，北京：人民出版社，2000年。
④ ［德］马克思：《1844年经济学哲学手稿》，96页，北京：人民出版社，2000年。
⑤ 《马克思恩格斯全集》第27卷，442—443页，北京：人民出版社，1972年。

的视野之外”。[①]恩格斯也说：“历史对他（指费尔巴哈——引者注）来说是一个不愉快的可怕的领域。”[②]“我们不仅生活在自然界中，而且生活在人类社会中，人类社会同自然界一样也有自己的发展史和自己的科学。因此，问题在于使关于社会的科学，即所谓历史科学和哲学科学的总和，同唯物主义的基础协调起来，并在这个基础上加以改造。但是，这一点费尔巴哈是做不到的。”[③]费尔巴哈虽然创立了以人为中心的人本学，但人所生活的世界他却没有讲到，所以恩格斯批评他所谓的人并“不是生活在现实的、历史地发生和历史地确定了的世界里面”[④]。也就是说，费尔巴哈对人和人的生活世界的理解是非现实、非历史的，是唯心主义和形而上学的。那么，费尔巴哈为什么会成为半截子辩证论者呢?归根到底是因为他的哲学的直观性，即单纯的受动性。就这一点来说，他又是对黑格尔辩证哲学的一种退步。

三、马克思批判直观论，创立实践辩证论

马克思在《1844年经济学哲学手稿》中指出：“因为黑格尔根据否定的否定所包含的肯定方面把否定的否定看成真正的和惟一的肯定的东西，而根据它所包含的否定方面把它看成一切存在的惟一真正的活动和自我实现的活动，所以他只是为历史的运动找到抽象的、逻辑的、思辨的表达，这种历史还不是作为一个当作前提的主体的人的现实历史，而只是人的产生的活动、人的形成的历史。”[⑤]“黑格尔的《现象学》及其最后成果——辩证法，作为推动原则和创造原则的否定性——的伟大之处首先在于，黑格尔把人的自我产生看作一个过程，把对象化看作非对象化，看作外化和这种外化的扬弃；可见他抓住了劳动的本质，把对象性的人、现实的因而是真正的人理解为他自己的劳动的结果。”[⑥]

不难看出，马克思对黑格尔的劳动辩证论是极为赞赏的，尽管其

① 《马克思恩格斯文集》第1卷，530页，北京：人民出版社，2009年。
② 《马克思恩格斯文集》第4卷，291页，北京：人民出版社，2009年。
③ 《马克思恩格斯文集》第4卷，284页，北京：人民出版社，2009年。
④ 《马克思恩格斯文集》第4卷，290页，北京：人民出版社，2009年。
⑤ ［德］马克思：《1844年经济学哲学手稿》，97页，北京：人民出版社，2000年。
⑥ ［德］马克思：《1844年经济学哲学手稿》，101页，北京：人民出版社，2000年。

性质是唯心主义的，但他把人看成自己劳动的结果，这又是十分正确的。因此，批判地继承黑格尔劳动辩证论也就成为马克思辩证论的一个杰出之处。

相对于马克思来说，费尔巴哈辩证论的一个根本缺陷也就在于：他没有能透过黑格尔的辩证否定观，而看到其中所包含的劳动否定观的真正价值，因而也就更谈不上对其加以唯物主义的改造。关于这一点，马克思《1844年经济学哲学手稿》在转述了费尔巴哈关于黑格尔辩证论的看法以后，作了这样的归纳："由此可见，费尔巴哈把否定的否定仅仅看作是哲学同自身的矛盾，看作否定神学（超验性等等）之后又肯定神学的哲学，即同自身相对立而肯定神学的哲学。"[①]马克思既肯定了费尔巴哈的功绩，即费尔巴哈说明了否定的否定在黑格尔那里如何充当建立神秘体系的手段，又指明了费尔巴哈并没有理解黑格尔否定的否定的全部含义，特别是没有理解其中所包含的劳动辩证论的本质内涵。而在马克思看来，这一点正是黑格尔的否定的否定"同费尔巴哈的《基督教的本质》一书所描述的同一过程（指否定的否定——引者注）的区别"。[②]

由于费尔巴哈没有能吸取黑格尔劳动辩证论的优长，所以马克思在《关于费尔巴哈的提纲》中批评包括费尔巴哈唯物主义在内的旧唯物主义是直观的唯物主义，而不是把感性理解为实践活动的唯物主义。

在我国哲学界有这样一种观点，认为马克思批判了费尔巴哈唯物主义的直观性，并没有批判其形而上学性。其实这是一种误解。殊不知，直观性，即单纯的受动性，就是旧唯物主义对人与世界关系理解上的一种形而上学。形而上学作为与辩证论相对立的世界观，是用孤立、静止和片面的观点看世界的一种学说。其表现形态是多种多样的。从哲学史上来说，有静止论、机械论、庸俗进化论、突变论、认识论上的知性论等形态的形而上学。直观论只是另一种形态的形而上学。

直观，即单纯的观察，或者说，袖手旁观。因此，直观意味着消极无为，意味着能动性的缺失和否定。在哲学史上，第一个把消极直观性指称为一种形而上学的是黑格尔。他曾对消极直观性大加嘲讽。他说，那种把思维看作"是从经验中、从观察中出来"，由"外面给予

① ［德］马克思：《1844年经济学哲学手稿》，96页，北京：人民出版社，2000年。
② ［德］马克思：《1844年经济学哲学手稿》，97页，北京：人民出版社，2000年。

的”观点，是太“谦虚”了，“它谦虚到这样一种程度以至忘记了它自己的能动性。”黑格尔说，这样的“哲学可以说是一种形而上学”[①]。

诚然，黑格尔在这里是就认识能动性缺失的哲学而言的，但他的这一判定对实践能动性缺失的哲学也是完全适用的。在马克思看来，缺失实践能动性不仅是以往唯物主义的一个缺陷，而且还是一个主要缺陷。这是因为随着自然科学的发展，以往的唯物主义已经在越来越大的程度上超越了自然观上的静止论、机械论等形而上学的旧形态，而或多或少的具有了自然辩证论的思想。但是包括费尔巴哈在内的旧唯物主义者唯独没有能跨越直观论形而上学的门槛，即没有能超越对人和人的世界的消极被动的理解。因此马克思批评费尔巴哈“不了解‘革命的’、‘实践批判的’活动的意义”[②]。也就是批评费尔巴哈不了解辩证法的能动形态，即实践辩证法的意义。

在马克思看来，辩证法的本质就是批判的、革命的。对此马克思说：“辩证法，在其合理形态上，引起资产阶级及其夸夸其谈的代言人的恼怒和恐怖，因为辩证法在对现存事物的肯定的理解中同时包含对现存事物的否定的理解，即对现存事物的必然灭亡的理解；辩证法对每一种既成的形式都是从不断的运动中，因而也是从它的暂时性方面去理解；辩证法不崇拜任何东西，按其本质来说，它是批判的和革命的。”[③]列宁也说“辩证法是具体和革命的”[④]。毛泽东也曾指出:自觉能动性是人区别于动物的一个根本特点，而辩证法的“最重要方面是能动性”[⑤]。

不难看出，肯定批判性、革命性、能动性是辩证法的本质和重要方面，这是马克思、列宁和毛泽东的共同观点。只有革命实践才是人的首要的批判活动、能动活动，才是人对现存事物的现实否定，并在其否定中推动其辩证发展的手段。所以，坚持唯物辩证论，就必然要肯定实践否定性的合理性及其重大意义，同时也就内在地要求通过革命实践推动客观世界及人本身的辩证发展。

鉴于唯心辩证论对人的实践能动性的抽象理解和旧唯物主义陷于

① ［德］黑格尔：《哲学史讲演录》第4卷，贺麟等译，153页，北京：商务印书馆，1978年。
② 《马克思恩格斯文集》第1卷，499页，北京：人民出版社，2009年。
③ 《马克思恩格斯文集》第5卷，22页，北京：人民出版社，2009年。
④ 《列宁全集》第35卷，326页，北京：人民出版社，1985年。
⑤ 《毛泽东哲学批注集》，311页，北京：中央文献出版社，1988年。

直观论形而上学的缺陷，马克思公开声明：“哲学家们只是用不同的方式解释世界，而问题在于改变世界。”[①]并旗帜鲜明地表明了自己的哲学宗旨：“对实践的唯物主义者即共产主义者来说，全部问题都在于使现存世界革命化，实际地反对并改变现存的事物。”并且指出：“如果在费尔巴哈那里有时也遇见类似的观点，那么它们始终不过是一些零星的猜测，而且对费尔巴哈的总的观点的影响微乎其微，以致只能把它们看作是具有发展能力的萌芽。”[②]

由上可见，马克思的实践辩证论是马克思唯物辩证论的能动表现形态。唯物辩证论只有获得这种能动形态的表现，以此作为基础，它本身才能作为彻底的辩证论而存在，它的革命本质才能获得现实的表现。马克思正是在这样一个根本点上，划清了与唯心主义及旧唯物主义的界限，形成了自己的实践辩证论，从而为创立自己的彻底辩证论提供了理论的前提。

四、以实践辩证论来理解唯物辩证论

马克思哲学对人本身、对人与自然的关系、人与社会历史的关系，以及人与世界关系的辩证理解都是以实践辩证论为逻辑支点的。

在马克思看来，人不是黑格尔所理解的纯粹自我意识，也不是费尔巴哈所理解的作为静观者的感性存在，而是通过实践改造环境并改造自身的能动的社会存在物。劳动是人得以形成的决定性因素。从古猿转变为人，不仅是生物进化的一般规律作用的结果，而且是劳动的产物。劳动也是人类发展的根本动力。生产发展着，“生产者也改变着，炼出新的品质……造成新的力量和新的观点，造成新的交往方式，新的需要和新的语言。”[③]正是人的活动的不断发展，才使人“不是力求停留在某种已经变成的东西上，而是处在变易的绝对运动之中”[④]。

在人与自然关系的理解上，旧唯物主义者诉诸单纯的直观，他们只看到人生活于自然界中，自然界作用于人，而没有看到人也改变自

① 《马克思恩格斯文集》第1卷，502页，北京：人民出版社，2009年。
② 《马克思恩格斯文集》第1卷，527页，北京：人民出版社，2009年。
③ 《马克思恩格斯全集》第46卷（上），494页，北京：人民出版社，1979年。
④ 《马克思恩格斯全集》第46卷（上），486页，北京：人民出版社，1979年。

然，使自然适合人的需要。即马克思所指出的，他们没有看到“周围的感性世界决不是某种开天辟地以来就直接存在的、始终如一的东西，而是工业和社会状况的产物，是历史的产物，是世世代代活动的结果”。他批评费尔巴哈不懂得人的直观所指向的对象，“甚至连最简单的‘感性确定性’的对象也只是由于社会发展、由于工业和商业交往才提供给他的。”[①]实践是人与自然统一的人为基础，“而且这种统一在每一个时代都随着工业或慢或快的发展而不断改变”[②]。

在人与社会历史关系的理解上，旧唯物主义者有时也谈人与人的关系，也谈人的社会，但他们所直观到的只是被个体肉体需要所决定的、孤立个人之间的感情和性欲关系。正如马克思恩格斯在批判费尔巴哈时所指出的：“除了爱与友情，而且是理想化了的爱与友情以外，他不知道‘人与人之间’还有什么其他的‘人的关系’。他没有批判现在的爱的关系。可见，他从来没有把感性世界理解为构成这一世界的个人的全部活生生的感性活动。”[③]在马克思看来，社会是人们相互作用的产物，是在自然基础上，通过劳动的生成。人类社会的历史是作为劳动结果又作为劳动继续的物质生产力，与作为劳动结果又作为劳动继续的物质生产关系的矛盾，以及在此基础上形成的经济基础与上层建筑的矛盾不断产生又不断解决的运动过程。因此，人类历史是人的活动的历史，归根到底是劳动的发展史。在人类活动中，人创造社会，社会也创造人。

在人与世界关系的理解上，马克思主义认为，世界是辩证统一的物质世界。从人的角度来说，世界是自在态物质、自为态物质、人工态物质密切联系、相互制约的辩证统一体。在这个统一体中，自在态物质在自身的发展史上产生了进行实践活动的人这种自为态物质。用马克思的话说，“人直接地是自然存在物”[④]，“是自然界的一部分”[⑤]。“人的存在是有机生命所经历的前一个过程的结果。只有在这个过程的一定阶段上，人才成为人。”[⑥]但人又不是一般的自然存在物，而“是

① 《马克思恩格斯文集》第1卷，528页，北京：人民出版社，2009年。
② 《马克思恩格斯文集》第1卷，529页，北京：人民出版社，2009年。
③ 《马克思恩格斯文集》第1卷，530页，北京：人民出版社，2009年。
④ ［德］马克思：《1844年经济学哲学手稿》，105页，北京：人民出版社，2000年。
⑤ ［德］马克思：《1844年经济学哲学手稿》，57页，北京：人民出版社，2000年。
⑥ 《马克思恩格斯全集》第26卷（Ⅲ），545页，北京：人民出版社，1974年。

能动的自然存在物”[①]。人作为自为态物质又在自在态物质的基础上，通过能动的活动和持续的历史创造，产生了人工态物质，包括创造了人类的历史。

这三种物质形态在辩证的联系中、在历史的运动中、在人的能动活动中，相互联系、相互作用、辩证发展。用马克思的话说：“只要有人存在，自然史和人类史就彼此相互制约。”[②]这样，自然史也就成了与人类史相联系的历史的自然。同样，由于历史是人们在自然基础上能动地创造，所以历史也就成了“自然的历史”，换句话说，“历史本身是自然史的即自然界生成为人这一过程的一个现实部分”[③]。因此，从最一般的概括来说，马克思主义哲学就是辩证唯物论，或唯物辩证论。

在国内哲学界盛行着这样一些观点，即马克思的新唯物主义不是辩证的唯物主义，而是实践的唯物主义；马克思辩证论不是唯物辩证论，而只是实践辩证论。在这些观点看来，自然不是人的生活世界的物质基础，实践才是人的生活世界的唯一基础；人类社会不是自然界的一部分，而自然只是人类社会的一部分；只存在实践辩证法，并不存在所谓自然辩证法，等等。这些观点是片面的，在总体上是错误的。

批判直观的唯物主义，强调实践是人类生活世界的人为基础，这是对的。但不能由此走向另一个极端，只承认实践是生活世界的人为基础，而否认其自然基础。试想，如果离开了自然基础，何谈人的实践，又何谈人类生活世界的实践生成?在这一点上，马克思是全面的。他说:“没有自然界，没有感性的外部世界，工人什么也不能创造。”[④]人类劳动只有以自然为前提和基础，才可能创造人化自然、人类社会。因此，马克思说，社会历史“是人通过人的劳动而诞生的过程，是自然界对人来说的生成过程”[⑤]。

承认自然是人类社会的一部分，在某种意义上这话也是对的。也就是说，在人化自然的意义上，自然才是人类社会的一部分。因为这里的自然并不是指作为整体的大自然，而是人化自然。

① ［德］马克思：《1844年经济学哲学手稿》，105页，北京：人民出版社，2000年。
② 《马克思恩格斯文集》第1卷，516页，北京：人民出版社，2009年。
③ ［德］马克思：《1844年经济学哲学手稿》，90页，北京：人民出版社，2000年。
④ ［德］马克思：《1844年经济学哲学手稿》，53页，北京：人民出版社，2000年。
⑤ ［德］马克思：《1844年经济学哲学手稿》，92页，北京：人民出版社，2000年。

而在大自然的意义上则又必须承认，人类社会是自然界的一部分。或如马克思所言，社会历史不过是自然界成为人这一过程的一个现实部分。自然界是包括人类社会在内的一个有机统一的整体，人类社会是这个有机体中能动的、发挥巨大作用的一部分，它必须保持与有机整体的平衡和协调。

也就是说，自然界不光以其某些部分作为物质要素参与劳动活动，而且整体地与人类协同完成其生产活动。对此，马克思指出："生产过程本身也会使劳动过程从而使劳动时间发生中断，在这个间歇期间，劳动对象听任物理过程对它发生作用，而没有人类劳动参加进去。"[①]例如"播在地里的谷种，藏在窖中发酵的葡萄酒，许多制造厂（例如制革厂）中听任化学过程发生作用的劳动资料，就是这样"[②]。

这就是说，生产过程与人类劳动过程并非是经常同一的。人类劳动往往要依赖自然力的帮助，才能完成其生产活动。如果人类自以为是，以为自己无所不能，甚至导致马克思当年所忧心的大自然系统的"代谢断层"[③]，那么就会受到自然界的报复。

承认人的能动性，人类实践的辩证性，这也是对的。但是承认这一点，并不必然导致否认自然的运动性、变化性和发展性。不然就无法说明天体的形成和演变、生物的产生与进化，无法说明森林古猿怎么会变成人。

不仅如此，如果否认自然的辩证性，也就无法说明人何以能通过实践改造自然。试想，如果自然本身是不运动不变化、僵死的，那么人又何以可能改变和改造自然物？因此，在这个意义上可以说，否认了自然的辩证性，也就从前提上否认了实践的辩证性。

有的论者还认为，马克思的辩证论是以实践辩证论为基础的社会历史辩证论，而没有关于自然辩证法的思想。我认为，这不是事实。马克思辩证论的重点是揭示社会历史辩证法，但绝没有否定自然辩证法，不仅如此，他还有不少关于自然辩证法的论述。

马克思在《1844年经济学哲学手稿》中就曾指出："正像一切自然

---

① 《马克思恩格斯文集》第6卷，139页，北京：人民出版社，2009年。

② 《马克思恩格斯文集》第6卷，139页，北京：人民出版社，2009年。

③ ［德］马克思：《资本论》第3卷，125页，北京：人民出版社，1975年。

物必须形成一样，人也有自己的形成过程即历史。”[①]这就是说，自然物有自己产生、发展的历史，在这一点上，人类社会的各种事物与自然物是一致的、共通的。

在《神圣家族》中，马克思也说：“在物质的固有的特性中，运动是第一个特性而且是最重要的特性，——这里所说的运动……是物质内部所固有的、活生生的、本质的力量。”[②]

在《哲学的贫困》中，马克思进一步指出：“一切存在物，一切生活在地上和水中的东西，只是由于某种运动才得以存在、生活。”[③]

1853年，马克思在《中国革命和欧洲革命》一文谈到黑格尔的辩证论时也指出，“两极相联”是“自然界的基本奥秘之一”[④]。

1846年8月17日，马克思在一封信中谈到他不久前读了格罗夫《物理力的相互关系》，认为此书“很出色”。它“证明：机械运动的力、热、光、电、磁及化学性能，其实都不过是同一个力的不同表现，它们互相演化、替换、转化，等等”，从而“非常巧妙地排除了那些令人厌恶的物理学形而上学的胡话”[⑤]。

1886年11月底到12月19日，马克思系统地阅读了达尔文的《物种起源》，认为达尔文的生物进化论“非常有意义”，为他和恩格斯的“观点提供了自然史的基础”[⑥]，“可以用来当作历史上的阶级斗争的自然科学根据。”[⑦]

马克思虽然没有系统论述自然辩证法的著作，但他十分支持恩格斯的研究，不仅认为恩格斯关于自然辩证法的一些看法“完全正确”[⑧]，而且还认为恩格斯的《自然辩证法》是比《反杜林论》“更加重要得多的著作”[⑨]。

从上述引证中可以看出，马克思对自然辩证法的肯定是一贯的，那种认为马克思没有自然辩证论的观点是没有丝毫根据的。

① ［德］马克思：《1844年经济学哲学手稿》，107页，北京：人民出版社，2000年。
② 《马克思恩格斯全集》第2卷，163页，北京：人民出版社，1957年。
③ 《马克思恩格斯文集》第1卷，600页，北京：人民出版社，2009年。
④ 《马克思恩格斯文集》第2卷，607页，北京：人民出版社，2009年。
⑤ 《马克思恩格斯全集》第30卷（下），666—667页，北京：人民出版社，1975年。
⑥ 《马克思恩格斯全集》第30卷（上），131页，北京：人民出版社，1975年。
⑦ 《马克思恩格斯全集》第30卷（下），574页，北京：人民出版社，1975年。
⑧ 《马克思恩格斯全集》第31卷（上），312页，北京：人民出版社，1972年。
⑨ 《马克思恩格斯全集》第34卷，194页，北京：人民出版社，1972年。

那种漠视、贬低自然、否认自然的辩证运动，否定自然的作用，单纯肯定和推崇实践的唯实践主义或实践至上主义，不管是以实践一元论、实践本体论，还是以实践唯物主义或实践辩证论的名目出现的，都是与马克思对实践唯物论和实践辩证论的理解相去甚远，甚至截然对立的；也是和当今提倡的爱护自然、环境友好所体现的时代精神格格不入的。

马克思对费尔巴哈半截子辩证论（自然辩证论）的超越，即用实践辩证论去批判费尔巴哈的直观论形而上学，并不是抛弃自然辩证论，创立单纯的社会历史辩证论。如果是那样，也就必然会使马克思辩证论陷于与费尔巴哈辩证论一样的片面性，即成了残缺不全的辩证论。

不仅如此，如果说，费尔巴哈的下半截子辩证论以自然为对象，尚有其存在的唯物主义根据，因而还能成立的话，那么，这种单纯的所谓上半截子辩证论因其失去了下半截子的支撑，自然也就成了悬在半空中的、毫无着落的东西，因而也就极易滑向唯心主义。这也就是此种观点的持有者，在理论上不能自圆其说、内在困难重重的一个根本原因。

实际上，马克思辩证论并不是单纯的实践辩证论，也不是单纯的社会历史辩证论，而是以自然辩证论为基础，借助实践辩证论，来创立社会历史辩证论，以实践辩证论来联结自然辩证论和社会历史辩证论，并最终形成了马克思主义的完整彻底的唯物辩证论理论。

有人说，将马克思主义哲学冠以“辩证唯物主义”，缺乏令人信服的经典文本根据。其理由在于，马克思和恩格斯从来没有使用“辩证唯物主义”来称呼自己的哲学。我认为，这种拘泥经典文本某个概念有无的分析而得出的结论，恰恰是不足为信的。是的，在马克思恩格斯那里，从来没有使用“辩证唯物主义”这一概念来称呼他们创立的新哲学，但恩格斯确实又使用和充分肯定过“唯物主义辩证法”这一概念。恩格斯在《路德维希·费尔巴哈和德国古典哲学的终结》中满怀深情地说：“我们发现了这个多年来已成为我们最好的工具和最锐利的武器的唯物主义辩证法。”[①]这里的“唯物主义辩证法”实际也就是“辩证唯物主义”的一种别称。

不仅如此，马克思恩格斯也曾用明白无误的语言来说明唯物辩证

① 《马克思恩格斯文集》第4卷，298页，北京：人民出版社，2009年。

法是他们哲学的精神实质。恩格斯曾说："马克思和我，可以说是唯一把自觉的辩证法从德国唯心主义哲学中拯救出来并用于唯物主义的自然观和历史观的唯一的人。"[①]马克思在谈到自己的辩证法与黑格尔辩证法的根本区别时也指出："我的阐述方法和黑格尔的不同，因为我是唯物主义者，黑格尔是唯心主义者。黑格尔的辩证法是一切辩证法的基本形式，但是，只有在剥去它的神秘的形式才是这样，而这恰好就是我的方法的特点。"[②]在这里，马克思以鲜明的态度和明确的语言表述了自己哲学的思想实质就是唯物辩证论或辩证唯物论。

由此可见，如果不纠缠于词语表述，而着重于思想实质的把握，就应该承认，将马克思主义哲学冠以"辩证唯物主义"，不仅有令人信服的经典文本根据，而且是对马克思哲学世界观的一种简明而科学的概括。当然，对辩证唯物主义的创立不能简单地想象是对先前哲学的唯物论和辩证论遗产的裁剪和综合，而应该理解为它是时代的激励、工人革命斗争的推动、科学的巨大进步、文化遗产，特别是哲学遗产的批判继承，以及马克思个人进行科学探索的非凡智慧和才能等等条件的综合作用的结果。就哲学遗产的批判继承而言，马克思在费尔巴哈的影响下，从黑格尔唯心主义转向了唯物主义，又在唯物主义基础上，批判继承了黑格尔的唯心辩证论，特别是劳动辩证论的伟大成果，从而超越了费尔巴哈半截子辩证论，创立了唯物辩证论的世界观理论。

总之，在马克思哲学视域中，自然辩证论与社会历史辩证论、实践辩证论与唯物辩证论是内在统一的。在世界观意义上，旧唯物主义之旧，在于它是直观论形而上学唯物主义；马克思新唯物主义之新，在于它是以实践为基础来理解和改造世界的辩证唯物主义。

---

① 《马克思恩格斯文集》第9卷，13页，北京：人民出版社，2009年。

② 《马克思恩格斯文集》第10卷，280页，北京：人民出版社，2009年。

马克思辩证法的一般规定和形态表现*

近年来，学术界围绕着“什么是马克思辩证法”这个问题展开了热烈讨论。其中，有这样两种观点的分歧最为突出：一种观点认为，马克思辩证法是实践辩证法，而不是通常所说的唯物辩证法；另一种观点认为，马克思辩证法是唯物辩证法，而非实践辩证法。

怎样看待这样两种观点的分歧呢？我们认为，从马克思的文本及马克思哲学活动的性质来说，马克思辩证法是唯物辩证法，同时也是实践辩证法。唯物辩证法是马克思辩证法的一般本质规定，实践辩证法是马克思辩证法的具体形态表现。脱离唯物辩证法而理解的实践辩证法，绝不可能是马克思的实践辩证法，而只能是唯心主义的实践辩证法；同样，脱离实践辩证法而理解的唯物辩证法，也绝不可能是马克思的唯物辩证法，而只能是旧唯物主义所理解的自在辩证法。鉴于这样一种认识，因此，在我看来，那种把唯物辩证法和实践辩证法相互对立起来加以理解的观点是不妥的，因而用其中一个称谓否定另一个称谓来对马克思辩证法加以说明的做法，也是不可取的。

唯物辩证法这一称呼，虽然不是由马克思，也不是由恩格斯提出来的，但这一称呼确实又是对他们的辩证哲学的一种简明而科学的概括。这一概括是恩格斯所充分肯定的。他曾说：“不仅我们发现了这个多年来已成为我们最好的工具和最锐利的武器的唯物主义辩证法，而且德国工人约瑟夫·狄慈根不依靠我们，甚至不依靠黑格尔也发现了它。”[①]恩格斯在下面一段论述中也表达了相同的见解。他说：“马克思和我，可以说是唯一把自觉的辩证法从德国唯心主义哲学中拯救出来

* 原刊于《学术界》，2004（2）。

① 《马克思恩格斯文集》第4卷，298页，北京：人民出版社，2009年。

并用于唯物主义的自然观和历史观的人。”①那么，是否真的如恩格斯所言，唯物辩证法所表达的不仅是恩格斯的哲学思想，而且也是马克思的哲学思想呢？历史事实正是这样昭示我们的。

青年马克思在作为青年黑格尔派的一员时，曾崇拜和赞美过黑格尔的唯心辩证法是“内在的纯朴之光”，“爱的慧眼”，“精神的珍藏之所”。后来经过《莱茵报》时期的实践与思考、《克罗茨纳赫》时期的历史研究，特别是通过对政治经济学的研究，到写作《1844年经济学哲学手稿》时，马克思已开始意识到，“现在已经到了同自己母亲即黑格尔辩证法批判地划清界限的时候”②了。

其后，随着认识的深化，马克思进一步剖析了黑格尔辩证法的唯心主义秘密。指出：“他不仅把整个物质世界变成了思想世界，而且把整个历史也变成了思想的历史。”③即把世界理解为绝对精神的辩证运动过程。

马克思在创立自己辩证哲学的过程中，为了救出黑格尔辩证法的合理内核，十分注意剥去它的神秘主义外壳。正是在这个意义上，马克思在谈到自己的辩证法与黑格尔辩证法的根本区别时指出：“我的阐述方法和黑格尔的不同，因为我是唯物主义者，黑格尔是唯心主义者。黑格尔的辩证法是一切辩证法的基本形式，但是，只有在剥去它的神秘的形式之后才是这样，而这恰好就是我的方法的特点。”④

又说：“我的辩证方法，从根本上说，不仅和黑格尔的辩证方法不同，而且和它截然相反。在黑格尔看来，思维过程，即他称为观念而甚至把它转化为独立主体的思维过程，是现实事物的创造主，而现实事物只是思维过程的外部表现。我的看法相反，观念的东西不外是移入人的头脑并在人的头脑中改造过的物质的东西而已。”⑤

从这两段引证中，可以明白无误地得出如下结论：马克思辩证法是对黑格尔唯心辩证法的颠倒，是唯物辩证法。因此，那种认为马克思辩证法不是唯物辩证法的观点，是没有根据的。

那么，为什么又说，马克思辩证法是实践辩证法呢？

---

① 《马克思恩格斯文集》第9卷，13页，北京：人民出版社，2009年。

② 《马克思恩格斯全集》第42卷，157页，北京：人民出版社，1979年。

③ 《马克思恩格斯全集》第3卷，第16页，北京：人民出版社，1960年。

④ 《马克思恩格斯文集》第10卷，280页，北京：人民出版社，2009年。

⑤ 《马克思恩格斯文集》第5卷，22页，北京：人民出版社，2009年。

实践辩证法这一称呼，也不是由马克思、恩格斯提出来的，而是由现代人提出来用以指称马克思辩证法的。如果以唯物辩证法为基础来理解实践辩证法，应该说，这种指称不仅是有根据的，而且是从本质上体现了马克思辩证法的根本宗旨。

马克思主义是为全人类解放寻求“现实道路”的主义，马克思哲学，包括马克思辩证法就是为这个现实道路提供方法论的精神武器。这一根本宗旨决定了马克思辩证法，不是脱离实践的思辨辩证法，也不是脱离人的活动的自在辩证法，而是革命的、批判的实践辩证法。

众所周知，黑格尔在建构自己的辩证唯心主义体系的过程中，把劳动作为“精神”扬弃异化达于自身统一的一个环节，从而充分肯定了劳动作为推动原则和创造原则的否定性品格，这是黑格尔辩证法的伟大之处。对此，马克思曾给予了高度评价。但是黑格尔所理解的劳动是抽象的精神劳动，与人们所进行的改造客观世界的现实活动相距甚远。

在批判黑格尔唯心主义的过程中，费尔巴哈恢复了唯物主义的王座，尽管他的唯物主义“不那么机械”[①]，即他坚持用人本学的辩证观点来理解人的感性存在，但是他把辩证法的能动形态，即人的实践辩证法给简单抛弃了。因此，马克思在《关于费尔巴哈的提纲》中，既批评唯心主义抽象地发展了人的能动方面，但它并不知道现实的、感性活动本身；同时又批判了费尔巴哈唯物主义“不了解‘革命的’、‘实践批判的’活动的意义”[②]。

鉴于唯心主义和旧唯物主义的片面性缺陷，马克思公开声明，“哲学家们只是用不同的方式解释世界，而问题在于改变世界”[③]。并旗帜鲜明地表明了自己的哲学宗旨：“对实践的唯物主义者既共产主义者来说，全部问题都在于使现存世界革命化，实际地反对并改变现实的事物。”[④]因此，马克思辩证法所关注的重点是改变环境同时改变人自身的人的实践活动。由此可见，那种认为马克思辩证法不是实践辩证法的观点是没有根据的。

---

① 北京大学哲学系哲学史组编：《马克思恩格斯列宁斯大林论德国古典哲学》，471页，北京：商务印书馆，1972年。

② 《马克思恩格斯文集》第1卷，499页，北京：人民出版社，2009年。

③ 《马克思恩格斯文集》第1卷，502页，北京：人民出版社，2009年。

④ 《马克思恩格斯文集》第1卷，527页，北京：人民出版社，2009年。

承认马克思辩证法是唯物辩证法，又承认马克思辩证法是实践辩证法，矛盾吗？不矛盾。二者是辩证统一的。

第一，马克思唯物辩证法是马克思实践辩证法的一般理论前提。只有坚持这一前提，才能使实践辩证法获得科学理解，才能与唯心主义的抽象能动性划清界限。

唯物辩证法坚持世界的物质性，坚持世界上各种物质形态的普遍联系性和永恒变化性，这种变化可以是自在的变化，这就是自然界自身的进化，也可以是人对自然界的改造。人可以创造自然界没有的东西。可以改变自然界存在的状况，这就是人化自然。人化自然的存在，充分显示了人的能动活动的作用，但并不否认世界的客观性和客观规律对实践的制约性。因为人化自然是由人对自然的改造而来，没有先于人而存在的自然界，就不能有人化自然，没有自然界自身的进化，就不可能有人的能动的创造。人的实践活动如果不遵循客观规律，就要受到规律的惩罚。

因此，要正确处理实践的主体性与客体性、合规律性与合目的性、相对性与绝对性、否定性与创造性、历史的长期性与时代性等关系，就必须遵循唯物辩证法的原则。现代西方有些论者虽然也大谈实践辩证法，但是他们中的不少人离开自然的辩证运动，脱离现实的对象，脱离规律的制约来谈实践，实际所谈的只是一种主观性活动。因此，他们所理解的实践辩证法，说到底，不过是唯心主义实践辩证法的现代翻版。因此，马克思的实践辩证法并不是一般的实践辩证法，不是唯心主义的实践辩证法，而是辩证唯物主义的实践辩证法，或者说是以唯物辩证法为逻辑根据的实践辩证法。只有作这样理解的实践辩证法，才是马克思的实践辩证法。

第二，马克思的实践辩证法是马克思唯物辩证法的能动表现形态。也就是说，马克思辩证法不是一般的唯物辩证法，而是通过实践辩证法所存在和表现的唯物辩证法。唯物辩证法只有获得这种能动形态的表现，以此作为基础，它本身才能作为彻底的辩证法而存在，它的革命本质才能获得现实的表现。因此，只有从实践辩证法的高度，才能使唯物辩证法获得科学理解，才能超越旧唯物主义所理解的自在辩证法的局限。

在唯物主义发展史上，作为个别形态存在的辩证法是多种多样的。

比如，古希腊唯物主义哲学家泰利斯的“水—万物—水”的辩证法；赫拉克利特的“火—万物—火”的辩证法。18世纪法国唯物主义哲学家狄德罗关于自然界事物自我运动，发展进化的辩证法，以及上文所说的费尔巴哈人本学辩证法，等等。

这些具体形态的辩证法都是一定程度的辩证法。虽然在其历史形态的更替中，愈来愈接近了彻底的辩证法，即唯物辩证法，但在世界观的总体上，仍然没有摆脱形而上学的窠臼。

究其原因是多方面的。其中一个重要原因，是因为旧唯物主义只了解自在辩证法，不懂得实践辩证法，不懂得通过实践所引起和展示的世界的辩证运动。具体说来就是，自然的辩证运动，对人说来，只有通过人的实践才能获得更为现实的表现；自在自然通过人的实践才能转化为人化自然；人的辩证发展和社会的辩证运动通过人的实践，才能得以展开；自然史与人类史相互联系、相互制约的辩证运动通过人的实践才会出现。马克思辩证法把实践的辩证运动及其在世界整体中的地位和作用作为自己的认识对象，这就不仅使辩证法的能动形态获得了科学说明，而且以此作为基础，使以往一定程度的辩证法上升为彻底的辩证法，即唯物辩证法。因此，脱离实践辩证法，就不可能有唯物辩证法的形成。

不仅如此，马克思实践辩证法还集中体现了唯物辩证法的革命本质。关于这一点，马克思指出：“辩证法，在其合理形态上，引起资产阶级及其夸夸其谈的代言人的恼怒和恐怖，因为辩证法对现存事物的肯定的理解中同时包含着对现存事物的否定的理解，即对现存事物的必然灭亡的理解；辩证法对每一种既成的形式都是从不断的运动中，因而也是从它的暂时性方面去理解；辩证法不崇拜任何东西，按其本质来说，它是批判的和革命的。”①只有革命实践才是人的真正的批判活动，才是人对现存事物进行现实否定，并在否定中推动其发展的手段。所以，坚持实践辩证法，肯定实践否定性的合理性及其重大意义，这也就从根本上体现了唯物辩证法的革命本质，或者说，坚持唯物辩证法的革命本质，也就内在地要求通过革命实践推动客观世界和人本身的辩证发展。

---

① 《马克思恩格斯文集》第5卷，22页，北京：人民出版社，2009年。

总之，马克思辩证法是以唯物辩证法为一般前提的实践辩证法，或者说，是通过实践辩证法所表现的唯物辩证法。马克思的唯物辩证法和实践辩证法是内在统一的。任何把这二者割裂开来和对立起来的观点都是不对的。

唯物辩证法与实践的、劳动的辩证法*
——与袁新先生商榷

如何对待马克思主义辩证法，这是当代哲学领域不同思想和派别激烈斗争的重大问题。为了澄清这一方面的有关观点，袁新先生在《对马克思主义辩证法基础的再思考》（载《哲学研究》1996年第2期，以下简称袁文）一文中认为，应该“回到马克思去”考察马克思主义辩证法。我认为，这一主张是对的。

当然这里所说的马克思，只能是马克思主义的马克思。那么，袁文通过考察得出了什么结论呢？袁文认为，西方一些学者把马克思主义辩证法说成“社会和历史的辩证法”是不对的；同样，我国以往的哲学教科书认为“马克思主义辩证法是关于自然界、人类社会和思维的一般规律的科学”也是不对的，因为“他们根本上不懂得马克思主义辩证法的真正基础”。那么，这个真正的基础是什么呢？在袁文看来，“劳动和实践才是马克思主义辩证法的真正基础”。因此，袁文进而指出：“马克思主义辩证法的合理形态只能是实践的、劳动的辩证法。”

对于袁文这些关于马克思主义辩证法的基础（注意，这里指本体论基础）及其合理形态的观点，我是不赞成的。因为这些观点没有能体现或实现它所提出的“回到马克思去”的初衷，或者说，并非是对马克思主义辩证法的科学理解。本着探求真理的精神，下面就此谈谈我的一些认识，希望得到指正。

一、马克思主义辩证法是一种宇宙观

马克思主义辩证法是两千多年来辩证法思想发展的最大成果，是

辩证法的历史形态中最科学的形态。因此，要获得对马克思主义辩证法的科学理解，就必须对辩证法及马克思主义辩证法的世界观本性有一个正确认识。

辩证法是与形而上学相对立的一种宇宙观，这是从黑格尔、马克思、恩格斯到列宁、毛泽东的共同思想。当然辩证法作为一种宇宙观，就其内容来说，经过了一个从不完整到完整形态的发展过程。在黑格尔以前，唯物主义者在把世界统一于物质的基本前提下，着重探讨了物质世界的辩证法。在欧洲哲学史上，这就是以赫拉克利特、德谟克利特为发端的客观辩证法的发展线索。唯心主义者则在把世界统一于精神的基本前提下，着重探讨了概念、认识的辩证法。在欧洲哲学史上，这就是从苏格拉底、柏拉图所开启的思维辩证法的发展线索。

黑格尔在新的历史条件下，在客观唯心主义的基础上，对先前辩证法发展史上的上述两个方面的成果第一次进行了较为完整的综合。在黑格尔看来，辩证法就是支配一切事物和整个世界的普遍规律。他说："自然世界和精神世界的一切特殊领域和特殊形态，也莫不受辩证法的支配。"[①]因此，黑格尔认为："辩证法是现实世界中一切运动、一切生命、一切事业的推动原则。同样，辩证法又是知识范围内一切真正科学认识的灵魂。"[②]这就是说，黑格尔不仅把辩证法看作一种思维形式，而且把它看作适用于宇宙中一切现象的普遍性原则。

马克思恩格斯对黑格尔辩证法的这一巨大历史功绩都给予了充分的肯定。马克思曾多次郑重声明："黑格尔辩证法……无疑是整个哲学的最新成就。"[③]他是"全面地有意识地叙述辩证法的一般形式的……最早的一个人"[④]。恩格斯也明确指出："黑格尔第一次——这是他的巨大功绩——把整个自然的、历史的和精神的世界描写为一个过程，即把它描写为处在不断的运动、变化、转变和发展中，并企图揭示这种运动和发展的内在联系。"[⑤]尽管马克思主义辩证法与黑格尔辩证法在性质上根本不同，但都是一种宇宙观，因而都承认辩证法的世界普遍性。

---

① ［德］黑格尔：《小逻辑》，贺麟等译，179页，北京：商务印书馆，1980年。

② ［德］黑格尔：《小逻辑》，贺麟等译，177页，北京：商务印书馆，1980年。

③ 《马克思恩格斯全集》第29卷，540页，北京：人民出版社，1972年。

④ ［德］马克思：《资本论》第1卷，24页，北京：人民出版社，1975年。

⑤ 《马克思恩格斯全集》第20卷，26页，北京：人民出版社，1971年。

马克思虽然没有给辩证法下过完整的定义，但他曾充分肯定黑格尔把对立统一规律看作“自然界的基本奥秘之一”[①]的观点，并把质变量变规律看作“在历史上和自然科学上都是同样有效的规律”[②]。恩格斯则是从世界总体的意义上给马克思主义辩证法下了一个科学的定义，实际上袁文所否定的我国以往哲学教科书关于唯物辩证法的界定所依据的就是这个定义。恩格斯说：“辩证法不过是关于自然、人类社会和思维的运动和发展的普遍规律的科学。”[③]列宁也表述了与恩格斯同样的思想。他说：“世界是包括一切的整体”，辩证法所研究的是“整个世界的必然联系”，是“一切事物的相互规定的联系”[④]。关于辩证法是一种宇宙观的思想在毛泽东的《矛盾论》中获得了更为明确和精辟的表述。《矛盾论》指出：“在人类的认识史上，从来就有关于宇宙发展法则的两种见解，一种是形而上学的见解，一种是辩证法的见解，从而形成了互相对立的两种宇宙观。”[⑤]

由此可见，辩证法、马克思主义辩证法具有世界观本性，这是毋庸置疑的。

然而，西方有一些人打着拒斥形而上学的旗号，否认马克思主义辩证法的世界观本性，或是把马克思主义辩证法等同于人学辩证法，或是归结为主客体关系辩证法。这不仅是对马克思主义辩证法的曲解，而且也是对两千多年来辩证法发展成果的某种根本性否定。袁文虽然不赞同西方学者的上述观点，但是它把马克思主义辩证法归结为实践的、劳动的辩证法，否定马克思主义辩证法的世界观本性，这种观点同样是不可取的。

当然，马克思主义辩证法作为一种宇宙观，虽然研究的是整个世界的普遍联系，但并不否认运用这个世界观去研究世界的普遍联系在各个特殊领域的具体表现，比如去揭示人的辩证发展、主客体的辩证关系，以及实践、劳动本身的矛盾运动等等。不仅不否定，而且这种研究也是马克思主义辩证法的发展和其方法论功能的发挥所必然要求的。

---

① 《马克思恩格斯文集》第2卷，607页，北京：人民出版社，2009年。

② 《马克思恩格斯全集》第31卷，312页，北京：人民出版社，1972年。

③ 《马克思恩格斯文集》第9卷，149页，北京：人民出版社，2009年。

④ ［俄］列宁：《哲学笔记》，395页，北京：人民出版社，1974年。

⑤ 《毛泽东选集》第1卷，300页，北京：人民出版社，1991年。

但是，如上所述，这种特殊领域的联系只是世界普遍联系的部分的表现，它们从属于世界的整体联系，并且也只有置于世界的整体联系中，它们才能获得科学的说明。因此，这些诸方面的辩证法如果是对各自特殊领域的科学说明，那么它们只能是马克思主义辩证法的局部情况，是对马克思主义辩证法的具体展开和丰富，或者说，是从上述不同领域去揭示和表现世界的普遍联系。所以，用其中任何一个特殊领域的辩证法去等同于马克思主义辩证法，都是用个别去取代和否定了一般。马克思主义辩证法作为科学的世界观，只能是列宁所说的那种“最完备最深刻最无片面性的关于发展的学说”[①]，而绝不能等同于或归结为上述种种定格于一定特殊领域的狭隘的片面的所谓“辩证法”。

二、马克思辩证法是唯物辩证法

如果说，作为一种宇宙观，这是马克思主义辩证法与黑格尔辩证法的共性，那么，要科学理解马克思主义辩证法，除了要认识这一共性以外，更重要的还要认识马克思主义辩证法的个性。

这个个性是什么呢？那就是马克思主义辩证法是唯物辩证法。毋庸讳言，袁文对把马克思主义辩证法规定为唯物辩证法也是不表赞同的。当然，袁文一次也没有使用唯物辩证法这一概念，因而也就谈不上对唯物辩证法进行直接的明确的否定。但是，如上所说，袁文对我国以往哲学教科书所依据的恩格斯关于唯物辩证法的定义是持明确的否定态度的。袁文论证说：“无论是马克思，还是恩格斯都谈到过他们的辩证法是对黑格尔唯心主义辩证法‘颠倒’的结果”，那么这个“‘颠倒’的结果”是什么呢？袁文认为：“这种‘颠倒’不是把辩证法简单地‘颠倒’在物质，即那种直观的自然（费尔巴哈）或抽象的自然（18世纪的唯物主义）的基础上，而是‘颠倒’在作为思维和存在、人和自然的统一体的劳动与实践的基础上”。

联系袁文的基本思路，这段话的意思可以转述如下，即不能在物质基础上，把马克思和恩格斯对黑格尔唯心辩证法颠倒的结果理解为

① 《列宁全集》第23卷，42页，北京：人民出版社，1990年。

唯物辩证法，否则就不能与18世纪的唯物主义和费尔巴哈唯物主义划清界限，而应该在实践基础上，把马克思和恩格斯对黑格尔唯心辩证法颠倒的结果理解为实践的、劳动的辩证法。

如果这个转述没有违背袁文的本意的话，那么我认为，袁文的这段论述至少有三点不妥之处。

第一，马克思主义所理解的“物质”是万事万物（包括物质实践）的共性，即“客观实在”，它与旧唯物主义的物质观有着根本的不同。袁文置这种区别于不顾，径直地把物质等同于旧唯物主义所理解的直观的自然或抽象的自然，这是十分武断的。这样做的结果，只能是把早已弄清的问题重新引向混乱和谬误。

第二，在做了上述武断的处理后，袁文把“物质”放在与实践相对立的位置上，贬低自然物质，脱离自然物质前提去夸大劳动、实践的地位和作用，把劳动、实践本体化，这样理解劳动、实践自然是不科学的。袁文虽然也多次讲到“物质实践”“客观的物质活动”等等，但是它并不真正懂得马克思主义所说的“物质实践”，就其本质而言是统一于物质的实践，是以自然物质为前提、为客观基础的实践。

第三，把马克思恩格斯对黑格尔唯心辩证法颠倒的结果等同于实践的、劳动的辩证法，而不是唯物辩证法，这不仅在理论上难以成立，更是有违于历史的真实。

下面着重来谈谈这第三点不妥之处。

从理论上说，与黑格尔唯心辩证法相对立的只能是唯物辩证法，而不可能是实践的、劳动的辩证法。因为唯心与实践、劳动并不是矛盾的两极，并不构成一对矛盾。相反，唯物和唯心才是一对矛盾，这对矛盾在辩证法问题上的体现和贯彻，就是唯心辩证法与唯物辩证法的对立。这种对立就其完整的意义而言，唯心辩证法是一种以唯心主义为前提，认为客观辩证法服从于主观辩证法的哲学见解；相反，唯物辩证法则是以唯物主义为前提，认为主观辩证法服从于客观辩证法的哲学见解。

在恩格斯看来，“所谓的客观辩证法是在整个自然界中起支配作用的，而所谓的主观辩证法，即辩证的思维”[①]。黑格尔辩证法并不否认

① 《马克思恩格斯文集》第9卷，470页，北京：人民出版社，2009年。

现实事物的辩证法，不仅如此，作为孤立的个别的论点，他甚至还正确地认为这是“本来意义上的辩证法”[①]。然而受他的唯心主义体系的束缚，在世界观的总体上，他又认为现实事物的辩证法服从于思维、概念的辩证法，前者只是后者的体现，这样也就暴露了他的辩证法的唯心主义本质。另外，黑格尔也并非不讲劳动辩证法，即劳动的否定性。在马克思看来，这还是黑格尔的一个“伟大之处”[②]。

不过，马克思又指出，黑格尔所说的劳动是抽象的“精神的劳动”，他的劳动辩证法“只是为历史的运动找到抽象的、逻辑的、思辨的表达，这种历史还不是作为一个当作前提的主体的人的现实历史，而只是人的产生的活动、人的形成的历史”[③]，因而黑格尔的劳动辩证法是唯心的劳动辩证法；当然，马克思主义也讲劳动，也讲劳动辩证法，并视劳动及其辩证运动为人类社会和人类历史的人为基础（相对于自然基础）。但马克思主义所讲的劳动是现实的劳动，所讲的劳动辩证法是在一定的社会生产方式中实现的人和物互相能动创造的过程。

因此，马克思主义的劳动辩证法是唯物的劳动辩证法。由此可见，离开哲学本体论，即唯物或唯心的基本前提，一般地讲实践、劳动的辩证法，并不能揭示马克思主义劳动辩证法与黑格尔的劳动辩证法的本质区别。所以，不能把这种作一般理解的实践、劳动辩证法说成是对黑格尔唯心辩证法颠倒的结果，从而把它的发明权归到马克思恩格斯的名下。因此，马克思主义辩证法与黑格尔辩证法的对立不在于所谓是否承认实践、劳动的辩证法，而只在于黑格尔的是唯心辩证法，马克思主义的是唯物辩证法，这就是马克思恩格斯对黑格尔唯心辩证法颠倒的结果。历史事实也是这样昭示我们的。

青年马克思在作为青年黑格尔派的一员时，曾崇拜和赞美过黑格尔的唯心辩证法是“内在的淳朴之光”“爱的慧眼”“精神的珍藏之所”。后来通过《莱茵报》时期的实践和思考，马克思在写作《黑格尔法哲学批判》时，已开始批判黑格尔唯心辩证法对对象和理念的真实关系的颠倒，指出它不是从“事物本身的逻辑”出发，而是从“神秘

① 参见［俄］列宁：《哲学笔记》，277页，北京：人民出版社，1974年。

② 参见［德］马克思：《1844年经济学哲学手稿》，97、101页，北京：人民出版社，2000年。

③ 参见［德］马克思：《1844年经济学哲学手稿》，97页，北京：人民出版社，2000年。

的理念”[①]出发。

随着青年马克思哲学思想的现实倾向性的加强，到写作《1844年经济学哲学手稿》时，他已开始明确意识到“现在已经到了同自己的母亲黑格尔辩证法批判地划清界限的时候”[②]了。在《神圣家族》中马克思进一步剖析了黑格尔辩证法的唯心主义秘密，指出他“把实体了解为主体，了解为内部的过程，了解为绝对的人格”[③]，即把世界了解为绝对精神的辩证运动过程。

马克思恩格斯在创立唯物辩证法的过程中，为了救出黑格尔辩证法的合理内核，十分注意剥去它的神秘主义外壳。正是在这个意义上，马克思在《资本论》第1卷第2版的跋中曾公开声明：“我的辩证方法，从根本上来说，不仅和黑格尔的辩证方法不同，而且和它截然相反。在黑格尔看来，思维过程，即他称为观念而甚至把它转化为独立主体的思维过程，是现实事物的创造主，而现实事物只是思维过程的外部表现。我的看法则相反，观念的东西不外是移入人的头脑并在人的头脑中改造过的物质的东西而已。”[④]

恩格斯也指出，主观的思维和客观的世界“这两个系列的规律在本质上是同一的”，只是表现形式有所不同。人类思维运动的规律服从于外部世界运动的规律，“概念的辩证法本身就变成只是现实世界的辩证运动的自觉的反映，从而黑格尔的辩证法就被倒转过来了”[⑤]。从这些明白无误的论述中，可以清楚地发现，马克思恩格斯对黑格尔唯心辩证法的颠倒，就是把黑格尔的现实事物的辩证法服从于主观辩证法的观念体系，颠倒为主观辩证法服从于客观辩证法的观念体系，即颠倒为唯物辩证法。由此可见，唯物辩证法就是马克思主义辩证法，它是马克思和恩格斯共同的哲学见解。另外，袁文一方面主张“回到马克思去”，另一方面又置马克思恩格斯的上述论述于不顾，一味地认为马克思恩格斯对黑格尔唯心辩证法颠倒的结果不是唯物辩证法，而是所谓实践的、劳动的辩证法，不能认为这是严肃的、科学的态度。

① 参见《马克思恩格斯全集》第1卷，273页，北京：人民出版社，1956年。

② 《马克思恩格斯全集》第42卷，157页，北京：人民出版社，1979年。

③ 《马克思恩格斯全集》第2卷，75页，北京：人民出版社，1957年。

④ 《马克思恩格斯文集》第5卷，22页，北京：人民出版社，2009年。

⑤ 《马克思恩格斯文集》第4卷，298页，北京：人民出版社，2009年。

三、实践性是唯物辩证法的根本特性

如上所说，承认马克思主义辩证法是唯物辩证法，这就和黑格尔唯心辩证法划清了界限，那么这样一来，会不会如袁文所担心的，“倒退到18世纪的自然科学唯物主义的立场上”，从而划不清与旧唯物主义的界限呢？在我看来，这种情况不会发生，袁文的担心是多余的。这是因为，我们承认马克思主义辩证法是唯物辩证法，不赞同把马克思主义辩证法等同于实践的、劳动的辩证法，但并不否认唯物辩证法有其实践特性。

所谓唯物辩证法的实践特性，这里包含着互相关联的两层含义。第一，唯物辩证法作为一种完整、科学的世界观和方法论，它内在地包含着对实践的辩证理解，同时又对人们通过实践促进事物的辩证发展提出了必然要求，提供了哲学支持。第二，只有透过对劳动和通过劳动所实现的辩证运动的科学理解，以此作为基础，才可能对世界的普遍联系获得唯物辩证的认识。

承认运动，这是辩证法的一个基本观点。在物质与运动的关系上，17世纪的唯物主义经常把物质与运动放在互不相干的状态下。18世纪的法国唯物主义力图克服上世纪流行的关于物质僵化被动的观点，提出了物质自己运动的理论。其中狄德罗的运动观尤为突出。狄德罗不仅承认运动是物质所固有的，而且还形成了关于事物从低级到高级的演进过程的理论。狄德罗关于运动和发展的思想已经在某种程度上具有了辩证的性质，但是18世纪是力学的世纪，狄德罗摆脱不了时代的局限，用“力”来说明运动，仍然是处在机械论的束缚之下。

辩证法是承认事物自我运动，承认事物之间存在着相互作用的。但是承认这些还不是彻底的辩证法，因为相互作用还只是对事物运动的现象性说明，而关键在于揭示事物运动的本质，也就是要说明事物的相互作用是如何发生的。在这样一个根本问题上，费尔巴哈比狄德罗有所前进。费尔巴哈在有的地方把事物的相互作用理解为互为“前提”、互相“依赖”、互相“吸引”、互相“需要”、“互相产生”[①]。在

① 《费尔巴哈哲学著作选集》下卷，荣震华等译，595页，北京：商务印书馆，1984年。

这里，费尔巴哈实际是猜测到了关于矛盾同一性的思想。在另一些地方，费尔巴哈又把事物的相互作用理解为事物之间的“对立、不同”“冲突”[①]。费尔巴哈还曾用“正好相反”[②]来表示矛盾。在这里，费尔巴哈实际是接触到了关于矛盾斗争性的思想。这些都是费尔巴哈哲学中的可贵之处。

但是也应该看到，费尔巴哈虽然讲到矛盾，并有了关于同一性和斗争性的思想，然而在他那里，还只是抽象的规定，还没有上升到理性的具体，也就是说没有作为对立统一、作为矛盾来叙述。这是第一。第二，费尔巴哈的上述辩证观点还没有上升到哲学的普遍性，还只是在论及自然领域或认识领域时表现出来。因此，从总体上说，费尔巴哈虽然比18世纪的唯物主义接近了彻底的辩证法，但仍然没有摆脱形而上学的窠臼。

那么，造成包括费尔巴哈在内的旧唯物主义者的这种形而上学性，或者说，使旧唯物主义在发展过程中不断得到丰富的辩证法思想最终没有能上升到彻底的辩证法，即马克思主义辩证法的高度的原因是什么呢？应该说，原因是多方面的。如果从认识对象和思维方式上说，他们的共同缺陷在于没有能把实践、劳动的辩证运动及其在世界整体联系中的地位和作用作为认识对象，因而也就没有能从人的实践的角度来俯视、理解并说明世界的辩证运动，当然也就不可能从这种彻底的辩证法中引出批判的革命的结论。

从物质运动的形式来说，表现为从低级到高级的不断递进，即表现为机械的、物理的、化学的、生物的、社会的运动。在这个序列中，后继的每一种运动形式都是以前一种运动形式为基础产生的，同时相对于前一种运动形式又更深入更充分地显示了世界的辩证性质。社会运动是最高级的运动，它是在自然运动的基础上，通过人的实践而实现的运动。

具体说来，自然界的辩证发展形成自然史，在自然发展的一定阶段上产生了人。如同马克思所说的：“人的存在是有机生命所经历的前一个过程的结果。只有在这个过程的一定阶段上，人才成为人。”[③]正

① 《费尔巴哈哲学著作选集》下卷，荣震华等译，453页，北京：商务印书馆，1984年。
② 《费尔巴哈哲学著作选集》上卷，荣震华等译，178页，北京：商务印书馆，1984年。
③ 《马克思恩格斯全集》第26卷（Ⅲ），545页，北京：人民出版社，1974年。

是在这个意义上，马克思认为“人直接地是自然存在物”。但马克思又认为，人不是一般的自然存在物，而是“能动的自然存在物”[①]。人是在自然基础上通过劳动改造自然、改造自身，创造了人类的历史。由此，马克思认为：“人类史是我们自己创造的，而自然史不是我们自己创造的。”[②]在承认自然史与人类史相区别的同时，马克思恩格斯又认为：“只要有人存在，自然史和人类史就彼此相互制约。”[③]

可见，如果没有人的劳动，自然的辩证运动就不可能通过劳动获得更为现实的表现，历史的辩证运动也就不可能通过劳动得以展开，自然史与人类史相互联系、相互制约的辩证运动也就不会出现。

另外，通过实践、劳动所实现的辩证运动是世界辩证运动的最高产物和最高表现。从认识论的角度来说，如果能透过对实践、劳动的科学理解，也就为全面地认识世界的辩证联系提供了认识基础，这就是马克思所说的人体解剖是猴体解剖的一把钥匙。这种认识方法犹如站在高山之巅，鸟瞰大地，自然是无限风光，尽收眼底。

反之，由于旧唯物主义者不了解实践、劳动的意义，自然也就不可能运用这种思维方法对世界的辩证运动获得彻底的全面的了解。尽管他们在不断吸取物理学、化学、生物学的新成果的基础上，不断在自己的哲学中增添了不少辩证法的思想因素，但是从世界观的总体上说，这些都还带有局域的、个别的性质。这种认识方法犹如从山脚向上登高，虽然观赏到的景致其范围不断扩大，但在到达山顶之前，这种观赏所及仍然是片面的、局部的。所以，在哲学史和自然科学史上，停留在自然观上的唯物主义哲学家和以自然客体为研究对象而又缺少辩证法世界观训练的自然科学家，固然可以具有一定程度的辩证法思想，或曰自发的辩证法，但在世界观的总体上，却难以挣脱形而上学的束缚。费尔巴哈就是这一方面的一个典型。

相比之下，黑格尔优越于包括费尔巴哈在内的一切旧唯物主义者的地方在于，黑格尔在所谓的绝对精神否定自身、异化为自然界和克服这种异化又回到精神自身的过程中，把劳动作为一个环节，作为“精神”扬弃异化达到自身统一的一种活动方式。黑格尔抓住了劳动这

① 《马克思恩格斯文集》第1卷，209页，北京：人民出版社，2009年。

② 《马克思恩格斯文集》第5卷，429页，北京：人民出版社，2009年。

③ 《马克思恩格斯文集》第1卷，516页，北京：人民出版社，2009年。

个环节去说明人自身的产生，去说明人与自然、人与社会的关系。这是他的辩证法的深刻之处，也是黑格尔辩证法成为一个较为完整形态的世界观意义上的辩证法的秘密所在。如上所说，黑格尔辩证法是唯心辩证法，他把劳动理解为抽象的“精神劳动”。他不承认自然界在时间上有自己的历史[①]，不承认自然的辩证运动是人的劳动的本体论前提，也没有能从社会历史的意义上来说明劳动的辩证发展，或者说，在劳动基础上来展开社会的辩证运动。之所以如此，其根本原因是由于他的唯心主义体系的束缚，从而造成了他的辩证法的种种不彻底性。

由此可见，脱离人的劳动及劳动所创造的人类历史的辩证运动，不可能对整个世界获得唯物辩证的理解。同样，离开自然的辩证运动，脱离劳动和社会的自然基础，也不可能对劳动和劳动所创造的人类历史，以至整个世界获得科学的和彻底辩证的说明。

公正地说，袁文虽然把马克思主义辩证法等同于实践、劳动的辩证法，但它并不否认自然辩证法的存在。这是应该肯定的。但由此也就造成了袁文在观点上的自相矛盾，这也是不容回避的。袁文认为，西方学者“对自然辩证法的否定是毫无根据的”，“自然科学和哲学的全部历史都已经揭示出，在自然的对象中实际存在着辩证的运动”，“正是在劳动和实践中，自然界敞开了它的秘密”。

这一段话是说得很好的。然而袁文并没有能沿着这个正确方向继续走下去，没有进一步得出如下结论，即自然辩证法既然是实际存在于自然的对象中的，也就是说，在人之前、人之外，自然有自己的辩证发展史，它的存在并不以我们的实践、劳动为基础；相反，我们的实践、劳动却必须以自然为基础，那么，就绝不能把涵盖了自然辩证法、以自然为基础的劳动辩证法和在劳动基础上层的社会历史辩证法，以及以客观辩证法为基础的主观辩证法等在内的、作为统一体的马克思主义辩证法，等同于实践、劳动的辩证法。当然这并不妨碍人们通过劳动、实践去揭示自然和整个世界的辩证运动。

那么，袁文为什么没有能进一步去得出上述结论，反而做出了与之相矛盾的错误的结论呢？我认为，袁文的失误之处在于，把自然辩证法的客观存在与人们通过实践、劳动对自然辩证法的揭示（或认识）

① 参见《马克思恩格斯文集》第9卷，502页，北京：人民出版社，2009年。

混为一谈了。由于不作这种区分，结果把关于自然辩证法的认识论基础即实践，等同于或说成自然辩证法自身存在的基础，即本体论基础，从而陷入了理论的误区。不能不说，这是令人遗憾的。

人们要获得关于世界的唯物辩证的认识，说到底是为了付诸实践、改造世界。正如马克思所说："哲学家们只是用不同的方式解释世界，而问题在于改变世界。"[①]

当然，这绝不仅是马克思主义辩证法家的一种价值取向，而是取决于唯物辩证法的本质规定。马克思在谈到唯物辩证法的本质时指出："辩证法，在其合理形态上，引起资产阶级及其夸夸其谈的代言人的恼怒和恐怖，因为辩证法在对现存事物的肯定的理解中同时包含对现存事物的否定的理解，即对现存事物的必然灭亡的理解；辩证法对每一种既成的形式都是从不断的运动中，因而也是从它的暂时性方面去理解；辩证法不崇拜任何东西，按其本质来说，它是批判的和革命的。"[②]只有革命实践才是人的首要的批判活动，才是人对现存事物实现否定，并在否定中推动其辩证发展的手段。

所以，坚持唯物辩证法，就必然要肯定实践否定性的合理性及其重大意义，同时也就内在地要求通过革命实践推动客观世界和人本身的辩证发展。

总之，马克思主义辩证法是内含实践特性的唯物辩证法的宇宙观，把它等同于人学辩证法，或是主客体关系辩证法，或是实践的、劳动的辩证法，都是不对的。唯物辩证法是一般，人学辩证法、主客体关系辩证法或实践的、劳动的辩证法只是其特殊的形态表现。因此把前后二者绝对对立起来，也是不可取的，错误的。

① 《马克思恩格斯文集》第1卷，502页，北京：人民出版社，2009年。

② 《马克思恩格斯文集》第5卷，22页，北京：人民出版社，2009年。

科学实践观是马克思主义辩证论的理解基础*

一

马克思主义辩证法就其本质来说“是批判的、革命的”[①]。这种批判的、革命的本质的集中表现是什么呢？回答只能是社会实践。在这个问题上，以往哲学教科书的辩证法体系是存在严重缺陷的。这就是，它脱离了科学的实践观来谈辩证法，因而使马克思主义的活生生的、能动的、革命的辩证法，变成了三大规律加几对范畴的客观主义的公式叙述。有人鉴于以往教科书体系的这一缺陷，提出用实践唯物主义取代辩证唯物主义。在笔者看来，这一主张实际是从另一个极端否定了马克思主义哲学的辩证本性与实践本性的统一，因而是不可取的。

“实践活动唯物主义”这个概念是马克思在《关于费尔巴哈的提纲》中提出来的，无疑具有经典的意义。最先用“辩证唯物主义”。来称谓自己哲学的是把马克思作为一派之首的工人哲学家约·狄慈根。恩格斯对他用辩证唯物主义来称谓自己一派的哲学并未提出不同看法。后来，普列汉诺夫在《黑格尔逝世60周年》等著作中，也多次使用“辩证唯物主义”，用它来称谓马克思主义哲学。恩格斯对这一做法从未直接称赞过，可也从未批评过。况且，恩格斯自己也明确说过，“马克思和我，可以说是唯一把自觉的辩证法从德国唯心主义哲学中拯救出来并用于唯物主义的自然观与历史观的人。”[②]这就表明，用辩证唯物主义称谓整个马克思主义哲学是完全可以的。

辩证唯物主义就其理性的基础来说是科学的实践观，而就其涵盖

* 原刊于《安徽省哲学学会1989年哲学年会文集》。

① 《马克思恩格斯选集》第5卷，22页，北京：人民出版社，2009年。

② 《马克思恩格斯选集》第9卷，13页，北京：人民出版社，2009年。

面来说，它是包括实践在内的整个世界。因此，不能把实践唯物主义与辩证唯物主义绝对对立起来。不能如某些人所认为的，辩证唯物主义是对作为马克思主义哲学世界观的实践唯物主义的“偏离”，是所谓“附加到马克思主义名义下的错误观点”。而必须坚持实践唯物主义与辩证唯物主义的统一，必须正确说明马克思主义唯物主义的实践本性与辩证本性的内在联系，要树立科学的实践观是马克思主义辩证哲学的基础这一观点。为此，让我们首先对马克思主义辩证法的理论来源——黑格尔辩证哲学进行考察。

二

黑格尔的巨大功绩是把自然的、历史的和精神的世界描绘为一个不断的运动、变化和发展的过程。并且认为，矛盾是这一过程的推动力。黑格尔指出：“可以在一切种类的对象中，在一切的表象、概念和理念中发现矛盾。认识矛盾并且认识对象的这种矛盾特性就是哲学思考的本质。这种矛盾的性质构成我们后来将要指明的逻辑思维的辩证的环节。”[①]这表明，在黑格尔看来，矛盾是辩证法的本质，是辩证思维的环节。

那么，矛盾的本质是什么呢？黑格尔认为，就是其内在否定性。黑格尔指出，否定的因素早已潜在于同一之中，“同一就是无，是否定性。”[②]否定也不是一概排斥。黑格尔说：“这种否定性不应当了解为一种简单的缺乏，反之，否定性也包含着肯定的特点。”[③]在黑格尔看来，“矛盾是在其本质规定中的否定的东西。它是一切自己运动的原则，而自己运动是矛盾的表现。”[④]可见，如果事物没有内在否定性，那么也就谈不上矛盾，以及事物的运动和发展。

什么是黑格尔所理解的内在否定性呢？对此他本人没有直接加以说明，而是由马克思替他加以揭示的。马克思在《巴黎手稿》中指出：“黑格尔根据否定的否定……所包含着的否定方面把它看成是一切存

---

① ［德］黑格尔：《小逻辑》，贺麟等译，132页，北京：商务印书馆，1980年。

② ［德］黑格尔：《逻辑学》，杨一之译，230页，北京：商务印书馆，1966年。

③ ［德］黑格尔：《哲学史讲演录》第3卷，贺麟等译，212页，北京：商务印书馆，1980年。

④ 转引自［俄］列宁《哲学笔记》，146页，北京：人民出版社，1974年。

在的惟一真正的活动和自我实现的活动。”又说：“黑格尔的《现象学》及其最后成果——辩证法，作为推动原则和创造原则的否定性——的伟大之处首先在于，黑格尔把人的自我产生看作一个过程，把对象化看作非对象化，看作外化和这种外化的扬弃；可见，他抓住了劳动的本质，把对象性的人、现实的因而是真正的人理解为他自己的劳动的结果。”[①]这就是马克思对黑格尔否定辩证法本质的最为深刻的洞见。

黑格尔辩证法的出发点是绝对精神。在其哲学的逻辑体系中，黑格尔第一次把理性描绘为一个从抽象到具体，由贫乏到丰富，由低级到高级的辩证发展过程。在这个过程中，精神作为实体是肯定性的存在。但这种肯定不是僵死的，而是具有内在否定性的存在。所以，精神又是能动的主体。精神实体——主体的出发过程，首先就表现为精神在否定自身肯定状态的同时，要外化为自然界、社会。精神在不断地外化、对象化自己的过程，又不断地克服这种外化、对象化，即带着它在外化过程中所取得的丰富成果再回到精神自身。

在马克思看来，这种外化及外化扬弃的过程，实际就是劳动过程。因为劳动的本质就在于它的辩证否定性。劳动首先是人的本质力量的外化、对象化，它创造一个独立于人并包含着人的本质力量的对象世界。这是第一次否定。人把包含着他的本质力量的劳动成果从物质和精神两方面予以占有和享用，使人的本质力量回到人自身，并开发人自身，这是第二次否定，即否定之否定。

由此，马克思认为，劳动辩证法是黑格尔辩证法的现实的历史的基础。不过，黑格尔所说的劳动是抽象的“精神劳动”。因此，以这种抽象的精神劳动为基础的黑格尔辩证法“只是为历史的运动找到抽象的、逻辑的、思辨的表达，还不是作为一个当作前提的主体的人的现实历史，而只是人的产生的活动，人的形成的历史”[②]。总之，黑格尔的辩证法是唯心主义的，但是以劳动来展开他的辩证法体系，又是其辩证法的深刻和高妙之处，也是一切旧唯物主义者的不可企及之处。

① ［德］马克思：《1844年经济学哲学手稿》，97、101页，北京：人民出版社，2000年。

② ［德］马克思：《1844年经济学哲学手稿》，97页，北京：人民出版社，2000年。

三

承认运动，这是辩证法的一个基本观点。在物质与运动的关系上，17世纪的唯物主义哲学家经常把物质和运动放在漠不相干的状态下。认为物质原本是静止的，只是在外力的作用下作机械运动。但对这种外力的最终说明上，它陷入了神秘主义，即所谓上帝的第一次推动。18世纪的法国唯物主义者吸取了这一教训，力图克服17世纪流行的关于物质僵死被动的观点，提出了物质自己运动的理论。其中狄罗德的运动观尤为突出。狄德罗不仅承认了运动是物质所固有的，而且还形成了关于事物从低级到高级演进过程的思想。狄德罗说："物体就其本身说来，就其固有性质的本性说来，不管就它的分子看，还是就它的整体看，都是充满着活动和力的。"[①]他还谈到整个物种的一系列发展阶段，认为"这些发展阶段每一个都经过几百万年；也许它还经历过我们所不知道的另一些发展阶段，另一些扩张阶段"[②]。不难看出，狄德罗关于运动和发展的思想已经在某种程度上具有了辩证的性质。但是18世纪是力学的世纪，狄德罗摆脱不了时代的局限，用"力"来说明运动，来说明发展，仍然处在机械论的束缚之下。

辩证法是承认事物自我运动，承认事物之间存在着相互作用的，承认事物的发展的。但是承认这些还不是彻底的辩证法。因为这些都还是关于事物的现象性描述，关键在于揭示事物运动发展的本质，也就是要说明事物之间的相互作用是怎样发生的。在这样一个根本问题上，费尔巴哈比狄德罗有所前进。这表现在，他已从狄德罗关于相互作用的理解，初步前进到关于矛盾的理解，即把矛盾视为事物相互作用、事物运动和发展的动力源泉。只不过，在费尔巴哈那里，还没有达到关于矛盾的具体理解。比如，费尔巴哈在有的地方把事物的相互作用理解为互为前提、互相依赖、互相吸引、互相需要、互相产生。他说："这个以那个为前提，那个以这个为前提，这个依赖那个，那个

---

① 北京大学哲学系外国哲学史教研室编译：《西方哲学原著选读》下卷，128页，北京：商务印书馆，1982年。

② 北京大学哲学系外国哲学史教研室编译：《西方哲学原著选读》下卷，135页，北京：商务印书馆，1982年。

依赖这个，一切都是有限的，一切都是彼此互相产生的。”[①]费尔巴哈在这里猜测到了矛盾双方互相依存、互相产生即互相转化的同一性思想。又比如，在另一些地方，费尔巴哈又把事物的相互作用理解为事物之间的对立、冲突。他说：“单一是不能生产的，只有二元、对立、不同，才是多产的。”[②]费尔巴哈还曾用“正好相反”[③]来表示矛盾。在这里，费尔巴哈实际上是被触到了矛盾斗争性的思想。

这些都是费尔巴哈哲学中的可贵之处。但是也应该看到，费尔巴哈虽然讲到矛盾，并且有了同一性和斗争性的思想，然而在他那里，同一性和斗争性还只是抽象的规定和孤立的表述，还没有上升到理性的具体，也就是说还没有作为对立统一，作为矛盾来论述，这是第一。第二，费尔巴哈的上述辩证观点还没有上升到哲学的普遍性，还只是在论及自然领域和认识领域时表现出来，也就是说，他几乎没有从辩证法角度谈到人的活动、人与自然在人的活动中的相互作用，以及人的历史。这意味着，费尔巴哈的辩证观没有关于实践的辩证论、人类历史辩证论的内容。因此，在总体上，费尔巴哈虽然比18世纪法国唯物主义接近了彻底的辩证法，但仍然没有摆脱形而上学唯物主义的窠臼。

从理论上来说，这是因为缺乏对实践及以此为基础的社会历史的辩证理解，不仅会使辩证法缺少了一个重要部分，而且因为缺少这个部分，也就使对辩证法其他内容的理解，对辩证法整体的理解陷于自发的、局域的理解。从物质运动的形式来说，表现为从低级到高级的不断递进的过程，即机械的、物理的、化学的、生物的、社会的运动。在这个序列中，后继的每一种运动形式相对于前一种运动形式都能更深入更充分地显示世界的辩证性质。社会运动是最高级的运动形式，它是通过发挥人的能动性，特别是实践能动性而实现的运动。实践能动性是物质世界辩证发展的最高产物和最高表现。因此，把握和透过实践辩证法就为充分地、彻底地、全面地认识世界的辩证运动奠定了基础。这就是马克思所说的，人体解剖是猴体解剖的一把钥匙。只有这样，才能凭借人的能动性，特别是实践能动性的视角来俯视、来统

① 《费尔巴哈哲学著作选集》下卷，荣震华等译，595页，北京：商务印书馆，1984年。

② 《费尔巴哈哲学著作选集》下卷，荣震华等译，453页，北京：商务印书馆，1984年。

③ 《费尔巴哈哲学著作选集》上卷，荣震华等译，178页，北京：商务印书馆，1984年。

握、来说明世界的辩证性。

就费尔巴哈来说，他强调认识自然，他有比较丰富的自然辩证法思想。然而由于他不了解革命的、实践批判的活动的意义，所以他不仅不懂实践辩证法，不仅不懂实践基础上所展开的历史辩证法，而他所说的自然也不是历史的自然，而是就其原始性来加以考察的自然。这种考察当然只能是直观的和形而上学的。

四

哲学发展史上，直到马克思，才使辩证的思维方式——辩证法得到真正科学的确立。这已经是马克思主义理论界公认的结论。但是人们在作为既成事实对此叙述的同时，却往往疏于深察这样一个更为根本的问题，即实现这一哲学变革的真正动力和内在机制是什么？马克思主义辩证哲学的形成史告诉我们，这个动力和内在机制就是由多种因素（包括对黑格尔劳动观的批判继承）所促成的科学实践观的创立和运用。关于这一点，近年来有些同志从历史事实的角度已经进行了有力的论证。笔者在这里只是想从理论上来进一步说明，在唯物主义基础上，只有坚持从主体实践的角度，才能对现实世界进行辩证的理解。

这里必须从人在世界中的位置说起。人是自然的一部分，人是自然界发展到高级阶段的产物。但是人并不是自然界发展链条上的一个普通环节，而是一个主体。人是世界上唯一能以主体的身份改造自然、社会和人自身的理性的、活动着的社会存在物。所以，人本身是物质和精神、思维和存在、主体和客体、自然存在和社会存在相统一的有机体。因而人也是物质和精神、思维和存在、主体和客体、自然存在和社会存在等多种关系的集中体现者。换句话说，人是宇宙演化的必然结果，包含着宇宙演化的全息。正因为如此，所以，人的问题的正确认识，也就成为理解上述诸种关系的前提。

那么什么东西使人上升成为主体，成为上述诸种关系的体现者，并且使这诸种关系外在地现实地展示出来的呢？回答是人的感性活动，即实践。正是通过对人的实践的研究，马克思揭示出，自然的物质世界对于人的优先的、第一的地位。但自然界对人说来不是一个纯粹物质的“给定”的存在，而是人的认识和改造的对象，是一个“自然向人生成”，即不断“人化”的历史过程。在这种过程中也就造成了人类的特殊存在方式——社会。

社会既是自然界通过人的实践的延伸，同时也是在一定物质前提下的人的能动的创造，这样也就从根本上改变了在旧唯物主义那里，“唯物主义与历史彼此完全脱离”[①]的情况。于是，马克思主义哲学自然观已经不是就其原始性来加以考察的自在存在论，而是通过人的实践所实现的物质性和社会历史性相结合的现实存在论。马克思主义所理解的历史观，既不是排斥物质前提的抽象精神活动的历史观，也不是凌驾于人之上摆布人的宿命论历史观，而是作为自然历史过程的人的活动的历史观。社会生活在本质上是实践的。社会实践是动态过程的社会存在，社会规律是人的活动的规律。人作为实践主体，在实践中改造自然、改造社会，同时也改变着自己。

正如马克思所指出的：“在再生产行为本身中，不但客观条件改变着……而且生产者改变着，炼出新的品质，通过生产而发展和改造着自身，造成新的力量和新的观念，造成新的交往方式，新的需要和新的语言。”[②]随着人在实践中主体本质的逐渐形成，人的价值也以同样程度反过来作用于社会实践。在价值问题上，人已形成的社会历史需要和本质，又反过来成为判断实践的功利性质和美学性质的前提。

总之，在实践唯物主义的辩证法看来，世界除了在自然与历史、主体与客体以实践为中介的相互作用和相互创造中，不断地由自在的存在向属人存在的生成，什么也没有。人的现实世界就是一个与主体的能动活动相联系的自然历史过程的运行系统。因此，只有从主体的实践活动的角度，才能科学说明人的世界的辩证发展。这不仅是因为实践是人与自然、人与社会的辩证关系的基础、逻辑整合的中介，而且还因为只有通过实践才能推动世界和人自身的辩证发展，才能显示辩证法所具有的现实批判性和革命性的本质。简言之，实践唯物主义的辩证法，不是脱离人的实践，抽象地、客观地去研究所谓自然社会和思维发展的一般规律，而是研究人的实践以及在实践基础上表现和呈现的自然、社会、人本身的辩证发展。

① 《马克思恩格斯文集》第1卷，530页，北京：人民出版社，2009年。

② 《马克思恩格斯全集》第46卷（上），494页，北京：人民出版社，1979年。

在吸取国内同行们的意见加以补充综合的基础上，可以对实践唯物主义辩证法的体系勾画如下：

第一，实践主客体的分化与生成：分化的自然前提；分化的决定环节——劳动；实践主体的规定性；实践客体的规定性。

第二，实践主体与实践客体的辩证关系：物质变换关系、认识关系、价值关系；认知意识，价值意识，活动意识的生成、递进和物化；客体尺度、主体尺度及二者在实践中的辩证统一；对象世界的客观性与主体的能动性；因果的客观制约性与主体的目的性。

第三，实践发展与客体发展的辩证法：物质存在与物质形式的变换：自在存在⇌自为存在（实践）⇌人工存在；自在存在的先在性，人工存在的客观性和属人性，自在存在通过实践转化为人工存在；低序度、贫乏的人工存在→实践的不断的新的建构→高序度和丰富的人工存在；必然性⇌自主性→对必然的认识和运用→自主性的实现→自由；可能性⇌选择性→目标导向及其实现→现实性；客观制约性⇌主体创造性→（实践结果）对现实的超越性。

第四，实践发展与主体发展的辩证法：实践发展与主体发展的同步性和历史性（实践发展对主体的开发与制约，主体发展对实践发展的促进与控制，进步与文明，自由与解放）；社会主体与个体主体的发展在实践中的关系及其历史演化；实践的盲目性与自觉性；实践的功利性与实践的人道性；实践的可能性与实践的最优化。

第五，实践过程的辩证法：①对立统一规律：主客体的同一→对立→融合；矛盾的特性；矛盾规律在实践中的使用。②否定之否定规律：主体（肯定）→对象化（否定）→非对象化（否定之否定）；否定之否定规律的特性；否定之否定规律在实践中的运用。③质量互变规律：实践的过程性与阶段性；实践的渐进性与飞跃；质量互变规律的特性；质量互变规律在实践中的运用。④真善美统一的规律：通过非对象化求真；通过对象化求善；真和善的统一，即主客体的高度统一就是美；共产主义社会是人类最美好的社会，是人的全面发展的社会。

实践唯物主义的辩证法是实践范畴作为核心，作为联系的中介环节，所展开了的体系，是在实践基础上所展示和不断创生和丰富的客观存在（本体论）、认识论和逻辑学的统一，即真；也是主体存在（价值论)、心理学和伦理学的统一,即善;以及上述两者的统一,即美。离开了前一个统一,只讲后一个统一,就会像存在主义所主张的人学辩证法那样,走向唯心主义。离开了后一个统一,只讲前一个统一,就会重新落入以往哲学教科书的辩证法体系的框架,把马克思主义辩证法变成脱离实践主体的抽象的客观主义的原则。因此,必须坚持上述两个系列的辩证统一。

过程是辩证法的重要范畴*

“世界不是既成事物的集合体，而是过程的集合体。”①过程是世界的普遍属性。过程概念就是对世界的这种普遍属性的反映。我以为，无论从辩证法史的角度，还是从构成辩证法严密逻辑体系的需要，以及从过程原理所具有的重要意义来说，都应该把过程看作辩证法的一个重要范畴。

一、过程观点是辩证法的基本观点

关于世界的过程性的思想，是古希腊辩证法的内容之一。亚里士多德就曾说过，在那些最早的哲学研究者们看来：“一样东西，万物都是由它构成的，都是首先从它产生、最后又化为它的。”②在泰利斯那里，世界的过程性被猜想为：水—万物—水；在赫拉克利特那里则被表述为：火—万物—火。他说：“这个世界，对于一切存在物都是一样的，它不是任何神所创造的，也不是任何人所创造的，它过去、现在、未来永远是一团永恒的活火，在一定的分寸上燃烧，在一定的分寸上熄灭。”③列宁高度评价了这一思想。指出：“这是对辩证唯物主义原则的绝妙的说明。”④黑格尔也曾赞扬说：“把自然当着过程来阐明。这就是赫拉克利特的真理，这就是真正的概念。”⑤

---

* 原刊于《复旦学报》（哲学社会科学版），1984（2）。

① 《马克思恩格斯文集》第4卷，298页，北京：人民出版社，2009年。

② 北京大学哲学系外国哲学史教研室编译：《西方哲学原著选读》上卷，15页，北京：商务印书馆，1981年。

③ 北京大学哲学系外国哲学史教研室编译：《西方哲学原著选读》上卷，21页，北京：商务印书馆，1981年。

④ ［俄］列宁：《哲学笔记》，395页，北京：人民出版社，1974年。

⑤ ［德］黑格尔：《哲学史讲演录》第1卷，贺麟、王太庆译，305页，北京：商务印书馆，1959年。

17、18世纪的唯物论哲学家，汲取了近代自然科学的成果，对自然现象的细节的认识上，大大超过了古希腊哲学家，但他们抛弃了辩证法，宣扬形而上学。恩格斯批评这种唯物主义，除了具有机械性的局限外，另一个“特有的局限性在于:它不能把世界理解为一种过程，理解为一种处在不断的历史发展中的物质”①。

18世纪末到19世纪初，自然科学所取得的新的成就，日益显示出自然过程、自然科学的辩证性质，唯心主义辩证法在德国古典哲学中获得了巨大的发展，其卓越代表就是黑格尔。恩格斯说：“黑格尔第一次——这是他的伟大功绩——把整个自然的、历史的和精神的世界描写为一个过程，即把它描写为处在不断的运动、变化、转变和发展中，并企图揭示这种运动和发展的内在联系。”②黑格尔哲学体系描绘了“绝对观念”的辩证发展过程。按照黑格尔的叙述，这一过程经历了三个基本阶段，即逻辑阶段、自然阶段和精神阶段，他的哲学体系也由逻辑学、自然哲学和精神哲学等三部分组成。这三个部分或三个阶段并不是机械地并列在一起的，而是一个由贫乏到丰富的发展过程，是一个肯定、否定、否定之否定的过程。但是，黑格尔的过程观是以唯心主义为基础的，现实过程和思想过程的现实关系是被他“弄得头足倒置了”③的。

在新的历史条件下，马克思恩格斯批判继承了黑格尔哲学，“保持了黑格尔的永恒发展过程的思想，而抛弃了它那种偏执的唯心主义的观念”④，认为头脑里的思想只是“现实的事物和过程的多少抽象的反映”，“现代唯物主义……的任务就在于发现这个过程的运动规律”⑤。这就对世界的过程性给予了科学的唯物主义的说明。

列宁发挥了马克思恩格斯的上述思想，指出:“辩证法的实质”就是“要认识在‘自己运动’中、自生发展中和蓬勃的生活中的一切过程，就要把这些过程当作对立面的统一来认识”⑥。

毛泽东也进一步指出，要研究世界上一切过程的矛盾的共性和个性

---

① 《马克思恩格斯文集》第9卷，278页，北京：人民出版社，2009年。

② 《马克思恩格斯文集》第9卷，26页，北京：人民出版社，2009年。

③ 《马克思恩格斯文集》第9卷，27页，北京：人民出版社，2009年。

④ 北京大学哲学系哲学史组编：《马克思恩格斯列宁斯大林论德国古典哲学》，159—160页，北京：商务印书馆，1972年。

⑤ 《马克思恩格斯文集》第9卷，28页，北京：人民出版社，2009年。

⑥ 《列宁选集》第2卷，557、320页，北京：人民出版社，2012年。

的关系。他说，矛盾的共性，即“矛盾……存在于事物发展的一切过程中，又贯穿于一切过程的始终”，矛盾的个性是“各个物质运动形式的矛盾，各个运动形式在各个发展过程中的矛盾，各个发展过程的矛盾的各方面，各个发展过程在其各个发展阶段上的矛盾以及各个发展阶段上的矛盾的各方面”的特点。“这一共性个性、绝对相对的道理，是关于事物矛盾的问题的精髓，不懂得它，就等于抛弃了辩证法。”[①]

辩证法发展史告诉我们，是否承认世界的过程性，这历来是辩证法和形而上学斗争的一个焦点。关于世界的过程性的观点，在不同时代的辩证法中，尽管在表述的科学性和系统性方面有很大的区别，但都是作为一个基本观点来加以肯定的。而列宁关于辩证法实质的原理，毛泽东关于矛盾问题的精髓的理论，都是以承认世界的过程性这个“伟大的基本思想”[②]为前提，为基础的，并且都是对它的深化和发挥。因此，如果把过程概念排除在辩证法范畴的系列之外，那就不能全面地认识辩证法和形而上学斗争的历史，不能完整地说明唯物辩证法的产生和它的发展。

二、过程是唯物辩证法的重要范畴

按照马克思主义从抽象上升到具体这个一切科学体系的叙述方法的原则，唯物辩证法体系的逻辑顺序也应该是从极其抽象的开端，经过相对的不大具体，向着愈来愈甚的具体的过渡。这其中的每一步具体，都是从开端的向前“引申”，同时又是对开端的“退后论证”。因此，某一范畴在相应体系中的适当位置，是指在这个位置上的范畴，相对于它的前承的范畴，应该是较为具体的，是对它们的说明；相对于它的后继范畴，则又是较为抽象的，是作为它们的逻辑根据的；而逻辑体系中的这个位置，相对于这个范畴来说，就是适当的。

根据这个原则，我认为过程概念在唯物辩证法体系中的适当位置应该是这样的：

唯物辩证法是关于世界的普遍联系的科学。联系概念以它的极为简单性和极大抽象性成为唯物辩证法体系的开端。作为这种普遍联系

① 《毛泽东选集》第1卷，307、317、320页，北京：人民出版社，1991年。

② 《马克思恩格斯文集》第4卷，298页，北京：人民出版社，2009年。

的直接表现：一是横向的系统，二是纵向的过程，以及此二者的相互联系。系统概念概括了现代科学所揭示的从宏观到微观的层次之间的联系，过程概念则是揭示了宇宙无限进步的历史的联系。系统和过程也是互相联系、互相渗透的。这表现为：过程是系统的过程，任何过程总是一定系统的形成、运转和层次态结构变化的过程；而系统也总是过程的系统，任何系统总是一定过程展开的结果，同时又是继起过程的开端。总之，呈现在人们眼前的世界，就是这样一幅由种种联系构成的纵横交错、复杂变化的辩证图景。

过程概念和系统概念，是对世界普遍联系的具体化，是对它的直接的引申、证明，同时也是对它的新的规定。从系统和过程的观点看来，我们可以说，唯物辩证法也就是关于世界的系统结构的无限发展过程的科学。辩证法的这个表述，由于引进了系统和过程的概念，所以相对于我们常用的辩证法是关于世界的普遍联系的科学这一定义来说，它在内容上要具体一些、丰富一些，与辩证法是关于自然、社会、人类思维运动和发展的最一般规律的科学这一定义相比，它也要全面一些。这表现在：它是从立体的角度，而不是作为平面来规定世界的运动发展的，是从有限与无限、持续与间断、长住与变动等等相统一的角度来规定事物的运动发展的。当然，上述定义和表述都是从不同角度或不同层次上对辩证法所作的规定，因此，它们在根本上又是一致的，不矛盾的。

如上所述，过程概念和系统概念相对于联系概念来说是较为具体的，但其本身又是很抽象的。因此，系统概念的具体化就需要引出整体与要素、层次与结构、结构与功能等等范畴。而过程概念的具体化，则需要引出时间、空间、运动等范畴，它的进一步具体化，也还需要引出质变量变、对立统一、否定之否定，以及原因结果、偶然必然、可能现实等等规律和范畴。

关于时间、空间、运动等概念是过程概念的直接的具体引申的观点，是由黑格尔以概念辩证法的形式第一个作了说明的。他说，“抽象的过程——时间”，“时间是对于过程的抽象的直观，它是第一个感性的本质”，“时间就是变的第一形式”。黑格尔认为，变就是消逝和自生，就是连续性的否定，“纯否定性表现为时间”，而作为它的对立面的“连续性表现为空间”。“作为否定性和连续性的统一”，就表现为

“运动”[①]。他指出：“运动是通过空间而现实存在的时间，或者说，是通过时间才被真正区分的空间。”[②]撇开黑格尔的唯心主义体系，他的表述还是正确揭示了过程与时间、空间、运动等范畴之间直接的逻辑联系的。

当然，由于要服从他的唯心主义体系，所以上述思想在具体运用上又表现了某些不彻底性。例如，尽管黑格尔把世界理解为一个过程，但认为自然界只在空间上展开自己的多样性，而否认自然过程的时间性，只有在“绝对观念”发展到人的精神活动阶段才有时间。正如恩格斯所指出的：“在黑格尔的体系中，自然界的历史在时间上是没有任何发展的，否则自然界就不是精神的自我外在了。”

恩格斯依据自然科学的成就，纠正了黑格尔的上述不彻底性，指出“自然界同样也有自己的时间上的历史”[③]。过程应该是运动和时间、空间的统一。这三者是缺一不可的。正是在这个意义上，恩格斯把自然过程表述为“一定是”自然界各种物体“逐渐生成”的历史，“它不仅在空间中必然有并存的历史，而且在时间上也必然有前后相继的历史”[④]。这表明，运动、时间、空间都是物质的存在形式，都是构成现实过程的因素。从这个具体的意义来说，过程也就是物质的运动在时空上展开的形式。或者说，是事物离开它的起点以后，所表现的连续或离散状态的运动、变化或发展序列。

辩证法的三大规律则是承接运动、变化、发展的概念之后，对于过程范畴的进一步的逻辑的展开。质量互变规律就是关于事物过程的两种变化状态，即“渐进过程”和“转化过程”及其相互间关系的理论表述，对立统一规律则是揭示了事物展开其过程的动力，如毛泽东所指出的：“任何一个过程，都是由矛盾着的两个侧面互相联系又互相斗争而得到发展的”[⑤]，而“发展过程……应该把它了解为前进的运动、上升的运动”[⑥]，于否定之否定规律也就是关于事物发展过程的方

① ［德］黑格尔：《哲学史讲演录》第1卷，贺麟、王太庆译，304、285—286页，北京：商务印书馆，1959年。

② ［德］黑格尔：《自然哲学》，梁志学等译，58页，北京：商务印书馆，1980年。

③ 《马克思恩格斯文集》第9卷，28页，北京：人民出版社，2009年。

④ 《马克思恩格斯文集》第9卷，414页，北京：人民出版社，2009年。

⑤ 《毛泽东著作选读》下册，843页，北京：人民出版社，1986年。

⑥ ［苏］斯大林：《列宁主义问题》，唯真译，632页，北京：人民出版社，1955年。

向和趋势的展示。至于原因和结果、可能和现实、偶然和必然等等范畴，也都是以过程概念作为逻辑根据的。它们的彼此交替、相互包摄，以及向自身的回复等等，都只有在过程中才能获得说明，才能具有充分的意义。

可见，过程概念，在唯物辩证法体系中，处于联系范畴之下，而又高于时间、空间、运动等范畴，是和系统范畴并列的，同属第二层次的一个范畴。相对于第一层次，过程就是纵向的联系，相对于它所统属的下一个层次来说，过程就是物质的运动在时空上展开的形式，而相对于从过程概念引申出来的唯物辩证法的诸规律和范畴，它又是仅次于联系范畴的逻辑根据。所以过程概念在唯物辩证法体系中，是一个处于相当重要地位的范畴。

三、坚持唯物辩证过程观的意义

如上所述，一切事物都是过程，世界是过程的集合体；事物的过程通过运动、变化、发展而显示；通过生成和灭亡获得具体表现。这就是马克思主义过程理论的根本内容。过程是客观辩证法的一个根本特征。而主观辩证法是对客观辩证法的反映，所以，过程也是主观辩证法的根本内容之一。唯物辩证法就是客观辩证法和主观辩证法的统一。正如恩格斯所说：“在它（指唯物辩证法——引者）面前，除了生成和灭亡的不断过程、无止境地由低级上升到高级的不断过程，么都不存在。它本身就是这个过程在思维着的头脑中的反映。”[①]

坚持辩证唯物主义的过程观，可使唯物主义本体论获得辩证的说明。唯物主义本体论是把物质当作世界本质的唯物主义理论。它要论证自己，就离不开世界过程性的思想。也就是说，只有如实地把一切天体看成宇宙演化过程的产物，把人及人类社会看成自然过程发展到一定阶段的产物，把人的意识看作自然过程和历史过程的产物，才能科学地说明世界的物质统一性，说明世界的存在和发展的物质根源性。18世纪的法国唯物主义不能从过程的意义上来证明自己的本体论，所以不能同德国古典哲学的唯心主义相抗衡。而辩证唯物主义之所以能

① 《马克思恩格斯选集》第4卷，217页，北京：人民出版社，1995年。

立于不败之地，一个根本原因也在于它坚持了世界的物质过程性。

同时，坚持辩证唯物主义的过程观，可以从理论上进一步证明世界的可知性，证明逻辑与历史相统一，以及辩证法、认识论与逻辑学相一致的思想。因为思维过程是作为物质过程的产物出现的，所以思维过程是统一于物质过程的，作为物质世界一部分的认识主体和作为客体的物质世界是同一的。主体和客体之间并没有不可逾越的鸿沟，主体是能够认识客体的，世界是可知的。因为思维过程是物质过程的产物，所以这两个过程服从于同样的运动规律，这也就决定了逻辑和历史的一致性。

又因为同样的辩证法运动规律支配着自然界和人类社会，这些规律也同样贯穿于人类认识的发展史中，贯穿于人们的逻辑思维中，所以辩证法、认识论和逻辑学是一致的。由此看来，坚持辩证唯物主义的过程观是与坚持思维和存在的同一性，坚持辩证唯物主义认识论密切相关的。此外，由于过程本身是有限与无限的统一，长住性与变动性、持续性与阶段性、独立性与中介性的辩证统一，因而坚持辩证唯物主义的过程观，对于克服因人们的反思而设定的两极对立的孤立性、固定性、僵死性和无条件的绝对性等等形而上学的片面性是很有益处的。

坚持辩证唯物主义的过程观，对于我们进行社会主义现代化建设和其他各项工作也具有重要的指导意义。任何事物的发展都有一个过程，我们应该创造条件加速这个过程的发展，而不能主观地取消这个过程。我们只有把宏伟的目标和踏实的努力结合起来，把积极的态度和稳妥的步骤结合起来，才能加速我们的伟大事业的进程。为了要前进，还必须克服前进道路上的困难。但认识与克服困难也有一个过程。如果认识不到克服困难需要有一个奋斗的过程，那么就容易盲目乐观，相反，如果认识不到经过一个奋斗过程，困难终将被克服，那么也会在困难面前丧失信心。这两种态度都是错误的。为了把人类历史上最伟大、最艰巨的共产主义事业不断推向前进，坚持不懈地用马克思主义的过程观宣传群众和武装群众是十分必要的。

系统在唯物辩证论逻辑体系中的地位*

现代系统论的广泛应用，引起了人们的普遍重视。以至近几年，对系统论的研究成为一个世界性的热潮。在这种情况下，一些哲学工作者开始对系统论与唯物辩证法的关系问题进行探讨。其中有这样两种观点的分歧，需要提出来进一步加以研究。

一种观点认为，现代系统论比唯物辩证法更复杂、更深刻，是对世界的“新的更高级的揭示”。因而国外有人主张，用现代系统论，取代“陈旧的辩证法”。另一种观点认为，唯物辩证法是总前提，现代系统论是对这个总前提的发挥和新的论证，是对唯物辩证法的丰富和充实。我认为，上述第一种观点是不妥的，因为它不符合历史发展的实际，并在原则上赞同第二种观点。不过，到目前为止，这一观点尚缺乏根本性的论证。而这里的关键在于，必须对系统在唯物辩证法逻辑体系中的地位，进行科学的说明。鉴于此，本文想在这一方面，进行一点探索。这里先就现代系统论与辩证法的关系问题，作一点总体的叙述。

一、现代系统论是辩证论发展的新成果

现代系统论在形成的过程中，曾经从古代辩证法那里吸取了某些思想材料。比如赫拉克利特的关于事物整体的思想，以及亚里士多德的关于整体大于部分之和的思想。正如恩格斯所概括指出的，古代辩证法家把世界当作一个统一的整体，并且力图“在某种具有固定形体的东西中去寻找这种统一”[①]。然而由于当时人们的认识尚处于幼稚阶段，这种对世界整体性的认识还是笼统的、混沌的。这一缺陷，导致

* 原刊于《赣南师范学院学报》(哲学社会科学版)，1987 (3)。

① ［德］恩格斯：《自然辩证法》，164页，北京：人民出版社，1971年。

了古代辩证法被近代形而上学所取代。

17、18世纪的唯物主义哲学家，吸取了自然科学的成果，对自然现象的细节的认识上，大大超过了古希腊哲学家。但是，与自然科学当时主要还处于搜集材料的阶段相联系，与当时所采取的“分析”“解剖”与“孤立”地研究事物的方法相联系。这些哲学家抛弃了辩证法，被形而上学的观点所支配。其表现之一是，在他们那里，事物的整体性不见了，变成了分割为支离破碎的部分的机械组合。表现之二是，事物的运动性不见了，他们所坚持的是“自然界绝对不变这样一种见解”[①]。如果说有运动，那也只是外力作用下的机械运动。

总之，用不变论取代运动论，用要素论代替整体论，这就是17、18世纪形而上学唯物主义的两个重大缺陷。

到了19世纪，随着自然科学主要从搜集材料的阶段进入整理材料的阶段，首先遭到辩证法沉重打击的是形而上学的“不变论”。把事物描写为一个过程，一个运动、发展、有生有灭的过程，这是从康德的星云说，到达尔文的进化论；从黑格尔的唯心辩证法，到马克思唯物辩证法的共同特点。

与此同时，对形而上学“要素论”的批判也已经开始。虽然还不那么突出，比如康德的星云说中，就以关于宇宙起源的“结构系统”的理论，给形而上学的要素论以最初一击。康德认为，星云团的旋转，是一个由“微粒”在万有引力的相互作用中所构成的动态系统。银河系外的星体也“不是单个”存在的，而是由“许多星构成的系统”，他写道，“这些星体在整体上具有规则性结构……不是互不相关，而是……相互联系”[②]的。现代天体物理学和相对论宇宙学已经证明，康德的这一见解是正确的。

继康德之后，黑格尔把自然看作“自然的系统”，把社会看作“人为的系统”，认为此二者都统一于“概念的系统”。在他看来，整个世界就是概念的“一个有机整体的必然的发展运动”[③]。正是从事物的整体出发，黑格尔主张辩证的具体思维，认为不能停止在从孤立

① 《马克思恩格斯文集》第9卷，412页，北京：人民出版社，2009年。

② ［德］康德：《宇宙发展史概论》，上海外国自然科学哲学著作编译组译，54页，上海：上海人民出版社，1972年。

③ ［德］黑格尔：《精神现象学》上卷，贺麟等译，165、22页，北京：商务印书馆，1962年。

要素出发的片面的知性思维阶段，他讽刺知性的思维是“以碎片构成的儿戏”。

马克思恩格斯在唯物主义基础上，批判继承了黑格尔的系统思想的合理内核，并把它应用于对自然领域和社会领域的研究。美国学者D.麦奎里和T.安贝吉认为，马克思对社会所作的系统性研究，“可以看作是富有成果的现代系统方法研究的先声”。波兰理论家希通卡也认为:“可以把马克思称为社会科学中现代系统方法的始祖。”①事实也是这样。

马克思是运用系统思想对世界上最复杂的系统——人类社会进行科学研究的典范。马克思认为，社会不是孤立个人的机械组合，而是通过人们的实践所创造的、人们相互关系的总体。在马克思看来，社会这个有机体就是由生产力、经济基础、上层建筑三个子系统所构成的模型。在此基础上，马克思还进一步描绘了人类历史上五种社会形态的系统整体发展的辩证图景。

马克思的战友恩格斯，除了对社会系统理论的确立作出了重要贡献以外，他还在自然领域的研究中，阐述了辩证的系统观。恩格斯吸取了当时自然科学的成果，“以近乎系统的形式描绘出一幅自然界联系的清晰图画”②。他指出:“我们所接触的整个自然界构成一个体系，即各种物体相互联系的总体。”③所以，他说:“现在愈来愈成为必要的自然科学的系统化，除了在现象本身的联系中是找不出来的。”④

马克思恩格斯上述这些关于系统的思想都是很光辉的。但是由于他们所处时代条件的限制，比如，当时对宇宙深处的天体系统的认识和实测资料还很缺乏，对微观层次的认识还未突破，等等，所以，“系统”在马克思恩格斯那里还没有作为一个独立的对象来加以研究，还缺乏坚实的自然科学基础。因此，从19世纪40年代以来，随着自然科学进入大综合的阶段，现代系统论的出现也就成为历史的必然。

正如一般系统论的奠基人贝塔朗菲所指出的，系统论的出现“标志着现代科学发展的特征”。这一理论是和孤立的要素论根本对立的。

① 转引自D.麦奎里、T.安贝吉、裘辉:《马克思和现代系统论》,《国外社会科学》，1979（6）。

② 《马克思恩格斯文集》第4卷，300页，北京：人民出版社，2009年。

③ 《马克思恩格斯文集》第4卷，301页，北京：人民出版社，2009年。

④ ［德］恩格斯:《自然辩证法》，228页，北京：人民出版社，1971年。

他说:“在上一世纪，科学思想试图用彼此可以独立探索的基本单元来解释各种事件，而今天在一切领域都有另一些引人注目的观点。这些观点通常用被我们称为‘一般系统论’的概念来表示。”[①]

因此，从历史的角度看，现代系统论的产生，一方面标志着近代辩证法，特别是马克思主义辩证法所进行的批判形而上学要素论的长期斗争，到此已经取得了决定性的胜利，同时也标志着马克思主义系统观，可以吸取现代系统论的成果，从而形成自己完整的形态。

唯物辩证法创立一百多年来，自然科学的高度发展，一方面使自然本身的辩证性暴露得更加清楚了，从而给唯物辩证论以进一步的论证。另一方面，自然科学发展的需要，也逼着人们要注意辩证法的研究。正如恩格斯早就指出的，随着自然科学进入大综合的阶段，“辩证法对于现今的自然科学来说，辩证法恰好是最重要的思维形式”。又说，如果“蔑视辩证法……的确无法使自然界中的两件事实联系起来”[②]。而要素间的系统联系是现代系统论最基本的出发点。因此，如果不具有辩证法的联系观点，当然也就谈不上形成系统的观点。

所以，贝塔朗菲曾公开宣称:“马克思和黑格尔的辩证法”[③]是他的理论先驱。贝塔朗菲原来是一个逻辑实证主义者，后来他抛弃了逻辑实证主义。他说:“逻辑实证主义是完完全全过时了、作废了，而一般系统论的原理和唯物辩证法的雷同是显而易见的。”[④]这种雷同的客观基础就在于，世界本身就不是形而上学的，而辩证地存在和发展的。至于对这一思想的表述可以不同，但其实质只有一个，那就是辩证法。可见作为其前提，一般系统论的形成受到辩证法的启迪，而作为结果，它又是对唯物辩证法的体现和充实。因此，唯物辩证论应该积极吸取现代系统论的成果来丰富自己。

二、系统范畴是对唯物辩证论的发挥和具体化

按照马克思主义从抽象上升到具体这个一切科学的叙述方法的原

① ［奥］贝塔朗菲:《关于一般系统论》,《复印报刊资料》(自然辩证法)，1985（3）。

② 《马克思恩格斯文集》第9卷，436、452页，北京：人民出版社，2009年。

③ ［奥］贝塔朗菲:《一般系统论导言》,《自然科学哲学问题丛刊》，1979（2）。

④ 转引自查汝强:《科学与哲学论丛》，25—26页，南宁：广西人民出版社，1980年。

则，唯物辩证法的逻辑顺序也应该是，从极其抽象的开端，经过相对的不大具体，向着愈来愈甚的具体的过渡。这其中的每一步具体都是从开端的向前“引申”，同时又是对开端的“退后论证”。因此，某一范畴在相应体系中的适当位置是指在这个具体位置上的范畴，相对于它的前承的范畴，应该是较为具体的，是对它的说明，相对于他的后继范畴，则又是较为抽象的，是作为它们的逻辑根据的，而逻辑体系中的这个位置，相对于这个范畴，就是适当的。根据这个原则，我认为系统概念在唯物辩证法体系中的适当位置应该是这样的。

唯物辩证法是关于世界的普遍联系的科学。联系概念以它的极为简单性和极大抽象性，成为唯物辩证法体系的开端。联系是世界的普遍特征。世界的普遍联系表现在纵横两个方面。事物的纵向联系表现为过程，其横向的联系则表现为系统。换句话说，过程概念从纵向揭示了宇宙无限进步的历史的联系；系统概念则是从横向概括了人类科学所揭示的从宏观到微观的层次之间的联系。系统与过程也是相互联系的。这表现为:过程是系统的过程，任何过程都是一定系统的形成、运转和层次态结构变化的过程，而系统也总是过程的系统，任何系统都是一定过程展开的结果，同时又是继起过程的开端。总之，呈现在人们眼前的，就是这样一幅由种种联系构成的纵横交错、复杂变化的辩证图景。

系统概念和过程概念是对世界普遍联系的具体化，是对它的直接的引申、证明；同时也是对它的新的规定。从系统和过程的观点看，唯物辩证法也就是关于世界的系统结构的无限发展过程的科学。

如上所述，过程概念和系统概念相对于联系概念是较为具体的，但其本身又是很抽象的。因此，过程概念的具体化，需要引出运动和静止、质变和量变、对立和统一、肯定和否定，以及原因和结果、偶然和必然、可能和现实等规律和范畴[①]。

至于系统概念的具体化，相对来说，要困难得多，作者所能做到的，也只是对解决这个问题的初步探索而已。我认为系统概念的具体化，需要引出整体与部分，功能、结构与层次，有序与无序，自组织与环境因素，以及封闭与开放，平衡与涨落，协同与竞争等一系列规

① 参见陶富源:《过程是辩证法的重要范畴》,《复旦学报》（哲学社会科学版），1984（2）。

律和范畴。其排列次序如图所示：

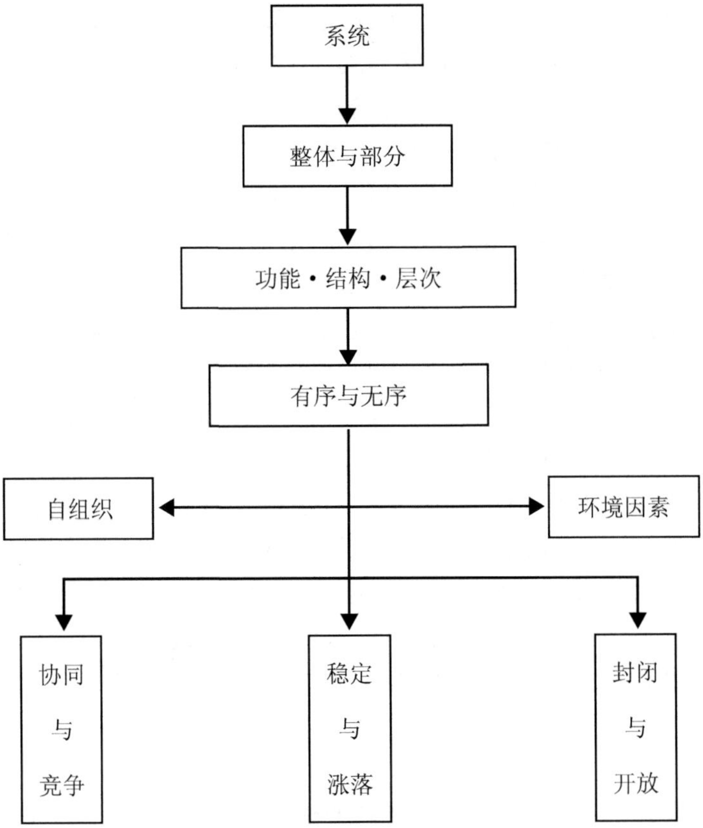

图1　系统概念的具体化

系统从它的具体意义来说，就是由许多相互联系、相互作用的部分（要素），按照一定的层次和结构有序地组织起来的，具有特定功能的有机整体。

系统首先是一个整体。整体性是系统的根本特性。整体是在各部分相互依赖的基础上所形成的某种定型结构的存在。部分，也就是构成整体的局部、因素。整体以部分作依托，不然整体就不能存在，反之，部分也不能离开整体，离开了整体的部分也就失去了原先在整体中所具有的系统性，失去了本来的作用。

相对于其构成部分，系统所具有的新的整体性质和功能是从哪里来的呢？这里的关键是这个系统的结构。例如，化学中的同分异构体现象，就是表明了整体性质对于结构的主要依赖性。

所谓结构也就是事物组成部分之间的相互联结、相互作用的方式。结构的外在表现就是功能。功能是一定结构的事物在特定环境中所发挥的作用和能力。结构决定功能。适应了外界环境的新的功能在一定条件下也可能反过来促进结构的进一步合理与完善。当然，由于外部环境变化引起功能变化并最后促进结构改变的情况，只是影响结构的各种因素中的一种，对于结构发生决定作用的还在于结构的层次组合性质。

层次是指构成整体结构的无限序列的、不同质的环节。结构与层次的差别也是相对的，是在一定条件下可以转化的。就某一整体结构来说，其组成层次之间的排列是有规则的。层次的颠倒和超越，轻则会带来结构功能的紊乱，重则会破坏整体的结构。因此，为了说明结构与层次之间的确定关系，必须引出有序这个概念。

所谓有序是指事物按照一定的结构规则，进行有次序的排列、组合、演化和发展。简要地说，系统的有序性，也就是系统层次结构的规则性。反之，无序也就是无规则。有序和无序是相比较而存在的。在现实世界中，任何事物的任何状态都表现为有序与无序的不同程度的统一。由于有序的事物中包含无序的因素，而无序的事物中又包含有序的因素。因而，有序与无序作为事物的两种状态是在一定条件下互相转化的。

关于这种转化的具体机制，贝塔朗菲、哈肯等人都进行过认真的探讨和研究。综合他们的观点，可以说，这取决于系统的自组织与环境因素的相互作用。

协同学认为，自组织是指系统在给定的条件下，无须外部指令，其内部各要素能自行按照某种规则形成一定的结构和功能，并从而与环境保持统一和协调的行为。这种联系又称为要素的目的性联系。这里的目的并不含有蒙昧主义所认为的神秘性质，而是指构成系统的各要素在相互作用中具有自我改变形态的相同形式。由此可见，目的性行为过程，就是系统的自组织过程，即通过信息联系，协调内部各元素，并有选择地与外界进行物质、能量和信息的交流，从而向有序化方向发展的过程。

系统的开放性是无序走向有序的必要条件。“开放系统是指系统中存在着要素的流入和流出，从而其组成的要素发生着更换”，而“一个系统如无‘从外部’进入的要素和‘向外部’排出的要素，则是封闭的”[①]。如果一个系统是封闭的，其内在干扰因素（内耗），积累太多，而又得不到排除，这就必然加速系统的无序化过程。当然，对于开放系统，如果输入的要素只会对系统起干扰作用，也可能使系统向无序化方向退化。

这种可能能否变成现实，取决于系统的稳定与涨落之间的关系。稳定，是指系统在演化过程中的动态平衡。系统处于稳定态中具有一定的抗干扰能力。但系统结构的稳定性是相对的。在内外因素的作用下，会产生破坏稳定态的涨落。涨落是对系统稳定的平衡状态的偏离。涨落可分为微涨落和巨涨落。微涨落不足以使系统由一种状态跃变到另一种状态。如果微涨落通过相干效应（外在的干扰因素与内在的某些不稳定因素相互契合，造成干扰作用放大，或者造成微涨落的叠加）形成巨涨落。这样，旧的有序结构遭到破坏，变成了无序状态，但同时也在无序中形成了一个新的有序状态。但这种新的有序状态也是在多种可能性的斗争中形成的。

因为系统的各要素之间是非线性相互作用（所谓非线性相互作用，通俗地说，是各种因素相互作用的总和大于每种因素发生作用相加的代数和），所以在无序向有序转化的关节点上，有序化的方向不是一个，而是几个，会出现几种可能性。每一种可能性都支配着一个微观组态，每一组态都对应着一个宏观结构。而最后出现那种结构，则是取决于代表上述各种序参量之间的竞争与协同。竞争的结果，一般说来，是其中某一序参量战胜其他序参量，并由它来独立地主宰系统。别的序参量或是与取胜了的那个序参量建立新的协同关系，作为新系统的一部分而存在，或是作为废弃因素排除出新系统之外。总之，事物从有序到无序，再到新的有序的变化过程，也就是协同中包含竞争、竞争破坏协同，又建立新的协同的过程。正是协同与竞争的辩证统一，推动了整个物质世界的不断演化、发展。

总之，系统辩证法与过程辩证法，都是以辩证法的联系范畴为逻辑根据的，是既平列而又互相渗透、互相补充的关系。它们各自从纵横两个方面发挥和具体化了联系范畴，发挥和具体化了辩证法的内容。

---

① ［奥］贝塔朗菲：《关于一般系统论》，《复印报刊资料》（自然辩证法），1985（3）。

正是在这个意义上说，现代系统论是对唯物辩证法的横向发挥和具体化。而这一发挥和具体化的哲学意义和实践意义是很重大的。

三、坚持唯物辩证系统观的重大意义

如上所述，一切事物都是以系统的形式相互联系、相互作用的，世界是系统的集合体；系统具有整体性、结构的有序性、自组织的优化性。系统是客观辩证法的一个根本特征。而主观辩证法是对客观辩证法的反映。所以系统观也就成为主观辩证法的根本内容之一。唯物辩证法是主观辩证法和客观辩证法的统一。所以，人们一旦从物质世界中揭示出客观存在的系统联系，那么，按照唯物辩证法的要求，系统观也就成为人们认识世界和改造世界的重要武器。

首先，坚持辩证唯物主义系统观，可以使唯物主义本体论获得进一步的说明。唯物主义本体论是把物质当作世界本质的唯物主义理论。它要论证自己，就离不开关于世界系统性的思想。系统是客观世界普遍存在的现象，它是世界物质统一性的表现。系统论说明，在宇宙间，从基本粒子到外星系，从社会到人，从无机界到有机界。从自然科学到社会科学，一切皆为系统，一切皆有系统。而任何一个系统又总是和其他系统这样或那样地相互联系、相互制约的。一些小系统相互联系、相互制约，组成大系统，一些大系统又相互联系、相互制约，组成了更大的系统，从而形成了纵横交错的层次网络。每一个系统既自我依存，又与其他系统相互依存。每一个系统的性质取决于它的整体结构，但又受制于更大的系统，并为更大的系统提供了某种基础，从而最终反映出客观世界是一个丰富多彩的多层次的复杂结构的统一整体。

其次，坚持辩证唯物主义的系统观，可以从理论上进一步证明世界的可知性，进一步证明逻辑与历史，以及辩证法、认识论与逻辑学的一致性。

有意识的人，是物质世界发展到一定阶段的产物，是物质世界系统的一部分。根据部分服从整体的原则，人以及人的认识系统，统一于世界物质系统。因此，作为认识主体的人和主体人的认识，都必然具有世界物质系统的系统质。所以，人能够与外界进行物质、能量和信息的交流。人对物事的反映，也就是人作为主体对外界信息进行能动的选择、吸收、译制和组合的过程。因此，世界能被人的认识所反映。

正因为思维的系统服从于整体的物质世界系统，所以物质系统运动的规律，同样也支配着思维系统的运动，这从而也就决定了逻辑与历史的一致性。又因为同样的系统规律支配着自然界、人类社会，这些规律又同样支配着人类的认识，贯穿于人们的逻辑思维中，所以，辩证法、认识论和逻辑学是一致的。

再次，坚持辩证唯物主义系统观，才能很好地坚持唯物主义历史观。在社会历史领域，唯心的“精神决定论”和机械的“经济决定论”在历史观上的失足，其中一个很重要的原因，都是违背了关于社会系统整体的思想，都是从孤立要素出发，沿着单线因果联系的片面思维去解释社会。唯心史观只看到精神因素的作用，并把它夸大为决定社会存在和发展的唯一力量。“经济决定论”只看到经济因素的作用，并把经济因素说成唯一决定的因素。在与唯心史观的斗争中，马克思恩格斯创立了唯物史观。恩格斯指出：“……根据唯物史观，.历史过程中的决定性因素归根到底是现实生活的生产和再生产。无论马克思或我都从来没有肯定过比这更多的东西。如果有人在这里加以歪曲，说经济因素是唯一决定性的因素，那么他就是把这个命题变成毫无内容的、抽象的、荒诞无稽的空话。”①

在任何系统中，决定作用从来不是唯一的、简单的，而是多重的、复杂的。社会系统也不例外。马克思主义在承认经济因素的优先地位的同时，并不否认上层建筑各种因素的作用。正如列宁指出的：马克思恩格斯的伟大功绩就在于，他们“是最先提出不仅必须分析社会生活的经济方面而且必须分析社会生活的各个方面这一问题的社会主义者”②。只有坚持以经济因素为主的各种社会因素综合作用的系统观点，才能科学地说明历史，说明私有制的出现和消灭、阶级的产生和灭亡，以及各种历史事变的来龙去脉，才能科学说明生产力高度发达的资本主义国家并没有发生社会主义革命，这一革命反而在相对落后的一些国家获得了成功，也才能进一步懂得，在我国建设“四化”的

① 《马克思恩格斯文集》第10卷，591页，北京：人民出版社，2009年。

② 《列宁全集》第1卷，131页，北京：人民出版社，1984年。

过程中，必须要坚持物质文明和精神文明一起抓。如此等等。总之，只有坚持辩证唯物主义系统观，才能很好地运用唯物史观去认识社会和改造社会。

最后，坚持辩证唯物主义系统观，对于我们进行社会主义现代化建设和其他各项工作，也具有重要的指导意义。辩证唯物主义系统观是一个有着丰富内容的理论体系，从中可以引出许多重要的方法论道理。比如，可以用系统整体的观点，指导关于各项事业发展的战略决策，选取总体的最优方案，可以用整体与部分相互关系的观点为指导，正确处理好经济上的宏观控制与微观搞活的关系。又比如，用系统结构决定系统性质的思想为指导，来建立人才的优化结构、领导班子的优化结构。另外，系统与环境的关系的理论，对于我们如何处理好自力更生与对外开放的关系，以及如何从外部创造条件，促进一个单位内部潜力的发挥等等都会有所启迪。

《矛盾论》的学习与研究*

70年风云变幻，70年卓越斗争，中国共产党领导中国人民走过了光辉灿烂的历程。中国革命和建设的胜利，是马克思主义哲学世界观的巨大成功，是这一世界观的中国表现——毛泽东哲学思想的胜利。我党《关于建国以来党的若干历史问题的决议》列举了包括《矛盾论》在内的毛泽东的重要哲学著作，认为这些著作“深刻地论述和丰富了马克思主义的认识论和辩证法”[①]，从而对中国人民的解放事业发挥了巨大的指导作用。因此，今天对《矛盾论》进行重新学习和研究，无疑是对我党诞生70周年的一种好的纪念，同时对我们坚持马列主义、毛泽东思想，贯彻党的十一届三中全会以来的路线、方针、政策，团结全党和全国人民努力实现现代化，建设中国特色社会主义，也是有重大意义的。

一、《矛盾论》是历史发展的产物

《矛盾论》是我们党的重要历史文献。要正确评价它，必须具有历史的眼光，要在广阔的背景下，来弄清《矛盾论》写作的历史条件。具体说来：

第一，中国共产党领导的人民革命是无产阶级世界革命的一部分。在世界近代史上，国际共产主义运动从西方兴起，进入20世纪以后，经过俄国，发展到东方。中国是一个半殖民地半封建的、拥有4.5亿人口和960万平方千米土地的东方大国，如何在这样一个国度中进行无产阶级领导的人民革命，这在世界上是没有先例的。正如列宁所指出的，

---

* 原刊于《安徽省委党校学报》，1991（4）。

① 中共中央文献研究室编：《三中全会以来重要文献选编》下，780页，北京：人民出版社，1982年。

东方各民族如何根据欧洲各国所没有的特殊情况来运用一般的共产主义理论和共产主义措施。这是“全世界共产党人所没有遇到过的一个任务”，因此，东方各民族的革命者必须“根据自己的经验来解决这种任务”[①]。中国共产党人就是在解决这个任务的过程中逐渐走向成熟，走向胜利的。《矛盾论》就是对解决上述任务的战斗历程进行哲学概括的重要著作之一。

第二，中国共产党人把马列主义的普遍真理和中国革命的具体实践相结合，走过了艰难曲折的道路。从客观方面来说，这是与中国的特殊国情相联系的。中国原是一个封建主义的古老帝国，从第一次鸦片战争起，中国变成为帝国主义各国掠夺侵略的对象。这样，旧的阶级矛盾依然存在，新的阶级矛盾和民族矛盾又已产生。整个中国社会的矛盾，呈现出纵横交错，内外交织，多层次、多头绪的局面。它不仅比“阶级对立简单化”的资本主义社会复杂得多，而且比“多级阶梯”的封建社会也远为复杂。在这样的情况下，要实现马列主义的普遍真理和中国革命具体实践的结合，必然是一个艰苦摸索的过程。从主观方面来说，中国共产党人是在对马列主义的理论方面准备不足的情况下，迫于民族斗争和阶级斗争的客观需要，走上中国革命的领导岗位的，这种在理论准备方面的缺陷极大地妨碍了马列主义的普遍真理与中国革命具体实践的结合。

另外，20世纪20年代后期和30年代前期，在国际共产主义运动中和我们党内盛行的把马列主义教条化，共产国际的决议和苏联经验神圣化的错误倾向，也严重妨碍了马列主义的普遍真理和我国革命具体实践的结合。教条主义者自封为百分之百的“布尔什维克”，以“马列主义”和“国际路线”的代表自居，无视当时中国的国情，否定中国社会矛盾的特殊性，对共产国际的决议和苏联经验，不管中国的实际情况如何，不问是否行得通，一律照抄、照搬、照办，从而使中国革命事业遭到严重损失。《矛盾论》就是从唯物辩证法的理论高度上，反对主观主义，特别是对王明教条主义的清算。

第三，上述情况也从一个方面说明，《矛盾论》的问世，是我们党在哲学理论上达到成熟的标志之一。如果不是这样，可以说，也就根

① 《列宁选集》第4卷，79、80页，北京：人民出版社，2012年。

本写不出《矛盾论》这样的著作。

实践是理论的来源。从实践方面来说，从中国共产党成立到《矛盾论》问世的16年中，我们党经历了统一战线的建成与破裂、大革命的胜利和失败，以及在严重失败以后，经历了独立自主、艰难地创立和扩大红军和农村革命根据地，为保卫红色政权而艰苦斗争的时期。在这一系列斗争中，我们党取得了正反两个方面的经验，对中国历史、中国社会、中国革命，在认识上都获得了巨大的进步，从而确立了对中国革命的性质、对象、任务和前途的正确认识，指明了中国革命的具体道路，制定了党的正确的路线、方针、政策和战略策略。

也就是说，我们党在马列主义的指导下，已经能从中国的特殊国情出发，独立地解决中国革命的问题。这样，才为《矛盾论》的写作提供了客观基础。这也就是《矛盾论》中所包含的丰富的中国革命实践经验和现实政治斗争、军事斗争内容的根据所在。诚然，《矛盾论》不是经验形态的东西，而是有着明确的哲学观点和深刻的哲理形态的著作。正因为如此，所以《矛盾论》具有永久的普遍指导意义，同时，它也是我党的中央领导在革命辩证法的理论方面达到成熟的一个标志。

正如任何新理论、新观点都离不开对先前理论的学习和继承一样，《矛盾论》也不例外。首先，它是对马克思恩格斯和列宁辩证法思想的直接继承，同时它也吸取了中国古代辩证法的思想材料，以及当时国内外哲学思想的发展成果，其中主要是吸收了苏联20世纪30年代的一些哲学家的研究成果。但是在承认这些影响的同时，必须肯定《矛盾论》的写作主要是毛泽东自己的理论成就和理论创造。关于这一点，本文后面还将作详细的说明。

总之，《矛盾论》是历史的产物，它体现了马克思主义唯物辩证原理与中国革命具体实践的结合。

二、《矛盾论》的写作及基本思想

毛泽东在1937年曾给中国抗日军政大学讲授哲学课，为此写了《辩证法唯物论》（讲授提纲）。其中的对立统一规律部分，以后单独发表时命名为《矛盾论》。毛泽东本来准备系统地讲授唯物辩证法的规律和范畴，但是在写出和讲完对立统一规律后，由于别的任务繁忙，一直没有来得及再写和讲授其他部分。

《矛盾论》最早的版本是油印本，份数很少。延安报纸曾发表了其中的一部分。40年代，解放区出版过《矛盾论》单行本。这个单行本比起1937年的讲义来，有了很大的修改，主要是删去了批判形式逻辑的部分，增加了马恩列斯的语录，增加了批判教条主义的段落，增加了一些原理。如关于从特殊到一般，又由一般到特殊的认识秩序，关于分析矛盾的普遍性和特殊性的相互联结，关于主要矛盾方面决定事物的性质等等。有的原理也作了一些修改。

1952年，《矛盾论》在全国重新发表，又作了一些修改。如删掉了我们是内因论者的提法；把矛盾两个方面总是不平衡的，改为基本形态是不平衡的；删去了母体和胎儿在分娩时是对抗性矛盾的例子等。

毛泽东历来认为理论是随着实践的发展而发展的。在50年代末，他曾表示过，《实践论》和《矛盾论》都已经不够了，需要概括新的经验，写出新的著作。他希望能把《矛盾论》和《实践论》重新改写一下。可惜的是，由于种种原因，他没有实现这个夙愿。

以上情况说明，毛泽东的治学态度是十分严谨的。同时也说明，虽然几经修改，但《矛盾论》从写作到1952年重新发表，所表达的基本思想在原则上是一贯的，是经过实践反复证明了的，是不能违背的。

《矛盾论》的基本思想是什么呢?

为了回答这个问题，让我们较为全面地叙述一下《矛盾论》所阐明的一系列哲学观点。

《矛盾论》除前言外，共分七个部分：（1）两种宇宙观；（2）矛盾的普遍性；（3）矛盾的特殊性；（4）主要的矛盾和主要的矛盾方面；（5）矛盾的同一性和斗争性；（6）对抗在矛盾中的地位；（7）结论。这是全文的总结。

在《两种宇宙观》中毛泽东考察了认识史上辩证法和形而上学斗争的历史，揭示了唯物辩证法与形而上学的根本分歧，指出唯物辩证法并不仅仅一般地承认宇宙间的一切都是运动、发展的，而且“主张从事物的内部、从一事物对他事物的关系去研究事物的发展”，并且认为：“事物发展的根本原因……在于事物内部的矛盾性”；“一事物和他事物的互相联系和互相影响则是事物发展的第二位的原因”[①]。

在《矛盾的普遍性》中，毛泽东继承了马列主义关于矛盾普遍性的原理，从最高层次上，概括出了一切矛盾的共性。即“矛盾存在于一切事物的发展过程中”，“每一事物的发展过程中存在着自始至终的矛盾运动”[②]。这就是说，时时有矛盾，处处有矛盾，没有矛盾就没有世界，没有事物。

在《矛盾的特殊性》中，毛泽东集中论述了矛盾特殊性的原理。可以说，这是《矛盾论》中最为精彩的部分。因为下面还将对此作重点说明，故在这里从略。

在《主要的矛盾和主要的矛盾方面》中，毛泽东分析了矛盾特殊性的两种情况。第一，在复杂事物的发展过程中，主要矛盾和次要矛盾所处地位和作用的特殊性及其相互转化。据此，毛泽东提出了抓住主要矛盾的思想。第二，在矛盾的两个方面中，主要方面和次要方面的特殊性及其相互转化，指出矛盾的主要方面决定事物的性质，“取得支配地位的矛盾的主要方面起了变化，事物的性质也就随着起变化”[③]。

在《矛盾诸方面的同一性和斗争性》中，毛泽东分析了矛盾的两重属性：同一性和斗争性。指出矛盾同一性有如下两层涵义：“第一、事物发展过程中的每一种矛盾的两个方面，各以和它对立着的方面为自己存在的前提，双方共处于一个统一体中；第二、矛盾着的双方，依据一定的条件，各向着其相反的方面转化。”[④]矛盾的同一性是相对的，矛盾的斗争性是绝对的。有条件的相对的同一性和无条件的绝对的斗争性相结合，构成了一切事物的矛盾运动。

在《对抗在矛盾中的地位》中，毛泽东分析了矛盾斗争的对抗性形式和非对抗性形式的特殊性，及其相互转化，指出：“对抗只是矛盾斗争的一种形式，而不是它的一切形式，不能到处套用这个公式。”[⑤]

毛泽东在以上六个方面作了许多重要的阐述，那么能否在这些繁多丰富的内容中找出带有根本性的东西呢，也即上文所说的贯穿全书

① 《毛泽东选集》第1卷，301页，北京：人民出版社，1991年。
② 《毛泽东选集》第1卷，305页，北京：人民出版社，1991年。
③ 《毛泽东选集》第1卷，323页，北京：人民出版社，1991年。
④ 《毛泽东选集》第1卷，327页，北京：人民出版社，1991年。
⑤ 《毛泽东选集》第1卷，336页，北京：人民出版社，1991年。

的一个基本思想呢？应该说这是确定无疑的。这个基本思想就是毛泽东称之为事物矛盾问题的精髓的东西，即共性个性、绝对相对相互关系的原理。

事实上，《矛盾论》中所论述的关于对立统一规律的许多原理本身及其相互关系都是围绕着这个基本思想来展开的。例如，矛盾是一切事物发展的动力，讲的是矛盾的共性、绝对性，而内部矛盾是事物发展的根本原因，外部矛盾是事物发展的第二位的原因，讲的就是矛盾的个性、相对性；矛盾处处在、时时在，讲的是矛盾的共性、绝对性，事物的矛盾（包括主要矛盾和次要矛盾）及其矛盾的各个侧面（包括主要方面和次要方面）都各有特点，讲的是矛盾的个性、相对性；事物在一定条件下的同一性，这又是讲的个性、相对性，但矛盾斗争是无条件的、永恒的，讲的又是共性、绝对性；矛盾斗争必采取一定的形式，这是共性、绝对性；斗争形式又是各式各样的（包括对抗性形式和非对抗性形式），这又是讲的个性、相对性。如此等等。从这里我们可以得出一条结论，即共性个性、绝对相对的道理是贯穿《矛盾论》全书的主线，它是我们理解《矛盾论》的一条基本思路。

三、《矛盾论》对唯物辩证论的发展

研究《矛盾论》对唯物辩证论的发展，可以从两个角度：一是从矛盾学说各个局部的角度，二是从矛盾学说总体的角度。

从矛盾学说各个局部的角度来说，《矛盾论》系统地阐述了对立统一规律的各个方面。在内外因关系上，强调了内因的决定作用；在矛盾普遍性、特殊性关系上，着重论述了矛盾的特殊性；在矛盾同一性、斗争性关系上，用较多的篇幅说明了矛盾的同一性；在矛盾斗争的绝对性和斗争形式的多样性上，阐明了斗争形式的多样性。在上述这些方面的每一个方面，《矛盾论》都对唯物辩证论有所贡献。因为，从矛盾学说各个局部角度来研究《矛盾论》对唯物辩证法的发展，是有意义的，必要的。多年来，不少同志从这个角度进行研究，取得了不少成果，这是应该肯定的。

但是仅仅从这个角度进行研究，还是不够的。因为这种研究方法容易使人脱离总的联系，而对具体原理进行孤立的研究。按照系统论的观点，这种对每一局部进行的孤立研究，虽然是人们获得对事物整体认识所必备的前提，但这种研究本身并不能使人们获得对事物整体的认识，而且对每一局部的研究，也只有在系统中才能深刻阐明它的内容。因此，在这个意义上可以说，从总体的角度来研究《矛盾论》对唯物辩证论的发展，其意义是更为重要的。甚至可以说，在《矛盾论》研究工作中，要获得新的突破 必然要采用这种方法。

下面试从总体的角度，分三个方面来说明《矛盾论》对唯物辩证论的发展。

第一，在唯物辩证论的发展史上，《矛盾论》第一次建立了关于分析复杂事物矛盾运动的逻辑体系。

《矛盾论》所分析的不是简单事物的矛盾运动，而是复杂事物的矛盾运动，要指导人们去解决的不是一个矛盾，而是多个矛盾所构成的矛盾体系。《矛盾论》中所论述的内部矛盾和外部矛盾、共同性矛盾和特殊性矛盾、主要矛盾和次要矛盾、矛盾诸方面（而不仅仅是两方面）的同一性和斗争性，以及斗争形式的多样性，等等，讲的都是怎样分析复杂事物的矛盾运动。《矛盾论》就是这样一本阐述关于如何分析复杂事物矛盾运动的逻辑体系的哲学专著。这在过去是没有的。

在自由资本主义时代，马克思恩格斯在总结国际工人运动的实践经验的基础上，改造了黑格尔的唯心辩证法，创立了唯物辩证法，并运用唯物辩证法的原理，分析了资本主义社会的复杂现实的矛盾，写成了巨著《资本论》。但是，他们并没有抽出来写这种分析现实复杂矛盾的逻辑的著作。正如列宁所说，他们只遗留下“辩证法的局部情况”，即“资产阶级社会的辩证法”，没有能够把它扩展为“一般辩证法的阐述（以及研究）方法”[①]。列宁在帝国主义和无产阶级革命的时代，继承了马克思辩证法的成就，总结了这一时代无产阶级革命的经验，强调了对立统一规律是辩证法的实质和核心的思想。他运用对立统一规律分析了帝国主义的现实复杂的矛盾。但是他也没有专门写作怎样分析现实复杂矛盾的逻辑的著作。列宁在《黑格尔〈逻辑学〉一书摘要》中，比较详细地表述了辩证法的十六个要素，其中有六个要素是直接关于对立统一规律的内容的。但是列宁并没有加以“说明和

① 参见［俄］列宁：《哲学笔记》，409页，北京：人民出版社，1974年。

发挥”。

20世纪30年代，苏联有关的哲学著作和哲学教科书中，虽然已经提出了《矛盾论》中的不少命题，例如，矛盾的普遍性和特殊性、矛盾的主要方面和次要方面、矛盾对抗、内因外因、根据条件等等。但这些命题在有关的书中，还只是孤立的个别论述，并没有能揭示出这些命题之间的本质联系，没有能构成或综合为关于矛盾学说的逻辑体系。

在《矛盾论》问世以前，毛泽东的许多著作，例如《中国社会各阶级的分析》《湖南农民运动考察报告》《关于纠正党内的错误思想》《星星之火，可以燎原》《反对本本主义》《中国革命战争的战略问题》等，其中虽然已经形成了后来《矛盾论》中的许多思想，但是这些著作也还只是运用对立统一规律分析中国社会、中国各阶级和中国革命的现实矛盾的著作，并不是专门分析复杂事物矛盾运动的哲学著作，而只有《矛盾论》才是这样的著作。

《矛盾论》抓住了矛盾学说各个命题之间的内在联系，按照逻辑的顺序，展示了矛盾学说的内部结构。《矛盾论》中“两种宇宙观”“矛盾的普遍性”“矛盾的特殊性”“主要的矛盾和主要的矛盾方面”“矛盾诸方面的同一性和斗争性”“对抗在矛盾中的地位”等，就是遵循逻辑的顺序，逐层次、逐环节论述的。这个逻辑顺序不是主观臆造的，而是对人类关于复杂事物矛盾运动的认识程序的正确描绘和反映。

人们认识一个复杂事物的程序是怎样的呢？开始是认识这个事物的多种多样的联系和运动，然后从这多种多样的联系和运动中，区别出内部联系和外部联系，从而揭示出事物运动的根据和条件；继而找出一事物与外部事物之间、一事物内部诸矛盾之间，以及矛盾诸方面之间的共性和个性，把握这一事物的主要矛盾、矛盾的主要方面及其基本特点，从而揭示事物的根本性质；最后，进一步认识矛盾诸方面同一和斗争的复杂关系，选择正确的斗争形式，推动矛盾的解决。如此层层深入，由认识事物的一级的本质，到二级的本质，到更深刻的本质。

《矛盾论》所建立的就是这样一个分析复杂事物矛盾运动的逻辑体系。当然这个体系不是封闭的，还有待于发展，其中的每个部件是否都那么完全适合，这也可以研究，但是那也只是在局部上完善的问题，整个体系毕竟是建立起来了。当然这样说，也并不否认前人，包括毛泽东本人早年对矛盾学说所作的贡献。认识史说明，任何科学体系总是在以前积累的大量的经验材料和思想材料的基础上，经过综合而建立起来的。

那么，毛泽东为什么能够建立这样一个关于分析复杂事物矛盾运动的逻辑体系呢？除了实践方面的原因以外，从理论方面来说，是因为毛泽东把握住了建立这一整个体系的主干。这也就是下面所要讲的《矛盾论》发展了唯物辩证论的又一重要方面。

第二，《矛盾论》第一次提出了关于事物矛盾问题的精髓的理论，并极大地深化了矛盾特殊性的原理。

在唯物辩证法学说的发展史上，列宁之所以能揭示唯物辩证法各规律和范畴之间的内在联系，从而展示了唯物辩证法的逻辑结构，重要的原因是列宁把握住了唯物辩证法的更深层次的东西，即作为唯物辩证法的本质和核心的对立统一规律。《矛盾论》也正是因为抓住了矛盾学说的更深层次的东西，即作为“事物矛盾的问题的精髓”的“共性个性，绝对相对的道理”[①]，才构成了上述关于分析复杂事物矛盾体系的逻辑结构。共性个性、绝对相对的道理之所以是事物矛盾问题的精髓，综合《矛盾论》的有关论述，有这样三点理由：

其一，它是客观事物矛盾辩证法的总概括。因为矛盾的普遍性和特殊性这两个相互联系的属性，以及矛盾的同一性和斗争性这两个相互联系的属性，这两对属性各自之间的关系，既是共性和个性的关系，又是绝对相对的关系。

其二，共性个性、绝对相对的道理反映了人们研究事物矛盾的认识过程的辩证法。人的认识过程就是从个别到一般，再从一般到个别的过程。在这个过程中，人们的认识也不断地从相对真理走向绝对真理。

其三，共性个性、绝对相对的道理概括了人们改造世界的辩证规律。因为这个道理是理论同实际相结合、马克思主义的普遍真理同各国革命的具体实践相结合、一般号召与个别指导相结合的理论基础。

正是为了充分说明这一关于事物矛盾问题的精髓的理论，《矛盾

① 《毛泽东选集》第1卷，320页，北京：人民出版社，1991年。

论》对矛盾特殊性原理作了集中、深入的阐发。

马克思主义经典作家曾经强调，事物各有特点，要对具体情况作具体分析。例如：马克思讲到研究生产，主张要研究“一定社会发展阶段上的生产”[①]。恩格斯讲研究运动，强调要研究运动形式的特殊性[②]。列宁把“对具体情况作具体分析”，看作“马克思主义的精髓，马克思主义的活的灵魂”[③]。斯大林强调“一切都在变化，一切都以时间和地点为转移，所以我们就应当根据具体情况提出问题”[④]。革命导师的这些光辉论述都是众所周知的，但是这些思想还缺少哲学的概括，还没有形成相应的哲学范畴。20世纪30年代苏联有关的哲学书籍把马恩列斯的上述思想概括为矛盾特殊性这一概念，这无疑是一个进步。但是并没有对此作集中深入的分析，也没有揭示这一原理在整个矛盾学说中的地位和作用。这一工作是由《矛盾论》来完成的。这表现在：

首先，《矛盾论》充分论证了分析矛盾特殊性的重要性。强调这是认识世界和改造世界的基础。认识矛盾的特殊性才能把握事物的特殊的本质，才能区别事物。另外，只有认识矛盾的特殊性，才有可能用不同的方法去解决不同的矛盾。

其次，《矛盾论》从方法论的角度，概括了指明了矛盾特殊性原理的可操作性原则。即要抓住矛盾特殊性的五种情况。这里包括：要从各个运动形式、各个事物、各个过程、各个阶段、矛盾的各个方面等诸因素或诸环节的有机统一上去分析和把握矛盾的特殊性，从而坚持了矛盾特殊性原理的全面性和彻底性。

再次，《矛盾论》集中论述了有重要意义的几种矛盾特殊性，从而坚持了矛盾性原理的重点性。《矛盾论》提出了内部矛盾决定论（注意，这是在外因作为条件的情况下），主要矛盾决定论，矛盾主要方面决定论诸观点，为人们分析和解决复杂的矛盾提供了指导性原则。

最后，《矛盾论》揭示了矛盾特殊性原理与矛盾学说中其他原理的内在联系，从而说明了矛盾特殊性原理在整个矛盾学说体系中的地位。这里有两层意思:一是《矛盾论》揭示了矛盾特殊性与矛盾普遍性的关

---

① 《马克思恩格斯文集》第8卷，6页，北京：人民出版社，2009年。

② 《马克思恩格斯文集》第9卷，513页，北京：人民出版社，2009年。

③ 《列宁选集》第4卷，213页，北京：人民出版社，2012年。

④ 《斯大林全集》第1卷，211页，北京：人民出版社，1953年。

系；二是在上述基础上，《矛盾论》揭示了这个关于矛盾的共性个性、绝对相对的道理，在矛盾学说体系中的地位。指出:“这一共性个性、绝对相对的道理，是关于事物矛盾的问题的精髓”，并强调：“不懂得它，就等于抛弃了辩证法。”[①]

由此可见，《矛盾论》中关于矛盾特殊性和事物矛盾问题的精髓的理论，是《矛盾论》对唯物辩证法的重大发展。

第三，《矛盾论》是在社会生活的众多领域应用和发展辩证论的光辉范例。

《矛盾论》是唯物辩证论原理和中国革命的具体实践相结合的产物。它的问世又反过来促进了人们认识世界、改造世界的斗争，促进了唯物辩证论在社会生活许多领域的应用和发展。在这一方面，《矛盾论》本身就是很好的榜样。

例如，关于党的建设的辩证论，《矛盾论》中就有多处论述。《矛盾论》在论述了内因是根据，外因是条件的原理以后，接着就指出:“一个政党要引导革命到胜利，必须依靠自己政治路线的正确和组织上的巩固。”[②]在《矛盾的普遍性》中又指出：“党内不同思想的对立和斗争是经常发生的，这是社会的阶级矛盾和新旧事物的矛盾在党内的反映。党内如果没有矛盾和解决矛盾的思想斗争，党的生命也就停止了”[③]，如何进行党内斗争呢？在《对抗在矛盾中的地位》中指出：“党一方面必须对于错误思想进行严肃的斗争，另方面又必须充分地给犯错误的同志留有自己觉悟的机会。”[④]并接着批判了王明教条主义者在党内搞过火斗争的错误做法。以上所引的这些论述，可以说，都是关于党的建设的活生生的辩证法。

另外，军事斗争中，敌我力量消长的辩证论；统一战线中，综合联合和斗争的两方面策略的辩证论；在国际关系中，外部的影响通过各国内部和中国内部自己的规律性而起作用的辩证论；在革命过程中，困难局面转化为顺利局面的辩证论；认识运动中，有限与无限、个别与一般相互转化的辩证论，以及如何分析矛盾、解决矛盾的一系列辩

① 《毛泽东选集》第1卷，320页，北京：人民出版社，1991年。
② 《毛泽东选集》第1卷，303页，北京：人民出版社，1991年。
③ 《毛泽东选集》第1卷，306页，北京：人民出版社，1991年。
④ 《毛泽东选集》第1卷，335页，北京：人民出版社，1991年。

证论的思想方法、工作方法和领导方法等重要内容，《矛盾论》中都有大量丰富的论述。可以说，这是《矛盾论》对唯物辩证论的又一方面的重要发展。

四、《矛盾论》在中国革命中的作用

毛泽东思想有它的科学体系，这是无疑的。但如何正确表述这个体系，目前学术界尚有争论，想必将来会有定论的。由于这一方面的原因，所以要说明《矛盾论》在毛泽东思想体系中的地位，就有一定的困难。因此，下面只就《矛盾论》与毛泽东思想的几个基本方面之间的关系来谈一点粗浅的看法。

什么是毛泽东思想的基本方面呢？十一届六中全会的《决议》指出有三点，即“实事求是，群众路线，独立自主”[①]。这三个基本方面的理论概括，虽然是《矛盾论》问世以后的事情，但是这三个方面的思想及其哲学根据，毛泽东早在《矛盾论》中就提出来了。

实事求是，就是从实际出发，理论联系实际，把马克思主义的普遍原理同中国革命的具体实践相结合。这一结合的认识论根据，就是《实践论》中所阐明的，认识和实践即知和行的统一观。这一结合的辩证法根据，就是《矛盾论》中所阐明的，共性与个性即一般与个别相互关系的原理。

按照《矛盾论》的观点，共性寓于个性之中，无个性即无共性，所以不仅要研究客观事物的矛盾的普遍性，尤其重要的是要研究矛盾的特殊性。对于不同性质的矛盾，要用不同的方法去解决。因此把握矛盾的特殊性，是我们做好一切工作的基本点。

正因为如此，所以毛泽东在分析和解决中国革命的问题时，总是把“认清中国的国情”作为“认清一切革命问题的基本的根据”[②]。而要把握矛盾的特殊性，把握中国的特殊国情，那就必须坚持实事求是的原则，就必须从实际出发，从中国社会、中华民族、中国革命的具体实际出发，从分析这些事实中找出路线、方针、政策和办法来。当

① 中共中央文献研究室编：《三中全会以来重要文献选编》下，779页，北京：人民出版社，1982年。

② 《毛泽东选集》第2卷，633页，北京：人民出版社，1991年。

然这种分析离不开理论的指导，离不开运用马克思主义的立场、观点、方法。所以毛泽东又历来主张，要坚持实事求是，就必须坚持理论联系实际，把马列主义的普遍真理和中国革命的具体实践相结合。正是因为实现了这种结合，才产生了适合中国国情的科学指导思想“毛泽东思想”。毛泽东思想就是马列主义的普遍原理同中国革命的具体实践相结合的产物。

群众路线是毛泽东思想的又一基本方面。群众路线，就是一切为了群众，一切依靠群众，从群众中来，到群众中去。为什么要坚持群众路线呢？从《矛盾论》的观点来看，这是因为要认识矛盾的特殊性，要认识中国革命的特殊性，就必须大兴调查研究之风，就必须向群众做调查，就必须在群众的斗争实践中，了解情况，详细地占有材料。这就是从群众中来。然后在马列主义一般原理的指导下，加以科学的分析和综合的研究，从中引出正确的结论，找到解决特殊矛盾的特殊方法，指导人们去从事改造世界的斗争。这也就是到群众中去。《矛盾论》中所揭示的“由特殊到一般”又“由一般到特殊”的认识过程，同时也就是从群众中来，到群众中去，领导和群众相结合，一般号召和个别指导相结合的过程。这里正是体现了唯物辩证论的认识论和党的群众路线的统一。

作为毛泽东思想另一个基本方面的独立自主、自力更生，也是从《矛盾论》所必然引出的结论。外因是条件，内因是根据。中国的革命事业需要国际上的相互支援，但主要必须依靠中国人民自己的努力。只有中国人民自己才最了解中国的矛盾特殊性，中国的问题也只有靠中国人民自己从中国的国情出发来解决。这是任何外国人、任何国际中心所不能，也无法替代的。所以独立自主、自力更生是我们从事革命、建设、治国安邦的一条根本原则。

由此可见，《矛盾论》并不仅仅是一般的哲学理论著作，也不仅仅是在理论上发展了唯物辩证论，而是在唯物辩证论一般原理指导下，为解决中国革命的一系列根本问题提供了正确的指导性原则的著作，是一本为毛泽东思想体系奠定了唯物辩证论基础的著作。

正因为《矛盾论》在毛泽东思想体系中占有如此重要的地位，因而它对中国革命发挥了巨大的指导作用。从历史上来说，《矛盾论》从思想根源上彻底清算了在一个时期中占统治地位的教条主义，这为后来1942年的整风运动，形成全党在思想上、政治上、组织上的一致，打下了基础。从而保证了我们党更加紧密地把中国人民团结在自己周围，赢得了抗日战争、解放战争的胜利，从而成立中华人民共和国。

现在，我们重新学习和研究《矛盾论》，无疑地，对统一全党和全国人民的思想，加速中国特色社会主义现代化建设，也有着重大的现实意义。正如江泽民在国庆40周年讲话中所指出的："鉴于世界和中国的许多新情况、新问题，鉴于我们党在中国社会主义建设中担负的重大责任和在国际共产主义运动中所处的重要地位，有必要把学习和研究马克思主义基本理论，在马克思主义指导下研究和探讨当代重大的政治、经济、社会理论问题，作为一项紧迫任务，提到全党面前。在党内首先是党的高级干部中，要提倡认真学习和研究马克思列宁主义、毛泽东思想基本理论，特别是学习和研究马克思主义哲学，掌握科学的世界观、方法论。"因此，学习和研究《矛盾论》也是现实斗争的需要。

当然，《矛盾论》作为历史的产物，也难免要受到当时历史条件的局限。因此，《矛盾论》有某些不足之处，也是不足为怪的。恩格斯曾说："社会主义自从成为科学以来，就要求人们把它当作科学看待，就是说，要求人们去研究它。"①恩格斯的这一论述，对于《矛盾论》也同样是适用的。如上所说，这也是符合毛泽东本人意愿的。所以研究和克服《矛盾论》中的某些不足之处，并在新的历史条件下加以发展和完善，则是新一代马克思主义者应抱的科学态度和应该承担的任务。

① 《马克思恩格斯文集》第2卷，219页，北京：人民出版社，2009年。

一切矛盾的双方都是同时产生的*

王玉海同志在《东岳论丛》1988年第1期发表了《论矛盾的形成方式》。王文认为“从时间的角度看，矛盾的形成方式大体可以划分为三类。”“一、矛盾着的双方在同一个统一体内同时产生”；“二、矛盾着的双方并非同时产生，而是后产生的一方与先存在的一方构成了矛盾”；“三、矛盾双方不一定同时产生，但在构成矛盾关系时却同时存在”。我认为，王文关于有的矛盾双方并非同时产生的观点，在理论上犯了一个常识性的错误。虽说是常识，但其背后却又涉及一个基本的哲学理论，即如何正确理解矛盾的本质问题。所以，有加以辨明之必要。

什么是矛盾，从它所包含的内容来说，我认为，可以作这样两个层次的分析。首先，它是正相反对的两个方面。或者说，只有正相反对的两个方面才构成矛盾。其次，作为矛盾的正相反对的两个方面存在着既对立又统一的关系。正因为这两个方面正相反对，所以是对立的；又正因为是正相反对，因而它们又是互相依存，不能分离、联结和统一的。概括起来说，矛盾就是具有对立统一关系的两个方面所构成的统一体。

黑格尔就是这样论述矛盾的。他说:“本质的差别即是‘对立’。在对立中，有差别之物并不是一般的他物，而是与它正相反对的他物；这就是说，每一方面只有在它与另一方面的联系中才能获得它自己的〔本质〕规定，此一方只有反映另一方，才能反映自己。另一方也是如此；所以，每一方都是它自己的对方的对方。”[①]这里明确说明了矛盾是“正相反对”的两个方面。为了突出、强调起见，黑格尔还特别在“正相反对”四字下面打上了着重号。正因为如此，所以黑格尔断言:

---

* 原刊于《东岳论丛》，1988（6）。

① ［德］黑格尔：《小逻辑》，贺麟译，254—255页，北京：商务印书馆，1980年。

“在每一个规定中就包含着它的对立面。……而每个另一方都是这样另一方的另一方。”[①]由此，所引出的必然的结论就是：一切矛盾的双方都只能是同时产生的。

王文在论述不能把“矛盾双方同时产生这种情况”“普遍化、绝对化”时举例说:“在物质与意识的矛盾关系中，物质可以脱离意识而存在，而意识不可能脱离物质而独存，说没有物质就没有意识可以，说没有意识就没有物质则不可。”

王文的这一论证是不能成立的。从上面关于矛盾的本质规定可知，如果承认矛盾一方可以先于另一方而存在，那就必然会陷入这样一个理论怪圈，即作为矛盾一方的物，在“先于”的这一段时间里，可以不与另一方相联系而存在，即可以不通过与另一方结成的正相反对的关系而存在，既然是这样，那么这个物作为矛盾的一方也就不能成立了，因而也就更谈不上矛盾一方可以先于另一方而存在。

至于用“物质在先，意识在后”作为事例来证明矛盾一方先于另一方而产生的观点，也是没有丝毫说服力的。对于唯物主义者来说，承认物质在先，意识在后，意识是物质所派生的，这是毫无疑问的。但是物质的先在性与意识的后在性是相对而言的，是同时存在的。在人类及其意识没有产生以前，物质自然是存在的。如果把自然界作为整体，那么它是从来就有的，并且一直要存在下去，物质自然界的存在是永恒的。因而相对于自身来说，无所谓先与后。只有当意识产生的同时，相对于意识的后在特性，物质自然界也才获得了先在特性。因此，那种用物质先在、意识后在这一事实来论证矛盾双方不是同时产生的观点，是不妥的！

在物质和意识之间，除了物质的先在性与意识的后在性作为矛盾的双方同时存在以外，还存在其他的矛盾关系。比如，物质的客观实在性与意识的主观性，物质的可知性与意识的反映性等关系也都是矛盾关系。上述矛盾的双方也都是同时存在的。即这些矛盾双方是相对而言的，是从它的对方来规定自身的。比如，物质的客观实在性是以不依意识为转移来规定自身的；同样，意识也是从物质，即从特殊的物质人脑的机能，从意识是客观存在的反映来规定自身的。

① ［德］黑格尔:《逻辑学》，杨一之译，247页，北京：商务印书馆，1966年。

为了说明矛盾双方并非同时产生的观点，王文还列举了如下两个事实。一是“历史上，地球曾多次与宇宙中的小星体相撞。相撞之前，双方并非同时产生，但却在相撞形成矛盾关系之际，双方同时存在”。二是“当帝国主义侵略中国之后，中国与帝国主义国家之间的矛盾便产生了。在形成这些矛盾关系之前；双方并非同时产生，但在构成矛盾关系时却同时存在”。而当“矛盾解决之后，矛盾双方还可各自继续存在着。在这种情况下，谈不上没有甲就没有乙，没有乙就没有甲，失去一方，他方就不存在的局面”。

这一段行文自相矛盾，逻辑混乱。在矛盾关系尚未形成之前，哪有矛盾双方存在，谈论没有矛盾关系的所谓矛盾双方，岂不可笑。在矛盾解决以后，哪有还可继续存在的矛盾双方，谈论解除了矛盾关系的所谓矛盾双方的存在，岂不荒唐。

在这里，我认为，王文在理论上失足的地方在于，他把矛盾的两个对立面和作为它们的载体的两个实体混为一谈了。矛盾的两个对立方面只能在相互规定中存在，而作为载体的实体则可以独立存在，其中一个不必以另一个为自己存在的前提。比如中国和日本作为两个实体是独立存在的，各自有自己形成和发展的历史。但是在抗日战争时期，作为以日本为载体的侵略者一方，与作为以中国为载体的被侵略者一方，是同时产生、互相联系而存在的。随着抗日战争的胜利结束，作为侵略者和被侵略者这两个对立面，也就随着矛盾的解决而必然消灭。但原先作为中日战争这个矛盾对立面载体的日本和中国这两个实体并没有随着中日战争这个矛盾的解决而消失。

为了通俗起见，还可以用下面这个事例来加以说明。比如具有婚姻关系的男女双方，作为矛盾的对立面，他们被称之为夫和妻，这两个对立面是同时产生、相互规定的，谁也离不开谁，失去一方，他方就不存在。但是作为这个矛盾对立面载体的男人和女人这两个具体的实体，他们的出生和死亡并不一定具有同时性，并没有必然的依存关系。

由此可见，虽然矛盾的对立面总是依托于一定的实体而存在的，但两个事物具有对立面的性质，并不是因为它们与实体相联系，而是因其具有对立统一的关系。因此，构成矛盾的对立面与作为矛盾对立面载体的实体是不同的。两个不相关的实体无所谓关系可言，更谈不上是什么矛盾的对立面。另外，两个实体之间所发生的关系，也并非都属矛盾关系，它们还具有其他内容的关系。但作为两个对立面之间的关系，只能是矛盾关系。在这种关系中，矛盾双方同时产生、相互依存，互为规定。因此，王文把矛盾的对立面和作为其载体的实体混同起来是不对的，把作为载体的实体之间的不相依存，说成矛盾对立面之间的不相依存，也是错误的。由此所引出的关于矛盾双方并非同时产生的观点，也是不能成立的，是背离了辩证法关于矛盾本质的科学规定的。

外因内化而起作用的普遍性及其意义*

外因作为条件通过内因而起作用，这是对外因作用的通常表述。在这里作为条件的外因对特定的过程起着催化剂或助产婆的作用,即加速或延缓作用，并使事物发展显示出特定的外貌。但是能否由此认为，这是对外因作用的全面的真理性的认识呢？不能。人类实践和现代科学的发展已经在这一方面为我们提供了许多新的素材，启发我们去进行新的概括和总结，去丰富和发展既有的关于外因作用的真理性认识。正是基于这种思考，笔者认为，外因不仅可以作为条件通过内因而起作用，而且在一定条件下，外因可以转化为内因而起作用。

一、外因内化原理的普遍性

外因内化而起作用的原理，简称外因内化原理。这是一个具有普遍性的原理。对此，下面从以下四个方面来加以说明。

首先，在教育学理论中，学生的生理、心理等各要素的内在构成是其成长的内因，教师是学生成长的外因，这是没有争议的。但是在如何看待教师在学生成长过程中的作用问题上，就存在两种不同的观点。一种观点认为，内因是根据，外因是条件，外因通过内因而起作用。因而，学生如果不好好学，那么再好的老师也不起作用。另一种观点认为，名师出高徒，再差的学生，只要有好老师教，也会有进步。不难断定，第一种观点无疑有其真理性，但同样，第二种观点也并非虚言，它确实是对古今中外许多教育家成功经验的总结。比如爱尔维修就说过：即使是普通的孩子，只要教育得法，也会成为不平凡的人。那么，关于教师在学生成长过程中作用的这两种观点，如何从内因外

* 原刊于《哲学动态》，1993（6）。

因关系的理论去加以说明呢？很显然，既有的理论，即外因作为条件通过内因而起作用的理论已经不够用了。必须依据事实，提出新的理论，即教师作为外因不仅可以对学生的成长起条件作用，这里包括教师的指导、示范和督促等作用，而且教师作为外因，他的人格、才能、学识等各个方面，经过学生的接收、移化，从而变成学生的内在追求，变成学生内在要素的一部分。由教师要求学生学，转变成了学生的我要学。也就是教师作为外因转化成了学生的内因而发挥作用。

其次，不仅对作为学习主体的学生来说，外因可以转化为内因而发挥作用，而且对任何一个主体人来说，作为根据的内因，其主要构成因素都不是先天的、神授的、自生的，而是通过外因内化而逐渐形成、发展的。只是由于主体在其成长过程中（特别是幼、少、青年阶段）从外因中内化的内容不同，因而每个主体的内在素质各不相同，根据不同。当外因内化而成为主体的内在素质，即成为根据之后，对作用于他的各种外在因素的选择能力和内化能力就会增强。可见，如果离开了家庭、学校、社会等外因对个体主体的内化，那么这个个体也就不能作为社会性的个体而存在，不能作为个体主体而存在。

再次，不仅作为主体人内因的社会性构成要素的形成、发展要依赖于外因的内化，而且可以说，包括人在内的一切生物体，也无不要依赖于外因内化的作用而得以生存和发展。

生态学说明，生命系统(包括动物、植物、微生物和人)与外在环境在特定空间的组合，构成了生态系统。在生态系统中，每一生物都与其他生态因子之间发生着物质、能量的输入和输出。把环境因素加以内化，即生物学上所说的同化；同时也把体内的废弃物加以外化，即生物学上所说的异化。生物体如果不进行这种正常的物质、能量的运输循环，那么生命体就会死亡。由此可见，外因通过内化而起作用，这对一切生物体都是不可缺少的。

另外，对生物的进化来说，可以运用作为条件的外因的变化来诱发内因的变化。比如我国自1987年以来利用返回式卫星，把许多植物种子带入远离地球表面的空间，在微重力条件下，诱发了植物种子的变异。如水稻种子培育后，植株分蘖多，穗多粒多，抗旱抗涝能力强，等等。另外，也可采用外因转化为内因的方法而使生物进化。近十几年来，迅速发展的遗传工程就是这一方面的典型。遗传工程主要通过限制性内切酶和连接酶的作用，使个别基因和作为基因载体的质粒或病毒分子相结合，而成为重组脱氧核糖核酸分子，把这重组脱氧核糖核酸分子通过转化等方式引入某种细胞中，使这一细胞表达相应的性状。遗传工程在培养动植物和微生物新品种等方面展示了越来越诱人的前景。

最后，不仅生物体作为一个开放系统需要依靠外因内化（内因外化）而维持自己的存在，其实这也是一切开放系统得以存在和运动的基本机制，是开放系统的一个根本特征。

什么是系统？系统就是由许多相互联系、相互作用的要素，按照一定的层次和结构有序组织起来的具有特定功能的有机整体。

在科学研究中有三种系统模型：一种是与外界没有物质、能量交换的孤立系统；第二种是与外界有能量交换没有物质交换的封闭系统；第三种就是与外界既有物质交换又有能量交换的开放系统。一般系统论的创始人贝塔朗菲指出，所谓“开放系统是指系统中存着要素的流入和流出，从而其组成要素发生着更换”[①]。前两种系统是以往科学研究常常采用的手段。相比之下，开放系统更具有普遍意义。

宇宙中的各种系统，无论是有生命的还是无生命的，无论是自然的还是社会的，实际上无一不是与周围环境有着相互依存、相互作用的开放系统。以开放系统为研究对象的耗散结构理论认为，系统与外界交换物质和能量，通过引入负熵流，可以使系统由无序状态逐步转化为有序。与外界进行物质、能量交换所表现的这种积极作用，是一切系统走向有序的机理。由此可见，离开了外因内化（和内因外化），就不可能有天体的演化，地球的变迁，生物的产生、进化，人类的起源，社会制度的发展更迭等等。

二、外因内化原理的重要意义

外因内化原理，是一个有重要理论意义和实践意义的原理。

从理论意义来说，它可以使我们对内外因关系的认识更全面更辩证。即内因和外因不仅相互依存、相互作用，而且在一定条件下相互

① ［奥］贝塔朗菲：《关于一般系统论》，《复印报刊资料》（自然辩证法），1985（3）。

转化。从外因的作用来说，它不仅可以作为条件通过内因而起作用，而且可以转化为内因而起作用。这样就有助于克服那种把外因看成纯粹的外在条件和对外因作用缺乏充分估价的不正确观点。

从实践意义来说，可以使我们更自觉地发挥主观能动性，在人的活动所涉及的领域中，积极寻找、改善和优化外因，接纳、内化其中有益的东西，扬弃不利的因素，这样，通过外因内化，达到内因优化的目的。就是说，在一个人能控制的系统中，可以通过让系统开放的方法使系统达到有序状态。

过去我国长期实行闭关锁国的方针，原因固然很多，但从认识上来说，这与把外因仅仅作为条件而起作用的观点不无关系。封闭的结果，就只能走向无序，走向混乱。这已是为历史所证明了的。十一届三中全会以来，我国实行开放政策，扩大对外交流，利用国外资金、资源、技术和管理经验等等，把对我国有利的种种外在因素积极加以内化，从而对我国社会主义现代化建设发挥了巨大的推动作用。因此可以说，坚持外因转化为内因而起作用的观点，为坚持对外开放的政策提供了一个方面的理论根据。

毛泽东矛盾特殊性理论的重大意义*

从1921年中国共产党成立，到现今的60多年间，中国大地上发生了天翻地覆的变化。这一变化带来了祖国历史的巨大进步，孕育了中华民族的蓬勃生机。回溯历史，追忆先人，我们特别怀念伟大导师毛泽东。在半个多世纪中，毛泽东领导中国人民推翻了三座大山，创建了社会主义新中国，为祖国、为人民立下了丰功伟绩，并用他那极为丰富的实践经验，多方面地丰富和发展了马克思列宁主义。在唯物辩证法方面，毛泽东最重大、最突出的贡献，就是提出了关于矛盾特殊性的理论。

关于这一点，党的十一届六中全会的决议指出："毛泽东阐述和发展了马克思主义辩证法的核心——对立统一规律。他指出不仅要研究客观事物的矛盾的普遍性，尤其重要的是要研究它的特殊性，对于不同性质的矛盾，要用不同的方法去解决。因此，不能把辩证法看作是可以死背硬套的公式，而必须把它同实践、同调查研究密切结合，加以灵活运用。"①这一段文字言简意赅，它概括地说明了毛泽东对马克思主义辩证法的主要贡献，说明了矛盾特殊性原理在对立统一学说，以及整个辩证法体系中的重要地位和对于革命实践的重大指导意义。

为了具体理解这一点，我们有必要重温一下毛泽东辩证法理论的代表作——《矛盾论》。

一、唯物辩证法的灵魂

毛泽东在《矛盾论》中，把矛盾特殊性原理作为唯物辩证法的一

* 原刊于《芜湖师专学报》，1985（1）。

① 中共中央文献研究室编：《三中全会以来重要文献选编》下，780页，北京：人民出版社，1982年。

项基本内容进行了全面系统的论述。这在马克思主义辩证法史上还是第一次。关于矛盾特殊性的思想，在马克思主义经典作家那里早已经产生了。关于这一点，我在《〈矛盾论〉对唯物辩证法学说的发展》[①]一文中，已经有所论述。

这里只是补充说明，作为理论家兼革命家的马克思恩格斯，除了积极投身于当时的国际工人运动外，他们的主要精力和绝大部分时间是用在对马克思主义理论的创造、丰富和发展方面。并且特别注重用科学的哲学理论和经济学理论去揭示人类社会，特别是资本主义社会的一般规律，用这个理论武装无产阶级，为未来的革命进行思想和理论上的准备。因此，他们对矛盾普遍性的问题有着较多的论述。这种情况是由他们所处的时代条件和面临的历史使命决定的。但是他们并没有因此而忽视对矛盾特殊性的研究。马克思早在《黑格尔法哲学批判》一文中，已经明确提出了关于“特殊对象的特殊逻辑”[②]的问题。所谓特殊对象的特殊的逻辑，也就是要研究特殊对象的特殊根据。当然马克思在这里主要还是针对资本主义社会这个特殊对象的研究而言的。

到了列宁所处的时代，资本主义已经由自由资本主义阶段进入帝国主义阶段。这时候，无产阶级革命运动也已经从理论准备阶段而进入具体实践和争取胜利的阶段。列宁在领导俄国革命的斗争中，对如何把马克思主义的普遍真理和俄国革命的具体特点结合起来，已经作为一个重要问题提了出来。因此相对马克思来说，列宁更多一些重视矛盾特殊性的研究。列宁从方法论的角度明确提出：“对具体情况作具体分析”是“马克思主义的精髓，马克思主义的活的灵魂。”[③]并且还把实现马克思主义普遍真理和各国革命的具体实践相结合，作为各国共产党必须解决的一个重要任务明确提了出来。

他说：“共产主义者的任务，像在任何时候一样，也是要善于针对各阶级和各政党相互关系的特点，针对共产主义客观发展的特点来运用共产主义普遍的和基本的原则；要看到这种特点每个国家各不相同，

① 参见《芜湖师专学报》，1983（1）。

② 参见《马克思恩格斯全集》第1卷，359页，北京：人民出版社，1956年。

③ 《列宁选集》第4卷，213页，北京：人民出版社，2012年。

应该善于弄清、找到和揣摩出这种特点。”[①]

尽管马克思恩格斯列宁都强调矛盾特殊性的重要性，列宁还要更强调一些，但是他们关于矛盾特殊性的思想也还缺少哲学的概括，还没有形成相应的哲学范畴，也都没有把矛盾特殊性作为对立统一规律的重要内容，从理论上加以论述和充分展开。这个工作是由毛泽东来完成的。

中国相对于俄国与相对于马克思主义故乡的西欧来说，中国与西欧的差异要大得多。如果前者的差异可以说成是大同小异的话，那么后者用大异小同来描述，也绝不为过。所以中国共产党人要把马克思主义中国化，比俄国革命者把马克思主义俄国化，要困难得多。

列宁曾经指出，东方各民族的革命者要在绝大多数群众是农民，封建关系残余尚多的国度中，进行无产阶级革命，这是“全世界共产党人所没有遇到过的”“一个困难而特殊的任务”[②]。加之中国当时又是一个半殖民地、半封建的国家，原来封建社会所遗留下来的矛盾一个也没有解决，帝国主义的入侵，又随之产生了许多新的矛盾。这样，整个中国社会的矛盾，呈现出纵横交错、内外交织，多层次多头绪的局面。它不仅比“阶级对立简单化”的资本主义社会要复杂得多，而且比“多级阶梯”的封建社会也远为复杂。

在这种情况下，要根据中国的特点来运用马克思主义的一般原理，那就必然是一个艰苦摸索的过程。不过，经过摸索，一旦走上坦途，也就必然会极大地推动马克思主义的发展。毛泽东也正是基于对中国特点的深刻认识，和中国革命经验的科学总结，才写成了辩证法的光辉著作——《矛盾论》，关于矛盾特殊性的分析和论述也才成为《矛盾论》中最富有特色，最富有创造性的部分。

从形式上看，《矛盾论》虽然只用了一节来分析矛盾的特殊性问题，但从内容上看，全部《矛盾论》可以说都是为了说明如何分析矛盾的特殊性而展开的。

《矛盾论》中贯穿了三个基本思想：

第一，矛盾法则是唯物辩证法的最根本的法则。《矛盾论》所论到的内因、外因的关系，矛盾普遍性与特殊性的关系，主要矛盾与次要

① 《列宁选集》第4卷，197页，北京：人民出版社，2012年。

② 《列宁选集》第4卷，79页，北京：人民出版社，2012年。

矛盾的关系，矛盾的主要方面与次要方面的关系，矛盾同一性与斗争性的关系，对抗性矛盾与非对抗性矛盾的关系，都是对立统一的关系，都是矛盾法则的展开、具体化和生动的体现。

第二，矛盾的共性与个性、绝对与相对的原理是关于矛盾问题的精髓。《矛盾论》就是按照这个基本思想展开自己的逻辑的。具体地说：矛盾是一切事物发展的动力，讲的就是矛盾的共性、绝对性；内部矛盾是事物发展的根本原因（注意，是在外部矛盾作为条件的情况下），外部矛盾是事物发展的第二位的原因，讲的就是矛盾的个性、相对性。矛盾处处在，时时在，讲的是矛盾的共性、绝对性；事物的矛盾（包括主要矛盾和次要矛盾）及其矛盾的各个侧面（包括主要方面和次要方面）都各有特点，讲的是矛盾的个性、相对性。事物在一定条件下的同一性，这又是它的个性、相对性。但矛盾斗争是无条件的，不断的，讲的又是共性，绝对性。矛盾斗争必有其形式，这是共性、绝对性。但斗争形式又是各式各样的（包括对抗性形式和非对抗形式），这又是讲的个性、相对性。总之，共性个性，绝对相对的道理是我们理解对立统一规律诸问题的一把钥匙。

第三，研究和分析矛盾的特殊性是唯物辩证法的灵魂。这也是《矛盾论》全部论述的重点或主题。在《矛盾论》中毛泽东紧紧抓住了矛盾普遍性和特殊性的关系，重在阐明了矛盾的特殊性。从《矛盾论》的结构上说，先是从多种多样的联系出发，然后从这多种多样联系中区分出外部联系和内部联系，即《矛盾论》名之曰的外部矛盾和内部矛盾，继而层层深入展开了一事物的内部矛盾与外部矛盾的各自特殊性，一事物内部诸矛盾的特殊性，矛盾诸方面的特殊性，以及诸矛盾、诸方面在不同发展阶段的矛盾的特殊性。整部《矛盾论》都是向我们说明如何具体分析在不同场合下的矛盾的具体运动。

那么，以上这三个基本思想之间的关系如何呢？它们并不是并列的，而是逐层次深入的。也就是说，后面的基本思想都是依次作为前一个基本思想基础而存在的。这样，最后也就归结为这样一个问题，即，分析和研究矛盾的特殊性，不仅是矛盾精髓问题以及辩证法核心的灵魂，而且也是整个辩证法的灵魂。从逻辑上来说，因为矛盾法则是辩证法的核心，而共性个性、绝对相对的道理又是矛盾问题的精髓，所以只要证明：分析和研究矛盾特殊性是弄清矛盾共性和个性关系的基础，这样一点就可以了。（因为前两点已经有不少文章进行了科学的论证）我认为这一思想也正是毛泽东对唯物辩证法的又一重大贡献。毛泽东围绕这一问题主要论述了以下两点：

（1）分析矛盾的特殊性是认识事物的基础，是概括诸种事物共同本质的基础，也是认识矛盾共性和个性的关系的基础。

世界上的事物之所以千差万别，因为每一个事物内部都含有本身特殊的矛盾。这种特殊的矛盾，就构成一事物区别于他事物的特殊的本质。因此，《矛盾论》指出："成为我们认识事物的基础的东西，则是必须注意它的特殊点，就是说，注意它和其他运动形式的质的区别。只有注意了这一点，才有可能区别事物。"[①]事物的共性和个性是相联系而存在的，共性寓于个性之中。但从"人类认识运动的秩序说来，总是由认识个别的和特殊的事物，逐步地扩大到认识一般的事物。人们总是首先认识了许多不同事物的特殊的本质，然后才有可能更进一步地进行概括工作，认识诸种事物的共同的本质"[②]。这样，也才可能去进一步"发现一事物内部的特殊性和普遍性的……互相联结，发现一事物和它以外的许多事物的互相联结"[③]。总之，离开了对矛盾特殊性的分析和研究，对以上这一些的认识也就失去了基础。

（2）分析和研究矛盾的特殊性是改造世界的基础，这也是一般真理赖以发挥其现实作用的基础。

认识世界是为了改造世界。观察和分析各种事物的矛盾运动，也是为了指出解决矛盾的方法。因为不同的矛盾只有用不同的方法才能解决，而正确方法的获得，是以正确分析事物的矛盾特殊性为前提条件的，所以，分析和研究矛盾的特殊性是改造世界的基础。当然人们所获得的对事物的共同本质的认识，对改造世界也是有重要意义的，但是任何一般都不能离开个别而存在，不能离开个别而发挥作用，所以一般只有与个别结合，并通过个别而发挥作用，另外它自身也只有通过个别，才能得到"补充、丰富和发展"，而"不致变成枯槁的和僵死的东西"[④]。正因为如此，所以毛泽东特别强调"对于具体的事物作

① 《毛泽东选集》第1卷，308页，北京：人民出版社，1991年。
② 《毛泽东选集》第1卷，309—310页，北京：人民出版社，1991年。
③ 《毛泽东选集》第1卷，318页，北京：人民出版社，1991年。
④ 《毛泽东选集》第1卷，310页，北京：人民出版社，1991年。

具体的分析”[①]，认为“离开具体的分析，就不能认识任何矛盾的特殊性”[②]。

既然，分析和研究矛盾的特殊性是唯物辩证法的灵魂，那么，坚持矛盾特殊性的原理，也就必然有着重大的理论和实践意义。

二、取得实践成功的关键

马克思主义的基本原理具有普遍的适用性。进行无产阶级革命和社会主义建设离不开马克思主义基本原理的指导。但是要取得革命和建设的胜利，还必须把马克思主义的普遍真理和本国的具体情况相结合。也就是说，要在马克思主义一般原理指导下，具体分析本国的矛盾特殊性，从而才能走出一条具有本国特点的无产阶级革命道路和社会主义建设道路。正如毛泽东在谈到中国革命时所指出的：“只有认清中国社会的性质，才能认清中国革命的对象、中国革命的任务、中国革命的动力、中国革命的性质、中国革命的前途和转变。所以认清中国社会的性质，就是说，认清中国的国情，乃是认清一切革命问题的基本的根据。”[③]毛泽东正是从分析中国的国情这个基本根据出发，揭示了中国革命的特殊规律性，正确地解决了中国式的革命道路问题，从而引导中国革命从胜利走向胜利。

在我们党成立初期，参加党的绝大部分同志都是信仰马列主义、舍身革命的热血青年，但他们也都是在对中国实际还十分缺乏了解的情况下，迫于民族斗争和阶级斗争的客观需要，走上中国革命的领导岗位的。可是，随着革命的发展，上述缺陷就日益暴露了出来。

在老一辈无产阶级革命家中，较早地意识到这个问题的是毛泽东。在国共合作和北伐战争时期，毛泽东就广泛而又深入地考察了中国社会的阶级、阶级矛盾的特点，自觉地致力于中国社会各阶级状况的研究，并通过对各个阶级特殊的经济地位、政治态度和思想倾向的分析，批判了陈独秀的右倾机会主义观点。初步提出了新民主主义革命理论。这一理论的提出，是毛泽东坚持矛盾的特殊性原理解决中国革命问题

① 《毛泽东选集》第1卷，317页，北京：人民出版社，1991年。

② 《毛泽东选集》第1卷，292页，北京：人民出版社，1991年。

③ 《毛泽东选集》第2卷，633页，北京：人民出版社，1991年。

所写下的光辉篇章。

在土地革命战争中，中国共产党内出现了三次“左”倾错误。特别是王明为代表的“左”倾机会主义严重错误，几乎又一次断送了中国革命。这三次“左”倾错误发生的背景和危害程度虽然有许多不同，但有一点是共同的，即在思想路线上，都无视当时中国的国情，拒绝对中国革命特殊性的研究，把马列主义教条化，把共产国际的决议和苏联经验神圣化，而不管当时中国的实际情况如何，不问是否行得通，一律照搬照套照用，结果搞得一无是处。

这一时期以毛泽东为代表的老一辈无产阶级革命家，在与教条主义的斗争中，独立地探索了一条中国革命的道路——井冈山道路。毛泽东根据对当时中国的政局和经济、社会状况的科学分析，指出中国红色政权一定能在四周白色恐怖中生存下去，发展壮大起来；指出在农村坚持长期的武装斗争，壮大革命力量，以农村包围城市，最后夺取全国政权是发展革命的正确道路。毛泽东的这一重大创造，是马克思主义的普遍原理和中国革命的具体实践相结合进程中的重要里程碑。从此，中国革命就是沿着毛泽东所开辟的道路，经过抗日战争和解放战争两个阶段，而逐步走向全国胜利。

以上简要的历史回顾表明，中国革命的每一步胜利都是马列主义普遍真理同中国革命具体实践相结合的结果，是以毛泽东为代表的中国共产党人正确分析和掌握中国革命的特殊的矛盾运动的结果。可以说，离开了对矛盾特殊性原理的掌握和运用，也就不会有中国革命的胜利。

同样的道理，我们今天进行社会主义现代化建设，也必须把认清中国的国情作为认清一切建设问题的基本的根据。不认清这个基本的根据，在建设工作中就会出偏差，走弯路，碰钉子。不认识这个基本根据，我们就无法取得社会主义现代化建设的胜利。

现在世界上不少国家都在搞自己的现代化，但由于国情不同，各国实现现代化的具体目标、步骤和时间上也各不相同。在这些方面，我们不能照抄外国的做法。正如邓小平所指出的，我们必须走出一条中国式的社会主义建设道路。这里有两层意义：

一是我们要搞的现代化是社会主义现代化，而不是资本主义现代化。即我们的社会主义现代化是依靠人民的，也是完全为着人民的。

二是我们要搞的社会主义现代化是中国式的。所谓中国式的，就是从中国实际出发的，具有中国特色的社会主义现代化。

中国的特殊国情是人口多，经济底子薄，但我们已经具有了一个比较完整的工业体系和国民经济体系，我们的科学技术落后，但我们已有一支经过考验的，对祖国和人民赤胆忠心的科技攻关队伍，我国耕地很少，但国土辽阔资源相对丰富，而且绝大部分尚未得到开发。另外还有一个特点，那就是10亿人口中有8亿农民。

对于上述这些我们都要进行全面的分析研究，既不能只看到困难的一面，而丧失信心；也不能只看到有利的一面，而失之大意。总之，既要积极又要稳妥。

拿在农村实行多种形式的农业生产责任制来说，近几年来的实践证明，这是一个适合我国国情的、行之有效的、发展农业生产和促进农业现代化建设的新路子。这里，适合我国国情是根本的。因为实行农业生产责任制，把责、权、利三者直接联系起来了，这就有利于调动农民的社会主义积极性，在耕地面积不足的情况下，有利于精耕细作，提高单位面积产量，有利于在工余时间发展多种经营，发展工、副业生产。

又比如，我们对现有的企业进行技术改造，也是根据我国的国情走自己的路。由于我国人力资源丰富而资金不足，从这个特殊的根据出发，我们在相当长的时间内，经济的发展主要不是依靠建设新的工业企业，而是依靠现有企业发挥作用，依靠对现有企业进行技术改造，提高产品的科技含量，是要紧紧围绕着提高经济效益，在加强生产管理，节约能源和原材料，减少成本，提高综合利用水平等方面下工夫。

以上这些说明，具体分析中国建设的矛盾特殊性，对我们顺利地、真正有成效地进行社会主义现代化建设，是十分重要的。从全国来说，是这样；从一个省，一个县，一个乡，一个村来说，要搞好那里的工作，也应该是这样。也就是说，必须从他们那里的“省情”“县情”“乡情”“村情”出发，分析他们那里的矛盾的特殊性，灵活运用马列主义毛泽东思想的普遍真理和中央的政策、原则，才能推动他们那里的工作，才能表现出积极的创造精神，打开新的局面。那种对自己所管的地区和单位的情况知之甚少，只满足于上传下达，一登台就满口官话、大话、套话的人们，是绝不会做好工作的。他们所喜爱的方法就是“一刀切”，而我们在工作中，吃一刀切的亏已经太多、太大了。

总之，要取得革命和建设的胜利，具体地分析、研究矛盾的特殊性，是我们必须遵循的一个马克思主义的原则。

三、发展马克思主义的抓手

有一个时期，在我国理论界，有人提出，在坚持中发展马克思主义；有的人提出，在发展中坚持马克思主义。这两个提法，在我看来，不存在什么原则分歧，关键的问题倒在于，如何坚持和发展马克思主义。我认为，只有坚持矛盾的特殊性原理，才能坚持和发展马克思主义。

从毛泽东所揭示的人类认识运动的秩序来说，总是从认识个别的和特殊的事物开始，然后扩大到认识一般的事物。再后又以对一般事物的认识为指导，进一步认识个别和特殊的事物。毛泽东把这样一个秩序叫作“由特殊到一般，一个是由一般到特殊”[①]。这个秩序的第一步，从特殊到一般的过程，也就是从感性认识上升为理性认识的过程，从多样性上升到统一性的过程。就马克思主义来说，也就是概括各国的具体革命经验，形成普遍真理的过程。但是人们获得对事物的普遍认识并不是目的，目的还在于深刻地认识和解决一个个具体的矛盾，并在实践中检验、丰富和发展已有的认识。

所以毛泽东指出：“当着人们已经认识了这种共同的本质以后，就以这种共同的认识为指导，继续地向着尚未研究过的或者尚未深入地研究过的各种具体的事物进行研究，找出其特殊的本质，这样才可以补充、丰富和发展这种共同的本质的认识，而使这种共同的本质的认识不致变成枯槁的和僵死的东西。”[②]所以认识秩序的第二步，从一般到特殊的过程，就共产党人对于马克思主义的态度来说，也就是坚持马克思主义、发展马克思主义的过程。这里的从一般到特殊中的“从一般”，并不是指从一般出发，而是指以一般为指导。

这个以一般为指导的过程，实际也就是从一个新的特殊出发的过程。这里从什么出发的问题，是在对待马克思主义态度这个原则问题

① 《毛泽东选集》第1卷，310页，北京：人民出版社，1991年

② 《毛泽东选集》第1卷，310页，北京：人民出版社，1991年。

上，马克思主义者和教条主义者的根本分歧之所在。

教条主义者完全是从原则出发，从马克思主义的本本出发，他们把马克思主义的普遍真理变成了不可捉摸的纯粹抽象的公式，其结果并不如他们所自我标榜的，是所谓坚持了马克思主义，而恰恰是糟蹋了马克思主义。从本本出发，这是王明教条主义和“两个凡是”观点的共同认识论根源。

与教条主义者相反，马克思主义者主张在任何时候都必须从实际出发，必须在分析和解决具体矛盾的过程中，坚持马克思主义，发展马克思主义。正如邓小平在全军政治工作会议上所指出的：“马列主义、毛泽东思想的基本原则，我们任何时候都不能违背，这是毫无疑义的。但是，一定要和实际相结合，要分析研究实际情况，解决实际问题。按照实际情况决定工作方针，这是一切共产党员所必须牢牢记住的最基本的思想方法、工作方法。”[①]又说“马列主义、毛泽东思想如果不同实际情况相结合，就没有生命力了”[②]。邓小平同志的这些论述是极为重要的，它是对马克思主义发展史的科学说明。

试想，如果列宁不坚持矛盾特殊性的原理，不去分析帝国主义的矛盾特殊性，分析俄国的特殊的国情，而听任第二国际的机会主义者们，把马克思恩格斯的社会主义在几个国家同时胜利的观点教条化，那么会产生列宁的关于社会主义可以在一国首先胜利的理论吗？会有十月革命的胜利和苏维埃共和国的创立吗？会把马克思主义发展到列宁主义阶段吗，显然是不可能的。

同样，如果毛泽东不坚持矛盾特殊性的原理，不在马列主义指导下，不从中国的实际出发，就不会形成中国新民主主义革命的理论、路线、方针、政策，就不会找到中国式的革命道路，就不会有中国革命的胜利，也就不会有马列主义的普遍真理和中国革命具体实践相结合的产物——毛泽东思想。在现在我国的情况下，如果我们不坚决抛弃“两个凡是”的观点，不从中国的实际出发，去研究和解决实现四个现代化过程中的新矛盾、新问题，那么，不仅实现四化的目标要落空，不仅不会出现我国今天这样大好的建设形势，而且还会给我们的民族造成极大的灾难。正如邓小平同志所指出的：“一个党，一个国

① 《邓小平文选》第2卷，114页，北京：人民出版社，1994年。

② 《邓小平文选》第2卷，118页，北京：人民出版社，1994年。

家，一个民族，如果一切从本本出发，思想僵化，迷信盛行，那它就不能前进，它的生机就停止了，就要亡党亡国。”[①]如果是那样，那也就根本谈不上坚持和发展马列主义、毛泽东思想。

总之，矛盾特殊性原理的提出，是毛泽东对马列主义的一个重要的理论贡献，是毛泽东留给我们的一个认识世界和改造世界的重要法宝。只要我们坚持这个重要原理，勇于探索、勇于创新，我们的民族就会大有希望，祖国的前程就会辉煌无比。毛泽东所开创的革命事业，和以他的名字命名的毛泽东思想，通过我们这一代人的实践和思考而得到发展，他老人家当会含笑于九泉的。

① 《邓小平文选》第2卷，143页，北京：人民出版社，1994年。

“过犹不及”是一个辩证法命题*

任何事物都有度。度是事物质和量的统一。在度的范围内，量的变化，不会影响到事物质的存在；如果超出了度的范围，事物的根本性质就要发生变化，而成为另一事物。既然事物的质，只有在一定度的范围内才能存在，那么为了保持所需要的特定的质，办事情就一定要坚持适度原则。所谓适度原则，就是在改造客体的实践中，依照客体存在的度与主体行为目的的有机统一，对客体施加适当的行为量的原则。因此，适度原则是主体的活动原则，是客体的度与主体目的的结合原则。也就是说，它既不是单纯的客体的“度”的原则，也不是单纯的主体目的性原则。而是受客体“度”的原则制约的目的性原则；或者说，是以目的性原则为主导的事物“度”的原则。反之，如果“不及”，或者“过度”，那就不能在实践中获得预期的效果。所以，就保持事物的质与实现活动目的的统一来说，确是“过犹不及”。

比如炼钢，碳的含量若小于0.1%。那炼出来的就是熟铁，若大于1.7%，那炼出来的就是生铁。可见，只有当碳的含量在0.1%-1.7%之间，才能达到炼钢的目的。加热酒精、浓硫酸混合液制取乙醚，温度要控制在140℃左右。太低，则不会发生反应，或反应很慢；太高达于170℃以上，那生成物则不是乙醚，而是乙烯。要解决人民内部思想性质的问题，就必须掌握既要弄清思想又要团结同志这样的限度。如果是一团和气，犯自由主义；或是无情打击，搞过火斗争，就不能使人民内部思想性质的问题获得解决。又比如，在日常生活中，烧饭要掌握火候，体育锻炼要讲究适当，讲话要注意分寸，等等。总之，无论要做好一件什么事，都一定要基于活动目的，而掌握好做该事情的度。

---

* 原刊于《唐山师专学报》，1980（3）。

"不及"当然不好，"过分"同样不能把事情办好。由此可见，过犹不及是辩证法的一个普遍原理。

可是，在过去的许多年中，过犹不及却被当成保守主义和折中主义遭到批判。这是怎么回事呢？为了探其究竟，就不得不把这一命题的出处引出来。

"过犹不及"源于《论语·先进》：子贡问："师与商也贤孰?"子曰："师也过，商也不及。"曰："然则师愈与?"子曰："过犹不及。"译成白话就是：子贡问孔子，他的同学子张（颛孙师）和（卜商）哪一个有才德。孔子说，子张做事常常过头，子夏又往往做得不够。子贡又问，子张做过头了是不是要好一些？孔子说，超过或达不到都一样，都不好。

所谓过犹不及，也就是说，为达到活动目的，要注意把握两端取其中间，这里的中间并非指空间意义上的中间点，而是指恰到好处。需要指出的是，过犹不及在孔子那里不是作为个别言辞，偶尔说及，而是孔子所一贯秉持的一个根本原则，或曰中道原则，或曰中庸原则。孔子说："中庸之为德也，其至矣乎。"[①]意义是说，中庸这种道德，该是最高超的了。这里的"德"不仅是做人的一种原则，而且在广义上是指对事、对物、对人的态度上，都要坚持"中庸"。中，指中间值；庸，指寻常态。"中庸"，是说待人处世，要适宜、适当、恰好、公正，不左不右。

孔子与子贡的这一段对话表明，孔子已自觉意识到，办事情掌握"度"的重要。认识到"过"与"不及"的危害。这在哲学方法论上，是很有贡献的。

孔子在这里没有说明，他衡量过与不及的标准是什么。诚然，孔子是有其标准的。有人联系孔子的整个思想体系，通过分析，认为孔子衡量"过"与"不及"的标准是"周礼"。

这种分析，不无道理。孔子以"周礼"为标准，这是他所属的没落奴隶主阶级的地位决定的，是他那保守、落后的政治立场在思想上的反映。那么能不能因孔子以"周礼"作为衡量"过"与"不及"的标准，而去否定"过犹不及"这一命题本身呢？

① 《论语·雍也》。

我认为是不能的。

一个哲学命题是不是客观事物及其规律的正确反映，这是它本身的意义，这和处于具体条件下的哲学家对这个命题的具体了解，不能混为一谈。在哲学史上，唯物主义的命题在一定具体条件下，有人作了形而上学的理解，而陷入唯心主义。比如，在旧唯物主义那里，对唯物主义作了直观论形而上学的理解，而陷入了历史观上的唯心主义。同样，辩证法的命题，在一定具体条件下，有人作了唯心主义的理解，而陷入了形而上学。比如在黑格尔那里，辩证法的矛盾理论走向了最后的终极，陷入了形而上学。在这种情况发生的时候，如果不把命题的本意和哲学家对它的具体理解相区别，那么我们能断定一个哲学命题本身是唯物主义还是唯心主义，是辩证法还是形而上学的吗？显然是不能的。

马克思恩格斯对待黑格尔哲学的态度，在这一方面，给我们树立了榜样。恩格斯指出，黑格尔为其唯心主义“体系的内部需求”使“彻底革命的思维方法竟产生了极其温和的政治结论”，“方法为了要迎合体系就不得不背叛自己”[①]。马克思恩格斯对被黑格尔的唯心主义体系束缚下的辩证法，没有像有些论者那样，把它斥之为“保守主义”，也没有像费尔巴哈那样，在批判黑格尔唯心主义的同时，丢弃他的劳动辩证论，如泼洗澡水，把小孩一齐泼出去一样。而是采取科学分析的态度，“从它的本来意义上‘扬弃’它”[②]。所谓本来的意义，就是按哲学命题本身的意义，正确地对待它，剥去其唯心主义的外壳，救出辩证法的合理内核。诚然，孔子和黑格尔在历史上的地位是不可同日而语的，但是我们对孔子以周礼为标准所理解的过犹不及这一命题，是完全可以以马克思恩格斯对黑格尔的态度为借鉴的。也就是说，应该采取分析的态度，从本来意义上扬弃它。

如前所说，过犹不及是一个辩证法命题。但是，对这个命题也有唯物主义和唯心主义两种具体理解。如果把“过”与“不及”的衡量标准理解为客观事物的度与行为的价值取向的统一，那么也就是坚持了对“过犹不及”的唯物主义理解。反之，如果把衡量“过”与“不及”的标准仅仅理解为一种主观认定或价值取向，那么，这就是对

① 《马克思恩格斯全集》第21卷，310、321页，北京：人民出版社，1965年。

② 《马克思恩格斯文集》第4卷，276页，北京：人民出版社，2009年。

"过犹不及"作了唯心主义的理解。

如上文所说，孔子把"周礼"作为衡量"过"与"不及"的标准。"礼"是奴隶主阶级意志的集中体现。很显然，这种标准是一种主观的标准，是唯心主义的。孔子以"周礼"为标准，把达不到"周礼"，视为"不及"，这是孔子所反对的；把僭越"周礼"，视为"过"，这也是孔子所反对的。在当时奴隶制已经腐朽，"礼坏乐崩"的情况下，以"周礼"作为衡量"过"与"不及"的标准，这在政治上只能引出落后的、保守的结论。

今天我们要做的工作，就是要批判孔子对"过犹不及"这一命题的唯心主义理解，及其为奴隶主政治服务的保守性，把"过犹不及"这一命题置于唯物主义之上，恢复其辩证法的本来面目。

可是，过去的不少批判，都没有把"过犹不及"这一命题的本身意义，与孔子对这一命题的唯心主义理解相区别，没有把这一命题的哲学意义，与孔子的政治立场相区别，来了一个全盘否定。结果把"过犹不及"的辩证性也一起给否定了，这是不可以的。

当然，这只是其原因之一。另外，还有一个原因，即把过犹不及所标示的中庸之道斥之为折中主义，加以批判。认为提倡中庸之道，就是把矛盾两个方面，不分主次，平列看待，"一方面，又一方面"，表面上全面兼顾，不偏不倚，实质上模糊和遮蔽了事物的本质，调和矛盾，不分是非。其实中庸之道并不是讲矛盾两个方面的折中调和，而是讲为了达到实践活动最佳效果，必须排除"过"与"不及"的两方面的干扰和破坏。因此，不能把二者混为一谈。

然而在"左"的思想占支配地位的年代里，把过犹不及或中庸之道当作折中主义加以批判，被视为一种革命之举，当然之事。于是，那种"左"比右好，宁"左"勿右，越"左"越好的形而上学猖獗一时。

有的论者往往还举出类似下面的例子，企图来否认"过犹不及"的普遍意义，并以此说明一时的过度还是必要的。说一根向右弯曲的铁条要把它直起来，一定要超过中界线，向左弯一弯，不然就不会直起来。其实，引用这个例子是说明不了问题的。因为这根铁条赖以存在的"度"，是其向左或向右弯都不至于折断的界限，即力学上所讲的弹性限度，而不是中界线。中界线只是方向相反的两个弹性限度间的中界点。因此，为了把铁条直起来，使其超过中界线向左的弯动，只是在铁条“度”的范围内的运动。所以这个事例证明不了一时的过度是必要的这一观点。它只能说明要把铁条直起来，必须加一个外力，破坏弯铁条在原来位置的力度的平衡，而达在于中界线位置的新的平衡。

总之，过去有不少人采用了形而上学的方法，以似是而非的理由，对“过犹不及”这一辩证法命题进行了错误的批判。林彪“四人帮”则是利用这种错误，并把它发展到极端，于是“越左越革命”“凡事左三分”等极左谬论泛滥起来。一时间，理论被推上了顶峰；领袖被捧上了神殿；精神被宣扬为万能，生产关系被认为可以穷过渡。总之，一切“左”的东西都被贴上了最革命的标签，“红”极一时，“红”得发紫。结果如何呢？还是“过犹不及”。对领袖的神化变成了丑化，穷过渡变成了过度穷，精神万能变成了精神贫困。十年内战，十年浩劫，国民经济到了崩溃的边缘，一切极左的东西都落到了最不干净的地方。实践是检验真理的唯一标准。这段历史从反面有力地证明，“过犹不及”是辩证法的一个普遍原理，不承认它，它仍在发生作用；蔑视它，必然要受到惩罚。

雨过天晴云散净，驱除四害朝晖起。在结束了“四人帮”的危害以后，我国进入了一个为实现四化而斗争的光辉灿烂的新时期。为了进一步肃清林彪“四人帮”极左路线的流毒，为了胜利地进行四化建设，我们一定要学习和宣传“过犹不及”的辩证法。应当使人们懂得，干什么工作都必须顾到客观条件，顾到事物发展客观过程对度的要求。进行阶级斗争，搞“熄灭论”不行，搞“扩大化”也不允许；进行经济建设，拖拖拉拉不行，许多项目一拥而上也不行；不讲速度不行，太快了也会是“欲速则不达”。总之，超过了客观事物应有的限度，结果只能适得其反。所以，我们一定要吸取历史上的经验教训，严格掌握各种事物的度，在四化建设中把各项工作做好。

至于如何把握好事物的度，如何达到人们所需要的最佳效果，这里涉及一个更深层次的问题，即施加适当的行为量的问题。

在度的范围内，同一质的事物，有一系列量的等级。这些不同等级的量与其质的统一及其效用，会呈现不同的状况。一般说来，有以下三种情况：

一是事物的质是新的，但由于量不足，因而二者的统一，还不是完善、定型的，往往处于不稳定之中。比如，一种植物种子，刚出土的幼芽是新质，因没有足够的量的支撑，很弱小，经不住风吹雨打。在这种情况下，要通过努力，加强量的发展，使之与新质相适应，以促进新质的巩固与发展。

二是量发展到了顶点，接近了事物的临界点，这时的质也就失去了原来的稳定性。这时质已经不完全是事物自身的质，而是包含了“他质”。且在配比上，即在事物“自质”和“他质”的比重上，“自质”的主导性已经大为削弱，已经不能很好地维护原先的质与量的统一。

三是质和量的矛盾处于相对平衡的状况中，二者得到比较好的统一。如果这种统一又是最符合人的需要和利益的，那么为实现这种统一和维护这种统一，施加以适当的行为量，就是特别重要的。

比如，在自然生态中：食肉性动物与食草性动物与草场面积之比的最佳量应为1:10:100。在这个比例中，其中任何一项遭到严重破坏，都不能保持生态系统的平衡和稳定，最后都会影响到处于食物链最高端的人本身。因而维护生态平衡是人类的根本利益所在。

又比如，医生治病，不仅应懂得用什么药治什么病，而且要掌握花钱少，又能达到最好疗效的用药量，这种用药量就是做好这件事的最适当的量。

现在世界上有一种经济学叫规模经济学。其所研究的就是在什么样的规模下，既能节省成本，又能获得最佳经济效益。比如，一个餐厅，要办好，据说，必须有500个左右的就餐人员，少于500人就会造成经济上的浪费，多于500人，以至超过700人，这个餐厅就难以办好。

一只胶靴，它其中含胶、硫、碳，这几种材料如何搭配，怎样既节省原材料，又能达到最好质量，这里也有一个最适当的量的比例问题。

如何确定事物的最佳量？研究和解决这个问题的科学叫统筹学。目前统筹学出了不少分支，其中有一种方法叫优选法。即用较少的实验次数，找到最合理的配方和工艺条件的科学方法。

总之，要掌握事物的最佳量，坚持适度原则，反对“过”与“不及”，才能把事情办好。

归原方法论*

为了从辩证逻辑的角度，总结人类现代思维的成果，对近代以来的还原方法进行根本改造，并使系统方法获得应有的补充，以推动人类认识的发展，我们认为，有必要提出归原方法论并加以说明。

一、归原方法的本质内涵

为了回答这个问题，下面先来考察一下这一逻辑方法存在的客观根据。任何一种逻辑方法，都有其赖以建立的客观根据。如同个别包含一般之对于归纳，一般涵盖个别之对于演绎，整体可以分解为部分之对于分析，部分构成整体之对于综合，如此等等。那么，归原方法得以存在的客观根据何在呢？

我们知道，人们“必须先研究事物，尔后才能研究过程”[①]。这是因为，事物作为一种现实存在，可以直接去加以认识，而过程作为消失于历史演变中的过去，则不能直接地加以把握。但是，事物的形成过程，又总是以积淀的形式，包含于现实的事物之中。也就是说，任何事物都是一定过程展开的结果。因此，人们又可以从现实存在的事物出发，运用归原方法，去追溯这一事物形成的历史。

马克思对社会历史的研究，就是从“最发达的和最多样性的历史的生产组织”“资产阶级社会”[②]开始的。他认为，“最后的形式总是把过去的形式看成是向着自己发展的各个阶段”。因此，表现资本主义的“各种关系的范畴以及对于它的结构的理解，同时也能使我们透视一切

---

* 原刊于《徽州师专学报》（哲学社会科学版），1988（1）。

① 《马克思恩格斯文集》第4卷，299页，北京：人民出版社，2009年。

② 《马克思恩格斯文集》第8卷，29、30页，北京：人民出版社，2009年。

已经覆灭的社会形式的结构和生产关系”[①]。所以，马克思“对人类生活形式的思索，从而对这些形式的科学分析，总是采取同实际发展相反的道路。这种思索是从事后开始的，就是说，是从发展过程的完成的结果开始的”[②]。

又比如，人们对物理化学过程的研究，其程序也是从物体的研究归原到对分子的研究，继而又从分子的研究归原到对原子的研究，而不是相反。人们对生物发展过程的研究，也不是从对细胞的研究开始，然后再进展到对生物机体的研究，而是从对生物机体的研究，归原到对细胞的研究，如此等等。

可见，这种从结果追溯事物形成过程的方法，对于无机过程、生物过程，以及社会过程的研究，都是具有普遍的使用价值的。

那么，这种从结果追溯事物形成过程的方法，为什么要称之为归原方法呢?

这是因为，事物的发展过程都是从简单到复杂、从低级到高级、从开端到展开的运动。也就是说，任何事物都是从一个最简单、最低级的开端发展来的。这个开端，从过程来看，它是形成事物的萌芽；而从过程的结果来看，它又是构成事物系统整体的最基本的部分、最简单的单元。因此，概括地说，归原方法也就是分析事物的最基本的单元，探求事物形成过程的开端的方法。它是对事物发展过程的逆向的思索，是把复杂的、高级的、展开了的东西，归结为简单的、低级的、开端的东西。

当然，这种开端的东西是相对于不同的事物，以及事物的不同层次而言的。比如，相对无生物来说，分子是它的最基本的构成，是它的形成的开端。而相对于分子来说，原子又是它的最基本的构成，是它形成的开端。正像任何事物都有自己的形成过程一样，因而任何事物都有自己的开端，自己的最基本的单元。如同细胞之对于生物体，神经元之对于大脑，门电路之对于计算机，商品之对于资本主义社会那样。

那么，归原方法与近代历史上流行的还原论关系如何呢?它们是根本不同的。

---

① 《马克思恩格斯文集》第8卷，28页，北京：人民出版社，2009年。

② 《马克思恩格斯文集》第5卷，93页，北京：人民出版社，2009年。

二、归原方法论与还原论的根本区别

还原论是16—18世纪，人们为了对丰富多彩，而又极为复杂的生物界进行说明，而提出来的一种观点。还原论主张把生命现象还原为物理化学现象。企图用物理化学理论来说明生命的运动。达·芬奇证明动物的骨骼如同杠杆在发生作用。伽利略用关于材料力学的理论去说明为什么大象有粗重的腿。笛卡儿认为动物是一架机器，拉美特里则进一步走向极端，提出了人是机器的观点。并且，从那以后，还原论的影响一直存在到现在。

那么，能不能用物理、化学的理论、概念和技术来研究生物界的问题，来阐明生命现象的物理化学机制呢？回答是肯定的。从运动形式的高级与低级的关系来说，生命这种高级的运动形式，必然包含着物理化学这些比较低级的运动形式，而且是以它们为基础而发展起来的。因此，恩格斯说："只有在这些关于统治着非生物界的运动形式的不同的知识部门达到高度的发展以后，才能有效地阐明各种显示生命过程的运动进程。对这些运动进程的阐明，是随着力学、物理学和化学的进步而前进的。"①实践也有力地证明，20世纪的生物学正是依靠物理化学方法的运用，而进入了分子生物学的层次，从而揭开了生物遗传之谜，阐明了生命的一些基本过程。

但是，这种用物理化学的方法来研究生命现象的物理化学机制，是不是如还原论所认为的，可以把生命现象还原为物理化学现象，并进而断定生命现象和物理现象就没有本质差别呢？显然，不能作这样的理解。恩格斯曾经指出："把生物学叫做蛋白质（现在还应该加上核酸——引者）的化学的时候，我是想借此表示这些科学中的一门向另一门的过渡，从而既表示出这两者的联系和连续性，也表示出它们的差异和非连续性。"②

还原论只是看到了生命运动与化学运动相联系的即连续性的一面，而没有看到其间的差异即非连续性的一面。它不懂得，虽然生命运动是在化学运动的基础上发展起来的，但生命的化学过程并不同于一般

① ［德］恩格斯：《自然辩证法》，53页，北京：人民出版社，1971年。
② ［德］恩格斯：《自然辩证法》，230页，北京：人民出版社，1971年。

的化学过程，它是具有生物新陈代谢特点的化学过程。这一特点决定了生命是从物理化学运动中提升出来的一种不同性质的运动。因此，如果把生命运动还原为物理化学运动，把生命消融于物理化学运动之中，那就不对了。

不难看出，还原论有其狭隘性和形而上学性两个缺陷。所谓狭隘性是指，它只是局限于生物运动与物理化学运动之间的部分的关系。因此，这里的还原论，确切地说是生物还原论，它并不是普遍适用的逻辑方法；所谓形而上学性，是指还原论完全抹杀了生命系统的质的规定性，它用类比的方法，把有机生命的各部分机械地加以分解，用物理化学的理论来孤立地进行说明，这就完全牺牲了生命系统的整体性。这里的"还原论"中的"还原"，可称之为"元素性还原"。即把整体还原为部分元素。

归原方法在本质上区别于还原论，正在于它克服了还原论的上述两个缺陷。归原方法虽然也主张把高级的、复杂的东西，归结为低级的、简单的东西，但同时又认为，这种低级的、简单的东西，又必须以浓缩的形式体现复杂的、高级的东西的整体性和质的规定性。而能够具有这种特点的简单的、低级的东西，也就是作为事物发端的、萌芽的东西。萌芽是尚未展开的整体，它潜在地包含了事物的整体性。这里的"归原"可称之为"结构性还原"。即把整体的结构和功能还原为始原的结构。或曰归原为回到本原。

因此，归原方法不仅体现了简单性的特点，而且具有"收敛性"的特点，是这两个特点的统一。也就是说，简单性是具有收敛性的简单性，不是那种不分事物、不分层次的归于某种无差别的单一性，不是如同还原论那样，把一切都还原为物理化学现象。这里的收敛性也是具有简单性的收敛性，不是预成论所认为的微型化，而是以"胚芽"的形式包含着对象整个发展中的一切矛盾。正因为归原方法具有这样两个特点，因此，它成了普遍适用的逻辑方法。

总之，归原方法论与还原方法论的根本区别在于，还原方法论是主张把事物整体还原为部分的小零件；而归原方法论则主张追溯事物的原始，简单的存在。

三、归原方法论与系统方法论的互补

如上所说，归原方法是普遍适用的逻辑方法。但是如同任何逻辑方法一样，它也具有局限性的一面。而要克服这种局限性，也只有把这种逻辑方法与它相对应的逻辑方法联系起来加以应用。正因为如此，在辩证逻辑看来，逻辑方法都是成对出现的。比如，归纳与演绎，分析与综合，抽象与具体，以及逻辑与历史的方法等等。我们认为与归原方法相对应的是系统方法。为了说明这一点，有必要对过程与系统的关系作一些叙述。

所谓系统是指由相互作用和相互依赖的若干组成部分结合而成为的具有特定功能的有机整体。所谓过程，则是物质的运动在时空上展开的形式[①]。任何事物的存在，都既表现为横向的系统，又表现为纵向的过程。既然事物是以系统的形式存在的，因此，人们就必须以系统的方法来加以考察。所谓系统方法，就是把对象放在系统的形式中来加以考察的一种方法。具体说来，就是从系统的观点出发，着重从整体与部分（要素）之间、整体与外部环境之间的相互作用、相互制约的关系中来综合地考察对象，以求达到最佳地处理问题的一种方法。这种逻辑方法的优点在于，它对事物进行整体的考察，全面估量事物各因素间的综合作用，以及这种作用的总体效应。

但是，系统方法也有它的局限性。它不能从过程的角度说明，构成系统的多种层次中深层与表层的关系，不能说明基本要素与非基本要素所起的不同作用，如果只是看到多种因素之间的相互作用，而不能在其中找出一种根本性的主导因素和终极原因，那么，这就可能陷入多元均衡决定论，并导致否认事物发展的客观规律性、必然性。要克服系统方法的这种局限性，就有求于归原方法。归原方法在认识过程中的作用就在于，它把构成事物系统的各层次、各因素，放在事物形成的过程中，逐步深入地来揭示其间的表里关系、本质之间的关系、决定作用与反作用以及最终决定作用的关系，而不是肤浅地停留在关于相互作用的一般说明上。

① 参见陶富源：《过程是唯物辩证法的重要范畴》，《复旦学报》（哲学社会科学版），1984（2）。

例如，马克思恩格斯在对社会历史的研究中，他们首先是“把社会看做处在不断发展中的活的机体”[①]。认为构成社会有机体的多种因素之间，存在着错综的相互作用。社会有机体的运动就是“在相互作用的形式中进行的”[②]。所以，马克思恩格斯主张要对社会经济、政治、思想意识、科学技术、地理环境等多个方面及其相互作用，进行全面的考察。正如列宁所指出的：马克思恩格斯的伟大功绩之一就在于，是“最先提出不仅要分析社会生活的经济方面，而且必须分析社会生活的各个方面这一问题的社会主义者”[③]。

但是，仅仅认识到社会是一个有机体，认识到构成这个有机体的各因素间的相互作用，还不是历史唯物主义。在某种意义上，实证主义的“社会有机论”也具有某种类似的观点。马克思恩格斯所要解决的则是另一个更为复杂得多的任务，就是要找到一个既能揭示社会发展的主要原则的“红线”，沿着这根“红线”又能找到一个社会系统中所有层次的相互作用的基础。

马克思是怎样实现这一目标的呢？关于这一点，列宁指出：“他……所用的方法，就是从社会生活的各种领域中划分出经济领域，从一切社会关系中划分出生产关系，即决定其余一切关系的基本的原始的关系。”[④]又说，“只有把社会关系归结于生产关系，把生产关系归结于生产力的水平，才能有可靠的根据把社会形态的发展看做自然历史过程”[⑤]。生产力与生产关系的矛盾运动是物质生产的历史的展开。因此，马克思认为，物质生产是社会系统存在和发展的基础，是理解全部社会发展史的钥匙。马克思写道：“在一切社会形式中都有一种一定的生产决定其他一切生产的地位和影响，因而它的关系也决定其他一切关系的地位和影响。这是一种普照的光，它掩盖了一切其他色彩，改变着它们的特点。”[⑥]恩格斯也明确指出，在构成社会机体的各因素的相互作用中，“相互作用的力量很不相等：其中经济运动是最强有力

① 《列宁选集》第1卷，32页，北京：人民出版社，2012年。
② 《马克思恩格斯文集》第10卷，601页，北京：人民出版社，2009年。
③ 《列宁全集》第1卷，141页，北京：人民出版社，1955年。
④ 《列宁选集》第1卷，6页，北京：人民出版社，2012年。
⑤ 《列宁选集》第1卷，8—9页，北京：人民出版社，2012年。
⑥ 《马克思恩格斯全集》第46卷（上），44页，北京：人民出版社，1979年。

的、最本原的、最有决定性的”[1]。

不难看出，马克思恩格斯在历史唯物主义的创立过程中，体现了系统方法与归原方法相结合的原则。其实，不仅对社会历史的研究是这样，对任何过程的研究都是这样。要突破一般的相互作用的观点，要求得对事物系统整体的进一步深入的理解，都必须采用归原方法。

当然，离开系统方法，孤立地运用归原方法，也有其局限性的一面。因为这种方法把复杂的、高级的、展开了的东西，归结为简单的、低级的、开端的东西，可能会使人们孤立地从最基本的要素出发，沿着单线因果联系的片面思维去解释复杂的事物，并导致否认事物发展的随机性。第二国际的首领们在社会历史观上之所以会把唯物史观歪曲为“经济决定论”，从方法论上来说，正是这种片面思维所造成的结果。恩格斯曾经指出：“……根据唯物史观，历史过程中的决定因素归根到底是现实生活的生产和再生产。无论马克思和我都从来没有肯定过比这更多的东西。如果有人在这里加以歪曲，说经济因素是唯一决定的因素，那么他就把这个命题变成毫无内容的、抽象的、荒诞无稽的空话。”[2]他说，“经济运动作为必然的东西”[3]是在社会诸因素的“相互作用中”，“通过无穷无尽的偶然事件……向前发展”[4]的。可见，要克服归原方法的局限性，就必须从系统方法来求得补救。

总之，系统方法与归原方法是辩证统一的。归原方法是对系统方法在认识真理的过程中，溯着纵向的深化和收敛，而系统方法则是对归原方法在认识真理的过程中，趋于横向的丰富和综合。因此，在认识真理的过程中，二者是缺一不可的。虽然在实际的科学研究中，对于不同的人可以侧重于采用某一方法。但是，绝不能抬高、夸大某一方法的作用，而排斥、贬低另一方法的作用。不然就会陷入形而上学，从而阻碍科学的进步。

---

① 《马克思恩格斯文集》第10卷，601页，北京：人民出版社，2009年。
② 《马克思恩格斯文集》第10卷，591页，北京：人民出版社，2009年。
③ 《马克思恩格斯文集》第10卷，591页，北京：人民出版社，2009年。
④ 《马克思恩格斯文集》第10卷，592页，北京：人民出版社，2009年。

四、归原方法在认识过程中的作用

与辩证逻辑的归纳与演绎、分析与综合、抽象与具体、逻辑与历史的方法一样，归原与系统的方法，也是人类认识客观真理的最一般的方法。它们一起作用于人类认识的活生生的过程。但是，这些方法在具体运用中，其作用还是有层次上的分别的。

相比较而言，归纳与演绎，分析与综合是更为基本的方法。这两种方法是在任何认识过程中和任何认识环节上都起作用的方法。而逻辑与历史相一致和由抽象上升为具体这两种方法则主要是在比较系统、比较完整的认识过程中使用的方法，因而相对于前两种方法是具有更大范围的概括性和综合性的方法。但是，如果与归原和系统的方法相比较，那么，逻辑与历史相一致，由抽象上升为具体这两种方法则又是较为基本的方法，而归原与系统的方法，其概括和综合的范围更广大，更具有完整的学科系统的性质。

就如何实现逻辑与历史的相一致来说，众所周知，这里的关键在于，要在思维中再现对象本身的出发点。正如恩格斯所说："历史从哪里开始，思想过程也应当从哪里开始。"①而要在思维中再现对象本身的出发点，对于认识的行程来说，也就是要实现从感性具体到思维的抽象，但是这种抽象不是一般的抽象，在特定的研究范围内，必须是那种最后的抽象，即反映对象的最基本的本质规定的抽象。只有这样，才能揭示出对象本身的出发点。可见，这种性质的抽象方法，已经上升成为以系统方法作为辅助手段的逻辑的归原方法。

通过归原方法的运用，揭示出对象本身的出发点，同时也就为抽象上升为具体的逻辑展开，提供了一个开端。作为一门完整的学科体系，它的形成，它的逻辑的叙述，无疑要采取从抽象上升为具体的方法。但是在逻辑发展中的任何一步具体，都具有相对性，只有达到了最后的具体，才算实现了在思维中作为系统整体的学科对象的再现。因此，这样的具体也就不是一般的抽象到具体，它已经上升为具有一种新质的、以归原方法作为辅助的系统方法。

① 《马克思恩格斯文集》第2卷，603页，北京：人民出版社，2009年。

由此可见，归原与系统的方法相对于逻辑与历史、抽象与具体这两种方法，具有高一级的新的质。也就是说，归原与系统的方法更能体现思维过程的完整性和彻底性。因此，它更适合于作为科学体系的研究和叙述的方法。

上面我们联系系统方法，而就归原方法在人类认识过程中的地位作了宏观的考察，下面侧重从微观的角度，对此来作进一步的说明。

第一，运用归原方法有助于揭示系统整体的本质和发展的规律。

作为系统的整体是在各部分相互依赖的基础上所形成的某种定型结构的实体。由于整体具有多因素、多层次及其相互关系的内在丰富性，因此，决定了人们不可能一下子深入地认识整体。而要达到对整体的深刻的认识，就必须对整体的各部分进行认识，并进而对各部分之间的结构关系进行认识。如果人们正确地运用了归原方法，那么就有助于在大量的纷繁复杂的因素和层次中，区分开哪些是非基本的层次，哪些是基本的层次，以及什么是最基本的层次。这种区分的过程本身，也就是对事物的本质与规律的揭示。

第二，运用归原方法揭示事物形成过程的开端，对于一门科学来说具有划时代的意义。

关于研究对象的形成过程的开端的揭示，也就为关于这一对象的这门科学的建立，提供了最后的客观根据，提供了科学理论展开的起点，为这门科学的一系列范畴和规律的说明，提供了统一的基础。因此，某一研究领域的运动过程的开端的揭示，往往标志着这个领域的科学基础理论的突破，因而具有划时代的意义。比如，道尔顿发现了化学原子，开辟了化学的新时代；许莱登和许旺对于细胞的发现，开辟了生物学的新时代；基因的发现，即DNA的发现，开辟了遗传学的新时代；马克思对于劳动的社会价值的发现，开辟了社会历史观的新时代。

第三，归原方法给科学理论体系的建立提供了方法论指导。

任何一种科学理论都是一些概念和范畴的逻辑发展的体系。这就是说，在逻辑体系中，要把这些概念和范畴按照一定的顺序逐步引申出来。而这个关于概念和范畴的排列顺序不是任意拼凑的，也不是简单地按照其出现的时间先后来列举的，它必须符合被考察对象在历史发展中的内在规律性。而运用归原方法对事物发展过程的追溯和事物发展规律的揭示，正好为科学理论在思维中再现事物从低级到高级、从简单到复杂、从开端到展开的历史运动提供了基础，为科学理论范畴体系的排列，提供了方法论的指导。

第四，归原方法在实际工作中也有普遍的意义。

比如，运用归原方法使我们认识到，物质生产是社会存在和发展的基础。那么，在社会主义社会中，我们所从事的一切活动都应该是为解放生产力，为促进生产力的发展。又比如，分子生物学中基因的发现，在分子水平上揭示了生物的遗传之谜。在此基础上，出现了一门新的学科——遗传工程。它提出了一种可能性，即把一种生物中的遗传物质——脱氧核糖核酸(或称基因)的某些片断提取出来，引入另一种生物物种的活细胞中，使两者的遗传物质结合起来，从而创造出新的生物品种。自从20世纪70年代初以来，遗传工程已经在工业、农业、医药等领域表现了广泛的诱人的应用前景。又比如，我国杰出的科学家李四光，运用纵横交织的辩证思维方法考察地质现象，诸如地质构成、岩浆运动、地层堆积、地质作用、矿产形成，以及地震发生等等，最后他把这一切都归结为地壳的运动和发展的产物，从而创立了“地质力学”。正是从地球内部的矛盾运动这一根本点出发，李四光揭示了许多地质现象的本质，并为我国许多新油田的发现，作出了巨大的贡献。

总之，在认识过程中，归原方法是起着重要作用的、普遍适用的、不可缺少的认识方法。只要我们在具体思维中，按照辩证唯物主义的要求，结合其他逻辑方法一起加以应用，我们就能推动认识的发展，就能有效地获得真理。

论具体普遍性*

一、问题的提起

普遍性是相对于特殊性而言的。在二者关系的理解上，即物与特殊性相统一所理解的普遍性，被称之为“现实普遍性”。即黑格尔所言的，“通过特殊而给自身以外在实在性”[①]的普遍性。相反，那种在想象中存在的、与特殊相脱离的所谓普遍性，被称之为“抽象的普遍性”。即黑格尔所批判的，那种“与独立自存的特殊事物相对立的”[②]普遍性。

另外，在事物普遍性的理性把握上，还存在一个片面还是全面把握的问题。在这里，片面把握的普遍性，被称之为“抽象普遍性”；全面把握的普遍性，被称之为“具体普遍性”。“它是许多规定的综合，因而是多样性的统一。”[③]

由上可见，相对于现实普遍性和具体普遍性，有两种含义截然不同的“抽象普遍性”。然而由于多年缺乏这一方面的研究，故而在理论界，常常对现实普遍性与具体普遍性不加区别，把现实普遍性误读为具体普遍性；与此相联系，又常常把两种不同含义的抽象普遍性混为一谈。比如，人们常常不加分析，把抽象普遍性等同于那种脱离特殊而孤立存在的所谓普遍性，从而持一种完全拒斥的态度；另外，又常常有人把现实普遍性与具体普遍性混为一谈，而不理解，在理性把握上，有一个对包括全部特殊性的普遍性，要经过抽象的理性把握，才能上升到理性具体，即近于具体普遍性。

① ［德］黑格尔：《小逻辑》，贺麟译，351、332页，北京：商务印书馆，1980年。

② ［德］黑格尔：《小逻辑》，贺麟译，351、332页，北京：商务印书馆，1980年。

③ 《马克思恩格斯文集》第8卷，25页，北京：人民出版社，2009年。

为了能对上述认识误区有所澄清，这里先从普遍性谈起。

二、普遍性非抽象共同点

什么是普遍性？在黑格尔看来，普遍性是指一类事物的本质一般。黑格尔说，普遍性是“它把自己建立为一个规定，它在规定中也仍然是它所是的东西。它是它所在的具体物的灵魂，不受障碍，在具体物的多样性和差别性中仍等同于自身。它将不被一起卷入变中，而不被扰乱地通过了变仍旧继续自己，并且有保持自身不变、不朽的力量”[①]。这就是说，普遍性是一类事物中稳定、同一的东西，是类的本质、规律。在唯物主义看来，普遍的概念，或曰类概念是对该类事物的普遍本质的反映。虽说黑格尔并不承认这一点，但他还是以其唯心主义方式正确地指出：“普遍概念，就包含有事情的价值，亦即本质、内在实质、真理。”[②]列宁肯定了黑格尔的这一思想。他认为：“类概念是‘自然的本质’，是规律……。”[③]他在《哲学笔记》中引用了黑格尔的话：“一般乃是一个贫乏的规定，每个人都知道一般，但却不知道作为本质的一般。”

列宁批注道：“注意：作为‘本质’的一般。”[④]可见，列宁对黑格尔关于普遍性是一类事物的本质一般的思想是很重视和欣赏的。

为了强调普遍性是一类事物的本质一般，黑格尔把普遍性与一类事物的抽象共同点明确加以区别。黑格尔认为：“无论是为了认识或为了实际行为起见，不要把真正的普遍性或共相与仅仅的共同之点混为一谈，实极其重要。”[⑤]这里所说的“仅仅的共同点”就是指抽象的或纯粹的共同点。

黑格尔的上述思想包含两层意思。

第一，作为一类事物的本质一般的普遍性，不能等同于该类事物的共同点。长期以来，人们多少忘记了黑格尔的这一思想遗产，往往从形式逻辑的角度来理解普遍性，把它看作一类事物的共同点，其实

① ［德］黑格尔：《逻辑学》，杨一之译，348页，北京：商务印书馆，1966年。

② ［德］黑格尔：《小逻辑》，贺麟等译，74页，北京：商务印书馆，1980年。

③ ［俄］列宁：《哲学笔记》，295页，北京：人民出版社，1974年。

④ ［俄］列宁：《哲学笔记》，297页，北京：人民出版社，1974年。

⑤ ［德］黑格尔：《小逻辑》，贺麟等译，332页，北京：商务印书馆，1980年。

这是很不妥的。普遍性无疑是一种共同点，但不能把普遍性等同于共同点。因为共同点不仅可以表现在本质方面，即本质一般，也可以表现在非本质的外在特征的方面。

第二，在黑格尔看来，普遍性不能离开特殊性而孤立存在，离开特殊性的普遍性是不能设想的。而外在特征方面的共同点是抽象的，或者说，是抽象的共同点。所谓抽象，是指这种共同点与个别事物的特殊性是处在一种外在的关系之中。它对于特殊事物来说，只是一种外在的标志。用黑格尔的话说，它"只表现为一种外在的联结，这种联结作用把独立自存的和互不相干的个体事物总括起来"[①]，而不是把它们内在地互相联系起来的纽带，不是贯穿特殊性，并使特殊性从中找到自己存在的普遍性根据。因此，只有把普遍性与抽象的共同点加以区别，才能为科学说明普遍性与特殊性的辩证关系提供正确的前提。黑格尔在哲学史上第一个明确提出要把普遍性与抽象的共同点加以区别，这是他的一个贡献。

三、关于思维抽象的两种涵义

从特殊性上升到普遍性，即认识一类事物的本质一般，这是一个抽象过程。那么，什么是抽象呢？抽象通常有两种涵义。

涵义之一是指非感性存在。感性具有外在性、直观性，抽象是对感性的外在性和直观性的超越，是思维向对象深处的运动，是"把直观和表象加工成概念。"[②]因此，抽象在这里是作为超感官东西的同义语，是指没有直接呈现在我们面前的，无法用眼睛去看和用手触摸的东西，因而它往往被理解为"思维的东西""概念的东西"。

涵义之二是指在认识上把事物的规定、属性、关系从原来有机联系的整体中孤立地抽取出来。这里的整体是指尚未经过这种抽象的混沌的关于整体的表象。在哲学史上黑格尔第一个按照这种涵义使用抽象。他明确地把孤立、割裂、片面这种思维方式称之为抽象思维。这种抽象在考察对象的一定阶段上是不可避免的，也是不可缺少的。因为要不是经过这样的抽象，我们对事物的认识就永远只能停留在混沌

① ［德］黑格尔：《小逻辑》，贺麟等译，350页，北京：商务印书馆，1980年。

② 《马克思恩格斯文集》第8卷，25页，北京：人民出版社，2009年。

的表象阶段，就永远不能把握事物的内在联系。人类的认识活动也证明，为了在“纯粹形态”中考察研究客体的对象、属性和关系，必须把同该分析对象毫无共同之处的一切关系置之不顾。暂时的置之不顾才能为尔后深入地理解客体整体提供条件。

对此，列宁下面的一段话作了很好的说明。他说：“如果不把不间断的东西割裂，不使活生生的东西简单化、粗糙化，不加以割碎、不使之僵化，那末我们就不能想象、表达、测量、描述运动。……对任何概念也都是这样。这里也有辩证法的本质。对立面的统一、同一这个公式正是表现着这个本质。”[①]换句话说，对于对象的抽象研究是相对于具体研究而言的。抽象和具体是对立的统一关系。抽象研究表现为具体研究的一个环节、一个方面、一个阶段。抽象不是被理解为目的，而只是达到思维具体的一种手段。

由此可见，对这种涵义的抽象，绝不能进行绝对的理解。它有着自身的限制，即界限。界限之一就是由事物本身及其属性和关系的性质所决定的客观性。抽象如果超出这个界限，使思想脱离了现实，或者把纯粹想象的东西纳入现实，就会导致毫无结果的唯心主义思辨。界限之二就是由思维的抽象与具体的相互关系所决定的辩证性。如果超出这个界限，坚持抽象的规定性，用有限的抽象去说明对象的整体，那就会陷入形而上学的片面性。

四、对知性形而上学抽象普遍性的扬弃

由特殊性经过抽象上升到普遍性，这是一种什么性质的普遍性呢？这是一种抽象普遍性。黑格尔认为：“思维无疑地首先是知性的思维。”关于知性，黑格尔说：“只能产生有限规定，并且只能在有限规定中活动的思维，便叫知性（就知性二字严格的意思而言）。”“知性的活动，一般可以说是在于赋予它的内容以普遍性的形式。不过由知性所建立的普遍性乃是一种抽象的普遍性。”[②]如何理解这种抽象的普遍性呢？这可以从两层意义上去加以说明。在第一层意义上，抽象普遍性是相对于感性具体所标示的个体性和特殊性而言的。它是对个体性和特殊

① ［俄］列宁：《哲学笔记》，285页，北京：人民出版社，1974年。

② ［德］黑格尔：《小逻辑》，贺麟等译，93、172—173页，北京：商务印书馆，1980年。

性的抽象。即从具体事物中把普遍性提取出来，使之与特殊性割裂。在这一层次的意义上，抽象普遍性误认为这里的普遍性是“与特殊性坚持地对立着”[①]的，与特殊性处在外在关系的独立存在。这种观点实际上是上文所批判的把普遍性混同于一类事物的抽象共同点。

与这种形而上学观点相反，辩证法认为，经过抽象所提升出来的普遍性抽象掉特殊性和多样性，但特殊性和多样性并没有丢失，而是以扬弃的形式包含在普遍性之中。这就是说，不能把抽象普遍性理解为纯粹抽象的普遍性。用黑格尔的话说:“不只是抽象的普遍，而且自身还包含着特殊东西的丰富性的普遍。”[②]黑格尔举例说：“他本身是一个人，一个具有人的普遍性的人。这种普遍性……不只是单纯的反思特性，而毋宁是贯穿于一切特殊性之内，并包括一切特殊性于其中的东西。”[③]这就是上文所言的现实普遍性。列宁对黑格尔这一思想给予了高度评价。他说:“绝妙的公式：不只是抽象的普遍，而且是自身体现着特殊、个体、个别东西的丰富性的这种普遍（特殊的东西和个别的东西的全部丰富性!）!!妙极了!”[④]可见，黑格尔和列宁并不是不加分析地否定抽象普遍性，他们所否定的只是对抽象普遍性的形而上学理解。换句话说，通过抽象所获得普遍性所说的普遍性原本就是涵盖特殊性和个体性于自身的。

在第二层意义上，抽象普遍性是相对于思维具体所标示的具体普遍性而言的。它是对事物内在联系的局部的不完全的反映。形而上学思维方式在这里的缺陷表现在，它停留于抽象普遍性，即坚持抽象普遍性的片面性和局限性的规定。正如黑格尔所指出的：“知性形而上学的独断论主要在于坚执孤立化的片面的思维规定。”它“将每一有限的抽象概念当作本身自存或存在着的东西”[⑤]。与之相反，辩证论认为，必须如实承认抽象普遍性的片面性和局限性，要从抽象普遍性与具体普遍性的辩证统一的角度来理解抽象普遍性，要坚持从抽象普遍性发展到具体普遍性，即扬弃抽象普遍性的片面性和局限性，在思维中达

① ［德］黑格尔：《小逻辑》，贺麟等译，173页，北京：商务印书馆，1980年。

② ［俄］列宁：《哲学笔记》，98页，北京：人民出版社，1974年。

③ ［德］黑格尔：《小逻辑》，贺麟等译，351页，北京：商务印书馆，1980年。

④ ［俄］列宁：《哲学笔记》，98页，北京：人民出版社，1974年。

⑤ 以上引文见［德］黑格尔：《小逻辑》，贺麟等译，101、172页，北京：人民出版社，1974年。

于多种规定的综合的整体。

很显然，从抽象普遍性与具体普遍性的辩证关系来看，不经过抽象普遍性就不能达于具体普遍性。因此，在这个范围内，作为达于具体普遍性的一个必经阶段、一个环节，我们必须承认抽象普遍性的正当性、合理性，不能对抽象普遍性采取不加分析的拒斥态度。不能因为反对对抽象普遍性的形而上学理解，而否定抽象普遍性本身，而否定辩证理解的真正的抽象普遍性。如果是那样，否定了抽象普遍性，也就否定了具体普遍性。

另外，抽象普遍性来自感性具体，感性具体具有具体特殊、个别东西的整体性和丰富性。但这种感性意义上的具体性，不是思维意义上的具体性，不能把这两种不同性质的具体性混为一谈。抽象普遍性超越了感性意义上的具体性，而达于抽象性。这是认识的深化和前进，但是它又以丧失事物的整体性和丰富性为代价的。于是，这造成了抽象普遍性的片面性和局限性，使我们对事物的本质和内在联系永远不能达到全面的整体的认识。这样也就不能与形而上学思维方式划清界限。只有坚持对抽象普遍性的辩证理解，才能为科学说明具体普遍性，以及为抽象普遍性上升到具体普遍性提供根据。

五、具体普遍性的内在意蕴

如上所说，具体普遍性是多种抽象普遍性规定的综合，是达于思维具体的普遍性。

黑格尔说："整体就是具体的。"①仔细分析起来，应该有六种具体。一是现实具体，是指客观现实中事物的具体整体；二是感性具体，是指人的认识对于现实具体在表象和知觉阶段的反映；三是思维具体，是指现实中的具体在思维中的综合的总体的反映；四是艺术具体，是指从审美角度把握世界的艺术形象具体；五是虚幻具体，是指宗教信仰所创造的神灵世界；六是实践精神具体，是指实践的观念模型具体。

关于人类精神把握世界的上述后四种具体方式，马克思在《〈政治经济学批判〉导言》中指出："整体，当它在头脑中作为思想整体而出

① ［德］黑格尔：《哲学史讲演录》第1卷，贺麟、王太庆译，29页，北京：人民出版社，1959年。

现时，是思维着的头脑的产物，这个头脑用它所专有的方式掌握世界，而这种方式是不同于对于世界的艺术精神的、宗教精神的、实践精神的掌握的。”①

区分这些对于世界的不同的精神掌握方式，对于正确理解思维具体是很有意义的。拿艺术具体与思维具体的区别来说，艺术具体是思想内容（普遍性）与艺术形式（特殊的、个体的形象）的统一。正如黑格尔所说:“就艺术美来说的理念并不是专就理念本身来说的理念，即不是在哲学逻辑里作为绝对来了解的那种理念，而是化为符合现实的具体形象，而且与现实结合成为直接的妥帖的统一体的那种理念。”②

与艺术具体不同，思维具体不具有外在的形象性、可感性。它是通过抽象，在扬弃现实具体和感性具体的基础上，进而通过综合以概念的逻辑体系来反映和再现对象整体的，或者说，在思维中把握事物的内在联系的总体。

事物的内在联系，其普遍性的形式就是规律③。作为这种普遍性形式在人类认识中的反映就是普遍的概念。因为“（规律=部分）”，即“任何规律都是狭隘的、不完全的、近似的”，所以“规律的概念是人对于世界过程的统一和联系、相互依赖和整体性的认识的一个阶段”。因此，规律的普遍性以及反映规律的概念的普遍性，都是一种片面的或曰抽象的普遍性。黑格尔说，逻辑理念的发展不会停留于这种抽象的普遍性，而是“把最初是抽象的普遍性变成整体性，因而观念就成为完全的客观性”④。也就是说，变成了具体的普遍性。恩格斯也曾指出:“我们在思想中把个别的东西从个别性提高到特殊性，然后再从特殊性提高到普遍性；……然而普遍性的形式是自我终结的形式。”⑤

普遍性之所以是一种自我完成的形式，就在于它要从抽象走向具体，即从抽象普遍性走向具体普遍性。因此，从思维形式来说，是从抽象上升到具体的过程，从思维内容来说，也就是从抽象普遍性上升为具体普遍性的过程。在思维中达于具体普遍性，这是哲学和一切科

① 《马克思恩格斯文集》第8卷，25页，北京：人民出版社，2009年。

② ［德］黑格尔:《美学》第1卷，朱光潜译，788页，北京：人民文学出版社，1958年。

③ 参见《马克思恩格斯文集》第9卷，499页，北京：人民出版社，2009年。

④ 参见［俄］列宁:《哲学笔记》，160、159、158、209页，北京：人民出版社，1960年。

⑤ 《马克思恩格斯文集》第9卷，498页，北京：人民出版社，2009年。

学所追求的目标。拿对整个世界的哲学认识来说，其中的哲学因果观所反映的因果联系是世界的一种普遍联系，因而哲学因果观也具有最广泛的普遍性。但因果联系只是世界普遍联系之网上的一个纽结，只是物质世界永恒发展的链条上的一个环节。因此，列宁说:“因果性只是片面地、断续地、不完全地表现世界联系的全面性和包罗万象的性质。”哲学因果观只是哲学世界观的一个片断、一个方面的内容，它标示的是一种抽象的普遍性。

哲学世界观不是停留在这种抽象普遍性阶段的认识，而是“对世界的认识的历史的总计、总和、结论”[①]，是由许多最具普遍性的概念、范畴以及由这些概念、范畴所构成的命题的理论系统。从而最终使世界的内在联系在思维中作为一个整体复现出来。当然任何哲学都不可能完全做到这一点，但人类认识的发展，却可以无限地接近这一点。正如恩格斯所言:“对整个外部世界的有系统的认识是可以一代一代地得到巨大进展的。”[②]

总之，思维中的具体普遍性所再现的是以规律的系统这种具体普遍性形式所标示的事物的内在联系的整体，是对这种联系的完备的客观性和彻底的辩证性的反映。所以，使思维达于具体普遍性，这是坚持辩证唯物主义认识论的必然要求。

---

① 参见［俄］列宁:《哲学笔记》，168、90页，北京：人民出版社，1960年。

② 《马克思恩格斯文集》第9卷，27页，北京：人民出版社，2009年。

“逻辑在先”与“逻辑上在先”*

近10多年来，陆续有一些关于“逻辑在先”这一命题的文章发表。这些文章都把“逻辑在先”解读成“逻辑上在先”，去加以肯定。有论者认为“逻辑在先”是哲学的普遍原则，因而转向“逻辑在先”也就意味着转向哲学视野。或者说，也就等于跨进了哲学研究的门槛。因此认为马克思哲学同样坚持“逻辑在先”的原则。对这些观点，我是不赞同的。下面谈谈自己的一些看法，以求得到指正。

一、关于“逻辑上在先”

“逻辑在先”与“逻辑上在先”，粗略看去，仅一字之差，其涵义似乎没有什么不同，或至少差别不大。然而这恰是一种错觉。事实上，正因为有这一字之差，才导致了涵义上的迥然有别，这是不可不察的。

逻辑一词来源于希腊文。在希腊文中，逻辑有思想、言辞、理性、规律性等多种涵义。在现代汉语里，逻辑在使用时也依其对上下文的不同关联，而具有不同的意义。比如，在规律性的意义上，就有客观逻辑，即客观事物的规律性，以及主观逻辑，即思维的规律性等的指谓；在理论、观点的意义上，有时是指特殊的理论、观点，如这是地地道道的强盗逻辑，有时是指普遍的理论、观点，如哲学逻辑；在学科的意义上，逻辑所指谓的是关于有效推理过程的方法或规则的科学，统称逻辑学。

那么什么是“逻辑在先”和“逻辑上在先”呢？首先，这里的“逻辑”就其本身而言是一种理论的指谓。其次，“逻辑在先”和“逻辑上在先”所言说的都是一种关系，即一种与逻辑相涉的关系。最后，

* 原刊于《江淮论坛》，2012（4）。

"逻辑在先"和"逻辑上在先"所表达的是两种不同意义上的关系。

就"逻辑上在先"来说，其所关涉的是逻辑的一种内在关系，即逻辑顺序上或理论展开顺序上的在先问题。而"逻辑在先"所关涉的则是逻辑的一种外在关系，即以逻辑称谓的概念体系相对于外在现实世界而言的在先问题。下面先来谈谈"逻辑上在先"。

如上所言，所谓"逻辑上在先"是指逻辑顺序上在先。即在从抽象上升到具体的思维行程中，那些比较抽象的范畴、命题相对于那些比较具体的范畴、命题，前者是后者的逻辑前提和根据，而后者则是前者的逻辑派生和展示。因此，在逻辑顺序上，前者具有先在性，而后者则具有后在性。

拿过程辩证法的展开来说，过程范畴在逻辑上根源于辩证法的联系范畴。联系是辩证法的逻辑起点。联系即相互作用。相互作用的横向联系表现为系统，相互作用的纵向联系表现为过程。过程范畴相对于相互作用范畴是具体的，但它本身又是较为抽象的。因此，过程范畴也必须在逻辑行程中展开自身，为此需要从中引申出运动、变化和发展，生成和消亡，原因和结果，根据和条件，必然和偶然，可能和现实，内容和形式，以及对立统一、质量互变和否定之否定等范畴和规律，从而构成和展示为过程辩证法的逻辑体系①。

在这样一个从抽象上升到具体的序列中，前承的范畴、命题相对于后续的范畴、命题都具有逻辑上的在先性；而后续的范畴、命题相对于前承的范畴、命题则具有逻辑上的在后性。

由此，关于"逻辑上在先"，可以得出以下几点结论：

第一，"逻辑上在先"，所关涉的不是逻辑与外在现实世界之间的关系，也不是任意挑出的一些范畴、命题之间的关系，而是同一系列的范畴、命题之间的关系，即在逻辑展开序列中的范畴、命题之间的关系。第二，这种关系不是指同一系列中那些具有共存性质的范畴、命题之间的关系，比如上文所列的生成和消亡、原因和结果等关系，而是指同一系列中那些具有承续性的范畴、命题之间的先后关系。第三，这种承续关系是指由抽象到具体的逻辑展开关系。第四，所谓逻辑上在先，也就是在逻辑展开的序列中，较为抽象的范畴、命题相对

① 陶富源：《实践主导论》，119—120页，合肥：安徽人民出版社，2001年。

于较为具体的范畴、命题而言的在先性。

我们只能在上述意义上，而不能在别的意义上来理解逻辑上在先。

比如，不能在作为客观历史形式表现的时间顺序意义上，把逻辑上在先混同于或理解为时间上在先。还拿上面的例子来说，“相互作用”与“运动”这两个范畴，只是在逻辑展开上，才存在先在与后续的关系，即我们通常所说的，“相互作用构成运动”，而不是说，在客观历史上先有相互作用，然后产生运动。实际上，现实过程中的“相互作用”与“运动”是同时发生的。

又比如，不能把逻辑上的在先性理解为矛盾主要方面在作用上的决定性。从发表的相关论文来看，这一担心并非多余。

有的论者为了说明逻辑上在先，举了这样两个例子。一是本质与现象的例子。认为在现象与本质的关系中，事物的本质决定事物的现象，决定事物的产生、演化和灭亡，因而事物的本质较之事物的现象具有逻辑上的优先地位。二是主体与客体的例子。认为在主客体关系中，客体作为主体认识和改造的对象，客体之所以是客体，是以主体存在为前提的；没有成为主体对象的存在，只是某种“自在之物”，而不是主—客体关系中的客体。因而主体对客体具有“逻辑”上的优先地位①。

以上这两个例子实际是不能说明问题的。其原因主要不在于其理论论证上的片面和牵强，而是在于不能把不同性质的事物搅在一起来加以比较。用我国古代墨家的话说，这叫“异类不比”。

拿本质与现象这一例子来说，事物的本质和现象与作为其反映的本质范畴与现象范畴，在性质上是不同的，因而不能把二者混为一谈，不能从本质与现象的关系去推论本质范畴与现象范畴之间的关系。本质和现象作为矛盾的两个方面，在二者的关系中，本质对现象具有决定作用。但这种决定作用只是与该矛盾中，本质相对于现象而言的主导地位相关联，而与本质范畴相对于现象范畴而言的抽象性毫无关系。本质范畴作为对事物本质的抽象概括，与现象范畴作为对事物现象的抽象概括，在抽象性上，它们是同等程度的概念。也就是说，在逻辑上，本质范畴与现象范畴之间是互为前提、互为中介的共存关系，而

① 孙正聿：《从“逻辑先在性”看哲学唯心主义》，《哲学动态》，1998（11）。

不存在从抽象到具体的承续关系，所以在这两个范畴之间根本不存在本质范畴相对于现象范畴而言的逻辑上的在先问题。

同理，主体范畴与客体范畴之间也是互为前提、互为中介的共存关系，它们之间也不存在从抽象到具体的承续关系。因此，主体范畴相对于客体范畴也不存在逻辑上的在先问题。由此可见，那种从矛盾主要方面的决定性推论出逻辑上在先性的做法，是不妥的。

另外，特别需要指明的是，不能把“逻辑在先”与“逻辑上在先”混为一谈。下面着重来谈谈什么是“逻辑在先”。

二、关于“逻辑在先”

“逻辑在先”是指以逻辑称谓的概念体系相对于外界现实世界而言的在先性。也就是说，“逻辑在先”所涉及的不是逻辑的内在关系，而是逻辑的一种外在关系，即通过逻辑的外在关系所表现的哲学基本问题——物质与精神之间谁在先的问题，是在这个问题上的一种唯心主义，即理性论唯心主义的理解。也就是说，“逻辑在先”是一个理性论唯心主义的命题。甚至可以说，理性论唯心主义之所以是一种唯心主义，就集中表现在它所主张的“逻辑在先”这一观点上。

众所周知，在西方哲学史上，唯物主义与唯心主义的纷争，是围绕着物质与精神的关系问题展开的，而在唯物主义与理性论唯心主义之间则又是围绕着“逻辑在先”，还是“物质在先”而展开的。唯物主义主张物质在先论，逻辑是对物质的反映。相反，理性论唯心主义则反对物质在先，而主张逻辑在先。

这种逻辑在先论主要是通过存在论和认识论来获得表现的。在存在论意义上，逻辑在先论认为，理念或逻辑是先在的，它是物质世界的本原；物质世界是理念或逻辑的表现，是它的“分有”或“样态”。就认识论意义来说，逻辑在先论认为，知识的形式即先验范畴是先在的，知识的材料要通过先验形式的组织才能变成知识。在西方哲学史上，存在论意义上的逻辑在先论，其最早的代表是柏拉图的理念在先论；认识论意义上的逻辑在先论，其较有启发意义的代表是康德的先验范畴在先论；而作为上述二者集大成的则是黑格尔的绝对理念在先论。

柏拉图创立了西方哲学史上第一个相对完整的哲学体系，即理念论唯心主义哲学体系。柏拉图认为有两个世界：一是“理念”（一般概念）世界，二是物质（现实的具体物质）世界。在柏拉图看来，理念是在先的、永恒不变的、真实的，而具体事物则是理念的“摹本”或“影子”。它是后在的、变化无常的、虚幻的。柏拉图认为，理念才是认识的真正对象，只有对于理念的认识才是真正的认识。如何才能获得这种真正的认识呢？为了说明这一点，柏拉图提出了“回忆说”。他认为，人通过一定的学习方式可以回忆起精神本身中所固有的“善”的理念。因此，在柏拉图看来，这个“善”的理念是先在的，是人的一切认识的最终源泉。

如果说，柏拉图的“回忆说”在理论上还显得牵强和粗糙的话，那么康德的先验范畴说在理论上则要有价值和精细得多。

康德是欧洲哲学史上第一个把自己的哲学称之为先验论的哲学家。在康德看来，认识并不是只有两项，而是三项：认识者、认识对象和介于两者之间的认识工具。康德的这一观点是很有见地的。康德认为，认识主体之所以是能动的，主体之所以能获得普遍必然性的知识，就在于认识主体拥有那普遍必然性的认识工具，即先验的纯范畴。康德承认人的认识开始于经验，但又认为感觉、表象本身是偶然的、杂乱的，仅仅是知识的“质料”。因而它必须由知识的形式，即先验的纯范畴进行综合和整理，才能形成知识。所谓先验的纯范畴，是指理性所固有的认识能力，即理性所拥有的因果性、必然性等12个范畴。不过，在康德看来，这些具有普通必然性的思维方式，“只是思想的纯然形式，没有客观实在性。”①

康德认为这些先验的纯范畴只是纯粹主观的形式，并不含有客观的内容。这一观点显然是片面的。

黑格尔批判继承了康德的先验范畴说，他把康德对概念的抽象理解推进到了具体的理解，即关于概念的主观形式与客观内容相统一的理解。

黑格尔是德国古典唯心主义哲学的集大成者，也是先前欧洲理性论唯心主义哲学的集大成者，因而“逻辑在先”原则在他的哲学中获

① ［德］康德：《纯粹理性批判》，韦卓民译，167页，武汉：华中师范大学出版社，2000年。

得了更为彻底的贯彻和充分的体现。黑格尔哲学体系分为逻辑学、自然哲学和精神哲学三大部分。黑格尔的“逻辑学名为逻辑，实为形而上学或本体论，亦即关于存在本身的理论和研究”[①]。在本体论上，黑格尔主张逻辑在先。对于黑格尔来说，所谓逻辑在先，不过是指世界的本原仍是概念自身演化所形成的逻辑体系。如他所指出的，“逻辑须要作为纯粹理性的体系，作为纯粹思维的王国来把握。这个王国就是真理，正如真理是毫无蔽障，自在自为的那样。人们因此可以说，这个内容就是上帝的展示，展示出永恒本质中的上帝在创造自然和一个有限的精神以前是怎样的。”[②]

具体说来，黑格尔把整个世界的发展归结为概念自身的发展。黑格尔这种逻辑在先的思想所表现的，就是从概念和逻辑体系这种本原出发，经过外化、演变出自然界和人类社会。在人类社会的发展中，经过精神的发展过程，又在更高阶段上回到逻辑体系。在黑格尔那里，绝对精神是万物的来源，是一切事物最深邃的内在本质。它不仅是外在自然界的本质，而且也是人的精神本质。只不过它潜伏在人的精神中。这种潜伏的客观精神最终可以通过人的主观精神达到自我认识。在黑格尔看来，“那在外在方式下最初呈现给我们的东西，一定是杂多的，我们把这些杂多的材料加以内在化，因而形成普遍的概念，这样我们就深入自身，把潜伏在我们内部的东西提到意识前面”[③]。

不难看出，黑格尔在这里的论述既有别于柏拉图的“回忆说”，也有别于康德的空洞“形式说”，而是把两者结合起来。即他把概念在一定意义上看成人的心灵所固有的，但只是一种可能性，只是潜在的，它必须通过心灵把外在杂多的材料“内在化”，才能成为现实。然而，这里的论述不管多么精巧，在黑格尔看来，相对于自然、社会和人的认识，绝对理念总是在先的。对此，恩格斯指出：“黑格尔的‘绝对观念’之先于世界的存在，在世界之前就有的‘逻辑范畴的预先存在’，不外是对世界之外的造物主的信仰的虚幻残余。”[④]

---

① ［德］黑格尔：《哲学全书·第一部分·逻辑学》，梁志学译，2—3页，北京：人民出版社，2002年。

② ［德］黑格尔：《逻辑学》（上卷），杨一之译，31页，北京：商务印书馆，1977年。

③ ［德］黑格尔：《哲学史讲演录》第2卷，贺麟等译，184页，北京：生活·读书·新知三联书店，1957年。

④ 《马克思恩格斯文集》第4卷，281页，北京：人民出版社，2009年。

通过上面的论述不难看出，“逻辑在先”在理性论唯心主义那里不是一个一般的理论观点，而是一个奠定其理论基础的根本观点。正因为如此，所以唯物主义，特别是马克思主义唯物主义，对“逻辑在先”这一观点及其典型表现的黑格尔绝对观念在先论，都给予了深刻彻底的批判。其批判要点主要有三：

第一，“逻辑在先”是头足倒置的唯心主义。马克思指出：“发展着自己的物质生产和物质交往的人们，在改变自己的这个现实的同时也改变着自己的思维和思维的产物。不是意识决定生活，而是生活决定意识。”①他批评黑格尔的绝对观念在先论“却把这一切头足倒置”②，“不仅把整个物质世界变成了思想世界，而且把整个历史也变成了思想的历史。”③这样一来，也就把“主体变成谓语，谓语变成主体。”④马克思讽刺说，这是一种让“儿子生出母亲”⑤的荒诞想象。

第二，“逻辑在先”是披着理论外衣的神秘主义。逻辑在先，在黑格尔那里，表现为绝对观念在先。也就是说，“这个绝对观念是从来就存在的，是不依赖于世界并且先于世界而在某处存在的。”⑥然而如何证明绝对观念从来就有，它到底居于何处，对于这些问题，谁也说不清楚，谁也不能说清楚。于是，绝对观念也就具有了神秘性，也就成了上帝或神的代名词。对此马克思曾揭露说：“知道自己是绝对自我意识的主体，就是神。”因此，“作为过程的绝对主体，作为使自身外化并且从这种外化返回到自身”的运动，也就是一个“神性的过程”⑦。换句话说，黑格尔的绝对理念不过是披着理论外衣的上帝，它所履行的，也就是上帝的创世功能。因此，马克思指出：“信奉宗教等等的人可以在黑格尔那里找到自己的最后的确证。”⑧

第三，“逻辑在先”是思辨哲学家“巧妙的诡辩”。马克思不仅深

① 《马克思恩格斯文集》第1卷，525页，北京：人民出版社，2009年。
② 《马克思恩格斯全集》第1卷，250页，北京：人民出版社，1956年。
③ 《马克思恩格斯全集》第3卷，16页，北京：人民出版社，2002年。
④ 《马克思恩格斯全集》第1卷，256页，北京：人民出版社，1956年。
⑤ 《马克思恩格斯全集》第2卷，214页，北京：人民出版社，1957年。
⑥ 《马克思恩格斯文集》第4卷，278—279页，北京：人民出版社，2009年。
⑦ 《马克思恩格斯全集》第3卷，332、333页，北京：人民出版社，2002年。
⑧ 《马克思恩格斯全集》第3卷，331页，北京：人民出版社，2002年。

刻揭示了“逻辑在先”，特别是黑格尔绝对观念在先的唯心主义及神秘主义本质，而且科学说明了这种观点产生的认识论根源。这一根源就在于：思辨哲学家把以实践为基础，产生于实践，最终又回到实践的由个别到一般，再由一般到个别循环往复、不断发展的认识过程予以人为的割裂，把从个别中抽象出来的一般作出了实体化、精神化的处理，并把它设定为先在的、主宰个别的东西。对此马克思曾经举例说，世界上并不存在脱离苹果、梨、草莓等现实水果的一般水果。可思辨哲学家却把从现实水果中抽象出来的一般水果在观念中变成了精神实体的东西，并宣称这个作为精神实体的一般水果是真实的水果，而在现实中存在的那些个别的水果“只是虚幻的水果”，只是真实水果的“样态”。马克思认为，思辨哲学家“把现实的发展当做思辨的发展”，当做“抽象的理智本质本身即绝对主体本身所完成的过程”，这里所玩弄的是一种“巧妙的诡辩”[①]。

三、“逻辑在先”与“逻辑上在先”不能混淆

从上面的分析可知，“逻辑在先”与“逻辑上在先”是两个互相区别，在涵义上根本不同的命题，因而是不能相提并论、混为一谈的。可是有些论者总是自觉或不自觉地把“逻辑在先”等同于“逻辑上在先”，去加以肯定，并为“逻辑在先”所遭受的所谓“时间在先”的误解叫屈，甚至把“逻辑在先”推崇为哲学的普遍原则，认为“从时间在先转向逻辑在先实质上就从科学视野转向哲学视野。……一旦实现了这一转向，就等于跨过了哲学研究的‘门槛’”[②]。因此，在这些论者看来，不仅唯心主义哲学坚持逻辑在先原则，而且“马克思哲学同样坚持逻辑在先的原则”[③]。于是，有论者主张，“不应该从时间次序上，而应该从‘逻辑在先’意义上去理解”[④]恩格斯关于物质第一性，精神第二性的论述。

怎样看待上述观点呢？我认为：

---

① 《马克思恩格斯全集》第2卷，75、331页，北京：人民出版社，1957年。

② 赵义良、崔唯航：《论“逻辑在先”的哲学意义》，《哲学动态》，2008（12）。

③ 杨寿堪：《论“逻辑在先”》，《学术研究》，2004（4）。

④ 参见王树人：《思辨哲学新探》，126页，北京：人民出版社，1985年。

第一，“逻辑在先”并非哲学的普遍原则。上述关于“逻辑在先”是哲学普遍原则的观点，是建立在把“逻辑在先”与“逻辑上在先”相混淆基础上的。如前所说，这两个命题所关涉的问题不同、涵义不同、适用范围不同。“逻辑上在先”所关涉的是逻辑顺序上的在先问题；其涵义是指在逻辑展开的序列中，较为抽象的范畴、命题相对于较为具体的范畴、命题而言的在先性。体现这种在先性，是建构任何一个科学体系包括哲学体系所应遵循的普遍原则。

而“逻辑在先”所关涉的则是在哲学基本问题上，物质和精神之间谁在先的问题；其涵义是指概念体系相对于外在现实世界具有在先性。它是一个理性论唯心主义的基本命题，也是建构理性论唯心主义的一个基本原则。因而把“逻辑在先”混同于“逻辑上在先”，视其为哲学的普遍原则，那是张冠李戴。如果说理性论唯心主义坚持逻辑在先，这是对其本质的一种如实说明的话，那么说马克思哲学也坚持逻辑在先，则完全是一种不实之词了。

马克思哲学是一种唯物主义哲学，因而在哲学基本问题上坚持物质第一性，意识第二性的原则。这是众所周知的。坚持物质第一性就是坚持物质在先，反对意识在先，包括反对逻辑在先，这是毫无疑义的。当然，在马克思哲学体系的展开过程中，坚持把“物质”作为马克思哲学的逻辑起点，这从而也体现了物质在逻辑上在先的原则。

另外，物质在先是一个内涵丰富的命题，关于自然物质的时间在先性则是其内涵之一。这一内涵是与自然科学所揭示的真理相一致的，是“物质在先”原则不可动摇的一个方面的科学依据，同时这也是“逻辑在先”原则所不可逾越的一大障碍。因此，那种贬低关于自然物质的时间在先性，并主张把其从物质第一性原则中剔除出去的观点，是绝不能听信的。

第二，“逻辑在先”并非不含时间在先。“逻辑上在先”区别于客观历史表现形式上的时间上在先，这是毫无疑义的（关于这一点，前文已经说过了）。而对“逻辑在先”来说，则不然。对此，王树人先生曾经指出：黑格尔“提出逻辑在先，从本质上说，乃是对哲学根本问题的一种回答。因此，逻辑在先的本质涵义恰恰表现在它又是与时间密切相关的”[①]。王先生的这一观点，我是十分赞同的。事实上，从柏拉图的理念在先论到黑格尔的绝对观念在先论，都含有关于逻辑的时间在先的内涵。在柏拉图那里，理念是“原本”，具体事物是“摹本”。很显然，如果没有时间在先的“原本”，那又何来照着“原本”临摹而成的“摹本”。同样，在黑格尔那里，如果没有绝对观念的时间在先，又何来绝对观念的外化、异化。

诚然，与古代的柏拉图有所不同，黑格尔是生活在一个自然科学比较发展的时代。在这种时代背景下，已不能原封不动地再坚持那种外在性、现实性之意义上的关于逻辑的时间在先性，即认为，先有一个理念世界存在，然后再外化出一个现实世界，而必须把这种外在性、现实性之意义上的关于逻辑的时间先在性转换成内在性（或潜伏性）、可能性意义上的关于逻辑的时间先在性。

正是为了调和“逻辑在先”与自然科学的矛盾，为了摆脱关于逻辑的时间先在性的传统理解所面临的困境，在黑格尔那里，不得不淡化以至否认那种在外在性、现实性之意义上的关于逻辑的时间在先性，不得不承认“自然在时间上是最先的东西”[②]，不得不强调和凸显逻辑在事物存在的内在性、可能性意义上的时间先在性。也就是说，自然作为绝对观念外在化的现实载体，在这种外在性、现实性之意义上，自然是时间先在的；而绝对观念作为这种载体存在的潜伏性、可能性条件，在这种潜伏性、可能性意义上，逻辑是时间先在的。

由此可见，黑格尔并没有，也不可能从根本上否认逻辑在先所包含的关于逻辑的时间在先性。如果是那样，逻辑在先这一观点本身也就动摇了，这是因为在理性论唯心主义看来，逻辑作为现实世界的本原，这一涵义本身就包含着逻辑在时间上的在先性。因此，黑格尔所做的，不过是在新的时代条件下，对逻辑在先所包含的逻辑的时间在先性，作出了一番新的解释。其目的恰恰是为了更好地维护关于逻辑的时间在先性。可国内有些论者却看不透黑格尔这一通繁言琐语背后的本意，仅从字面意义上来理解他关于自然的时间先在性的宣称，天真地以为逻辑在先与时间在先无关，并卖力地为之辩护。这实在是一种精力和情感的浪费。

---

① 参见王树人：《思辨哲学新探》，126页，北京：人民出版社，1985年。

② ［德］黑格尔：《自然哲学》，梁志学、薛华等译，28页，北京：商务印书馆，1980年。

第三，“逻辑在先”在作为事物存在的可能性意义上不能成立。英国学者瓦拉士在评论黑格尔哲学时，曾指出：“逻辑的世界仅仅是……自然和精神的可能性。它是第一位的。”[①]应该说，瓦拉士正确概括了黑格尔的思想。但需要指出的是，瓦拉士在这里所说的可能性，不是泛指，而是特指。即指逻辑作为自然和人类精神的真理性和终极目标，所以它才是第一位的。用张世英先生的话说：“黑格尔把逻辑学看成是讲事物‘灵魂’的哲学，把自然哲学和精神哲学看成是‘应用逻辑’。”[②]就绝对精神与自然的关系来说，黑格尔认为：“精神是自然的真理性和终极目的”[③]，而“自由的精神作为自然界的目标是先于自然界的，自然界是由精神产生的，然而不是以经验的方式产生的，而是这样产生的，即精神以自然界为自己的前提，总是已经包含于自然之中”[④]。也就是说，精神作为自然界的终极目标，先于自然界，包含在自然界之中，主宰着自然界，并最终克服自然现象的异在性，从而返回精神自身。

这种终极目标意义上的逻辑在先能成立吗？不能。

实际上，自然和人类历史本身都没有什么终极目标，在自然与历史由低级到高级的各个阶段互相衔接的联系中，前一阶段提供了后一阶段发展的前提和基础，后一阶段则显现了前一阶段发展的影响和效用。人们在从后一阶段往前追溯的过程中，发现了这些影响和效用。然而思辨哲学家歪曲这种情况，好像后一阶段所呈现的积极影响和效用是前一阶段的内在“目标”。好像地上长草的根本目标就是为了促进肉牛的发展，“美洲的发现的根本目的就是为了促进法国大革命的爆发”，等等。于是自然和历史便都具有了特殊的目标，并且这些特殊目标都服从并为着一个终极目标，即绝对观念的自我实现。马克思在批判历史目的论时曾正确指出：“前期历史的‘使命’、‘目的’、‘萌芽’、‘观念’等词所表示的东西，终究不过是从后期历史中得出的抽象，不

① ［德］黑格尔：《哲学全书·第一部分·逻辑学》，梁志学译，4页，北京：人民出版社，2002年。

② ［德］黑格尔：《哲学全书·第一部分·逻辑学》，梁志学译，5页，北京：人民出版社，2002年。

③ 北京大学哲学系外国哲学史教研室编：《西方哲学原著选读》下卷，434页，北京：商务印书馆，1982年。

④ ［德］黑格尔：《自然哲学》，梁志学、薛华等译，621页，北京：人民出版社，2009年。

过是从前期历史对后期历史发生的积极影响中得出的抽象”[1]。由此可见，那种关于自然与历史的运动是为着实现某种终极目标，并把终极目标作为自然与历史存在的可能性条件的观点是错误的，因而在这种意义上的所谓“逻辑在先”,也是不能成立的。

总之，不能把“逻辑在先”混同于“逻辑上在先”去加以肯定并为之辩护。这样做，除了造成认识退步和理论的混乱以外，不会有别的结果。

① 《马克思恩格斯文集》第1卷，540页，北京：人民出版社，2009年。

论马克思主义的主客体相互作用观*

人通过劳动从动物提升出来的同时，也就发生了主体人与客体环境之间的关系。因此，主客体关系是一个与人的存在相伴随的久远以来的事实。但是对这一事实的认识，由于受到片面性的纠缠，所以对人来说，在长时期中还是一个未解的司芬克斯之谜。直到马克思主义哲学诞生以后，这个谜才算揭开了。原来人与环境的关系是在实践基础上的社会性与历史性的统一。人决定环境，是人通过实践对环境的改造；环境决定人，则是人在实践中的自我改造。人及人的客体世界都是与主体人的活动相联系的自然历史过程的运行系统。由此，唯物主义第一次打开了进入社会历史领域的大门，无产阶级革命的必要性也因此而获得了哲学的论证。所以研究马克思主义的主客体相互作用观，对于全面深入地掌握历史唯物主义的辩证理论，充分发挥人的主体作用，都是有现实意义的。

一、实践主客体相互作用观的形成

主客体的关系问题是近代哲学研究的一个重要问题。不可知论者休谟只承认感觉的存在，至于人作为感觉主体如何作用于对象客体的本质，在他看来是不可知的。康德与休谟一样，他羞羞答答地承认了主体和客体的存在，但又否认二者的统一，因而同样陷入了不可知论。

17、18世纪的英法唯物主义者从纯粹物质的角度肯定了主客体的统一，但他们都牺牲了人的主体能动性，而把人单纯看作环境的产物，是服从机械法则的存在。

从费希特到黑格尔则是以唯心主义形式承认了主客体的统一。他

* 原刊于《晋阳学刊》，1988（4）。

们肯定了主体的能动性，但他们所说的主体不是人，而是抽象的精神。

在批判黑格尔哲学的斗争中，费尔巴哈既反对唯心主义把主客体统一于抽象精神的观点，也不赞成恢复到机械唯物主义把主客体统一于纯粹物质的观点，而是提出了主客体统一于人的人本主义观点。在哲学发展史上，费尔巴哈的这一观点是有意义的。但是他把人只理解为感性的存在，而不是理解为感性的活动。所以费尔巴哈所说的主客体统一，只是作为感性主体和感性客体在人的认识中的统一，而不是在人的实践中的现实的、活生生的统一。所以费尔巴哈在总体上还是陷于旧唯物主义的窠臼。

但是，尽管黑格尔和费尔巴哈在主客体关系问题上都没有能达到真理的全面性，然而他们却又为马克思对这个问题的科学解决各自从一个方面提供了不可缺少的思想材料。

青年马克思是从黑格尔哲学出发的。在主客体关系问题上,他继承了黑格尔唯心辩证法的能动原则，并且从一开始，就在形式上把黑格尔所谓的绝对精神的能动性，转化成了作为人的象征的自我意识的能动性，从而在一定程度上淡化了黑格尔哲学原有的思辨色彩，给予人在历史上的地位和作用以某种肯定。

他在《博士论文》中通过对伊壁鸠鲁原子论的研究，认为个别自我意识是最高原则。个别自我意识是独立的、自由的。所谓自由就是对客观世界（客观理性）的作用和改造。马克思主张把“本来是内在之光的东西，变成转向外部的吞噬一切的火焰”，“成为实践力量”①。这时候，马克思所理解的实践还是抽象精神的能动性的表现，主客体的关系也仅仅被理解为主体对客体的单向作用的关系。

随着《莱茵报》时期马克思对社会现实问题的接触和研究，马克思萌生了某些唯物主义因素，第一次提出了在实践基础上主体（精神）与客体（世界）相互作用的思想。马克思指出，“那种用工人的双手建筑铁路的精神”，也“在哲学家的头脑中建立哲学体系”。又说：“哲学不仅在内部通过自己的内容，而且在外部通过自己的表现，同自己时代的现实世界接触并相互作用。”②这里，主客体相互作用的思想的提出，较先前无疑是一个进步。

① 《马克思恩格斯全集》第1卷，75—76页，北京：人民出版社，1995年。

② 《马克思恩格斯全集》第1卷，220页，北京：人民出版社，1995年。

从《莱茵报》遭到查封到《德法年鉴》时期，在费尔巴哈唯物主义的影响下，马克思关于主客体相互作用的观点由唯心主义转向唯物主义。在这时，马克思已经不是像从前那样把实践理解为精神批判活动，而是理解为物质的批判活动。马克思指出,要改变旧的社会制度，只有一个办法，即通过实践来解决，“鼓舞物质力量去实行政治暴力”来解决。

实践的主体也不是先前所认为的“自我意识”，而是人民群众，是实现全人类解放使命的无产阶级。此外，他还第一次明确指出，革命不是任意进行的，“革命需要被动因素，需要物质基础”[①]。

诚然，马克思在这里还只是从物质暴力的角度去说明主体的能动性和客观条件的物质制约性，还没有从生产劳动的角度给予实践以比较确切的涵义，还没有在生产劳动基础上展开主客体的相互作用和辩证的运动。这后一步的工作是通过写作《1844年经济学哲学手稿》完成的。

《手稿》指出，作为主体的“人是自然界的一部分”[②]。他的劳动也是一种客观的活动、感性物质活动。马克思指出:“当现实的、肉体的、站在坚实的呈圆形的地球上呼出和吸入一切自然力的人通过自己的外化把自己现实的、对象性的本质力量设定为异己的对象时，设定并不是主体；它是对象性的本质力量的主体性，因此这些本质力量的活动也必定是对象性的活动。”[③]就是说，人作为现实的自然存在物，对物质自然界的改造，不是纯粹精神性的行为，而是客观的能动性的创造活动。“它所以创造或设定对象，只是因为它本身是被对象所设定的，因为它本来就是自然界。因此，并不是它在设定这一行动中从自己的‘纯粹的活动’转而创造对象，而是它的对象性的产物仅仅证实了它的对象性活动，证实了它的活动是对象性的自然存在物的活动。”[④]所以人的活动是客观的物质活动，活动的客观性表明了客体对象对人的作用和设定。

与此同时，《手稿》还肯定了劳动的能动性，并由此而肯定了主体

① 《马克思恩格斯文集》第1卷，12页，北京：人民出版社，2009年。
② 《马克思恩格斯文集》第1卷，161页，北京：人民出版社，2009年。
③ 《马克思恩格斯文集》第1卷，209页，北京：人民出版社，2009年。
④ 《马克思恩格斯文集》第1卷，209页，北京：人民出版社，2009年。

对客体的改造作用。1844年经济学哲学（以下简称《手稿》）指出：“人作为自然存在物……是能动的自然存在物。”[①]虽然动物也有生命活动，但“人则使自己的生命活动本身变成自己意志的和自己意识的对象”[②]。也就是说，人的活动是有目的的活动，人是按照自己的目的来改造客观事物，“通过实践创造对象世界”[③]。这种创造，是人“把固有的尺度运用于对象”，是“按照美的规律来构造”[④]。因此，生产劳动是主体对于客体的能动作用的表现和确证。

《手稿》关于主客体在实践中相互作用的思想，在《关于费尔巴哈的提纲》（以下简称《提纲》）中得到了精辟的概括，并由《手稿》中的静态表述，发展为动态的表述。《提纲》指出：“环境的改变和人的活动或自我改变的一致，只能被看作并合理地理解为革命的实践。”[⑤]马克思这一深刻的思想，从根本上克服了旧唯物主义和唯心主义在主客体关系问题上各执一面的片面观点，从而在实践基础上对主客体的相互作用进行了唯物而又辩证的理解。那么，这种相互作用是如何在实践中表现为主客体的相互转化和辩证运动的呢？

二、实践中主客体的辩证运动

如前所说，主客体的矛盾产生于人类的实践活动。世界是一个统一的物质世界，最初没有意识，也没有主体和客体之分。自从在劳动中产生了人，也就产生了主体，有了意识，有了精神活动。自然也就成了人所要认识，所要改造的客体。当人类把自然界、客观的物质世界作为自己的实践对象和认识对象时，也就产生了主客体的对立和矛盾。

这种对立表现在：主体是一个具有多种需要的存在，而客观自然界又不能直接地予以满足，于是人类必须改造自然界以适合自己的需要，可是客观自然界又在多方面对这种改造加以制约。这是主客体在实践中所必然产生的对立。

① 《马克思恩格斯文集》第1卷，209页，北京：人民出版社，2009年。
② 《马克思恩格斯文集》第1卷，162页，北京：人民出版社，2009年。
③ 《马克思恩格斯文集》第1卷，162页，北京：人民出版社，2009年。
④ 《马克思恩格斯文集》第1卷，163页，北京：人民出版社，2009年。
⑤ 《马克思恩格斯文集》第1卷，500页，北京：人民出版社，2009年。

但是这种对立不是僵死的，而是统一中的对立，对立中的统一。一方面，实践中产生了主客体的对立和矛盾；另一方面，又在实践中实现了主客体的相互渗透和转化，为主客体矛盾的解决提供了现实的途径。这个途径就是马克思所揭示的主体客体化和客体主体化，即对象化和非对象化。

所谓非对象化，是指在实践活动中，对象的规定性被迫暴露出来，于是为主体所认识，进而转化为主体活动的规定性，使对象的客观结构转换为主体的文化——心理结构，进一步变为主体的工艺——操作结构，使对象的规律性变为主体活动的规律性。非对象化概念，表明了在实践过程中，客体的制约作用和在主体方面所引起的发展。这种发展使对象的本质以及它的各种规定性转变为主体的本质力量、才能、技巧，转化为主体活动的方式。

这种转化的具体机制是什么？还是一个有待深入探讨的问题。在这一方面，皮亚杰关于在活动中，主客体同构性的思想给人们提供了有益的启示。尽管皮亚杰讲的是儿童的活动，而不是劳动活动，但道理是互通的。

主体和客体的同构，从根本上说，是客体结构向主体方面的变换，客体作为由诸种相互联系的要素或一系列物质材料所构成的整体，具有时间、空间、排列次序、因果序列等多方面的结构。主体对客体的改变，是对客体的存在形式的变换，其中主要的是对客体结构的调整。在这种调整中，主体同时也就获得了与客体相对应的认识结构，并表现出来。主体在认识上与客体结构的相似性、统一性的实现，是不断剔除单纯的主观性，使主观不断地接近和符合客观的过程，是在客观的规律性和人的能动活动之间不断相互作用中趋于一致的结果。

可见,非对象化的过程,就是在实践中,环境创造人的过程。也就是人通过实践,使外界环境向自我内化的过程。

但是，主体与客体的同构性，并不是主体的认识结构与客体结构的等同性。客体的结构是以感性的特殊的形式存在的，而主体的认识结构则是以普遍的抽象的形式存在的。也就是说，主体的认识结构相对于客体结构，既有相同的一面，又有超越的一面。即超越客体的个别性，从中反映一般的东西，超越客体的感性实在性，以达到思维的反映形式。

这种超越性的意义是巨大的。第一，这种以普遍的抽象的形式存在的主体的认识结构，针对不同的对象，加以适当的调整，就可以适用于任何一个对象。第二，主体根据需要和可能，还可以通过对客体信息的重新调整、排列、组合，改变其原有结构，从而设计具有新的结构的观念模型。而这种创造性正是人的认识能动性的根本特征，也是人的实践能动性的主要内在根据。生产劳动也就是人的认识能动性转化为实践能动性的过程，即客体环境被人对象化的过程。

所谓对象化，就是在实践中，主体的目的等观念性东西的外化、客观化、物化。马克思指出："人不仅像在意识中那样在精神上使自己二重化，而且能动地、现实地使自己二重化。"[①]即通过生产，把自己的本质力量凝聚和体现在作为产品的对象上面。马克思指出："生产本身就必然是能动的外化，活动的外化，外化的活动。"[②]因此，劳动产品才表现为他的作品和他的现实。所以，马克思"把工业看成人的本质力量的公开的展示"[③]，认为"工业的历史和工业的已经生成的对象性的存在，是一本打开了的关于人的本质力量的书"[④]。可见，所谓对象化，实质上是通过实践赋予对象以主体的性质。对象化的过程，也就是作为实践主体的人创造环境的过程。

对象化和非对象化这两种双向回环的过程，只是在理论上的分解，而在现实领域中，是很难把二者分离开的。人们在实践中改造环境和改造自身是同一个历史过程。正如马克思所指出的：人们在实践活动中，在改造环境的同时也改变着自己。此外，从发展的角度看，非对象化过程中新的主体的产生，从而又产生了新的需求，这种新的需求与现实的矛盾，又推动人们去创造新的对象，而对象化活动以及由此而带来的主体需求的满足，又进一步开发了主体的新的素质、新的需要……如此无限发展，主体与客体的矛盾在实践中不断产生又不断解决。这也就构成了人类历史的运动。

---

① 《马克思恩格斯文集》第1卷，163页，北京：人民出版社，2009年。
② 《马克思恩格斯文集》第1卷，159页，北京：人民出版社，2009年。
③ 《马克思恩格斯文集》第1卷，193页，北京：人民出版社，2009年。
④ 《马克思恩格斯文集》第1卷，192页，北京：人民出版社，2009年。

三、历史是人的活动的自然历史过程

把主客体在实践中相互作用的观点运用于社会历史领域的研究，这是马克思的一大贡献。在此以前，无论是唯心主义，还是旧唯物主义，都在历史的迷宫面前，陷入了歧途。这里的关键在于，人和社会是相互联系的，并且都是动态的、发展着的存在。因此，要科学地说明人和社会，这就要求找到一个既是动态的，又是联系着人和社会的基础。旧唯物主义和唯心主义都没有能找到这个基础。他们有的失足于用环境的静观存在来说明人的发展；有的失足于把人特别是人的思想看作既定的前提，认为社会的发展是某种先天人性的展示，或是某种思想的偶然激发。只有马克思才科学地揭示了人（主体）和社会（客体）的联系及其发展的基础——劳动。

马克思认为，劳动不仅是人的物质的、对象性的活动，而且也是人的社会性活动。人的活动的社会性，其一是说，活动是在社会中进行的。正如马克思所指出的："活动和享受，无论就其内容或就其存在方式来说，都是社会的活动和社会的享受。"[①]社会为人的活动提供了基础、条件和活动方式。其二是说，社会是人的活动的产物，是人的活动的创造物，这是"因为人的本质是人的真正的社会联系，所以人在积极实现自己本质的过程中创造、生产人的社会联系、社会本质"[②]。

因此，人是进行社会活动的人，社会是人的活动的社会。实践不仅是人和社会相联系的中介，而且也是人和社会相互生成，相互推动的本质机制。这正如马克思所指出的："正象社会本身生产作为人的人一样，社会也是由人生产的。"[③]

作为社会主体的人，其构成要素可以分为三个方面：一是作为目的的智力，二是表现为器官和肢体的体力，三是作为人体器官延伸的工具的功力。正是在主体的三个要素上面，突出地表现出社会对人的作用。个体用以制定目的的知识和使用工具的技术、技巧、方式和方

① 《马克思恩格斯文集》第1卷，189页，北京：人民出版社，2009年。
② 《马克思恩格斯全集》第42卷，24页，北京：人民出版社，1979年。
③ 《马克思恩格斯文集》第1卷，189页，北京：人民出版社，2009年。

法，有相当大一部分是来自前人从实践中总结出来的精神成果；个体掌握的工具，是以他所处的时代业已形成的生产力为出发点的，而这种生产力是前人的创造物；个体的器官肢体是人类经过长期的实践改造自身的种族发育在个体身上的遗传。恰恰这种在历史上发展着的知识、工具和种族发育在个体身上的聚合，造成了主体的构成要素及其组织方式的社会化。此外，这些社会的东西要变成个体的东西，必须经由一系列中间环节。比如，知识和经验的传授、工具的提供和技术的交流、器官（肢体）的训练和培养，都是通过社会传递给个体的。这种个人与社会的横向联系，同时也就构成了这一代人和上一代人的历史的联系。由此可见，人及其活动是以社会为中介而得到发展的。

同样，社会也是通过人的活动而得以延续和前进的。马克思认为，劳动活动在本质上是一种“对象化的活动”。因此，历史上的劳动虽然作为主体活动已经消逝了，但它所创造的感性客体则可以保存下来。这种感性客体，既是劳动的创造，又是劳动借以实现的手段。作为劳动结果，又作为劳动延续的中介物质力量就是生产力；作为劳动结果，又作为劳动延续的社会形式的物质关系，就是生产关系。劳动的发展史，归根到底也就是生产力与生产关系矛盾运动的历史，这也就是社会运动的历史。

生产实践以及在其基础上社会主体和社会客体的相互作用，这是马克思展开自己全部历史唯物主义理论的基础。在马克思看来，每一代人从事活动的“环境”，都是前一代人实践活动的结果，这一代人又通过自己的实践创造着下一代人借以生活的“环境”。而就同一代人来说，这一部分人们或个人从事活动的“环境”，也是另一部分人们或个人的实践的产物。同样，这一部分人们或个人也创造着另一部分人们或个人从事活动的“环境”。“历史不外是各个世代的依次交替。每一代都利用以前各代遗留下来的材料、资金和生产力；由于这个缘故，每一代一方面在完全改变了的环境下继续从事所继承的活动，另一方面又通过完全改变了的活动来变更旧的环境。”[①]这样，每一代人都从前一代人所创造的条件出发，在更高的起点上开始自己的活动，每一代人又都以自己的更加发展、更加丰富的实践创造着日益提高的社会

① 《马克思恩格斯文集》第1卷，540页，北京：人民出版社，2009年。

物质文明和精神文明。可见，社会的不断发展和进步，也就是在世世代代人的连续不断的努力奋斗中积累起来的。

正是在这种历史的运动中，马克思既肯定了实践的能动性，又肯定了实践的客观制约性。并从实践的能动性这一面入手，揭示出历史总是人的历史，总是人为着追求自己的目的而创造的历史。马克思又从实践的客观制约性这一面入手，揭示出人们活动的规律，即社会历史发展的规律。由此也可以进一步说，人的能动性、社会主体性和历史创造性等等，不是纯主观的，更不是任意的，而是受社会的客观规律（当然还有自然规律）的制约的。谁不承认这一点，谁就会陷入唯意志论、主观唯心论。此外，社会历史、社会规律是客观的，但并不是外在于人，它是通过人的活动而存在而起作用的。人是历史的主体，社会规律是人的活动的规律，谁不承认这一点，也会陷入历史的机械论、宿命论。

从以上两个方面——客观规律制约下的主体能动性和主体活动中的社会规律性来看，社会历史就是这样一个有规律的属人的创造性的实践过程，或者也可以说，它是一个通过人的创造性活动而实现的自然历史过程。这样，在过去数千年中笼罩在历史观上的唯心主义迷雾被马克思第一次从根本上驱散了。

四、无产阶级通过革命改造环境和自身

马克思关于在实践中主客体相互作用的思想，不仅在社会历史观上与唯心主义和旧唯物主义划清了界限，而且在实际生活中和各式各样脱离革命实践的救世主义者、人道主义者、慈善主义者划清了界限。他们中有一些人也看到了资本主义社会的种种丑恶现象，有的甚至还进行了一定程度的揭露和批判。但是，他们有一点是共同的，即都不主张对旧世界进行实践的批判，武器的批判。与上述这些观点相反，马克思主义认为，只有通过革命实践，才能改造旧的社会环境，同时也才能解放被这种环境所束缚的人。

马克思恩格斯在《德意志意识形态》中，正是从主体人与客体环境在实践中相互作用的观点出发，深刻地说明了无产阶级进行革命的重要性和必要性。他们指出:“无论为了使这种共产主义意识普遍地产

生还是为了实现事业本身，使人们普遍地发生变化是必需的，这种变化只有在实际运动中，在革命中才有可能实现；因此，革命之所以必需，不仅是因为没有任何其他的办法能够推翻统治阶级，而且还因为推翻统治阶级的那个阶级，只有在革命中才能抛掉自己身上的一切陈旧的肮脏东西，才能成为社会的新基础。”[①]

可见，马克思关于主客体在实践中相互作用的思想，为无产阶级革命提供了理论根据。由此也说明了，工人阶级的解放是工人阶级自己的事情，只有人民自己起来进行斗争，才能使自己从旧制度的束缚下解放出来，才能使自己从旧的环境所沾污在自己身上的肮脏东西中解放出来。所以，“对实践的唯物主义者即共产主义者来说，全部问题都在于使现存世界革命化，实际地反对并改变现存的事物。”[②]这是马克思从主客体在实践中相互作用的观点所必然引出的结论。这一结论是对唯物史观革命性质的精辟表达，因而也是无产阶级改造世界的哲学宣言。

总之，关于主客体在实践中相互作用的观点，不仅是马克思在批判继承旧哲学过程中的一个理论上的发现，而且也为唯物史观的创立提供了一个基本的逻辑前提，同时也为工人阶级用革命手段改造旧世界提供了哲学的论证，因而它是马克思主义的一个重要的观点。

---

① 《马克思恩格斯文集》第1卷，541页，北京：人民出版社，2009年。

② 《马克思恩格斯文集》第1卷，527页，北京：人民出版社，2009年。

以劳动为基础把握社会发展的自然历史过程*

——兼与陈志良、杨耕及张一兵等先生商榷

社会经济形态的发展是一个自然历史过程，这是马克思在《资本论》里提出的一个理论观点[①]。长期以来，我们在把它作为一个既成的正确原理加以接受的时候，往往疏于深察这一原理据以成立的根据和形成的机制，因而也就妨碍了对这一原理的内涵作进一步深刻的认识。陈志良、杨耕先生的《重新认识社会发展的“自然历史过程”》和张一兵先生的《析马克思关于社会历史发展似自然性的特设规定》（分别载《哲学研究》1989年第2期和1991年第2期，以下简称陈文、张文）。两文在这方面进行了一些探索和反思。这也激起了我对这一理论观点重新学习和研究的兴趣。在这里谈一些与陈、张二文不同的认识，以求得到指教。

一、两种不同意义上的“自然历史过程”

社会经济形态的发展是一个自然历史过程，在笔者看来，这是马克思从社会物质存在的角度，对社会发展的一个规定。除了这个规定以外，马克思还从社会主体的角度，把社会“历史看作人类的发展过程”[②]。另外，马克思还从上述两个规定相统一的基础——劳动实践的角度，把社会发展规定为人的劳动实践的自我创造过程[③]。在马克思看来，自然历史过程、现实的人的发展过程、人的劳动实践的自我创造过程，这三者不是相互排斥的，而是相互联系、相互规定、有机统一的。坚持这三者的统一，才能构成对社会发展的立体透视，才能形成

* 原刊于《哲学研究》，1992（1）。

① 参见《马克思恩格斯文集》第5卷，10页，北京：人民出版社，2009年。

② 参见《马克思恩格斯文集》第9卷，28页，北京：人民出版社，2009年。

③ 参见《马克思恩格斯全集》第2卷，119页，北京：人民出版社，1957年；第42卷，131页，北京：人民出版社，1979年。

对社会发展的整体思维。

因此，对于社会发展的上述三个方面的规定，其中的任何一个规定都不能脱离另外两个规定而孤立地存在和片面地理解。否则就会把对社会发展的多线立体的透视，变成单线平面的审视，变成纯粹抽象的规定。这样就会背离马克思主义的社会发展观以至整个唯物史观而误入歧途。在哲学史上，自然主义从纯粹自然过程的角度理解社会发展；人本主义从抽象的人的角度理解社会发展；唯实践主义从抽象实践的角度理解社会发展。就是因为它们都是从一个方面对社会发展作了片面的理解，所以殊途同归，它们在历史观上都陷入了唯心主义。

在这里，总结一下以往哲学教科书体系对历史唯物主义叙述的有关得失，是不无益处的。以往从苏联借鉴过来的哲学教科书体系，把社会发展归结为自然历史过程，强调社会经济形态的发展与自然发展一样，是客观的，本质上都是受不以人的意志为转移的客观规律支配的过程。这一认识对不对呢？我认为是对的，是应该肯定的。

但是以往的哲学教科书体系大都只是停留在把社会发展与自然发展进行简单类比的水平上，并以此来理解社会发展的自然历史过程。应该说，这种理解是比较肤浅的，因为它没有说明社会发展和自然发展这两种不同性质的过程何以能进行类比，何以具有相同的客观性。

换句话说，它没有能从社会发展本身，没有从这种发展的基础，即自然向人生成的中介——人的劳动实践，去说明社会发展的自然历史过程。之所以如此，这是与以往的哲学教科书体系在一定程度上（不是完全）忽视了人的历史主体作用和实践所具有的社会基础的地位相联系的。在这个体系中，马克思的活生生的历史唯物主义学说，只是被叙述成了生产力与生产关系、经济基础与上层建筑之间的决定作用与反作用，似乎是无人介入的自动实现过程。于是社会发展及其规律仿佛与自然过程及其规律一样，成了某种外在于人的，只是人应该加以服从的东西。这样，社会发展的自然历史过程也就难免要被简单类比为自然运动过程。

由此可见，如果离开现实的人的发展过程和人的实践创造过程，把社会发展仅仅归结为自然历史过程，这不仅不能全面、科学地说明社会的发展，而且社会发展的自然历史过程本身也不可能在与人的发展过程及人的实践创造过程的相互规定中，真正显示出它的社会内涵，并获得科学的说明。这样，就会在客观上把社会发展的自然历史过程混同于纯粹自然意义上的自然史过程，甚至把历史唯物主义混同于自然主义。

正是针对以往哲学教科书体系的上述偏颇，近几年来我国哲学界对人的历史主体作用和生产实践作为社会的基础地位的研究，成了热门话题。这一研究对于全面、科学地理解马克思主义的历史唯物主义，激发我国人民的积极性、主动性，促进中国特色社会主义建设，都是有重要意义的。

但应该注意的是，在坚持历史是人的历史，是人的活动所创造的历史等观点的同时，不应该重复以往哲学教科书体系的失误，把上述观点与社会发展的自然历史过程的观点对立起来，不能用前者去排斥后者。换句话说，不能用以往哲学教科书体系所理解的，在一定程度上脱离人及人的实践活动的“自然历史过程”，去混同和取代马克思历史唯物主义所认为的，与人的发展及人的实践发展相统一的“自然历史过程”。因为脱离现实人的主体活动的“自然历史过程”，在实质上，并无异于纯粹自然意义上的自然史过程，或曰自然过程，而不是马克思历史唯物主义所说的社会发展的自然历史过程。

我认为，陈、张二文尽管在对“自然历史过程”的具体理解上有所差异，但它们有一个共同缺陷：都没有能区别上述两种不同意义上理解的“自然历史过程”，并进而把马克思历史唯物主义所认为的社会发展的自然历史过程，变成从纯粹自然意义上理解的“自然过程”。

比如，陈文认为：“‘自然历史过程’是指自然界联系形式多样化的过程。”张文也认为，自然历史过程是指“自然界那种盲目力量支配的非主体发展状态”。可见，陈、张二文对社会发展的自然历史过程的理解，在思路上并没有能超越以往哲学教科书体系的局限。陈文认为：“马克思把社会经济形态的发展理解为自然史的过程，并不是说社会经济形态的发展本身是一种自然历史过程，而是说社会经济形态的发展与自然史具有相似的一面。”

那么，相似在什么地方呢？陈文认为：“如同自然界的动植物发展立足于自身器官的形成和发展一样，社会经济形态的发展也是立足于‘社会人的生产器官’的形成和发展过程”，即“社会工艺过程”。按陈文所言，社会经济形态的发展本身不是自然历史过程，只是理解为自然历史过程，而且是马克思的理解。如果真是这样，那么这种理解岂不是与实际不符？这种脱离实际的理解还有什么科学性可言？再说，这也不是马克思的理解。

又如，陈文把社会经济形态的发展是一个自然历史过程，转换成社会经济形态的发展立足于社会工艺过程，与动植物发展立足于自然工艺过程（动植物器官形成过程）的相似性。然而陈文并没有就这种转换作出令人信服的说明。难道社会经济形态的发展，与社会经济形态的发展立足于社会工艺过程，这二者可以互相替代？另外，按陈文所说，自然历史过程即“自然界联系形式多样化的过程”，那么，难道这一过程只是局限于动植物发展立足于其器官的形成过程？这里发生的思维跳跃，也实在令人费解。

张文也是在社会发展与自然发展相似性的意义上，来理解社会发展的自然历史过程的。与陈文略有区别的是，张文认为，社会发展的自然历史过程是“马克思关于社会发展似自然性的特设规定”，即“资本主义经济的社会形态应理解为一个自然史过程，或者换句确定的话来说，资本主义生产方式是一种类似自然史意义上的社会存在”，“存在着像自然界发展中发现的盲目的外在必然性，即社会历史的运动规律异在为‘自然规律’的情形。”张文还直接说：“盲目性（似自然性）。”

按张文所说，这是马克思的“特设规定”，那么马克思在什么地方表述过这样的思想，即社会经济形态的发展是一个自然历史过程？这里的“社会经济形态”是特指“资本主义经济的社会形态”呢？对此，张文没有论证。如果这一点不能证明，那么以这一点为前提的推论，也就难以成立了。

当然，笔者并不否认社会工艺过程相对于社会发展，与动植物的自然工艺过程相对于动植物的发展，在意义上的某种相似性；也不否认资本主义社会的经济规律与自然规律在作用性质上存在着相似的盲目性。只是不赞成把社会经济形态发展的自然历史过程这样一个普遍性命题，像陈、张二文那样毫无根据地转换为上述的特殊性命题去加以理解。恰恰相反，这些特殊性命题，只有在这个普遍性命题的指导下，才能从根本上获得证明，而不至于像陈、张二文所做的那样，仅仅停留在简单类比的论证水平上。

要正确揭示社会发展的自然历史过程这一命题的普遍性根据，这里的关键在于：要在现实主体人的劳动实践的基础上，去把握自然与社会的统一。

二、自然与社会在劳动基础上的辩证统一

以劳动为基础去说明自然与社会的统一，这是马克思所揭示的真理，是马克思超越黑格尔唯心主义和费尔巴哈人本主义关于自然、劳动和社会等三者关系的不正确见解，而得出的科学结论。

在自然、劳动和社会的三者关系问题上，黑格尔唯心主义的一个根本观点是，自然、劳动和社会都是绝对精神的产物，是其运动的组成环节。正如马克思所指出的："黑格尔完成了实证唯心主义，他不仅把整个物质世界变成了思想世界，而且把整个历史也变成了思想的历史。"[①]在黑格尔看来，精神产生自然界，在自然界产生以后，又"把它看作是'精神'所从而表演的场地"[②]，即人的活动的舞台。但是人在黑格尔历史哲学中只是理性借助的外在手段，人只是演员，而"精神"才是幕后的编剧和导演。

为什么精神要把人作为工具推到历史的前台呢？这是因为"精神"作为历史的普遍本质和最后目的，它在展现自己的内容以前，还只是一种抽象的可能性，"为得要产生确实性起见，必须加上第二个因素，那就是实行、实现；这个因素的原则便是'意志'——最广义的人类的活动。"[③]借助于人类的活动，精神过渡到历史的领域。精神先派生出"现实的理念"——国家。国家作为社会形成和发展的决定性因素，再派生出有限的理念要素——家庭和市民社会。由此可见，黑格尔在唯心主义的思辨形式中透露出了人类历史是一个发展过程；人的活动要以自然为基础，历史要借助人的活动来展开等光辉思想。

但是，正如恩格斯所指出的，由于黑格尔"把事物及其发展"过程看成"是在世界出现以前已经在某个地方存在着的'观念'的实现

① 《马克思恩格斯全集》第3卷，16页，北京：人民出版社，1960年。

② ［德］黑格尔：《历史哲学》，王造时译，123页，北京：生活·读书·新知三联书店，1956年。

③ ［德］黑格尔：《历史哲学》，王造时译，60、61页，北京：生活·读书·新知三联书店，1956年。

了的反映”[①]。所以，黑格尔所说的人类社会的发展，既不是现实的人的活动过程，也不是受现实自然界制约的历史过程，而是精神自我创造和自我实现的过程。在他那里，人类的历史变成了“神圣的历史”“观念的历史”。不论黑格尔如何正确地和天才地把握了自然、劳动和社会之间的一些个别联系，但由于上述原因，就是在细节上也有许多东西不能不是牵强的、造作的，一句话，被歪曲的。由于黑格尔不能科学说明自然、劳动与社会之间的统一关系，所以黑格尔在历史观上并没有能获得突破性的进步。

费尔巴哈在批判黑格尔唯心主义的过程中，实现了自然与思维的唯物主义颠倒。他说：“首先必须有自然，然后才有与自然不同的东西把自然摆在面前，作为自己意欲和思想的对象。”“不把精神放在自然之上，而倒过来把自然放在精神之上。”[②]费尔巴哈认为，人与自然是统一的，自然界是“人的前提，为人的原因或根据，为人的产生和生存所依赖的东西”[③]。费尔巴哈又认为:“直接从自然界产生的人，只是纯粹自然的本质，而不是人。人是人的作品，是文化、历史的产物。”[④]费尔巴哈恢复了唯物主义王座，坚持人与自然的统一，并力图给人以社会性的规定，这是他的巨大功绩。

但是，费尔巴哈不了解人的感性活动，不能从人的感性活动去说明人与自然、人与社会的现实关系。因此，他所谓的自然只是就其原始性来加以考察的自然，而不是与人的活动相联系的历史的自然。他所谓的社会也只是“把许多个人自然地联系起来的普遍性”[⑤]，而不是人在实践活动中所形成的社会关系。由于费尔巴哈不能从劳动实践的角度去说明自然与社会的统一，所以，费尔巴哈在自然观上坚持了唯物主义，而在历史观上却陷入了唯心主义。

马克思恩格斯在创立唯物史观的过程中，批判地继承了黑格尔、费尔巴哈上述思想中的积极成果，并加以革命的改造，从而提出了自然与社会在人的劳动实践基础上辩证统一的思想。

马克思继承了费尔巴哈关于“人直接地是自然存在物”“是自然界

① 《马克思恩格斯文集》第9卷，27页，北京：人民出版社，2009年。
② 《费尔巴哈哲学著作选集》下卷，荣震华等译，447页，北京：商务印书馆，1984年。
③ 《费尔巴哈哲学著作选集》下卷，荣震华等译，523页，北京：商务印书馆，1984年。
④ 《费尔巴哈哲学著作选集》上卷，荣震华等译，247页，北京：商务印书馆，1984年。
⑤ 参见《马克思恩格斯文集》第1卷，501页，北京：人民出版社，2009年。

的一部分”[①]等思想。认为，“人的存在是有机生命所经历的前一个过程的结果。只是在这个过程的一定阶段上，人才成为人。”[②]但马克思又批判继承了黑格尔关于劳动是人的本质的思想，认为人不是一般的自然存在物，而是“能动的自然存在物”[③]。人在自然基础上，通过能动的活动，改造外界的自然和自身的自然，同时也生产着、改造着社会，即人与人之间的关系[④]。因此，马克思指出：“社会是人同自然界的完成了的本质的统一，是自然界的真正复活。”[⑤]他说：“在工业中向来就有那个很著名的‘人和自然的统一’，而且这种统一在每个时代都随着工业或慢或快的发展而不断改变。”[⑥]

正是从自然与社会通过劳动而发生的相互作用的意义上，马克思指出：“历史可以从两方面来考察，可以把它划分为自然史和人类史。但这两方面是密切相联的，只要有人存在，自然史和人类史就彼此相互制约。”[⑦]这样，自然史也就成了与人类史相联系的“历史的自然”。同样，由于历史是人们在自然基础上能动的创造，所以历史也就成了“自然的历史”，“是人通过人的劳动而诞生的过程，是自然界对人来说的生成过程”[⑧]。于是，“历史本身”也就作为“自然界生成为人这一过程的一个现实部分”[⑨]。

马克思总结说：“迄今为止的一切历史观不是完全忽视了历史的这一现实基础（物质生产——引者注），就是把它仅仅看成与历史过程没有联系的附带因素。……这样就把人对自然界的关系从历史中排除出去了，因而造成了自然界和历史之间的对立。”[⑩]由此可见，坚持自然与历史在劳动基础上的统一，这是马克思历史唯物主义的一个根本观点，是唯物史观与以往一切历史观的一个原则区别。用这个根本观点去看待社会的发展，那么它就是以劳动实践为中介的人与自然的一致

① 参见《马克思恩格斯文集》第1卷，209、161页，北京：人民出版社，2009年。
② 《马克思恩格斯全集》第26卷（Ⅱ），545页，北京：人民出版社，1974年。
③ 《马克思恩格斯文集》第1卷，209页，北京：人民出版社，2009年。
④ 《马克思恩格斯文集》第1卷，187页，北京：人民出版社，2009年。
⑤ 《马克思恩格斯文集》第1卷，187页，北京：人民出版社，2009年。
⑥ 《马克思恩格斯文集》第1卷，529页，北京：人民出版社，2009年。
⑦ 《马克思恩格斯全集》第3卷，20页脚注，北京：人民出版社，1960年。
⑧ 《马克思恩格斯文集》第1卷，196页，北京：人民出版社，2009年。
⑨ 《马克思恩格斯全集》第1卷，194页，北京：人民出版社，2009年。
⑩ 《马克思恩格斯文集》第1卷，545页，北京：人民出版社，2009年。

关系的发展，换句话说，社会发展就是作为人与自然统一的劳动的发展。因此，只有抓住人与自然统一这个中介——劳动实践，才能揭示人类历史发展的机制，才能进而说明社会经济形态发展的自然历史过程。

三、劳动的物质性和社会性的相互作用

如上所说，生产劳动是自然与社会相统一的中介。从逻辑上说，它必然融合和包含了自然和社会两方面的性质。那么怎样来理解劳动的自然性和社会性及其相互作用呢?

劳动的物质规定性，就是劳动所体现的人与自然之间的物质变换关系。马克思指出:“劳动首先是人和自然之间的过程，是人以自身的活动来中介、调整和控制人和自然之间的物质变换的过程。人自身作为一种自然力与自然物质相对立。为了在对自身生活有用的形式上占有自然物质，人就使他身上的自然力——臂和腿、头和手运动起来，……同时他还在自然物中实现自己的目的。”[①]这就是说，人作为自然存在物，人的肉体、人的生命的存在和发展，需要物质生活资料来满足，需要人发挥内在自然力去对外界自然进行改造。所以，马克思说:“劳动作为使用价值的创造者，作为有用劳动，是不以一切社会形式为转移的人类生存条件，是人和自然之间的物质变换即人类生活得以实现的永恒的自然必然性。”[②]

可见，劳动中人作为自然力，已经不是费尔巴哈所理解的生物学上的“类”，而是具有客观需要和活动目的的与自然物质相对立的主体自然。劳动中的自然物质，也不是机械力学上的“物”，而是被改造的客体自然，即劳动对象。因此，从劳动的物质规定性方面来考察，人与自然在劳动中的统一，也就转化为作为主体自然的劳动者与作为客体自然的劳动对象的统一。这种统一的实体态，就是劳动工具。这种统一的关系态，就是以劳动工具为客观标志的、在劳动中所形成的“人化自然力”，也就是经过形式变化的，适合人需要的自然力，即生产力。

---

① 《马克思恩格斯文集》第5卷，207—208页，北京：人民出版社，2009年。

② 《马克思恩格斯文集》第5卷，56页，北京：人民出版社，2009年。

劳动除了有物质规定性的一面以外，还有其社会规定性的一面。劳动的社会规定性是指劳动力和劳动资料的使用从属于特定的经济、政治关系性质。因为劳动总是在一定的社会形式中进行的，即总是离不开一定的社会关系的。这些关系中最基本的是人们在生产过程中结成的生产关系。人与自然的关系同人与人的关系是同时并存于具体的劳动过程中的。因为人们必须联合起来，以集体的力量才能与自然相抗衡。换句话说，劳动中人与自然的关系要求并决定了人与人的关系。

另外，从历史联系的角度说，每一时代的人的活动都必须以前人在活动中已经结成的社会关系为起点，并在自己的活动中，改造旧的社会关系和建立新的社会关系，以不断适应劳动中人与自然的关系的发展。在这里以劳动为媒介，从纵横两个方面把人们社会地、历史地联系起来，从而使劳动具有了社会性质。所以马克思指出："劳动首先是人和自然之间的过程"，但"又是一个在特殊的、历史的和经济的生产关系中进行的过程，是生产和再生产着这些生产关系本身……即他们的一定的经济的社会形式的过程。"[①]

劳动的物质规定性和社会规定性这两方面构成了劳动的完整的规定性。劳动的物质规定性决定了劳动的社会规定性，劳动的社会规定性也规定着劳动的物质规定性。它们是相互作用、相互规定的。一方面，人与自然的关系，实质上是人与人之间关系的中介，因为人是在对自然的改造关系中与他人相联系的。另一方面，只有在人与人的关系中，才可能有人与自然的关系，因为劳动的诸要素是在一定的社会关系中组合和发生作用的。

由于劳动的物质规定性是受劳动的社会规定性所制约的，所以把标示人与自然关系的生产力称之为社会物质力量，因而也可以把生产力的发展理解为通过劳动实现的自然历史过程。

同样，劳动的社会规定性是受劳动的物质规定性决定和制约的，所以把标示生产中人与人关系的生产关系称之为物质的社会关系。[②]因

① 《马克思恩格斯文集》第5卷，201页，北京：人民出版社，2009年；第7卷，927页，北京：人民出版社，2009年。

② 参见《马克思恩格斯全集》第27卷，478页，北京：人民出版社，1972年；《列宁全集》第1卷，121页，北京：人民出版社，1995年。

而也可以把生产关系的发展理解为通过劳动实现的自然历史过程。换句话说，生产关系的发展是受劳动的自然过程，即生产力发展过程所决定和制约的历史过程。这里的“历史过程”，即“社会过程”。因为生产关系作为社会的物质联系是由生产力的总和决定的，“这种联系不断采取新的形式，因而就呈现出‘历史’”[①]。

由此可见，劳动的物质规定性和社会规定性的统一及相互作用，就集中地表现为生产力与生产关系的统一及相互作用。生产关系发展的自然历史过程，也就是受生产力发展所决定和制约的历史过程。关于这一点，列宁曾作过精辟的论述。他说：“只有把社会关系归结于生产关系，把生产关系归结于生产力的水平，才能有可靠的根据把社会形态的发展看着自然历史过程。”[②]这就是说，在作了第一个归结，即把社会关系归结于生产关系以后，还要作第二个归结，即把生产关系归结于生产力的高度，才能把社会形态的发展看作自然历史过程，即看作以生产力为标示的劳动的自然过程所决定和制约的历史过程。

总之，坚持自然与社会在劳动实践基础上的统一，就必然要引导到承认劳动的物质规定性和社会规定性的统一及其相互作用，也就必然要承认生产关系的发展是通过劳动实现的自然历史过程。在笔者看来，以此为基础，这就为说明社会经济形态，以至社会形态发展的自然历史过程，提供了充分的根据。

四、坚持社会形态的发展是一个自然历史过程的观点

马克思认为，社会经济形态的发展是一个自然历史过程。对于什么是社会经济形态，马克思有精确的表述:“人们在自己生活的社会生产中发生一定的、必然的、不以他们的意志为转移的关系，即同他们的物质生产力的一定发展阶段相适合的生产关系。这些生产关系的总和构成社会的经济结构，即有法律的和政治的上层建筑竖立其上并有一定的社会意识形式与之相适应的现实基础。”[③]列宁的《什么是“人民之友”以及他们如何攻击社会民主主义者?》一书，在引用了这段论

① 《马克思恩格斯全集》第3卷，33—34页，北京：人民出版社，1960年。

② 《列宁选集》第1卷，8—9页，北京：人民出版社，2012年。

③ 《马克思恩格斯文集》第2卷，591页，北京：人民出版社，2009年。

述之后也肯定说："马克思……确定了社会经济形态是一定生产关系的总和。"如前所说，生产关系的发展是一个自然历史过程，那么作为生产关系总和的社会经济形态的发展，无疑也是一个自然历史过程。

承认社会经济形态发展的自然历史过程，那么是否可以说，社会形态的发展也是一个自然历史过程呢？诚如陈文所言，社会经济形态不等于社会形态。但是尽管如此，从上述的前一个判断过渡到后一个判断，也并不存在陈文所说的思维跳跃。

在我看来，这种过渡是必然的。因为经济形态的变革是社会形态变革的直接根据，而经济形态的发展是一个受生产力即劳动的自然过程决定和制约的历史过程，所以社会形态的发展归根到底也是一个受生产力（劳动）的自然过程决定和制约的历史过程，即自然历史过程。

对此列宁说："马克思……把从旧社会诞生新社会的过程、从前者进到后者的过渡形式，作为一个自然历史过程来研究。"[①]列宁的这一论述是完全符合马克思本意的。马克思在《资本论》第1卷德文第二版的跋中，引用了一位俄国作者伊·伊·考夫曼对《资本论》的评论。评论说："马克思把社会运动看作受一定规律支配的自然史过程。"[②]马克思在这个"跋"中，称赞这位作者的评论、"描述得这样恰当。"[③]很显然，马克思的这一赞扬也包括对这个评论中的上述论断的肯定。

因此，陈文以马克思本人没有直接说过社会形态的发展是自然历史过程，而否认这一论断是历史唯物主义的题中应有之义，是不能成立的。

另外，承认社会发展是一个自然历史过程，是否会发生像陈文所说的那种情况，即把社会发展的道路看成"预成的""存在固定模式和一种超历史的必然性"呢？我认为，如果像陈、张二文那样，把社会发展的自然历史过程理解为脱离人的活动的自然史过程，谁要是用这种理解来说明社会形态的发展，那么应该承认，陈文的上述担心不是多余的。

但是，如果像马克思历史唯物主义所要求的，从自然与社会相统一的基础——劳动实践的角度去把握社会形态发展的自然历史过程，

---

① 《列宁全集》第3卷，152—153页，北京：人民出版社，2012年。

② 转引自《马克思恩格斯文集》第5卷，20页，北京：人民出版社，2009年。

③ 转引自《马克思恩格斯文集》第5卷，21页，北京：人民出版社，2009年。

即把社会发展看作受劳动的自然过程制约的历史过程，那么就不会发生陈文所担心的情况。因为这样理解的“自然历史过程”，并不是外在于人的、纯自然的，而是通过人的活动而产生、而起作用的。

正是在这个意义上，可以把社会形态的发展表述为通过人的实践活动而实现的自然历史过程，也可以表述为作为自然历史过程的人的实践创造活动。如果作这种理解，也就把社会发展的必然性与人的活动的能动性统一了起来。

当然，从历史发展的整体来说，实现社会发展的必然性与人的活动的能动性的统一，这是一个漫长的历史过程。

在前资本主义社会和资本主义社会中，由于实践水平和受其制约的认识水平的限制，以及阶级社会中剥削制度的存在，因而对上述统一的实现，还不可能达到整个社会的理性把握的水平。即社会必然性在基本上还是作为盲目的必然性在人的活动中发生作用的。

只有在未来共产主义社会中，这种盲目的必然性，才转化为自觉的必然性。这就是说，社会发展的自然历史过程通过人的活动而实现，至于这种实现是盲目的，还是自觉的，都不可能改变社会发展作为自然历史过程所具有的客观规律性。

因此，张文把社会发展的自然历史过程，特设为“似自然性（盲目性）”，这就把社会发展的自然历史过程与在实践中实现这一过程的主体的某种发展状态这二者混为一谈了。当然，社会发展作为自然历史过程与纯粹的自然过程无疑有其相似性或相同性。但这种相似性或相同性，既不是张文所特设规定的似自然性（盲目性），也不局限于陈文所说的，社会工艺过程相对社会发展与自然工艺过程相对于动植物发展在意义上的相似性。从根本上说，它表现为，社会发展规律与自然界的运动规律具有相同的客观性。正是在这个意义上，所以马克思、恩格斯又常常把社会规律称之为“社会……运动的自然规律”[①]。

至于陈文所说：“把社会形态的发展看作一个自然历史过程，由于这种思维方式的限制，使我们产生许多偏差，其中主要之点是：把原始、奴隶、封建、资本主义、社会主义的社会发展看作人类发展的唯一道路。”对于这段论述我认为也必须进行一些具体分析。由于篇幅限

---

① 《马克思恩格斯文集》第5卷，9—10页，北京：人民出版社，2009年。

制，笔者在这里不作详细议论，只是提出如下一些看法。

马克思把社会经济形态的发展看作一个自然历史过程，看作一个基于生产力与生产关系矛盾运动而形成的从低级到高级的五种社会经济形态的依次更替的过程。马克思的这个表述是在1859年写的《政治经济学批判序言》中。原文说，“大体说来，亚细亚的、古代的、封建的和现代资产阶级的生产方式可以看作是经济的社会形态演进的几个时代。资产阶级的生产关系是社会生产过程的最后一个对抗形式”[①]，它将被未来的共产主义社会所取代。

马克思在这段论述的前面用了一个限制语，“大体说来”。我认为，这不是多余的，而是意味深长的。可惜的是，马克思在这里没有能具体加以说明，因而使一些不经心的读者，没有引起应有的注意，以致对上述论断作出了某种简单化的理解。但是，如果联系马克思、恩格斯等经典作家关于社会发展规律的其他一些论述，从这些论述的交叉限定和相互比较中，就不难窥见上述限制语的深刻涵义。

在笔者看来，关于五种社会经济形态的演进，所谓的“大体说来”，一是就人类历史发展的总体而言的。就是说，整个人类作为一个整体，它不可能超越任何社会经济形态，而只能按五种社会经济形态依次更替。这里并非指任何民族或国家都毫无例外地必须依次经过这五种社会经济形态。马克思历史唯物主义并不否认某个民族或国家以人类历史发展为背景，在特定条件下，对某一社会经济形态所实现的超越。

二是就人类历史的统一性、常规性和一般趋势性而言的。这里并不否认各个民族在历史发展形式上的多样性、非常规性、特殊性。相反，这里所说的统一性、常规性、一般趋势性，分别是以多样性、非常规性、特殊性为前提的。可见，以社会经济形态发展的自然历史过程为理论根据而提出的关于五种社会经济形态依次更替的理论，只是揭示了整个人类发展的统一性和一般趋势性，并不是每个民族、每个国家都注定要走的“一般发展道路”。

总之，以劳动为基础去把握社会发展的自然历史过程，这是正确理解和坚持这一原理的关键。只有正确坚持这一原理，才能坚持社会

① 《马克思恩格斯选集》第2卷，33页，北京：人民出版社，1995年。

存在决定社会意识的历史唯物主义的基本观点，才能坚持社会发展的客观规律性与人的实践能动性的统一，才能把对社会发展的认识真正提高到科学的水平。

坚持“人定胜天”的唯物论基础*

“人定胜天”是一个古老的命题。在我国，如果从荀子提出“制天命而用之”①的口号算起，至今已有两千几百年的历史了。继荀子之后，许多古代思想家在总结人类生产经验的基础上，也曾对这一命题提出过不少有价值的见解，从而进一步丰富了这一思想。但是，由于被当时的生产水平、科学水平，以及这些思想家所处的阶级地位所局限，他们的这些分析和认识还是十分朴素的。直到伴随着近代大工业和近代自然科学的出现而形成了近代无产阶级，并产生了马克思主义的时候，“人定胜天”这一命题才获得了完全科学的性质。

“人定胜天”是一个注重发挥人的主观能动性的积极命题，历史上，它在批判听天由命的错误思想，鼓舞人们从事改造自然的斗争方面，曾经发挥了很好的作用。新中国成立后，它的积极作用显得尤其突出。

但是，人们过分陶醉于对自然界的某些胜利，使自己的头脑膨胀起来。早在20世纪50年代后期，一种错误认识就逐渐滋长。人们认为在社会主义制度下，人对自然的改造是无所不能、无往不胜的。这就为唯心主义开了方便之门。

我们不是曾经相信过“人有多大胆，地有多大产”“不怕做不到，就怕想不到”之类的“豪言壮语”吗？我们不是宣传过“一无资金，二无设备”，只靠思想的力量，就如何如何吗？我们在这一方面吃的亏太大了。20世纪50年代的“大跃进”运动搞成了大跃退，后来的“以粮为纲”搞成了多种经营“全面砍光”，等等，都是与上述错误认识密切相关的，都是它在实践中造成的恶果。

事实告诉我们，在“人定胜天”这一命题的背后，隐藏着唯物主

---

* 原刊于《晋阳学刊》，1981（2）。

① 《荀子·天论》。

义和唯心主义两条哲学路线的斗争。

回顾以往，我国三十多年来社会主义建设的成败得失；纵观世界，随着近代大工业的发展而出现的环境污染、生态破坏、资源危机和沙漠扩张等等情况，这些都是自然过程的辩证性质以不可抗拒的力量在迫使人们承认：必须坚持“人定胜天”的唯物论基础。只有坚持这个基础，人类才能正确发挥改造自然的作用，才能取胜自然，才可避免“走向一条自我毁灭的道路”。而就我国现在进行的“四化”建设来说，才能减少盲目性，提高科学性和预见性，达到尽可能高的经济效果，真正做到利在人民，利在发展。

那么，怎样才能坚持“人定胜天”的唯物论基础呢?

第一，在改造自然的斗争中，要自觉地保持人自身与自然界的动态平衡。这是人定胜天的根本目的。

这个问题有必要从人在自然中的位置说起。马克思主义依据进化论的观点认为，“人本身是自然界的产物，是在自己所处的环境中并且和这个环境一起发展起来的”[①]。具体地说，人类也就是地球发展到高级阶段的产物。

现代科学表明，在太阳系内，除地球以外，是没有人类可以生存的条件的。月亮是一个没有空气，没有水，没有生命的死寂星球。火星表面气压太低，只相当于地球上30公里高空的大气密度，而且温度时常达到零下130摄氏度。金星表面大气稠密，大气压力比地球上大100倍，昼夜温度都在500摄氏度左右。水星上没有空气，夜间温度零下160摄氏度，白天是零上330摄氏度。至于在太阳系的其他外行星上，因为离太阳太远，就更不具备人类生存的条件。由此可见，在太阳系内，只有地球才是人类生存和发展的摇篮。

然而，地球也是经过几十亿年的演化，才为人类的出现创造了条件的。地球本来是一个冷的均质的球体，经过长期演化，发生了物质分异，形成了地核、地幔和地壳。后来地壳逐渐加固，形成了岩石圈，并形成了原始的大气圈和水圈。在这些圈层的交互作用下，从无生命发展到有生命，生命从非细胞到细胞，从自养到异养，从厌氧到喜氧，从原核到真核，从无性到有性，从两极到多极，从单细胞到多细胞，

① 《马克思恩格斯文集》第9卷，28—29页，北京：人民出版社，2009年。

从水生到陆生，最后从猿发展到人。

在这一漫长的过程中，每一发展阶段都是前一发展阶段的延续和发展，又为后一阶段的出现创造了条件。

原始的大气圈、水圈是原生生物产生的条件。原生生物是厌氧的，但它的发展却反过来给原始大气添制了氧，形成了后来的含氧大气圈，从而为喜氧生物的产生创造了条件。原始的绿色植物是自养生物，它吸取光能，通过光合作用把CO_2、H_2O和无机盐等无机物加工成糖和淀粉，这就为异养的食草性动物的产生提供了食料。食草性动物通过摄食、消化、吸收，把植物的脂肪、蛋白质，改造成动物的脂肪、蛋白质，使自身生长发育，从而又给食肉性动物的产生提供了条件。

人是最后发生在世界上的，是由动物发展起来的，但又不同于一般的动物。如果仅从生物的食物链的结构体系看，人是处于食物链的顶端，既吃植物的精华部分，又吃食草性动物，还吃食肉性动物，是最高级的消费者。这说明自然界的长期发展，才为人类的产生准备了条件，并为他的进一步发展奠定了基础。

由此可见，人类的存在是以自然环境的存在为前提的。是先有人类产生、生活和成长的环境的形成，然后才产生人类的。所以，人是自然的产物，也“是自然的一部分”[①]。从构成上说，人体只是自然界中各种元素的特殊聚集体、能量的运载体。人类是通过同化与异化作用同自然界的其他部分进行物质和能量的交换，从而使人的生命活动始终处于与环境的矛盾统一运动中，以求得人自身的生存和发展的。

这个关于人类来源于自然界，并且是自然界的一部分的观点，是把“人定胜天”这一命题建立在唯物论基础之上所必须要坚持的一个根本观点。

正如恩格斯所指出的：“我们统治自然界，决不是像征服者统治异族人一样，决不是像站在自然界之外的人似的，——相反地，我们连同我们的肉、血和头脑都是属于自然界和存在于自然之中的。”[②]人定胜天的所谓“胜”，绝不意味着人可以离开自然界而独立，并转过来使自然界如战争中的战败者那样，屈服和听命于人类；恰恰相反，它仅

① ［苏］米海伊尔·里夫希茨：《马克思恩格斯论艺术》第1卷，曹葆华译，224页，北京：人民文学出版社，1960年。

② 《马克思恩格斯文集》第9卷，560页，北京：人民出版社，2009年。

仅意味着，人作为自然界的一部分，能自觉地保持与自然界其他部分的统一。也就是说，能自觉地依赖与适应自然，以求得人类的生存，积极地改善与美化自然，以求得人类的发展。

所以，从马克思主义的观点看来，坚持人定胜天，根本的就是要坚持“自身与自然界的一致”。要反对“那种……人类和自然……之间的对立的荒谬的，反自然的观点”[①]。

过去在一些地方盛行的滥伐森林、滥垦草原、乱填湖泊、过牧超载、酷渔滥捕、毁林开荒等掠夺式的经营，以及污染环境等等，都不是马克思主义所理解的人定胜天，而是种种反自然的行为，同时也是人类的自祸自害。所有这些，都是属应该反对之列的。

当然，人与自然的一致，不是动物式的、靠本能去适应自然界，也不是那种僵死的一致，而是在改造自然的斗争中，求得自身与自然界的动态平衡。为要实现这一点，就必须要坚持从自然界提供的物质条件出发，凭借这个舞台演出改造自然的、有声有色的，使人类更美好地生活下去的话剧。

第二，在改造自然的斗争中，要坚持从自然界所提供的现实条件出发。这是人定胜天的根本前提。

恩格斯说:“事物是互相作用着的。”[②]人与自然也是互相作用的。在人与自然的相互关系中，从本原上说，人对自然的改造是处于何种地位的作用呢？恩格斯认为：人对自然进行的改造是一种“反作用”。“随着自然规律知识的迅速增加”，也就是“人对自然界起反作用的手段”的“增加”[③]。人对自然的改造，既然是一种反作用，那也就是说，这种作用归根结底是由自然界赋予的，是在自然界所提供的条件下形成的。

事实也正是这样。人是赤条条来到这个世界上的。人作为一种自然力，是“土地（在经济学上也包括水）最初以食物，现成的生活资料供给人类”[④]。就是在当今科学昌明的时代，人类也还不能离开自然环境去建立自己的食物生产体系。而保证最低限度人口的存在，则是

① 《马克思恩格斯文集》第9卷，560页，北京：人民出版社，2009年。
② ［德］恩格斯:《自然辩证法》，157页，北京：人民出版社，1971年。
③ 《马克思恩格斯文集》第9卷，421页，北京：人民出版社，2009年。
④ 《马克思恩格斯文集》第5卷，208页，北京：人民出版社，2009年。

人类征服自然的首要前提。

人类是通过社会生产来征服自然的，而社会生产所需要的原料、燃料等全部物质要素，归根到底，都取自自然环境。恩格斯说：“自然界为劳动提供材料，劳动把材料转变为财富。”[①]马克思也说：“没有自然界，没有感性的外部世界，工人什么也不能创造。它是工人的劳动得以实现、工人的劳动在其中的活动、工人的劳动从中生产出和借以生产出自己的产品的材料。”[②]自然环境（当然包括天然的自然环境和经过人工改造过的自然环境）所提供的材料，是一种客观的物质条件。这种条件是人类进行生产活动的基础，它为人类对自然的改造活动提供了客观的可能性，同时也规定了这种活动所能达到的广度和深度。这就是自然界对人类生产活动的决定作用。

反过来，就人类对自然的改造来说，必须要从自然界所能提供的现有物质条件出发，在其许可的范围内，想问题，订计划，办事情。赤手空拳是改造不了自然的，白手起家也是不现实的。

马克思说：“人们自己创造自己的历史，但是他们并不是随心所欲地创造，并不是在他们自己选定的条件下创造，而是在直接碰到的、既定的、从过去承继下来的条件下创造。”[③] 这里，条件是重要的，是客观的。就自然的改造来说，人们只能在有江河湖海的地方发展渔业；在有草原和森林的地方发展牧业和林业；在有利于农作物生长的土壤和气候条件下发展农业；在有可能获得原料和燃料的地方发展工业。如果“以钢为纲”，就不管有矿无矿，一律炼钢；“以粮为纲”，就不管山区平原，地南地北，牧区、渔区、林区一律种粮，其结果必然是劳民伤财，得不偿失，而且破坏了生态平衡，贻误了子孙后代。

总之，人类要取胜自然，就必须从生产所面临的现实物质条件出发，因时因地制宜，扬长避短，量力而行。该办而且能够办的事情，一定要办好；暂时还不具备条件办的事情，则要缓办；根本无法具备条件办的事情，则一定不能办。

但是仅仅做到从自然所能提供的现实条件出发这一点，还是不能取胜自然的。这里还有一个按照自然规律办事的问题。

---

① 《马克思恩格斯文集》第9卷，550页，北京：人民出版社，2009年。

② ［德］马克思：《1844年经济学哲学手稿》，53页，北京：人民出版社，2000年。

③ 《马克思恩格斯文集》第2卷，470—471页，北京：人民出版社，2009年。

第三，在改造自然的斗争中，要正确认识和运用自然规律。这是人定胜天的根本途径。

马克思主义认为，事物运动都是有规律的。自然界的运动也是有规律的。自然规律和其他规律一样，是不依人的意志为转移的。荀子说:“天行有常，不为尧存，不为桀亡。”[①]这是真理。自然规律不为任何人所创造，也不能任意地被消灭。同时，人作为自然界的一部分，人自身和人的生产活动同样要受自然规律的支配和制约。

毛泽东说，人们要想得到工作的胜利即得到预想的结果，一定要使自己的思想合于客观外界的规律性，如果不合，就会在实践中失败。就自然的改造来说，人的行动就必须合于自然的规律性，接受自然规律的支配和制约。不然，是要受到自然规律的惩罚的。一百多年前，恩格斯就曾指出：美索不达美亚、希腊、小亚细亚以及其他各地的居民，为了想得到耕地，把森林都砍光了，但是他们想不到，这些地方今天竟因此成为荒芜不毛之地。西班牙的种植场主，为获得永久性肥料，焚烧古巴山坡的森林，到头来却流失了沃土。

在今天的世界上，这类因违背自然规律而受到自然规律惩罚的例子，就更是屡见不鲜了。竭泽而渔则无鱼，毁林种粮则无粮，只管生产发展，不管环境保护，造福无得，为害极大，我们在这一方面的教训是很多的。

如此说，人是不是就只能当自然规律的奴隶，而不能“胜天”了呢？如果像唯意志论者那样，离开自然规律的支配，主张“意志万能”“意志自由”等等，那么可以说，这种意义上的人定胜天，确实是根本不存在、根本不可能的。但是，如果从唯物主义的观点看来，人定胜天不仅是可能的，而且是现实的。在我们生活中，轮船的行驶、铁路的通行、电报的使用、生物新品种的培育、气象的预报、激光技术的使用、电子计算机对人脑思维的模拟，等等，都是人定胜天的光辉篇章。

那么自然规律对人的约束和人定胜天的矛盾是怎样解决的呢？是在改造自然的实践中，正确认识和运用自然规律而求得解决的。是通过“自在之物”转化为“为我之物”“必然”转化为“自由”来解

① 《荀子·天论》。

决的。

自然规律在没有被人认识以前是“自在之物”，人在它面前是盲目的，因而在行动中既可能碰巧成功，也可能碰得头破血流。但当人们总结了成功和失败的经验，认识了自然规律，并在实践中加以利用的时候，人在规律面前也就是自觉的了，自然规律这时候也就成了“为我之物”。人也就获得了自由。

恩格斯说：“自由是对必然的认识。‘必然只是在它没有被了解的时候才是盲目的。’自由不在于幻想中摆脱自然规律而独立，而在于认识这些规律，从而能够有计划地使自然规律为一定的目的服务。”[①]生物的遗传和变异本来是自然界的过程。但是，认识了遗传和变异的客观规律，就可以用人工的方法加以利用和控制，培养出人们所希望的新的生物物种。如果将来某一天，实现了这一点，就是人对自然界胜利的表现。恩格斯说：“我们对自然界的全部统治力量，就在于我们比其他一切生物强，能够认识和正确运用自然规律。”[②]人类只有正确认识和运用自然规律，才能取胜自然。

我们常说，在社会主义制度下，人民群众成了自然的主人。一般说来，这句话是对的。但是，如果像有人所理解的那样，认为在社会主义制度下，人可以随意开发自然，任意加以摆布，人对自然的改造是无所不能、无往不胜的等等，那就错了。

马克思恩格斯都曾谈到过，人对自然规律的认识和正确应用，不仅仅是人对自然的关系问题，而且是一个有关社会制度的问题。他们认为只有在社会主义、共产主义制度下，才能为人类正确认识和运用自然规律开辟广阔的前景，从而也才能使人对自然的改造逐步达到理想的境界，为人自身提供丰富的福利。所以“自然的主人”一语，仅仅意味着，在社会主义制度下，人们能够逐步获得使自己走向全面发展的各种条件，因而能更深刻地认识自然规律和更善于正确地运用它们而已。如果离开这种意义来谈论所谓“自然的主人”，那就不免要流于错误和荒谬。

还必须指出，人定胜天是一个过程。正确认识和运用自然规律并不是轻而易举的。就整个自然界来说，它是一个永恒运动的过程，人

① 《马克思恩格斯文集》第9卷，120页，北京：人民出版社，2009年。

② 《马克思恩格斯文集》第9卷，560页，北京：人民出版社，2009年。

类的认识只能无限地接近它，而不能穷尽对它的认识。这是其一。

其二，认识了的自然规律，也并不都是可以利用的。斯大林说："在天文，地质及其他某些类似的过程中，人们即使认识了它们的发展规律，也确实无力影响它们。"①

其三，那些可以认识和利用的自然规律，也会因为主客观条件的限制，在一定时期内，不能认识它们，或者虽然认识了但还不能马上加以利用。

以上这些情况，在现实生活中是常常可以碰到的。当这种情况发生的时候，我们就要善于从实际出发，积极创造条件，包括化不利条件为有利条件，化困难条件为顺利条件。在条件成熟的时候，按照自然发展的客观规律，发挥主动性、积极性、创造性，促进对自然的改造，达到造福人类的目的。我们反对那种只讲发挥主观能动性，而不按照客观规律办事的盲动主义和冒险主义，也反对那种借口尊重客观规律，而不发挥主观能动性的懦夫懒汉世界观。我们坚持主张发挥主观能动性和尊重客观规律性相统一，革命干劲和科学精神相统一的原则。

总之，坚持人定胜天的唯物论基础，就是要在改造自然的斗争中，坚持从自然界提供的现实条件出发，坚持按自然规律办事，调节人类与环境的物质和能量的交换，以求达到最佳平衡，做到物尽其用，地尽其利，利用环境，改善环境，造福人类。

① ［苏］斯大林：《苏联社会主义经济问题》，2页，北京：人民出版社，1961年。

社会规律不是人为创造的[1]

自然规律不能创造。这在我国哲学界是一种共识。那么社会规律是否也是这样呢？过去，人们对此也是一致肯定的。但在近年来，有些论者提出了一些异议。在他们看来，“规律既不能创造，也不能消灭，这对自然规律来说无疑是正确的，但对社会规律来说就有片面性了”。那么理由何在呢？他们认为：“社会生活本质上是实践的，人们通过实践活动创造了自己的历史，同时也就创造了社会的发展规律。”[2]

这里的论证能成立吗？在笔者看来，不能。

社会固然不同于自然，社会规律也有别于自然规律，但社会规律和自然规律一样，都不是人为创造的。这是毫无疑义的。

社会与自然的区别在于，自然本身无主体、无目的；而社会则是人的活动的产物，或曰人的活动的创造。因而人是社会的主体，人的活动是有目的的。目的范畴是人作为主体地位的证明，因为提出目的和实现目的是人活动的方式。

正因为自然界作为时空无限、永恒运动的物质世界的总和，不是人所创造的，相反，社会是人的活动创造的。因此，社会规律也就不同于自然规律。用恩格斯的话说，社会规律是“人们自己的社会行动的规律”[3]。恩格斯的这一论断，在近若干年中被人们引用的频率是比较高的，但对它的理解和应用并不都是正确的。比如，那种把社会规律是人们自己的社会行动的规律，理解为人们社会行动创造的规律，就是一种误读的表现。

在笔者看来，社会规律是人们社会行动的规律，这句话含有以下

---

① 1999年安徽师范大学硕士研究生研讨会上的一次发言。

② 参见《哲学动态》，1998（10）。

③ 《马克思恩格斯全集》第19卷，245页，北京：人民出版社，1963年。

两层意思。

一是，社会规律形成于人的活动之中。也就是说，人们的社会活动是社会规律形成的根本前提。比如，没有物质生产，就谈不上物质生产力发展的规律；没有商品生产，就没有价值规律；没有资本主义生产，就不存在资本主义运行规律。这就是说，离开了人的活动，也就不存在人的活动的社会规律。这是社会规律不同于自然规律的一个特点所在。

二是，社会规律的作用实现于人的活动之中。在这一点上，自然规律和社会规律也不相同。自然规律起作用的条件和机制存在于自然现象中，而人的有意识、有目的的活动则是社会规律起作用的重要环节。比如，资本主义必然被社会主义所取代的规律，并不是脱离人的实践活动自动起作用，即自发地实现的，而是通过无产阶级对自身历史地位和使命的自觉意识，以及在这一自觉意识指导下，所积极从事的无产阶级革命运动中，而发挥作用的。

既然，社会规律的形成及其作用发挥都离不开人的活动，那么为什么又不能由此认为，社会规律是人的实践活动创造的呢？这是因为：

第一，不能把社会规律所标示的可能性与创造这种可能性实现的人的活动混为一谈。社会规律说到底是人与自然在实践中达于本质契合的中介性规律。人与社会都来自自然，都是以自然为基础，都是在改造自然的实践中的生成。这就意味着人、社会和自然在本质上是统一的，人的发展规律、社会的发展规律，以及自然规律，说到底，是人、社会、自然本质契合和统一的具体形式表现。这种契合和统一的可能性是客观存在的，不是人为创造的。人的作用只是认识这种可能性，并在实践中遵循这种可能性，去创造这种契合和统一由可能变为现实的条件。在这一点上，社会规律的发现和运用与自然规律的发现和运用没有什么两样。比如，种豆得豆这是一条可能性规律。人的作用只是在认识这条可能性规律的基础上，把豆种在地里，施以科学的田间管理，这样就能收获到大量新豆子。又比如，无产阶级自己解放自己，这是一条社会规律。在这里，共产党人的作用，就是通过教育、引导、组织和示范，把无产者群众团结成一个阶级，投入实际斗争，直至取得胜利，从而实现无产阶级自己解放自己。在这个过程中，人只是创造可能性实现和发挥作用的条件，并没有创造规律所标示的可能性本身。这是显而易见的。

第二，不能把社会规律的相关物与社会规律本身混为一谈。社会规律的相关物是社会规律得以存在和表现的社会事物。比如，生产关系一定要适应生产力发展的规律，其相关物就是生产力和生产关系。社会规律则是相关社会物的本质契合和统一。由此，生产关系适应生产力发展的规律，也就是作为相关社会物的生产力，和生产关系的本质契合和统一。生产力是人们的创造物，生产关系也是人们的创造物。但是生产关系一是要适应生产力的规律不是人们的创造物。不仅不是人们的创造物，而且人们的相关创造活动还要符合这条规律，才能促进生产力的发展，给人类造福。不然，就会阻碍生产力的发展，给人类苦痛。同样的道理，人们生产的商品，在市场上按卖与买的本质联系或价值规律在流通或交易，人们只有在认识和掌握了价值规律的基础上来进行商品生产，才能在市场竞争中取胜。又比如，人们发动了战争，而战争按保存自己和消灭敌人的本质联系，即战争的规律在运行，只有认识和掌握了战争的规律，才能有效地保存自己和消灭敌人，从而立于不败之地。

由此可见，那种关于人类活动创造了社会历史，也就创造了社会历史的发展规律的推论是似是而非、不能成立的。

承认人是社会历史的创造者，又承认社会历史按自己固有的规律运动，这既与那种把人的实践活动与社会历史规律完全割裂开来的历史宿命论划清了界限，指明社会规律不是外在于人的活动的一种神秘存在，而是形成和实现于人们创造社会历史的实践活动之中。因而社会规律是可以通过总结社会实践成败的经验，而加以认识和把握的。同时它又与那种认为人可以随心所欲地创造历史，以及历史规律的唯意志论划清了界限，指明社会历史规律虽然以人们创造社会历史的实践活动为其实现和发生作用的前提，但它又是历史本身所固有的，是不依社会历史创造者的目的和实现目的的行动为转移的。正如，不管商品拥有者个人怀有怎样的动机和欲望，也不管他们怎样企图贱买贵卖，但都不能取消价值规律及其制约作用一样。

基于上述分析可知，社会规律与自然规律一样，不是人为创造的，而是客观存在的。

尊重规律与发挥社会主义制度的优越性*

社会主义制度是人类有史以来最美好的制度，它有无比的优越性。怎样正确认识这种优越性呢？社会主义制度是按照社会发展规律建立起来的，在它建立以后，还要不要仍按规律办事呢？这里实际上是一个尊重客观规律与发挥社会主义制度优越性的关系问题。

一、社会主义制度开辟了人类认识和运用规律的新纪元

马克思主义认为，自然界的运动和社会的运动都是有规律的，规律是客观的，不以任何人的意志为转移的。自然规律不为任何人所创造，也不为任何人所消灭。人类社会作为自然界发展到一定阶段的产物，它的发展是一个“自然史的过程”[①]。社会发展规律和自然规律一样，也是“不以人们的意志、意识和意图为转移”[②]的。

但是就规律发生作用的条件来说，却有以下两种根本不同的情况。

一是，在人们没有认识到它的状况下发生作用。这时候，客观规律对于人来说，是一种异己的力量，人在它面前是盲目的，因而在行动中既可能碰巧成功，也可能会碰得头破血流而失败。

二是，客观规律在人们已经认识到它的状况下发生作用。人们认识了规律，那么人在规律面前就是自觉的了，客观规律也就从“自在之物”转化为“为我之物”，人也就获得了自由。正如恩格斯所说:“自由是对必然的认识。”[③]人们认识了规律，才能在行动中“限制它们发生作用的范围”，“学会了驾驭它们”[④]，为人类避害，为人类造福。当

* 原刊于《科学社会主义》，1982（10）。

① 《马克思恩格斯文集》第2卷，10页，北京：人民出版社，2009年。

② 《列宁选集》第1卷，33页，北京：人民出版社，2012年。

③ 《马克思恩格斯文集》第9卷，120页，北京：人民出版社，2009年。

④ ［苏］斯大林：《苏联社会主义经济问题》，2页，北京：人民出版社，1961年。

今世界上，防护林的营造、人造卫星的发射、新生物物种的培养、气象的预报、电子计算机的使用、革命事业的成功、建设事业的发展，等等，都是人们在认识规律的情况下，正确运用规律的结果。

由此可见，能否认识规律，对于人类实践的成败，其意义是极为巨大的。一般说来，人类对于客观规律的认识和运用，又是受社会制度制约的。人类历史经过了极其漫长的原始社会，继而又经过了奴隶社会、封建社会和资本主义社会，现在世界上有一部分地方已经进入了社会主义社会。从总的趋势来说，人类对于客观规律的认识是在不断加深，不断发展的。但是，人类历史上任何一种社会制度都没有能像社会主义制度那样，为人类对客观规律的认识和运用开辟如此广阔的道路。

拿对社会发展规律的认识来说，在无产阶级及其政党和社会主义产生以前，社会发展规律就基本上是在没有被人认识的状况下起作用。那时剥削阶级在社会中占统治地位，当它们还处于成长和上升阶段时，由于它们的阶级利益同社会发展的方向基本上一致，因而它们在一定程度上也能认识和运用某些社会规律。但是，由于它们终归是剥削阶级，其阶级利益同社会发展方向归根到底是相矛盾的。因此总的说来，它们是不可能自觉地认识和应用社会规律来为社会谋利益的。

就是对自然规律的认识和运用，也是要受到社会制度的影响的。在剥削阶级占领统治地位的社会中，相比较来说，资产阶级是最重视自然科学的，不过那也仅仅是为了获得更多的利润。正因为如此，所以资本家只能首先注意到生产的最近的最直接的利益。恩格斯曾指出：“当西班牙的种植场主在古巴焚烧山坡上的森林，认为木灰作为能获得最高利润的咖啡树的肥料足够用一个世代时，他们怎么会关心到，以后热带大雨会冲掉毫无掩护的沃土而只留下赤裸裸的岩石呢？”①在资本主义社会中，因为急于击败竞争对手和牟取暴利，几乎每一项所谓最新技术都被迅速地不顾后果地用上了。

总之，历史上一种剥削制度代替另一种剥削制度，既为人类对客观规律的认识和运用提供了新的可能，开辟了新的道路，但同时，由

① ［德］恩格斯：《自然辩证法》，161页，北京：人民出版社，1971年。

于剥削阶级自私的干扰，又为这种认识和运用设置了新的障碍。因此上述这种代替，其进步意义是有限的。从而也就从根本上决定了这些社会制度必不可免地要通过社会革命，终归走向灭亡。

然而，当无产阶级及其政党和社会主义社会产生以后，情况就根本不同了。社会主义制度的建立为人们自觉地认识和利用规律提供了广阔的可能性。

因为无产阶级的历史使命是解放全人类，它的利益完全符合广大劳动人民的利益和社会发展的要求，他们以马列主义思想为指导，这是人类迄今为止指导人们认识社会规律和自然规律的最尖锐武器，社会主义公有制使无产阶级和劳动人民成了社会的主人，使他们能够对社会事物进行有意识的调节，无产阶级专政是最大多数人的民主，它能够调动人民群众的社会主义积极性，经过反复的实践来认识和运用客观规律。

所以，恩格斯指出："只是从这时起，人们才完全自觉地创造自己的历史，只是从这时起，由人们使之起作用的社会原因才大部分并且越来越多地达到他们所预期的结果。"[①]在社会主义社会中，人们对自然规律的认识和利用，也因为摆脱了剥削阶级自私的干扰，而加快了步伐。正是在这个意义上毛泽东说："社会主义不仅从旧社会解放了劳动者和生产资料，也解放了旧社会所无法利用的广大的自然界。"[②]社会主义制度必将创造出比资本主义高得多的劳动生产率，必然会逐步给人民带来日益幸福美满的生活。诚然，社会主义制度的优越性只在于它开辟了人们按照客观规律办事、创造美好生活的巨大的可能性。要把这种可能性变成现实，还有赖于人们在社会主义制度下，严格按照规律办事。

二、社会主义制度优越性的发挥是按规律办事的结果

社会主义制度并不是哪一个人凭空想出来的。马克思的科学社会主义和空想社会主义的区别也就在这里。马克思的科学社会主义明确指出，社会主义革命是以生产关系一定要适应生产力的性质的规律为

① 《马克思恩格斯文集》第9卷，300页，北京：人民出版社，2009年。

② 《毛泽东选集》第5卷，277页，北京：人民出版社，1977年。

依据的。社会主义制度的建立就是按照这一规律办事的结果。

从鸦片战争以来到中华人民共和国成立的一百多年中，中国人民经过了一系列曲折的斗争，许多办法都试过了，都行不通，经过失败、总结、再失败、再总结，最后才懂得只有社会主义能够救中国。现代实践已经证明，在中国建立社会主义社会，这是走历史发展的必由之路。

现在的问题是，在社会主义制度建立以后，要发挥社会主义制度的优越性，要不要仍按规律办事呢?

社会主义制度主要是指社会主义的经济制度和政治制度。发挥社会主义制度的优越性也主要是指:（1）使社会主义政治制度对无产阶级和广大人民群众提供包括政治、经济、文化和科学等一切领域的高质量的社会服务，特别是对社会主义经济制度发挥其高质量的维护和促进作用。（2）使社会主义经济制度对生产力的发展，发挥其巨大的促进作用。（3）最终表现为劳动生产率的极大提高，社会财富的极大丰富，人民的物质文化生活的极大幸福。也就是要创造更美好的共产主义社会到来的条件。

那么，怎样才能使社会主义制度的优越性得到充分发挥呢？也就是说，怎样使社会主义政治制度很好地服务于社会主义经济制度，使社会主义经济制度很好地促进生产力的发展呢？这就必须要按照社会主义上层建筑和社会主义经济基础相适应的规律办事，按照生产关系必须和生产力相适应的规律办事，按照自然规律办事。

新中国成立以来的实践告诉我们，什么时候我们能比较好地按规律办事，我们的工作就有成绩，社会主义事业就兴旺；相反，什么时候我们不注意按规律办事，我们的工作就会遭受挫折，就会妨碍社会主义制度优越性的发挥。

我国的社会主义建设事业曾经遭受过两次严重挫折，一次是在20世纪50年代末和60年代初，一次是在十年动乱时期，这是尽人皆知的。尽管造成这两次严重挫折的原因和具体情况有许多不同，但它们还是有基本的共同点，那就是我们在工作中犯了违背社会基本矛盾运动规律和自然规律的“左”的错误。

我们一度违背了经济基础决定上层建筑，上层建筑必须和经济基础相适应的规律，夸大了上层建筑对于经济基础的反作用，以为依靠无产阶级政权的力量，就可以实现由社会主义到共产主义的飞跃，就可以限制和取消社会主义的按劳分配和商品生产，以为依靠无产阶级政权的力量，发动一个什么群众运动，就可以实现经济的“跃进”“赶超”“翻番”等等。这实际上是在重犯斯大林早已指出过的那种错误，即否认经济规律的客观性，以为无产阶级国家，他的领导人能够脱离客观的经济规律，自行其是。斯大林指出:“断定社会主义制度下经济发展的规律是由社会领导机关所‘创造’、‘改造’的。换句话说，他们脱离了马克思主义，走上了主观唯心主义的道路。”[①]

我们一度违背了生产力决定生产关系，生产关系必须和生产力相适应的规律，夸大了生产关系对于生产力的反作用，以为只要不停顿地变革生产关系，就能推动生产力的不断发展。在所有制改造过程中，从小集体到大集体，由大集体向小全民，犯有“急过渡”的毛病，在十年动乱中，一些地方又大搞“穷过渡”，在经济条件不具备的情况下，把以生产队为基本核算单位过渡到以大队为基本核算单位，使生产关系超越生产力的发展水平，结果使生产力遭到严重破坏。

我们曾经忘记了恩格斯的如下论述，即在人与自然的相互关系中，人对自然的改造是一种“反作用”的观点[②]。“随着自然规律知识的迅速增加”，也只是“人对自然界起反作用的手段”的“增加”[③]。我们曾经夸大了对自然的反作用，在一些地方忽视自然条件和自然规律的作用，干了许多蠢事、荒唐事。我们在这一方面吃的亏是很大的，教训是很深的。

从1958年开始的所谓三年“大跃进”，因为违反了客观规律，曾经浪费巨大，使国民经济到了岌岌可危的地步。60年代初期，注意按客观规律办事，实行了正确的调整方针，从而使国民经济较快地恢复起来，才在60年代中期出现了几年欣欣向荣的局面。十年动乱时期我们又一次不按客观规律办事，加之林彪、江青反革命集团的政治大破坏，因而把国民经济推到了崩溃的边缘。

① ［苏］斯大林:《苏联社会主义经济问题》，68页，北京：人民出版社，1961年。

② 《马克思恩格斯文集》第9卷，421页，北京：人民出版社，2009年。

③ 《马克思恩格斯文集》第9卷，421页，北京：人民出版社，2009年。

正反两个方面的经验告诉我们：社会主义制度优越性的发挥，只能是认识和运用客观规律的结果。如果离开对客观规律的认识和运用，去谈发挥社会主义制度的优越性，那是十分荒谬的。那种把社会主义制度的优越性说成在社会主义制度下无所不能的观点，看起来是在颂扬社会主义制度，而在实际上恰恰是使社会主义制度的优越性遭到巨大破坏，是使社会主义声誉扫地，助长唯心主义和盲动主义的一种极为有害的观点。

三、促进社会主义制度优越性的发挥，按规律办事

如前所述，如果看不到社会主义制度的优越性，看不到社会主义制度为人类认识和运用客观规律开辟了广阔的前景，提供了巨大的可能性，这是不对的。同样，离开人们自觉地按客观规律办事，以为社会主义制度一旦建立以后，就能自动地保证我们的社会主义建设事业高速度地发展起来的观点，也是错误的。正确的看法应该是，社会主义具有无比巨大的优越性，社会主义优越性的发挥必须通过人们去正确发挥主观能动性来实现，而正确发挥主观能动性，就必须按规律办事。

从根本上来说，社会主义制度的优越性，就是为人们按照客观规律办事提供了巨大的可能性。因此社会主义制度优越性的发挥和按照客观规律办事这二者是相辅相成的。正如胡乔木所指出的："社会主义制度不但给了我们按照客观规律办事的巨大可能性，而且给了我们按照客观规律办事的绝对必要性和严重的历史责任。"①

既然社会主义制度是按照客观规律建立起来的，那它本身就是体现了客观规律的，那为什么又说社会主义制度不能自动保证我们按照规律办事呢？因为社会主义制度本身是对客观规律的体现，与它能否自动地使人们按照客观规律办事是不同的两回事。这里有下面几种情况：

第一，从根本上说，社会主义政治制度是适合社会主义经济制度的，社会主义经济制度是适合生产力发展的。这也就是说社会主义制

① 胡乔木：《按照经济规律办事，加速实现四个现代化》，《光明日报》，1978·10·06。

度本身是体现了社会基本矛盾运动规律的。但是人们对适应生产力发展的社会主义制度是巩固它，还是随意变动它，甚至破坏它，这绝不是社会主义制度本身所能自动决定的，而是取决于人们自身如何动作的。如果人们按照社会主义基本矛盾运动的规律办事，那就会从根本上去巩固社会主义制度，以求得在新的社会制度下保护和发展生产力，如果采取相反的态度和做法，如我们过去所搞的“急过渡”“穷过渡”之类的做法，那就是违背了客观规律，同时也就阻碍了社会主义制度优越性的发挥。

第二，社会主义制度从根本上来说是适合生产力发展的，但是还需要解决具体的体制、政策等问题。而这些问题的正确解决，不取决于社会主义制度本身，而取决于人们能否自觉地按规律办事，选择和实行适合生产力发展的具体体制和政策。

第三，社会主义政治制度和经济制度还有若干不完善的地方，虽然这是非基本的方面，但又是确实存在的。这些不完善的方面是阻碍生产力发展的，改革这些不完善的地方，是社会主义制度的本身所要求的。但是如何进行改革，这就有赖于人们按规律办事，采取适合生产力发展的具体步骤和途径，使那些不完善的地方完善起来。

第四，完善社会主义制度这是从相对意义上来讲的。恩格斯说:“‘社会主义社会’不是一种一成不变的东西，而应当和任何其他社会制度一样，把它看成是经常变化和改革的社会。”[①]因此，社会主义制度并不是一旦建立，就一劳永逸的。生产力是不断发展的，生产关系和政治上层建筑虽然必须相对稳定，但是也绝不是不变的。因此人们为寻求适合生产力不断发展的各种生产关系和政治制度这种工作，是一直要做下去的。这也就是说，随着生产力的发展，经过调整、改革，趋于完善的社会主义制度，又会产生新的不适应，又要作新的调整和改革。

总之，社会主义制度要求人们按照客观规律办事并提供了巨大的可能性，在社会主义制度下，人们按规律办事这也正是社会主义制度优越性的体现。

诚然，人们对社会主义社会的规律的认识，不是一下子就能完成

① 《马克思恩格斯全集》第37卷，443页，北京：人民出版社，1972年。

的；认识了规律，要按规律办事，也不是一下子就能实现的，是要经过实践、认识、实践的不断反复的过程的。但是，只要我们努力地去正确认识和发挥社会主义制度的优越性，按照客观规律办事，就会以人类历史上前所未有的巨大力量来加速人民事业的发展，就会少走许多弯路，包括不走大的弯路，而较好较快地实现四个现代化的宏伟目标。

实践规律简析*

一、实践规律的相对独立性

规律，从其内容的角度说，可以作如下分类：客观世界的规律，即自然规律和社会规律；主观世界的规律，即认识规律与思维规律；实践规律，即作为主客观世界相互作用中介的实践过程本身的规律。

过去，我国哲学界研究客观世界和主观世界的规律时，虽然也注意突出实践的地位和作用，但只是注意对实践的历史创造功能、认识功能，以及人道功能给予说明，而对实践过程本身的规律则缺乏深入的研究。之所以出现这种情况，一个重要原因是与我们陷入了认识上的某些误区有关。

误区之一是，不少人认为，认识规律是为了利用规律，于是认为，实践规律就是运用于实践中的有关客观世界和主观世界的规律。这是不对的。因为实践是运用主观条件及其规律和客观条件及其规律的辩证统一过程。而实践规律是组织和运用主客观条件及其规律的一种更高层次的价值性统筹规律。它相对于运用于实践中的有关主客观世界的规律，是一种如何运用这些规律的规律。

相对于人来说，一切规律在没有被人认识以前，只是一种自在态存在。它们一旦被人认识以后，通过主观形式反映出来，也就获得了一种逻辑态存在，而当它们在实践中被人们加以运用的时候，也就进而转化成了一种价值态存在。有关客观世界和主观世界的规律从逻辑态向价值态转化的过程，也就是人们按照实践规律在实践中运用它们的过程。

* 原刊于《哲学动态》，1996（8）。

误区之二是，在一些人看来，既然社会规律是人的活动的规律，于是由此认为，实践规律就是社会规律。然而，社会规律是人的活动的规律这个命题，并不标示着社会规律与实践规律是等值的。

这个命题的涵义是指社会规律是必须通过人的活动而展示和发生作用的规律。按照这个理解，我们也可以说，人的发展规律是人的活动的规律，人的认识规律是人的活动的规律。因为，离开人的活动，既无所谓社会规律，也无所谓人的发展规律和人的认识规律。人的实践活动作为社会规律、人的发展规律、人的认识规律的必然基础，这一点对它们来说是共同的；其不同点在于，社会规律是实践，特别是生产实践基础上的关于社会发展过程的本质联系；人的发展规律是实践基础上的人的发展过程的本质联系；认识规律则是实践基础上的认识过程的本质联系。

与上述这些规律不同，实践规律是实践过程本身构成要素之间的本质联系。因此，把实践规律等同于社会规律是不妥的。

上述两个方面的认识误区，其共同之处是否认实践规律的相对独立的地位和价值，从而也就必然会对实践规律的研究产生误导和阻碍作用。

二、实践规律是实践目的与手段矛盾运动的规律

什么是实践规律？如上所说，实践规律就是实践过程中各构成要素之间的本质联系。

由于实践过程是一个由多种要素、多个环节构成的受多种原则制约的开放性动态系统。因此，实践过程中的本质联系不是单一的，而是多种多样的。换句话说，实践规律不是单纯指一个规律，而是由多个规律构成的规律的系统。

比如，实践的动力系统规律、分工协作规律、管理系统规律、操作系统规律、反馈系统规律、价值创造规律，以及内在尺度与外在尺度相统一的规律、由可行性向现实性转化的规律、规模与效益相互制约的规律等等。

这些规律作为实践总体系统的子规律，它们都统摄于更高层次的实践规律。这个更高层次的实践规律，可以认为，就是实践主体与实

践客体矛盾运动的规律，就是作为这一规律的动态表现的实践目的和实践手段相互作用的规律。因为，实践本身就是具有一定目的的主体，凭借手段，改造客体，以达到某种现实结果的过程。

由于实践总是主体的实践，同时又是改造客体的实践。所以，主体和客体是实践活动得以进行的两个根本前提和根本方面。也就是说，缺少主体，或缺少客体，都谈不上实践。不仅如此，主体作为实践活动的发出者、操作者，规定了实践活动的指向性、能动性。因此，实践总是主体的能动性活动。

但实践又不仅仅是主体性的活动，因为客体作为实践活动的承接者、被改造者，也不是纯粹消极、被动的，它的内容和性质所决定的对象性、条件性和规律性，也对实践活动起着基础性的制约作用。因此，在这个意义上说，实践又是客体的制约性活动。

综合上述两个方面，可以说，实践过程是主体的能动性和客体的制约性相统一的过程。主体和客体的相互作用构成了实践的基本结构，推动了实践的进行。

因此，实践的发生便意味着主体与客体之间矛盾运动的形成。那么，主客体的矛盾即主客体的对立统一，是通过哪些形式得以体现，并借助这些形式及其变换得以推移运动，而获得解决的呢？

我认为，实践目的、实践手段、实践结果是主客体在实践过程中对立统一的三种形式。

实践目的既是主体的，又是客体对象性的。它既意味着对主体的需要、利益的现实评判、取舍和体现，同时又意味着对现实客体变革的可能和对未来理想客体的创造。

手段作为一种相对独立的力量，它既是主体创造能力的本质体现，同时又是某种客体通过形式变换的生成物。所以，手段一旦被运用起来，就成为主客体相互作用的中介物，实际地联系着主体和客体。

实践结果，既是对主体目的的直接主观性的否定，同时又是对作为前提的客体的单纯客观性的否定，从而达于主体的目的在新造的客体中的实现。

总之，对于目的、手段和结果，都不能只从主体的角度，或只从客体的角度去理解，而必须从主客体对立统一的角度去理解。

目的、手段、结果作为实践中主客体对立统一的三种形式，其性质是不同的。目的所体现的是主客体的主观意向性对立统一；手段所体现的是主客体的中介运作性对立统一；结果所体现的是主客体的客观现实性对立统一。

目的、手段、结果作为实践中主客体相互作用的三种形式，它们之间是相互联系、相互作用的。这种相互联系、相互作用构成了实践的动态过程。

在实践中，实践目的的提出，只是标示主客体的矛盾在观念中的解决，还不是现实中的解决。提出目的是为了实现目的。为了实现目的就必须借助于手段；手段既是目的指导下的选择或创造，同时又是对目的的直接主观性的一种超越。于是，主客体从主观意向性的对立统一到中介运作性对立统一的推移转换也就表现为目的和手段的矛盾。当主客体达于中介运作性对立统一的时候，也只是为目的的实现提供了手段，还不是目的本身的实现。为了实现目的，还必须通过目的和手段在变革外部现实中的相互作用，才能推动主客体的对立统一，最终向客观现实性的形态转化。这就是实践结果的形成，也是主体与客体矛盾的现实解决。

因此，从实践主客体矛盾解决的角度说，实践就是目的和手段相互联系、相互作用，并获得外部现实性统一（实践结果）的过程。目的和手段矛盾运动的规律作为根本的实践规律，它对其他的实践规律起着支配作用。

三、实践目的与手段的对立统一关系

目的和手段作为实践过程中的一对根本矛盾的两个方面，是相互联系、相互制约、相互渗透和在一定条件下相互转化的。

目的之作为目的，是相对于手段而言的，是受手段规定和制约的。在无现成手段可以选择或无成熟条件创造某种必须手段的情况下，人们也就不可能提出或设定具有某种现实意义的目的。可见，目的的现实性依赖于手段的现实性。因为确立目的只是提出任务，选择手段才能实现任务。从这个意义上说，手段，特别是有效手段的选择高于目的的确立。

同样，手段之作为手段，也是相对于目的而言的，是受目的的规定和制约的，是按目的加以选择、创造，并服务于目的的。脱离目的或不为一定目的服务的所谓“手段”，并不是真正的手段。只有运用于有目的的对象性活动的手段，才是获得了生命力的现实的手段。因此，在这个意义上说，目的的确立又高于手段的选择。

正因为目的和手段是相互联系、相互制约的，所以，目的中必然渗透着手段性因素，即人们提出或设立某种具有现实性的目的，其中就包含了对获得必须手段的肯定性预估；同样，手段中也渗透着目的性因素，即手段的功能性使目的的意向性获得了现实形态。

又因为目的和手段相互渗透，所以，在一定条件下，目的和手段可以相互转化。即现实中手段性因素的成熟，可以导致目的的确立，这是手段向目的转化；另外，确立和实现目的的需要又导致手段的发现和发明，这是目的向手段的转化。

四、掌握目的和手段矛盾规律的意义

掌握目的和手段矛盾运动的规律有着极为重要的方法论意义。

它有助于与唯心主义目的论和唯物主义机械论划清界限，也有助于克服工作中的盲动主义和保守主义的倾向。

唯心主义目的论离开手段的制约讲目的，对目的作出神秘主义的解释，把它归结为世外造物主的设计，这是十分荒谬的；唯物主义机械论否认人的有目的的活动，否认人的能动性，把人视为机械的工具，也是完全违背事实的。

工作中的盲动主义，在手段尚未具备的情况下，贸然行动去实现所谓“目的”；工作中的保守主义则是在手段或创造手段的条件已经大体具备的情况下，不敢提出新的奋斗目标。这两种倾向都是错误的，都各自从一个极端割裂了目的和手段的辩证统一关系，都必然会对实际工作造成损失。

总之，实践规律相对于客观世界、主观世界和人的发展的规律，有着相对独立的地位和价值。它是一个以目的和手段辩证运动的规律为根本的多种规律构成的体系。研究和掌握目的与手段辩证运动的规律，对于丰富马克思主义关于规律的学说，推进各项工作，加速我国的社会主义现代化建设有着极为重要的意义。

目的与手段的矛盾及其哲学定位*

前些年，我国哲学界注重了对实践和实践中主客体关系的研究，取得了不少成果。为了把这种研究引向深入，还必须进一步开展对实践主客体矛盾的动态表现：目的与手段的矛盾运动的研究。

一、目的与手段矛盾的根据

目的与手段是相对于人的实践活动而言的。虽然我们把自然界中的自组织行为也习惯地称之为合目的性行为，但这里的“目的”只是一个借用语，用以标示自然物所具有的类似人的合目的性行为的特点，即系统的最初状态向最终状态的达成。这并不意味着自然物真的具有自觉设计的目的。

在人的实践活动的基础上理解目的和手段及其辩证关系，这是因为实践本身就是具有一定目的的主体，它凭借手段改造客体以达到某种现实结果的活动。主体和客体是实践活动得以进行的两个根本前提和根本方面，主客体矛盾是实践过程的基本矛盾，实践过程就是主体的自觉能动性与客体的客观制约性相统一的现实过程。因此，实践的发生便意味着主客体之间矛盾运动的形成。那么，主客体的矛盾即主客体的对立统一，是通过哪些形式得到体现，并借助这些形式及其变换而得以推移运动，并最终获得解决的呢？

如上所说，实践是主体有目的地运用手段改造客体以获得现实结果的活动。很显然，目的、手段、结果就是主客体相互作用的实践过程所不可缺少的三个构成环节，或者说，它们是实践中主客体对立统一的三种表现形式。

---

* 原刊于《现代哲学》，1998（2）。

其中，目的，是主体的目的，它意味着对主体的需要、利益的现实评判、取舍和体现；同时又是客体对象性的，它意味着对现实客体变革的可能，对未来理想客体的创造。手段，作为一种相对独立的力量，它既是主体创造能力的本质体现，又是客体通过形式变换的生成物。所以，手段一旦被运用起来，它就成为主客体相互作用的传递者、中介物。实践结果，既是对主体目的的直接主观性的否定，同时又是对作为前提的客体的单纯客观性的否定，它是主体目的在新造的客体中的实现。因此，对于目的、手段、结果都不能只从主体的角度，或只从客体的角度去理解，而必须从主客体对立统一的角度去理解。

目的、手段、结果作为实践中主客体对立统一的三种形式，其性质是不同的。目的所体现的是主客体的主观意向性的对立统一，手段所体现的是主客体的中介运作性的对立统一；结果所体现的是主客体的客观现实性的对立统一。

目的、手段、结果作为实践的三个构成环节，和主客体相互作用的三种表现形式，它们之间也是相互联系、相互作用的。这种相互联系和作用构成了实践的动态结构，推动了实践中主客体矛盾的解决。实践过程就是从主客体的主观意向性对立统一，到中介运作性对立统一，再到客观现实性对立统一的推移转换过程。

在实践中，实践目的的提出，只是标示着主客体矛盾在观念中的解决，还不是在现实中的解决。然而，目的作为人的需要和利益的反映，归根到底要追求一种客观的、现实的满足。换句话说，提出目的并不是目的，提出目的只是为了实现目的。为了实现目的就必须借助手段。

诚然，并不是任何东西都可以拿来作为手段，只有传递主客体相互作用的中介物，才能充当手段。这样也就要求从主客体的主观意向性对立统一，过渡到主客体的中介运作性对立统一。手段既是目的指导下的选择和创造，同时又是对目的的直接主观性的一种超越，于是主客体从主观意向性对立统一向中介运作性对立统一的推移转换，也就表现为目的与手段的矛盾。

当然，当主客体达于中介运作性对立统一的时候，也只是为主体目的的实现提供了手段，为了实现目的，还必须通过目的和手段在变革外部现实中的相互作用，才能推动主客体的对立统一最终向客观现实性的形态转化，这就是实践结果的形成。因此，从实践的直接动力的角度说，实践过程就是目的和手段相互联系、相互作用，并获得外部现实性统一（实践结果）的过程。由此可见，目的与手段的矛盾是实践主客体矛盾的逻辑展开和具体表现。目的和手段矛盾运动的规律是贯穿实践操作过程的最根本的规律。或曰实践活动的组织规律。

必须指出的是，在过去一个长时期中，我们对尊重规律是十分强调的，但是对把握和尊重实践活动的组织规律，即目的和手段矛盾运动的规律，所作的研究和宣传都很少，所以，久而久之逐渐形成一种思维定势，以为尊重规律就是尊重外部世界的规律。殊不知，外部世界的规律只是人的实践组织规律的自然态外在根据，而人的实践组织规律则是运用主客观条件及其规律的一种更高层次的价值性统筹规律。因此，如果不掌握目的和手段矛盾运动的实践组织规律，那么所谓尊重客观规律就不可能在行动中得到落实。这也就是过去许多年中造成我们工作失误的一个重要原因。

为了把握目的与手段矛盾运动的规律，成功地进行社会实践，让我们先来说明什么是目的和手段。

二、目的与手段的本质涵义

什么是目的?目的是人们从事活动所期望达到的结果。这种结果既然是人所期望的，自然也就是符合人的理想的，而任何理想都是主体对自身的需要和利益在一定条件下的反映。

需要是一个较利益更为广泛的概念。人和其他一切生物都有需要，即都有自身的生存、发展与外部环境的选择关系。不同的是，其他生物的需要是一种纯自然的需要，而人的需要，从根本上说，是扬弃了纯自然需要的社会性需要。

而仅就人的需要来说，也有两种情况：一是某种需要并不需要他进行努力就能得到满足；二是相对主体的需要，现实中的对象匮乏，于是形成了主体需要与需要对象之间的矛盾。前一种需要并不表现为利益，只有后一种需要才表现为利益。因此，利益就是人对需要满足的实现和维护，即实现人的需要的满足是利益所在；维护人的需要的满足也是利益所在。所以，人们才要为利益而斗争，才要把利益转化为实践目的而确立起来。

但是，要实现这种转化，必须具备两个条件：一是利益主体必须认识到自己的利益，即要把客观的利益需要转化为主体的利益需求意识；二是利益主体在认识到自己的利益以后，还必须对实现这种利益的条件，主要是对象和手段的选择或创造的可能性获得肯定性预估。在这两个条件都具备的情况下，才可能把利益需要作为实践目的确立起来。

由此可见，目的作为实践的构成要素，作为实践主客体的主观意向性的对立统一，有着丰富的内涵。

这其中包括：它把主体的客观需要反映为需求意识；把客体的本质反映为客体意识；在此基础上，把凭借手段如何改造客体使之成为需要的对象反映为目的意识，从而把主体与客体、需要与需要对象、需要匮乏与需要满足在观念上联系起来。这种联系的观念性产物就是实践活动所创造的未来事物在人脑中预先形成的主观形象。或者说，目的就是在主体人的头脑中以观念形态所预设的实践的理想结果。

与目的相联系，手段就是置于有目的的对象性活动的主体和客体之间的一切中介运作性因素的总和，是实现目的的工具、方法、措施。

它包括精神性手段因素（知识、情感、意志等要素），物质性手段因素（肢体性、工具性等要素），统筹性手段因素（实施方案、方法步骤、分工协作、组织管理等要素）。以上三个方面的因素是互为前提，互为中介，缺一不可的。

比如，精神性手段因素在实践中起着重要作用。具体地说，人们只有运用自己的经验知识、科学知识、技能技巧，才能成功地改造客体。在这种改造中，又以主体的情感为促进力：积极的情感态度有利于实践的进行，消极的情感态度不利于实践的进行。

实践活动又以意志为中介，离开了意志便不能有实践的发生，如果意志不坚强，艰难的实践便可能半途而废。

但精神性手段因素要在实践中发挥作用，它必须通过物质性手段因素的运用，才能现实地发生作用；还必须通过统筹性手段因素的合理调配，才能有效地发生作用。

物质性手段因素、精神性手段因素、统筹性手段因素，其中任何一方都是在与其他两个方面的网络联系中发挥作用的。这就启示我们，在社会主义现代化建设中，既要重视物质性手段因素的建设和运用，同时也要重视精神性手段因素和统筹性手段因素的建设和应用。三者不可偏废。忽视后两者的建设，这也是我国有些企业虽然拥有了先进的技术设备而效率依然不高的一个重要原因。

手段作为主客体相互作用的中介，这种中介作用就是通过精神性手段因素、物质性手段因素和统筹性手段因素的网络联系实现的。统筹性手段因素把物质性手段因素和精神性手段因素组织、协调、运转起来，使物质性手段因素为精神性手段因素所驱动，联结主体目的，体现主体的价值导向性；又使精神性手段因素以物质性手段因素为依托去联结和改造客体对象，使目的的主观规定体现于被改造的客体之中。手段作为上述三个方面因素的辩证统一，就是在这种运作的联系中，结合和接引主体和客体之间的相互作用。

三、目的与手段的辩证关系

目的和手段作为矛盾的两个方面，是相互联系、相互制约、相互渗透，在一定条件下相互转化的。

第一，目的和手段相互规定、相互制约。

目的和手段是相对于一定的具体实践而言的。也就是说，相对于一定的具体实践，目的是具体的，手段也是具体的。

在一定的具体实践范围内，目的之作为目的，是受手段的规定和制约的。在无现成手段可以选择或无成熟条件创造某种必须手段的情况下，人们就不可能提出或设定具有某种现实意义的目的。如果硬要去设立所谓“目的”，那只能是一种妄想，照着去做，必然失败。工作中的盲动主义就是在手段尚未具备的情况下，贸然行动去实现所谓“目的”，这种盲动主义的亏，我们吃过不少。由此可见，目的的现实性依赖于手段的现实性。因为，确立目的只是提出任务，选择手段才能实现任务。在这个意义上说，手段，特别是有效手段的选择高于目的的确立。

空想社会主义与科学社会主义的一个根本区别就在于：前者没有找到或拒绝采用实现美好社会理想的现实手段；后者则“是用实际手

段来追求实际目的的最实际的运动。”[①]中国特色的社会主义，把实现社会主义作为奋斗目标，在这一点上，中国共产党和其他各国的共产党是共同的。所谓中国特色也就是指我们找到了一条适合我国国情的实现社会主义宏伟目标的正确道路。

另外，手段也是与目的相比较而存在的。手段之作为手段，是由目的所规定的，是按一定的目的加以选择或创造，并服务于一定目的的。脱离一定目的，不为一定目的的服务的所谓“手段”，并不是真正的手段，仅仅是死的可能的手段，这种死的可能的手段如果不在服务于一定目的的过程中起死回生，发挥现实作用，那么随着时间推移，它必然会走向消解，完全失去价值。只有运用于有目的的对象性活动的手段，才是获得了生命力的现实的手段。工作中的保守主义就是在手段或创造手段的条件已经具备的情况下，不去利用手段服务于更高的目的，这样必然会贻误时机，给工作和事业造成损失。因此，在这个意义上说，目的的确立又高于手段的选择。

第二，目的和手段相互渗透。

因为目的和手段是相互联系、相互制约的，所以它们也必然相互渗透。

首先，目的中渗透着手段性因素。

因为任何目的的确立，都包含着对目的实现可能的肯定性预估，即要以现实中成熟的因素为前提，以客观规律为依据。但是从具体的条件上说，主要就是以是否具备现成的手段，或者是否具备创造某种必要手段所需要的成熟条件为根据。因此，人们提出或设立某种具有现实意义的目的，就包含了对获得必须手段的观念性选择或创造。正因为目的中观念地包含了手段性因素，所以人才能按照一定目的自觉地选择或创造一定的手段。

当然，目的对于手段性因素的观念反映只能是近似的、相对的。包括作为手段在内的外在客体的现实联系总是比提出目的时，反映于其中的观念形象更丰富、更全面、更复杂。这一点又决定了有目的的实践活动的结果永远不可能同确立的目的绝对相符合。这种不符的限度因活动借以进行的条件和人们追求的目的在多大程度上依赖于客观

① 《马克思恩格斯全集》第3卷，236页，北京：人民出版社，1957年。

规律性的科学认识而有本质的不同。

其次，手段中也渗透着目的性因素。

因为任何结构都有功能，而且有什么样的结构就有什么样的功能。因此，人们按照一定的目的选择或创造一定结构的手段，也就使这种手段具有了符合主体目的的一定的功能。换句话说，手段以其结构的功能性使目的的意向性获得了现实形态。正因为手段中渗透了目的性因素，所以手段才能作为服务于一定目的的手段。

最后，目的和手段在一定条件下相互转化。

由于目的和手段相互渗透，所以它们能在一定条件下相互转化。这表现在多方面：

比如，现实中手段性因素的成熟和齐备，导致目的的确立，这是手段向目的的转化；另外，确立目的的需要，又导致手段的发现或发明，这是目的向手段的转化。

又比如，某一手段的创造，首先是作为目的的对象出现的，当它被创造出来，被当作服务于一定目的的手段时，这里便发生了目的向手段的转化。当某一物一旦被作为手段在对象性活动中被运用、被消费，使客体发生了符合目的的变化，即目的的实现时，在这里便又发生了手段向目的的转化。

再比如，现阶段的目的一旦实现，它就转化为达于长远目的的手段；而长远目的虽然对当下来说，还是理想，还是未来，但理想可以鼓舞斗志，未来可以向导现实。因此，长远目的也可以转化为实现现阶段目的的手段。局部目的与整体目的的关系也是如此。局部目的一旦实现可以作为达于整体目的的手段；同时，整体目的又可以对局部目的的实现提供宏观支持，作为实现局部目的的手段。

在社会历史上，目的和手段在一定条件下的相互转化是极为普遍的现象。

从历史的角度说，现代人把前一代创造的遗留成果，加以选择、重组，作为自己从事有目的的活动的手段；而后代人又把现代人实践创造的遗留成果加以选择和重组，作为他们从事有目的的活动的手段，这就形成了人类世代的历史的联系。

从现实的角度来说，每个人都把别人贡献给社会的劳动成果加以选择、重组，作为自己从事有目的的活动的手段；同时他对社会贡献的劳动成果，也被别人加以选择、重组，作为他们从事有目的的活动的手段。这也就形成了人与人之间的社会联系。

因此，从社会历史的角度说，每个人都不单纯是目的，也不单纯是手段，而是目的和手段的统一，片面强调某一方面，都会陷于虚妄。可以说，正是作为人类实践的一个根本矛盾的两个方面，即目的和手段的相互联系，相互促进、相互转化，才使人类本身得以存在和发展。

总之，目的与手段关系的辩证内容是很丰富的。认识和把握目的与手段矛盾运动的规律，对于我们提高实践水平，推进各项工作是很有意义的。

中国走上社会主义道路的主客观逻辑*

科学说明中国这样一个落后国家为什么会走上社会主义道路，这不仅是社会历史进程提出的重大理论问题，而且也是到能否坚持社会主义方向的重大现实原则问题。本文想就这个问题谈一些探索性的意见，以求教于大方。

一、资本的国际本性和西方垄断资本剥削重点的外移

中国和其他一些落后国家之所以走上社会主义道路，除了因为这些国家已经有了一定发展的大工业和相当数量的无产阶级这一根本条件以外，还在于资本的国际本性和国际阶级斗争的背景。

资本是一种国际现象。资本主义制度是建立在商品经济不断发展基础上的，为了“不断扩大产品销路的需要，驱使资产阶级奔走于全球各地，它必须到处落户，到处开发，到处建立联系”[①]。由于“各个相互影响的活动范围在这个发展进程中越是扩大，……历史也就越是成为世界历史”[②]。因此，资本主义社会主义所固有的矛盾，即日益扩大到世界范围的生产社会化与资本主义占有制的矛盾，就成为制约着整个近现代世界历史进程的，以及被卷入这个总进程的各民族发展的基本矛盾。

这个基本矛盾首先在资本主义心脏地区的一些国家，比如英国、美国、法国、德国明显地表现出来。所以马克思恩格斯当时认为，共产主义革命将在以上文明国家同时发生，并特别对英国无产阶级寄予

* 原刊于《芜湖师专学报》，1992（4）。

① 《马克思恩格斯文集》第2卷，35页，北京：人民出版社，2009年。

② 《马克思恩格斯文集》第1卷，540—541页，北京：人民出版社，2009年。

了很大希望[①]。但是马克思的这一希望并没有能够实现。随着资本主义国家不断对外扩张，资本主义固有矛盾的国际性，在资本主义宗主国以外的广大地区日益明显地表现出来。不仅如此，为转嫁国内危机和缓和本国工人阶级的反抗，资产阶级的自私本性决定了它必然要把剥削重点转向国外，特别是广大殖民地、半殖民地的国家和地区，并从这些国家和地区剥削来的高额利润中分出一点，用来在国内收买工人贵族。这就是英国资产阶级所谓的“糖饼政策”。在这一政策作用下，英国工人运动衰落下去。马克思曾经指出：“英国工人阶级虽有自己的组织但没有力量。”[②]列宁也曾指出：“比较容易开始革命运动的，并不是那些能够比较容易地进行掠夺和有力量收买本国工人上层分子的剥削国家。”[③]

随着资本主义进入帝国主义阶段以后，当处于资本主义心脏地区的各国已经产生了一个资产阶级化的工人贵族阶层，从而使社会主义革命在那里被大大推迟的同时，革命的巨大新源泉却在资本主义的边缘地区奔涌起来。正是鉴于这一新的事实，列宁指出：“社会主义革命不会仅仅是或主要是每一个国家的革命无产者反对本国资产阶级的斗争。不会的，这个革命将是受帝国主义压迫的一切殖民地和一切国家、一切附属国反对国际帝国主义的斗争。”[④]中国和一些落后国家之所以会走上社会主义道路，是与世界历史发展的这一大趋势相联系的。换句话说，资本主义固有矛盾的国际性决定了社会主义革命的国际性。垄断资本剥削重点的对外转移，促进了一些落后国家率先走上了社会主义道路。因此从根本上说，这些落后国家走上社会主义道路，是国际资本主义日趋腐朽的必然表现，是资本主义固有矛盾激发的必然产物。

我国伟大的马克思主义先驱者李大钊同志，早在1919年五四运动爆发后不久就曾深刻指出：“中国虽未经自行如欧美、日本等国的资本主义发展实业，而一般平民间接受资本主义经济组织的压迫，较各国直接受资本主义压迫的劳动阶级尤其痛苦。在这劳工运动日盛一日的

① 参见《马克思恩格斯全集》第10卷，133、134页，北京：人民出版社，1962年。

② 《马克思恩格斯文集》第10卷，328页，北京：人民出版社，2009年。

③ 《列宁选集》第3卷，416页，北京：人民出版社，2012年。

④ 《列宁全集》第37卷，233—323页，北京：人民出版社，1986年。

风潮中，想行保护资本家的制度，无论理所不可，抑且势所不能。”[①]李大钊的这一论述从根本上说明了落后的中国先于资本主义发达国家走上社会主义道路的必然性。

当然，被压迫、被剥削的殖民地、半殖民地国家能否走上社会主义道路，不仅取决于这些国家卷入资本主义世界体系的程度，与这一点相联系，也取决于这些国家中新的阶级力量的产生及其成长状况。

二、民族革命、民主革命向社会主义革命的递进

资本主义来到世界上以后，民族殖民主义政策是资本主义生产方式本质上所固有的。资本主义的原始积累和资本主义的迅速发展，都是以民族殖民主义政策，都是依靠对殖民地、半殖民地人民进行最野蛮、最残酷的掠夺实现的。随着这一矛盾的不断激发，终于导致了近现代历史上规模巨大的民族斗争和民族解放运动。

在这个运动的早期，领导各国人民进行反对帝国主义和殖民主义斗争的是封建贵族阶级，或民族部落的上层人物，或是农民起义的领袖。这些斗争虽然在一定程度上打击了殖民侵略者，但是由于斗争的领导者本身具有落后性和狭隘性，所以，他们所发动的民族斗争都免不了失败的命运。

但是，历史发展证明，这种民族斗争的失败只是暂时的。当资本主义生产关系在殖民地、半殖民地国家中获得较多发展，这些国家的民族资产阶级和无产阶级，作为新的历史因素从社会内部成长起来时，就给殖民地、半殖民地的民族解放斗争带来了新的活力，并使单纯的反对帝国主义侵略的民族革命，发展成为反帝反封建的资产阶级民主革命。但是由于当时这些国家和地区的民族资产阶级及其政党所领导的民族民主革命，尚未得到国际无产阶级革命运动的有力支持，又加上其自身在经济和政治上的软弱性，所以这种斗争也往往要被帝国主义及其走狗镇压下去。

列宁领导的十月革命的伟大胜利，开辟了人类历史的新纪元，使殖民地、半殖民地的民族民主运动也进入了一个新的时期。第二次世

① 转引自王纪河：《五四运动后关于社会主义的一场论战》，《科学社会主义》，1987（5）。

界大战以来，民族解放运动空前高涨，国家要独立，民族要解放，人民要革命，成为不可抗拒的历史潮流。在这个潮流中，一些国家的民族资产阶级逐渐积累和壮大了自己的力量，在国家独立后，建立了资本主义制度。包括中国在内的另一些国家的无产阶级及其政党，在马克思主义的指导下，在俄国十月革命的影响和社会主义苏联的援助下，在长期的领导民主革命和反法西斯侵略的战争中，锻炼和壮大了自己的力量，并在革命胜利后，走上了社会主义道路。

中国革命是世界无产阶级革命的一个重要组成部分，中国走上社会主义道路不仅是帝国主义压迫的结果，同时也是俄国人榜样的作用，它是帝国主义和无产阶级革命时代的必然产物。正是在这样的时代条件下，中国人民经过几代人的探索、奋斗，到中国共产党成立，才最终选择了社会主义。这种理性自觉集中表现为，中国的先进分子从效法欧美到以俄为师的转变。

三、从效法欧美到“以俄为师”

1840年的鸦片战争是中国近代史的开始。英帝国主义用大炮轰开了古老中国的门户，中国人开始痛切地感到，自己的国家落后了，而落后是要挨打的。为了救亡图存，为了振兴中华，在中国逐渐形成了一个向西方学习的潮流。先是学表层的东西，即坚船利炮之术，所谓“师夷之长技”。后来学深一层的东西，即典章制度，特别是资本主义的政治体制，因而先有戊戌变法，后有辛亥革命；进而学习更深一层的东西，即文化精神，于是以改造中国人“国民性”的新文化运动便应时发轫。

然而这种学习总是不能成功。其直接原因之一是，“先生”总是欺侮“学生”。毛泽东在总结中国革命历史经验时说：“帝国主义侵略中国，反对中国独立，反对中国发展资本主义。”[①]其间接原因是，资本主义所固有的内在矛盾逐渐暴露，特别是第一次世界大战的爆发，给欧洲所造成的巨大灾难和混乱，使醉心于学习西方的中国人感到震惊。

李大钊于1918年7月著文说：欧战以来“弹烟血雨”“战祸横流”，

① 《毛泽东选集》第2卷，679页，北京：人民出版社，1991年。

酿成“举世滔天之祸，全欧陆沉之状”。“此次战争，使欧洲文明之权威大生疑念，欧人自己亦对其文明之真价不得不加以反省。”[①]梁启超在大战结束后去欧洲游历，目睹各国凄惨景象，也一反往昔对欧美倍加赞扬的态度。他在游记中写道“各国内部的情形，真乃惊心动魄”，“谁又敢说我们素来认为天经地义尽美尽善的代议政治，今日竟会从墙脚下筑筑动摇起来。他的寿命，竟没有人敢替它保险。”[②]

总之，西方的社会制度在中国人的心目中已经失去了那种耀眼的光彩，从而也使人们逐渐认识到，中国人不能步人后尘，再走一遍资本主义道路。

那么出路何在呢？正当在中国人民陷入苦闷和彷徨的时候，1917年十月革命爆发了，在黑暗中进行探索的中国人蓦然回首，一下子看到了光明，看到了希望。因此，先进的中国人开始了从效法欧美到以俄为师的历史性转变。

在这个转变中，中国伟大的革命先行者孙中山先生是一个重要人物。曾经热衷于用资本主义方式改造中国的孙中山先生，对于十月革命的爆发，他由衷地感到高兴，并提出“中国宜以俄为鉴”的口号。孙中山思想上的这种转变，是与他对资本主义的两面性的正确认识相联系的。早在20世纪初年他就指出，一方面，资本主义制度使生产突飞猛进，“百年锐于千载”；另一方面，“资本家之专制”造成新的“不平等世界”，因此必须“取那善果，避那恶果”[③]。孙中山为之追求多年，然而总是失败，只有俄国革命给他带来了希望。

李大钊在1918年发表的《庶民的胜利》和《布尔什维主义的胜利》是中国无产阶级的杰出代表接受十月革命的最早表现。他认为十月革命的胜利给黑暗的中国带来了“曙光的一线，好比在沉沉黑夜中得一个小小的明星，照见新人生的道路。我们应该趁着这一线的光明，努力前去为人类活动，作出一点有益人类（的）工作”[④]。李大钊满怀信心地预言：“试看将来的环球，必是赤旗的世界。”[⑤]

然而马克思主义作为从域外传入的诸思潮中的一种，到成为中国

① 李大钊：《李大钊文集》（上），565页，北京：人民出版社，1984年。
② 梁启超：《梁启超全集》第五册，2969页，北京：北京出版社，1999年。
③ 孙中山：《孙中山全集》第1卷，327页，北京：中华书局，1981年。
④ 李大钊：《李大钊选集》，121页，北京：人民出版社，1959年。
⑤ 李大钊：《李大钊选集》，117页，北京：人民出版社，1959年。

革命的指导思想，是经过理性的审视、比较、推求和在实践的不断检验证明中实现的。

有人主张多研究问题，少谈些主义。李大钊指出：要解决问题，就必须先谈主义。中国的问题“必须有一个根本解决，才有把一个一个的具体问题都解决了的希望”[①]，他明确肯定这个最理想而又可行的主义，即“布尔什维主义”。

有人主张实业救国，为此展开了一场大讨论。针对这种观点，李达指出：“中国是万国的商场，是各资本国经济竞争的焦点，是万国大战争的战场。各资本国在中国培植的经济势力，早已根深蒂固，牢不可破。当着产业万分幼稚的时代，要想发展资本主义和资本国为经济战争，恐怕要糟到极点了。”[②]这就是说，中国在国际资本主义体系中的弱小地位，决定了“实业救国”这条路走不通。

有人主张教育救国。在新民学会会员对此观点进行讨论的会议上，毛泽东指出“教育一要有钱，二要有人，三要有机关。现在世界，钱尽在资本家的手中；主持教育的人尽是一些资本家，或资本家的奴隶；现在世界的学校及报馆两种最重要的教育机关，又尽在资本家的掌握中”，所以教育救国，此路不通。在1921年初，他说：“俄式系诸路皆走不通了新发明的一条路，只此方法较别的改造方法所含可能的性质为多。”[③]

在当时还有不少进步青年激怒于社会上种种强权和不平等现象，主张实行“个人绝对自由”的无政府主义。然而国家民族得不到解放，哪有个人问题的根本解决。受到现实生活的启示，不少人终于从无政府主义转变到了马克思主义。周恩来同志就是其中的一个。通过比较，他认为：“我们当信共产主义的原理和阶级革命与无产阶级专政两大原则，而实行的手段当因时制宜。”[④]

由此观之，在拯救祖国的长期斗争中，在总结了以往无数次失败的教训之后，中国人民才最终选择了社会主义。正是在中国共产党的领导下，把马克思主义的普遍原理与中国的具体革命实践相结合，中

---

① 李大钊：《李大钊文集》（下），37页，北京：人民出版社，1984年。

② 转引自王纪河：《五四运动后关于社会主义的一场论战》，《科学社会主义》，1987（5）。

③ 参见汤庭芳：《论马克思主义成为中国革命指导思想的演变》，《社会主义研究》，1989（5）。

④ 参见金冲及：《他们为什么选择了社会主义》，《人民日报》，1989·08·21。

国人民才取得了新民主主义革命的胜利，并在这个胜利之后，最终走上了社会主义道路。

中国人民一百多年的奋斗，特别是新中国成立40年以来的实践证明，只有社会主义能够救中国。尽管我们在前进道路上发生过不少失误，尽管社会主义制度的优越性还没有得到充分发挥，但新中国成立以来，我们还是以中国历史上前所未有的速度发展起来了，并且这样的发展速度也大大高于资本主义世界的绝大部分国家和地区，而为世界所公认。另外，随着生产力和社会经济的发展，我国人民的生活水平也有了显著提高，在财富分配方面避免了资本主义社会的两极分化。这也得到了世界的普遍赞誉。

当然，我们在肯定社会主义制度在根本上优越于资本主义制度，在彻底批判“全盘西化”论的同时，也并不否认我国的生产力和经济发展水平与发达资本主义国家和地区相比还有差距，也不否认我们要认真学习和吸取资本主义的一切肯定性成果。事实上，正是基于对历史经验的总结，十一届三中全会以来，我们党和国家把对外开放作为中国的一项长期的基本国策加以坚持。通过对外开放，不仅取人之长，补己之短，而且形成能进行国际交换，部分参与国际分工，并按国际惯例在世界经济体系中进行活动的开放经济。我们要通过学习和利用资本主义的文明成果来发展和壮大社会主义。

总之，中国人民选择和坚持社会主义，这是历史的必然，也是理性的自觉。中国人民必将沿着社会主义道路继续前进，可以预见，到21世纪中叶，一个更加开放、更加强盛富裕、更加民主的社会主义中国将会屹立于世界。

邓小平与“跨越峡谷”理论*

资本主义不仅指作为基本制度的资本主义，而且指作为文明形态的资本主义。因此，落后国家要跨越资本主义卡夫丁峡谷（以下简称“跨越峡谷”）就要完成两项任务，或实现两步跨越：一是通过人民革命，夺取政权，走上社会主义道路；二是在建设过程中，吸取资本主义的肯定性成果，实现社会主义现代化。马克思的“跨越峡谷”理论第一次指明了落后国家走社会主义道路的可能性。列宁关于落后国家无产阶级争取民主革命的领导权的理论和社会主义革命一国首先胜利论，指明了落后国家走社会主义道路的条件性，从而指引俄国、中国等一些国家先后走上了社会主义道路，实现了第一步的目标；在我国现代化建设中，邓小平提出了一系列新的理论观点，进一步丰富了马克思列宁的“跨越峡谷”理论，它必将指引中国实现“跨越”的第二步目标，从而取得社会主义现代化建设的全面胜利。下面就此分三个方面加以具体说明。

一、马克思“跨越峡谷”理论的优长和局限

社会主义必然代替资本主义，这是马克思依据社会发展规律，对资本主义社会基本矛盾的深刻分析，所得出的科学结论。

如何实现社会主义对资本主义的取代，即关于社会主义道路的探索，这是马克思生前一直在考虑解决的问题。

总的说来，在19世纪70年代以前，马克思主要是以英、法、德等西欧比较发达的资本主义国家的情况和材料为依据，提出了社会主义革命将在西方主要发达国家的“同时发生论”。在马克思恩格斯看来，

* 原刊于《安徽师范大学学报》（人文社会科学版），2002（4）。

“共产主义革命将不是仅仅一个国家的革命，而是将在一切文明国家里，至少在英国、美国、法国、德国同时发生的革命”[①]。

如何看待马克思恩格斯的这一观点呢？这里有两个方面：

一是从社会主义革命的最终胜利来说，在单独一个国家内是不可能实现的，这是国际范围世界范围的事。因为世界市场的形成，使各国的资产阶级突破民族的界限而成为国际资产阶级。资产阶级的国际性决定了社会主义革命最终胜利的国际性。也就是说，社会主义革命的最终胜利是无产阶级世界革命的胜利。

二是就社会主义革命的发生而言，无产阶级革命在一些文明国家同时进行是不现实、不可能的。这是因为被各国具体情况所决定的各国革命的成熟条件，是不可能同时具备的。因此，不能由社会主义革命最终胜利的世界性，而推论出社会主义革命在主要发达国家发生的同时性。

那么，马克思恩格斯为什么会发生这种认识上的偏差呢？这是由历史发展的局限性所致。因为，当时除英国以外，其他一些国家的资产阶级走向世界的时间还不长，加之国际空间的广大，因而它们之间的矛盾、对立和争斗还没有达到普遍的、激化的程度。与这一点相联系，西欧一些国家的资产阶级为了对付工人阶级的革命运动，不仅各自加强了国内的武装力量，而且在一时间还彼此联合起来组成了国际性的军事同盟。因而在这样的历史背景下，马克思恩格斯就比较多地看到了各国资产阶级共同性、一致性的一面,并由此认为，各资本主义先进国家的无产阶级只有联手行动，相互援助，才能发动社会主义革命。

至于在西欧比较发达的资本主义国家之外，世界上大多数落后国家的历史行程及其社会主义道路问题，虽然并没有在马克思的视野之外，但一是由于缺少有关的研究资料，二是由于东方在当时还不可能成为马克思研究的重点，因而也就没有形成相应确定的理论。基本上还是设想东方社会将沿着西方社会的道路,即经过资本主义发展阶段，然后再向社会主义、共产主义发展。因此，还不可能提出落后国家直接过渡到社会主义社会的可能性的构想。

① 《马克思恩格斯文集》第1卷，687页，北京：人民出版社，2009年。

马克思的上述观点到19世纪70年代以后有了某些方面的改变。即认为落后国家的社会主义革命可以和先进国家的社会主义革命相互补充，在这个前提下，落后国家可以跳过资本主义的卡夫丁峡谷，吸取它的肯定性成果，走向社会主义。

为什么会发生这种改变呢?

一是，摩尔根《古代社会》一书的出版，马克思从中吸取了科学成果，纠正或加深了自己对人类社会史和东方社会的某些认识，促使马克思去研究和探索东方落后国家走社会主义的特殊道路问题。

二是，这也是主要的，70年代中期以后，发达资本主义国家的经济迅速发展，政治相对稳定，社会主义革命在短期内难以实现的形势，也促使马克思进一步关注民族民主运动不断高涨的东方国家的社会发展前景。他越来越注意研究俄国这个属于东方社会的国家。日益明确地认为，俄国可以避开资本主义前途，在村社土地公有制的基础上，通过革命，吸收资本主义的肯定性成果，而径直走上社会主义道路。但同时又认为，这种可能的实现,不能离开西方革命的爆发，不能离开西方无产阶级的支持。因此可以说，到这时，马克思是用东方落后国家和西方先进国家的社会主义革命的同时发生论，取代了原先的西方先进国家社会主义革命的同时发生论。这是一个极为重要的理论进步，有着巨大的意义。

马克思第一次科学探讨和提出了这些落后国家走社会主义道路的可能性，从而使人们明白有两种可能性，而不是像以前那样只知道向资本主义发展的一种可能性;马克思最早认真研究和论证了这种可能性的真实依据和实际历史条件。这样，就为历史开辟了新路，指导并鼓舞了落后国家的人民发挥历史主动精神为实现社会主义而进行斗争。

20世纪的俄国和中国革命的胜利，使马克思所指明的上述可能性初步变成了现实,从而证明了他的预见的正确性；同时也在实践中表明了他的关于上述可能性实现的依据和条件的论述，还过于笼统和粗疏，还存在某些片面和错误。这表现在以下两个方面：

第一，俄国革命和中国革命的经验证明，落后国家走上社会主义道路,从内部原因来说，不在于是否存在多少原始共产主义因素（就俄国而言，农村公社这种古代遗存物在历史进程中，其消极作用日益突出，而且在革命前也早已瓦解），而是在于资本主义新式工业的发展和形成一定数量的工人阶级队伍。不然，就根本谈不上社会主义革命的发生。

布哈林曾经在《过渡时期的经济》一书中提到：“世界资本主义制度的崩溃，是从最弱的，国家资本主义组织最不发达的国民经济制度开始的。”列宁读后立即予以纠正：“不对：是从‘比较弱’的开始的。没有一定程度的资本主义，我们是不会成功的。”①

同样，在旧中国如果没有占国民经济10%的现代工业和300万现代产业工人，那么中国也不可能走上社会主义道路。

第二，落后国家走上社会主义道路，从国际条件来说，马克思比较看重落后国家和先进国家的社会主义革命的相互促进，特别强调先进国家的社会主义革命对于落后国家的示范作用。他们认为，在这种示范作用下，“这些落后的国家才能走上这种缩短的发展过程的道路。然而那时它们的成功则是有保证的。这不仅适用于俄国，而且适用于处在资本主义以前的发展阶段的一切国家。”②

如何看待这一见解呢？

西方先进国家如果没有发生无产阶级革命，那么能否说，落后国家的人民除了等待就没有可能走上社会主义道路呢？很显然，这一见解低估了落后国家人民创造历史的主动性和积极性。后来的历史证明，这个看法是不对的。

落后国家走上社会主义道路的国际条件，不是西方无产阶级革命的示范作用，而是资本主义国家之间的矛盾、资本主义宗主国与殖民地半殖民地之间矛盾，以及与此相联系的这些落后国家内部阶级矛盾的激化所造成的危机。正是基于对新的历史条件和历史事实的科学分析，列宁丰富和发展了马克思关于落后国家走社会主义道路的理论，并领导俄国十月革命的胜利，从而使马克思关于“跨越峡谷”的设想在俄国初步变成了现实。

二、列宁对“跨越峡谷”理论的两个突破

列宁对马克思关于落后国家走社会主义道路理论的丰富和发展，

① ［俄］列宁：《对布哈林〈过渡时期的经济〉一书的评论》，60页，北京：人民出版社，1976年。

② 《马克思恩格斯全集》第22卷，502—503页，北京：人民出版社，1965年。

主要表现在实现了两个理论上的重大突破。

第一,列宁提出了落后国家无产阶级争取民主革命领导权的思想，从而把民主革命和社会主义革命联系起来。

欧洲的资产阶级民主革命发生在资本主义上升时期，而包括俄国在内的落后国家的民主革命则是在帝国主义时代爆发的。这时俄国无产阶级不但已成为独立的政治力量，它身受资本主义和专制制度的双重压迫，高度集中，而且已经产生了自己的先锋队——俄国社会民主工党。在这种历史条件下，列宁在1905年所写的《社会民主党在民主革命中的两种策略》一书中指出，无产阶级有必要也有可能实现对资产阶级民主革命的领导，以保证民主革命的彻底胜利，从而加速社会主义革命的到来[①]。

后来，俄国革命和中国革命的历史都证明，落后国家无产阶级争取民主革命领导权的思想是极为重要的。如果这个领导权落入资产阶级手里，像在世界上不少落后国家中所发生的那样，那么民主革命胜利后，只能走上资本主义道路；如果这个领导权掌握在无产阶级手里，那么落后国家才能在民主革命胜利后，避免资本主义前途，而走上社会主义道路。因此，无产阶级取得民主革命的领导权，这是落后国家跨越资本主义卡夫丁峡谷，走上社会主义道路的关键。

第二，列宁提出了社会主义可能首先在少数或者甚至在单独一个资本主义国家内获得胜利的理论。

在第一次世界大战爆发后的1915年，列宁在《论欧洲联邦口号》一文中，第一次明确提出："社会主义可能首先在少数或者甚至在单独一个资本主义国家内获得胜利。"[②]这是一个依据帝国主义时代资本主义经济政治发展不平衡规律所得出的科学结论。

19世纪末20世纪初，资本主义进入帝国主义阶段。这时候，世界已经瓜分完毕，后起的帝国主义国家凭借后发优势发展起来，与相对走向衰落的老牌帝国主义国家在原料、市场、殖民地等方面发生争夺，甚至发生了战争。这样不仅因战争带来的灾难会加速社会主义革命的到来，而且战争所造成的国际资本主义力量的削弱，也会造成一些缺口、裂缝。在这种情况下，几个甚至单独一个国家就可以在帝国主义

① 参见《列宁选集》第1卷，558页，北京：人民出版社，2012年。

② 《列宁全集》第26卷，367页，北京：人民出版社，1990年。

链条上的最薄弱环节，首先发动无产阶级革命，并取得胜利。

很显然，列宁关于落后国家社会主义革命的理论丰富了马克思恩格斯的学说，而且后来的实践也证明列宁的上述两点理论是正确的。20世纪上半叶，继俄国革命之后，不少东方国家取得了革命的胜利，并走上了社会主义道路，从而实现了对资本主义卡夫丁峡谷跨越的第一步目标。这既是世界历史发展的必然，同时也是马克思列宁主义关于世界历史背景下落后国家社会主义道路理论的伟大胜利。

打倒帝国主义，实现民族独立，打倒封建专制，取得民主自由，无产阶级和广大人民群众成为国家和社会的主人，这只是为东方社会主义国家实现现代化，提供了前提和基础。但是究竟如何实现第二步跨越，即如何在吸收资本主义肯定性成果的基础上，实现社会主义现代化，从而赶上并超过资本主义发达国家，这是一个更为艰难,更为重大的任务。

这个任务之所以更为艰难和重大，其中一个重要原因在于，落后国家社会主义事业的巩固和发展，必须在抵制国际资本主义的大前提下获得它的一切肯定性成果。在马克思当时看来，落后国家的社会主义吸收资本主义的肯定性成果并不是一件特别困难的事情。因为马克思恩格斯晚年所设想的是落后国家和先进国家社会主义革命的同时胜利，因而在先进国家无产阶级的帮助和支持下，落后国家的社会主义事业吸收资本主义的肯定性成果自然是相当容易的。

然而历史的发展越出了马克思的预料，落后国家先于发达国家走上了社会主义道路。西方的无产阶级和人民当然是能够同情、支持落后国家的社会主义革命和建设，但是只要西方本身没有发生社会主义革命，这种援助只能限于道义方面,而没有多少物质力量。在这种情况下，落后国家的社会主义事业必须面对的是西方国际资产阶级及其国家，而它们不可能对社会主义有任何同情，而总是想要极力扼杀落后民族的一切革命和发展。

因此，如何在抵制国际资本主义的大前提下获得它的一切肯定性成果，就成为特别困难，而对落后国家的社会主义发展来说又是特别重要的事情。因为不抵制西方国际资本主义，落后国家的社会主义就立不住，就可能被分化、西化;不吸收资本主义的一切肯定性成果，落后国家的社会主义也立不住，已经取得的成果也会丧失。在这二者关系的处理上，如果为了吸收资本主义的肯定性成果，而放松或放弃对西方国际资本主义的抵制；或为了抵制西方国际资本主义，而不积极吸取其肯定性成果，甚至搞闭关自守，其结果都会造成对落后国家社会主义事业的巨大损害。

列宁在十月革命后，起初对这个问题有所忽视，这一方面跟当时周围帝国主义国家的压迫有关，另一方面跟对此问题缺乏科学认识有关。所以，苏联曾一度采取在国内消灭资本主义，在对外关系上排斥资本主义的措施。但经过几年实践，列宁开始意识到应当科学地对待资本主义的问题。从1921年起实行的新经济政策中就有大量的利用资本主义的思想和措施，包括在国内利用资本主义的经济形式，在对外关系上利用国外资本主义的积极成果等。列宁曾提出引进西方资本来发展社会主义的设想，限于当时的斗争环境和条件并没有能够实现。

可惜的是，在列宁去世后未过几年，新经济政策便停止实行，苏联在斯大林领导下逐渐走上了人为的单一社会主义公有制发展道路，逐渐消灭了资本主义成分。在对西方国际资本主义的关系问题上，强调社会主义经济体制的独立性，认为加入世界经济体系会使苏联成为“世界资本主义体系的附属品”[①]。

在这一认识指导下，他提出了两个平行的、相互对立的世界市场理论，即资本主义世界市场和社会主义世界市场理论。斯大林的“两个世界市场”[②]论，实际是把自己排除在世界经济和资本主义最新科技成果之外，走上了孤立发展的道路。这种发展模式虽然由于行政干预，集中力量片面发展重工业，使工业化速度曾经高得惊人，但它毕竟违背了经济社会发展的整体化、世界化规律，造成了严重的经济结构失衡，发展后劲减少，弊端日益明显。

在斯大林逝世以后，赫鲁晓夫、勃列日涅夫相继执政。这种脱离经济全球化轨道孤立发展的模式继续得到推行。虽然他们也曾一度想有所改革，但由于种种原因，举措失当，而成效甚微，致使苏联与西方发达国家的差距进一步拉大。

戈尔巴乔夫上台以后，采取全面改革开放政策。但后来又走到了另一个极端，从闭关锁国，夜郎自大，到崇洋媚外，仰人鼻息；从害

① 《斯大林全集》第7卷，247页，北京：人民出版社，1958年。

② 《斯大林文选（1934—1952）下》，594页，北京：人民出版社，1962年。

怕外来渗透到请求纳入西方社会，结果搞得不可收拾，使苏联最终解体。这样一个严酷事实从一个侧面说明，能否正确处理抵制国际资本主义与吸取资本主义肯定性成果二者之间的关系，是一个有关社会主义命运和前途的重大问题。

三、邓小平对“跨越峡谷”理论的重大贡献

在这一方面,我们也有深刻的教训。

新中国成立以后，在相当长的时间内我们也是关起门来搞建设。这种闭关锁国的做法极大地损害了我国经济、科学和文化事业的发展，导致我国的科学技术比发达资本主义国家整整落后了20年，而且也禁锢了人们对社会主义与当代世界的认识，看不到当代世界的新发展，看不到中国与发达国家的差距，形成了僵化的社会主义模式，阻碍了社会主义的改革与发展。正如邓小平所指出的：“总结历史经验,中国长期处于停滞和落后状态的一个重要原因是闭关自守。”又说：“三十几年的经验教训告诉我们，关起门来搞建设是不行的，发展不起来。”①

在中国现代化的过程中，邓小平深刻总结了历史的经验教训，站在时代的制高点，第一次系统和科学地回答了在中国这样比较落后的国家如何建设、巩固和发展社会主义的一系列问题，形成了关于建设中国特色社会主义现代化的理论。这个理论中所包含的社会主义初级阶段论、对外开放论、社会主义市场经济论、以公有资本为主体的多元资本论、科教兴国论和自主发展论等，都是继列宁之后对马克思的“跨越峡谷”思想，即东方落后国家社会主义道路思想的坚持和发展。

第一，社会主义初级阶段论。

准确判定社会主义初级阶段的“历史方位”，是东方社会主义国家实现“跨越”的第二步目标的出发点。

马克思从人类历史的大体方向上，概括和提出了“五形态理论”。然而针对东方落后国家，马克思又提出了“跨越峡谷”理论，那么在基本制度上，跨越了资本主义卡夫丁峡谷的那些东方落后国家，其历

① 《邓小平文选》第3卷，78、64页，北京：人民出版社，1993年。

史方位如何？这个问题长期没有能正确解决。

关于共产主义社会，马克思在《哥达纲领批判》中，把它划分为“第一阶段”和“高级阶段”。列宁在《国家与革命》中，把共产主义社会的“第一阶段”称之为“社会主义社会”；把“高级阶段”称之为“共产主义社会”。

针对俄国的特殊国情，列宁提出了“初级形态的社会主义”“发达的社会主义”“完备形态的社会主义”等概念。“初级形态的社会主义”，已经蕴含了初级阶段的思想。但在实践上，这一思想并未引起人们的重视。

斯大林于20世纪30年代（生产资料所有制的社会主义改造完成以后）宣布苏联建成社会主义；赫鲁晓夫在50年代宣布20年建成共产主义；勃列日涅夫感到这个口号脱离实际，往后退了一步，提出建设“发达社会主义”的任务。

在中国，毛泽东在总结了“大跃进”的教训以后，在60年代初，他多次强调社会主义社会是一个很长的历史阶段，设想今后50年到100年是把中国建设成伟大社会主义强国的重要时期。不难看出，毛泽东已多次接近社会主义初级阶段思想的边缘，但终究没有实现这个理论上的突破。

邓小平在总结了社会主义实践经验和在列宁、毛泽东所进行的理论探索的基础上，第一次明确提出了初级阶段的论断。在邓小平主持制定的《中共中央关于建国以来党的若干历史问题的决议》中指出：我国社会主义制度的完善要经历一个长久的过程，“我们的社会主义制度还是处于初级的阶段”[①]。党的十二大确认我国还处于社会主义初级阶段。党的十三大召开之前，邓小平在会见外宾时指出：“我们党的十三大要阐述中国社会主义是处在一个什么阶段，就是处在初级阶段，是初级阶段的社会主义。社会主义本身是共产主义的初级阶段，而我们又处在社会主义的初级阶段，就是不发达阶段。一切都要从这个实际出发，根据这个实际来制定规划。”[②]

社会主义初级阶段论的提出，是对马克思跨越峡谷理论的一个补

① 中共中央文献研究室编：《三中全会以来重要文献选编》下，838页，北京：人民出版社，1982年。

② 《邓小平文选》第3卷，252页，北京：人民出版社，1993年。

充、丰富和创新，它有力地回击了“资本主义补课论”“社会主义早产论”等思潮，从政治上阐明了中国社会主义的“初级”性质，为改革开放，为吸纳资本主义的先进文明成果，以及促进社会主义发展的实践策略提供了理论支持。

第二，对外开放论。

实行对外开放，是东方社会主义国家实现“跨越”的第二步目标的必由之路。马克思恩格斯立足于民族历史走向世界历史的实际，曾经明确指出：“共产主义……只有作为‘世界历史性的’存在才有可能实现。”又说：“共产主义……是以生产力的普遍发展和与此相联系的世界交往为前提的。”[①]马克思在强调社会主义、共产主义是“世界历史性”事业的同时，尖锐地批判了“地域性的共产主义”，认为这种共产主义脱离世界交往，它处于一种“地方的、笼罩着迷信气氛的‘状态’”。然而现实的社会主义恰恰又是在一定地域的落后国家中建立起来的。这本身就是一个矛盾。如何使现实社会主义建立于一定地域，又不囿于一定地域，从而具有世界历史性的品格，这个问题长期以来没有解决好。在邓小平看来，其关键在于社会主义国家要实行开放战略，要建立开放型社会主义。中国社会主义建设把开放作为一个基本国策，作为一项根本战略，这在社会主义国家史上还是第一次。

开放就是放开眼界，打开国门，主动迎接经济全球化大潮的挑战，积极参与这种全球化进程。在这种参与中，学习、引进国外的先进经验和技术，将世界上一切优秀文明成果为我所用。邓小平说：“必须大胆吸收和借鉴人类社会创造的一切文明成果，吸收和借鉴当今世界各国包括资本主义发达国家一切反映现代社会化生产规律的先进经营方式、管理方式。”[②]开放不仅要“引进来”，而且还要“走出去”，包括产品的输出、技术的输出和资本的输出，必须在国际市场的竞争中赢得优势。

社会主义国家只有通过开放，吸收和借鉴资本主义发达国家的好东西，才能建设好社会主义；只有通过开放，才能不断扩大社会主义在全世界的影响，才能为社会主义国家的建设营造良好的国际环境和条件。十一届三中全会以来，我国的对外开放战略有力地推动了经济

① 《马克思恩格斯文集》第1卷，538—539页，北京：人民出版社，2009年。

② 《邓小平文选》第3卷，373页，北京：人民出版社，1993年。

的发展，加快了社会主义现代化的步伐，极大地提高了我国的国际地位。这充分证明了邓小平对外开放理论的正确性，证明了对外开放的确是社会主义国家从落后走向繁荣的正确战略。

第三，社会主义市场经济论。

建立市场经济体制，是东方社会主义国家实现“跨越”第二步目标的必然要求。

马克思晚年提出“跨越峡谷”理论，但对实现“跨越”的国家应建立什么样的经济体制去进行社会主义建设，并没有作出具体的论述。

苏联在生产资料私有制的社会主义改造完成以后，对市场经济采取排斥的方针。之所以如此，因为按照世人通常的理解，市场经济等同于资本主义制度。在这个问题上，马克思与恩格斯持有完全相同的见解[①]。恩格斯曾经指出：“把由个人或股份公司负责的资本主义生产转变为由全社会负责和按预先确定的计划进行的社会主义生产，资本主义社会本身正在为这个转变创造物质条件和精神条件，唯有通过这样一个转变，工人阶级的解放，从而没有例外的一切社会成员的解放，才得以实现。”[②]又指出：“一旦社会占有了生产资料，商品生产就将被消除，而产品对生产者的统治也将随之消除。社会生产内部的无政府状态将为有计划的自觉的组织所代替。”[③]首次明确提出市场经济概念的米塞斯也认为：“市场是资本主义制度的核心，是资本主义的本质，只有在资本主义条件下，它才是可行的；在社会主义条件下，它是不可能被‘人为的’仿制的。”[④]

从历史上看，发达商品生产，现代市场经济确实是与资本主义生产方式、资本主义社会制度联系在一起的。这种历史的重合，使人们误以为市场经济就是资本主义本身。因而消灭资本主义也就必然意味着消灭市场经济。按这样一种理解，当时的人们认为，只要按照计划经济原则办事，就能使社会主义经济有计划按比例、有序和谐地得到发展，从而创造出比资本主义更高的劳动生产率。实践证明，无所不包的计划是没有也是不可能有的，仅靠计划调节社会主义生产容易出

① 《马克思恩格斯文集》第3卷，159、233页，北京：人民出版社，2009年。

② 《马克思恩格斯文集》第4卷，420—421页，北京：人民出版社，2009年。

③ 《马克思恩格斯文集》第3卷，564页，北京：人民出版社，2009年。

④ 外国经济学说研究会编：《现代国外经济学论文选》第9辑，64页，北京：商务印书馆，1986年。

现“左”倾政策和“唯意志论”的做法，阻碍社会主义生产力的高速发展。

在市场与社会主义的关系问题上，列宁在十月革命后也曾设想过消灭商品生产会很快实现，但战时共产主义政策的经验教训，使他改变了原有看法，把发展商业作为推动整个经济的中心环节。但由于历史的局限，没有展开，还认为商品生产应控制在一定范围内。

斯大林晚年也肯定，社会主义条件下有商品生产，说明它不会导致资本主义，肯定价值规律的作用，批评价值规律可以被改造的观点，这又在列宁的基础上前进了一步。然而他仅仅用两种所有制的存在来解释，认为整个说来，社会主义经济不是商品经济。

毛泽东把社会主义条件下发展商品经济和利用价值规律的问题说得更加到位，他指出：“商品生产……同资本主义相联系就是资本主义的商品生产，同社会主义制度相联系就是社会主义的商品生产。”“要有计划地大大发展社会主义的商品生产”，他指出，不要商品的观点是错误的，“这是违背客观法则的”[①]。

不过，需要指出的是，从列宁、斯大林到毛泽东在市场与社会主义的关系问题上虽然发表过一些可贵的、正确的见解，但都没有立足于社会主义的全局，而使其获得应有的意义。毛泽东的某些正确见解，后来也没有能得到坚持。

明确提出建立社会主义市场经济体制的是邓小平。在理论上，其功绩之一，是对市场经济作了功能二重性的分析。一是市场的经济功能，即市场作为配置资源的手段；二是市场作为经济手段的社会功能，即它可为资本主义服务，也可以为社会主义服务。

其功绩之二，就是把市场经济从资本主义制度中剥离开来，指明了社会主义与市场经济结合的依据。为此，邓小平反复强调计划和市场、计划经济和市场经济都是方法和手段，可以运用于不同的社会制度[②]。强调应使市场在社会主义国家宏观调控下对社会资源配置起基础作用，这就从根本上肯定了市场在社会主义社会中应有的地位，指明了市场经济是社会主义生产力发展的必要经济形式。

自然经济、商品经济、产品经济是人类社会经济发展的三个依次

① 《毛泽东年谱（1949-1976）》第3卷，504—507页，北京：中央文献出版社，2013年。

② 参见《邓小平文选》第3卷，373页，北京：人民出版社，1993年。

递进的阶段。在特定的历史上，某些经济落后，商品经济没有得到充分发展的国家，可以超越资本主义根本制度充分发展的阶段，但不能超越商品经济阶段而直接跨入产品经济阶段，不能跨越以工业化和生产的商品化、社会化和现代化为特征的现代生产力发展过程。

另外，社会主义市场经济和资本主义市场经济作为人类市场经济的两种不同形式，只有借助其共同点，即市场经济才能获得相互沟通和开放。因此，就我国来说，坚持开放战略与建立和完善社会主义市场经济体制之间有着深刻的相得益彰的关系。一方面，坚持对外开放，必然要求建立和完善市场经济体制，这样才能得以沟通国内和国际两个市场。另一方面，只有建立和完善社会主义市场经济体制，才能使对外开放，使吸收资本主义的肯定性成果获得渠道和手段。

所以，邓小平的社会主义市场经济理论正确解决了像中国这样比较落后的国家，在世界历史背景下应建立什么样的经济体制去发展生产力和吸收资本主义的肯定性成果，去巩固和发展社会主义的问题。这是对马克思主义“跨越峡谷”理论的一个划时代的贡献。

第四，公有资本为主体的多元资本论。

培育以公有资本为主体的多种资本市场主体是东方社会主义国家实现“跨越”第二步目标的关键举措。

建立市场经济体制，对东方社会主义国家来说，其市场主体可以有两种安排取向：其一是，社会主义国有资本（以往的全民所有制经济）和集体资本（以往的集体所有制经济）之间的市场运作；其二是，公有资本为主体的外来资本、私营资本、个体资本等多元资本的市场运作。

鉴于中国还处于社会主义初级阶段，生产力总体落后和多层次存在的现状，我国实行的是以公有资本为主体的多元资本的市场运作安排。

这种运作安排之所以能得以成行，其中一个重要原因，是在理论上，具体来说，在资本观上形成的新的认识。这里主要有以下三点。

首先，资本有经济和社会两重属性。资本的经济属性，指资本是能带来剩余价值的价值。利润是资本运动的目的，也是资本运动的动力。让资本等要素充分发挥其积极作用来促进生产力的发展，这是资本主义社会和社会主义社会进步的必要条件。正如马克思所指出的：

“劳动产品超出劳动的费用而形成剩余，以及社会生产基金和后备基金靠这种剩余而形成和积累，过去和现在都是一切社会的、政治的和智力的发展的基础。”[①]换句话说，无论资本主义生产，还是社会主义生产，都要利用资本去生产剩余价值或赚钱，这是相同的。

资本的社会属性，是指资本归谁所有，生产的剩余价值归谁。在这里就有了非公资本和公有资本的区别。如果资本归资本家私有，剩余价值也就成为其私有财产。这也就标示着资本家对工人的剥削。就此，马克思指出：“在资本主义社会中，生产资料要不先变为资本，变为剥削人的劳动力的工具，就不能发挥作用。”[②]因此，全世界无产者联合起来消灭私有制，自然成为无产阶级的奋斗目标。如果资本归社会公众所有，也就是说，资本成为公有资本，那么这种公有资本所创造的剩余价值，也就成为公众福利提高的基础。

其次，社会主义社会中的非公资本也可以利用来为社会主义服务。这里是说，非公资本在社会主义根本制度的制约下，有服务于社会主义的积极作用。这个服务有这样几个方面。一是扩大就业。对我国来说，人口多，底子薄，就业是民生的第一需要。发展私营经济，有助于吸纳剩余劳动力。二是增加税收。对于一个穷困的国家来说，税收是国家机关运作和对社会进行治理的经济条件。三是非公资本和公有资本可以在良性竞争中，相互借鉴，提高管理水平。四是非公经济作为社会主义经济的补充，可以促进社会主义中国综合国力的提升和满足人民群众多方面的需求。

最后，在社会主义社会中要加强对资本运营的规划、管理。这里有两个方面，一是要开拓进取，深化改革，消除壁垒，营造良好的市场环境，让公有资本和非公资本尽可能获得最大收益，创造和积累尽可能多的物质财富。二是要让公有资本和非公资本在不断提高收益的基础上，履行社会责任，构建和谐的劳资关系，促进社会公平正义。

总之，对资本要从侧重于作为一种社会形态的资本主义私有资本的批判、排斥，到侧重于作为经济要素的社会主义的运用、吸纳、管理、驾驭，使其为社会主义服务，这是中国共产党人对马克思主义资本观的发展和完善过程，也是中国社会主义市场经济从不成熟走向成

① 《马克思恩格斯全集》第20卷（上），211页，北京：人民出版社，1971年。

② 《马克思恩格斯文集》第3卷，557页，北京：人民出版社，2009年。

熟的重要标志之一。

第五，科教兴国论。

发展科教事业,是东方社会主义国家最终实现“跨越”的第二步目标的力量源泉。

落后国家的社会主义要在与资本主义的竞争中取得比较优势，直至最终胜利，即最终实现对“峡谷”的跨越，其主导力量是什么?就是科学和教育的发展。

马克思曾经认为“科学技术是生产力”。邓小平深刻领悟了这一思想，并结合对现代生产力发展规律的科学认识，进一步提出了“科学技术是第一生产力”的著名论断。

就中国而言，我国现在还处在生产力水平远远落后于发达国家的社会主义初级阶段，要缩小与世界先进水平的差距，实现现代化，就既不能像早先的西方发达国家那样靠掠夺别国去实现现代化，因为中国是社会主义国家。也不能以牺牲本国人民生活水平的提高为代价，因为现代化必须依靠人民，必须给人民看得见的利益，才能调动广大群众进行社会主义现代化建设的积极性，否则，现代化也会落空。

再者，也不能像有的国家靠出售资源，走向富裕，如西亚那些盛产石油的国家。中国人均资源相对贫乏，这一条路显然走不通。当然也不能靠“引进”购买一个现代化，现代化也是买不来的。那么道路只有一条，即走“依靠科学技术进步和提高劳动者素质”来发展经济的道路。

邓小平明确指出：“四个现代化，关键是科学技术现代化。”[①]而科学技术现代化的关键又是发展高科技。因为高科技才能带来高效益。所以邓小平进一步指出，中国的科技进步不能跟在别人后面一步一步地爬行，而要实现跳跃式的追赶，中国要在世界高科技领域占有一席之地。

为了促进科学技术的兴旺发达，就要大力发展教育，培养人才。邓小平说：“一个十亿人口的大国，教育搞上去了，人才资源的巨大优势是任何国家比不了的。有了人才优势，再加上先进的社会主义制度，

① 《邓小平文选》第2卷，86页，北京：人民出版社，1994年。

我们的目标就有把握达到。”[①]

在邓小平科技兴国战略的指导下，近二十多年来，我国的教育和科技事业有了很大发展，取得了很大成绩。当然，这些成绩还是初步的。经过不懈努力，我们必将迎来一个科学技术捷报频传、科技生产力潮头奔涌的辉煌时代。

总之，能否大力发展教育事业，大力推进科学技术的研究和开发利用，把科学技术转化为现实生产力，这关系中国社会主义现代化事业的成败，是我国能否在21世纪中叶达到中等发达国家水平，进而成为科技大国、经济大国的关键。

第六，自主发展论。

坚持自主发展，是东方社会主义国家最终实现“跨越”的第二步目标的根本原则。

在经济全球化的背景下，各国之间、社会主义国家和资本主义国家之间的交往日益频繁，与日俱增。这既为社会主义国家的发展提供了新的历史机遇，同时也为帝国主义把第三世界国家和社会主义国家纳入国际资本的统治，纳入西方设定的国际关系网络提供了难得的机会和环境。正如邓小平所指出的：“整个帝国主义西方世界企图使社会主义各国都放弃社会主义道路，最终纳入国际垄断资本的统治，纳入资本主义的轨道。”[②]对于这一点，我们必须保持清醒的头脑和高度的警惕，我们必须在对外开放中坚持社会主义的自主发展原则。

其一，在自力更生基础上实行对外开放。邓小平强调：“独立自主，自力更生，无论过去、现在和将来，都是我们的立足点。”[③]自力更生建设社会主义是对外开放的基础，而对外开放又有利于增强自力更生建设社会主义的能力。坚持自力更生，这样才不会因对外开放而受制于人，才不会使本国发展的成果流失于外，而被他国攫取。

其二，在平等互利基础上积极扩大对外交流。中国作为发展中国家面对的是已经形成了的世界经济体系，由于经济力量比较薄弱，在国际分工中处于不利地位。另外，现在国际经济交流和合作中通行的

---

① 《邓小平文选》第3卷，120页，北京：人民出版社，1993年。

② 《邓小平文选》第3卷，311页，北京：人民出版社，1993年。

③ 《邓小平文选》第3卷，3页，北京：人民出版社，1993年。

国际惯例和规则主要是由西方强国制定的。其中有相当多的歧视和损害第三世界的极不合理、极不公正的条款。中国要在世界交往中，赢得自己的发展，就必须在世界舞台上，利用各种场合对现有的国际经济旧秩序展开有理、有利、有节的斗争，坚持在平等互利基础上，积极扩大对外交流。正如邓小平所指出的，不允许任何国家损害我国的主权和民族利益[①]。

其三，坚持四项基本原则，在走向世界中保持“自我”。社会主义中国要在开放中走向世界，要在走向世界中保持“自我”，发展壮大“自我”，必须坚持四项基本原则，以社会主义为基本导向。只有实现社会主义与现代化的有效结合，才能确立起一个强有力的政府权威，就中国来说，才能克服社会改革和现代化建设中的种种困难和对外开放中所遇到的种种风险，才能使中国巨大的地域和人口规模的潜在优势发挥出来，有效地配置相对稀缺的社会资源，并进行为现代化发展所必需的社会动员，使中国的现代化在安定团结的局面下加速发展。一句话，才能集中力量办大事，才能使中国立于不败之地。因此，坚持四项基本原则，就成为中国改革开放和走向现代化的根本政治保障。

其四，必须坚持两手抓的方针。对外开放会带来积极效果，同时也必然会造成一些消极影响。当今世界，以美国为首的西方发达国家不仅推行其经济政治霸权主义，还推行其文化霸权主义。所谓文化霸权主义，说到底，就是在全球，特别是第三世界普遍制造对美国、对西方的迷恋、膜拜和迷信，用腐朽的资产阶级世界观、人生观、价值观腐蚀人心。

对此，邓小平指出“经济方面我们采取两手政策，既要开放，又不能盲目地无计划无选择地引进，更不能不对资本主义的腐蚀性影响进行坚决的抵制和斗争”。“文化范围的交流”，也不可以“让资本主义文化中对我们有害的东西畅行无阻”[②]。为此，邓小平提出要一手抓对外开放，大胆吸收和借鉴人类创造的优秀文明成果；一手抓打击犯罪，包括防止和消除文化垃圾的传播和资本主义腐朽思想的影响。要在坚持抓社会主义物质文明建设的同时，狠抓社会主义精

① 参见《邓小平文选》第3卷，3页，北京：人民出版社，1993年。

② 《邓小平文选》第3卷，44页，北京：人民出版社，1993年。

神文明建设，要用爱国主义、集体主义和社会主义武装全党和全国人民。

总之，邓小平的社会主义初级阶段论、对外开放论、社会主义市场经济论、以公有资本为主体的多种资本协同发展论、科教兴国战略和自主发展原则等，是对马克思列宁主义关于落后国家社会主义道路学说的极大丰富和发展，它必将指引中国实现对资本主义卡夫丁峡谷跨越的第二步目标，从而取得社会主义现代化建设的全面胜利。

中国特色社会主义建设哲学三题*

邓小平是一位极富哲学智慧的革命家。他的哲学智慧是在社会生活和创造活动中所表现的实践性哲学智慧。因此，实践性是邓小平哲学智慧的一个根本特点。

马克思主义哲学永不枯竭的生命力就在于它的实践性。马克思主义哲学的实践性必然使之具有鲜明的方法论特征。邓小平在以和平发展为时代主题的当今世界中，在中国社会主义建设的新时期中，创立了关于中国特色社会主义建设的马克思主义哲学方法论。这一哲学方法论的创造是中国现代化建设“总设计师”邓小平哲学智慧的最集中表现，是他对马克思主义哲学宝库的巨大贡献。

邓小平关于中国特色社会主义建设的马克思主义哲学方法论的核心是解放思想、实事求是。就其具体理论成果来说，是多方面的。这里，主要来谈以下三个方面：

第一，关于中国社会主义建设必须走自己道路的认识导向论。

建设中国特色社会主义，是邓小平在党的十二次全国代表大会上第一次提出来的。他在大会开幕词中说：“把马克思主义的普遍真理同我们的具体实际结合起来，走自己的道路，建设有中国特色的社会主义，这就是我们总结长期历史经验得出的基本结论。”①

邓小平得出的这个基本结论，从实践上看，它关系着中国的前途和命运，关系着整个社会主义事业的前途和命运；从哲学上说，它在怎样建设社会主义这个重大原则问题上，提供了根本的认识导向，即强调走中国自己的路，不把书本作教条，不照搬别国模式，以马克思主义为指导，以实践作为检验真理的唯一标准，解放思想，实事求是，尊重群众的首创精神，建设中国特色社会主义。

---

* 原刊于《哲学大视野》，1995（6）。

① 《邓小平文选》第3卷，3页，北京：人民出版社，1993年。

邓小平认为，每个国家都有自己的国情，各国的国情必须由各国人民自己来认识。中国的国情也必须由中国人民自己来认识。“中国的事情要按照中国的情况来办，要依靠中国人自己的力量来办。”[①]中国社会主义建设，必须走中国自己的路。

要走中国自己的路，就必须立足于中国的国情。我国是一个人口多，底子薄，还未从根本上摆脱贫穷落后状态的社会主义大国。基于对我国国情的正确分析，邓小平提出了我国还处于社会主义初级阶段的著名论断。他说：“一切都要从这个实际出发，根据这个实际来制定规划。”[②]

要走中国自己的路，就必须发扬勇于实践、勇于探索的精神。邓小平说：“我们现在所干的事业是一项新事业，马克思没有讲过，我们的前人没有做过，其他社会主义国家也没有干过，所以，没有现成的经验可学。我们只能在干中学，在实践中摸索。”[③]邓小平总是满腔热情地鼓励人民群众和各级干部要敢于试验，大胆创造，不怕失败，要有一股子气、一股子劲，走出一条好路、新路。

要走中国自己的路，就必须从中国的实际出发，形成一整套关于建设中国特色社会主义的理论和策略。这个理论和策略的集中表现就是党的十三大报告中所概括的“一个中心，两个基本点”的基本路线。这条基本路线是我们建设有中国特色社会主义的行动纲领，是引导我们向社会主义现代化目标迈进的指南。

要走中国自己的路，最后要落实到有利于社会主义、有利于人民这样一个根本点上。所以，邓小平把“是否有利于发展社会主义社会的生产力，是否有利于增强社会主义国家的综合国力，是否有利于提高人民的生活水平”[④]，作为判断改革开放和其他工作成败得失的标准。

16年来的实践证明，邓小平关于中国社会主义建设必须走自己道路的认识导向论，是十分正确的，它是中国人民解放思想和开拓现代化建设新路的锐利武器。

---

① 《邓小平文选》第3卷，3页，北京：人民出版社，1993年。

② 《邓小平文选》第3卷，252页，北京：人民出版社，1993年。

③ 《邓小平文选》第3卷，258页，北京：人民出版社，1993年。

④ 《邓小平文选》第3卷，372页，北京：人民出版社，1993年。

第二，关于“改革、发展、稳定”三者辩证联系的社会主义有机运动论.

社会主义社会是一个有机体。在这个有机体中包含着生产力与生产关系、经济基础与上层建筑这样两对矛盾。要保证社会主义社会这个有机体充满生机和活力，而又不失其稳态，就必须正确处理社会主义社会的基本矛盾。要正确处理社会主义社会的基本矛盾，就必须抓住三个带根本性的环节：改革、发展、稳定，要正确把握好此三者的辩证关系。这是邓小平基于对历史经验的科学总结，对中国国情的准确判断和时代特点的深刻把握而得出的结论。

邓小平继承和发展了毛泽东关于社会主义社会基本矛盾的理论，第一次明确指出我国存在着高度集中的经济体制与生产力发展的矛盾。认为只有改革不适应生产力发展的旧经济体制和其他方面的体制，才能解放生产力，发展生产力，使中国摆脱贫穷落后的状态。因此，改革是推动生产力向前发展的动力，是解决社会主义社会基本矛盾的根本途径。

邓小平指出，我国经济体制改革的目标模式是建立社会主义市场经济体制。即一个由国家实行宏观调控的,既与以公有制为主体的多种所有制相结合，同时也与世界市场经济体系相连接的市场经济体制，把公有制维护社会公正、促进共同富裕的目标同市场经济优化资源配置，提高经济效益的功能结合起来，既体现了社会主义制度的基本特征，又体现了市场经济的一般规律。这确实是一个反映了中国人民热切愿望的伟大创造。我国进行的以市场为导向的改革和开放，时间并不算长，但已经大大活跃和推进了生产力的发展，广大人民的生活普遍得到提高，整个中国大地开始呈现出勃勃生机。

改革的目的是促进发展。邓小平所说的发展，是指以生产力和科技发展为基础的社会的全面进步。“解放生产力，加速经济发展”①，这是邓小平的一个中心思想。他说，“发展才是硬道理”②。“一切问题的最终解决，都要靠经济的发展。”只有经济发展了，推进改革、维护稳定才有优越的物质基础。在马克思主义发展史上，邓小平第一次把解放生产力，发展生产力作为社会主义的本质内涵加以规定，这不仅

① 《邓小平文选》第3卷，148页，北京：人民出版社，1993年。

② 《邓小平文选》第3卷，377页，北京：人民出版社，1993年。

把对社会主义的认识奠定在唯物史观的基础之上，而且从根本上说明了发展生产力对社会主义的极端重要性。邓小平说："贫穷不是社会主义，发展太慢也不是社会主义。"[①]

要发展生产力、发展经济，要顺利地推进改革，就必须有一个稳定的社会环境。邓小平说："中国的问题，压倒一切的是需要稳定。没有稳定的环境，什么都搞不成，已经取得的成果也会失掉。"[②]所谓稳定，首先要有一个稳定的国内环境；其次，要有一个和平的国际环境。要保持安定团结的政治局面，最重要的就必须坚持四项基本原则，其中，特别要坚持党的领导和人民民主专政。邓小平说："只有共产党的领导，才能有一个稳定的社会主义中国。"[③]只有坚持人民民主专政，才能保证人民当家作主的权利，并惩治那些严重的违法犯罪分子，实现国家的长治久安。为了争取一个和平的国际环境，就必须坚持"反对霸权主义和维护世界和平"。[④]

总之，改革、发展、稳定相互联系、相互作用、相互规定。改革是动力，发展是目的，稳定是前提。从正确处理社会主义社会基本矛盾的角度来说，改革是革除社会主义经济基础和上层建筑中不适应生产力发展的具体制度，即体制；稳定从本质上说，就是坚持和巩固社会主义经济基础和上层建筑中与生产力发展相适应的根本制度。改革和稳定的目的都是为了推动和促进经济的繁荣和以此为基础的社会主义社会这个有机体的健康发展。

因此，我们所进行的改革是以坚持和巩固社会主义根本制度为前提，以推动生产力发展，繁荣社会主义经济为目的的改革，是社会主义性质的改革。我们所说的稳定是通过社会主义改革和经济发展而求得的稳定，是社会主义社会不断前进中的稳定。我们所说的发展是以社会主义改革为动力，以坚持和巩固社会主义根本制度为前提的，推动社会主义社会全面进步的发展。所以，任何时候都要从有利于社会主义社会这个有机体健康运动的高度，去把握改革的深度、发展的速度、稳定的力度。坚持这三者关系的辩证统一，这是邓小平对马克思

① 《邓小平文选》第3卷，255页，北京：人民出版社，1993年。
② 《邓小平文选》第3卷，284页，北京：人民出版社，1993年。
③ 《邓小平文选》第3卷，357页，北京：人民出版社，1993年。
④ 《邓小平文选》第3卷，156页，北京：人民出版社，1993年。

主义关于社会主义社会有机运动理论的一大贡献，是对唯物史观的新发展，也是指导我们建设社会主义新生活的总战略、总原则。

第三，关于目标和手段具体统一的建设中国特色社会主义现实过程的辩证发展论。

马克思恩格斯曾经指出："共产主义（在当时，社会主义和共产主义是作为同义语使用的——引者）是用实际手段来追求实际目的的最实际的运动。"[①]社会主义的实际目的就是把全体人民从一切形式的剥削和压迫下解放出来，逐步过上富裕、幸福的生活，获得自由而全面的发展。实现社会主义目的的实际手段，就是无产阶级的革命、专政和社会主义建设。

对于取得政权的各国共产党人来说，社会主义的目的是共同的，但由于各社会主义国家所面临的政治经济条件互不相同，因而各国进行社会主义建设的途径和方法有可能极不相同。就目标与手段的关系来说，目标的确定是重要的，但手段的选择更为重要。因为确立目标只是提出任务，选择手段才是实现任务。因此，目标的现实性依赖手段的现实性。如果手段无效，则目标就会落空。而有效手段的选择，除了要以目标为导向外，则必须严格依据客观条件。因此，手段与目标的联系不是直线的，而是曲折的；不是僵死的，而是变动的。

在建设中国特色社会主义的现实运动中，把理想目标与现实手段巧妙地辩证地统一起来，这是邓小平哲学智慧的又一个精彩部分。从目标与手段的角度来说，社会主义的中国特色，并不是中国建设社会主义的目标有多少特色，而主要是指实现这一目标的中国社会主义建设的途径和方法，即手段方面的特色。

比如，从根本制度来说，社会主义是资本主义的对立物，但我们是在一个贫穷落后的国家中建设社会主义的。因此，邓小平认为，必须把对外开放提到战略高度，通过开放、吸收和利用资本主义的肯定性成果，来发展中国的社会主义。公有制经济是社会主义的经济基础，但为了适应中国不同层次的生产力的发展，为了发展壮大公有制经济，又必须在一定时期内，在坚持以公有制为主体的前提下，适当发展和利用非公有制经济；为了实现共同富裕，而让一部分地方、一部分人

① 《马克思恩格斯全集》第3卷，236页，北京：人民出版社，1960年。

通过诚实劳动和合法经营先富裕起来；为了实现农业经济的适度规模经营，在现在那些不发达地区还必须坚持以家庭联产承包责任制为主要形式的分散经营；为了完成中华民族的统一大业，而用“一个国家，两种制度”的形式来实现香港、澳门、台湾向祖国的回归。如此等等。

党的十一届三中全会以来，为实现社会主义现代化的宏伟目标，邓小平指导我们党制定了一系列对外开放，对内搞活，改革体制，发展经济的新方针、新政策、新措施。这些新方针、新政策、新措施都是根据国内国际的客观形势和现实历史走向而制定的，是一切从实际出发的，是科学的。因而一经实施，立即产生了巨大效果。从表面上看，其中采取的有些措施和方法似乎离目标更远，而实际上却是实现社会主义现代化目标所不可逾越的。因此，这绝不是那些从表面上看问题的人所认为的是对社会主义目标的背离，而是目标和手段的辩证法在建设有中国特色社会主义现实运动中的具体运用和实现。

总之，“总设计师”邓小平的哲学智慧是对马克思主义哲学、毛泽东哲学思想的继承、创造性运用和发展，是对社会主义现代化实践的时代精神的反映和体现，是建设有中国特色社会主义的马克思主义哲学方法论。

论邓小平的哲学智慧*

邓小平是一位富有哲学智慧的无产阶级革命家。在他那长达大半个世纪的波澜壮阔的革命生涯中，特别是在从事改革开放和社会主义现代化建设的总体设计、战略部署和具体指导中，都凝结着他对哲学真谛的深悟，对哲学方法的精通。邓小平的哲学智慧不同于以哲学概念或范畴的推演为特征的思辨哲学，而是在社会生活和创造活动中所表现的实践哲学。实践性是马克思主义哲学永不枯竭的生命力所在，也是邓小平哲学智慧的一个根本特点。邓小平关于中国特色社会主义建设的哲学智慧，其主要内容包括：解放思想与实事求是辩证统一的世界观和方法论；实践标准、生产力标准、“三个有利于”标准相统一的科学认识论和价值论；以经济建设为中心解决我国社会主义初级阶段主要矛盾的思想；以及辩证的思维方式和工作方法。正是这些重要的哲学观点奠定了邓小平理论的哲学基础。

一、解放思想，实事求是

解放思想、实事求是是马克思列宁主义、毛泽东思想的精髓，也是邓小平理论的精髓。能否坚持解放思想、实事求是，也是教条主义与创造性的马克思主义的分水岭。邓小平在批判“两个凡是”的斗争中，重新确立了我们党实事求是的马克思主义思想路线，不仅使马克思主义获得了新发展，而且使中国社会主义展示了新面貌，开拓了新局面。

---

* 原文来源于陈贤忠、汪青松主编：《邓小平理论概论》，北京：高等教育出版社，2000年。

（一）解放思想、实事求是是马克思主义的精髓

这里的“马克思主义”是广义的马克思主义，是由马克思恩格斯创立，并由后继者加以发展的马克思主义。因而到迄今为止，它包括列宁主义，也包括中国化的马克思主义，即作为其主要代表的毛泽东思想、邓小平理论等。当然，中国化的马克思主义还将随着中国社会主义建设实践的推进，而获得新的发展。

邓小平是一个坚定的马克思主义者，他反复说过，“马克思主义是科学”，“马克思主义的真理颠扑不破”[①]。邓小平认为，马列主义、毛泽东思想的真理性集中表现为认识世界和改造世界的哲学路线。这就是辩证唯物主义和历史唯物主义的认识路线、思想路线，即实事求是，一切从实际出发。邓小平一再指出，实事求是是无产阶级世界观的基础，是马克思主义的根本观点和根本方法，是毛泽东思想的出发点、根本点，是马克思主义、毛泽东哲学思想的“精髓”和“灵魂”。他认为，实事求是是必须牢牢记住的最基本的思想方法、工作方法，否则那只能导致唯心主义和形而上学，进而只能导致工作的损失和革命的失败。

1．“实事求是”的含义

“实事求是”是中国的一个成语，源于东汉史学家班固撰写的《汉书·河间献王传》，书中对西汉景帝第三子河间献王刘德写道：“修学好古，实事求是。”唐朝颜师古注“实事求是”四字，谓“务得事实，每求真是也”。“务得事实”，是指务必了解事物的客观情况；“每求真是”，是指不断探求事物内在的本质和特点。

对“实事求是”作出全新的马克思主义的解释，赋予其马克思主义哲学世界观和方法论的含义，并用之来概括中国共产党思想路线的是毛泽东。毛泽东指出：“‘实事’就是客观存在着的一切事物，‘是’就是客观事物的内部联系，即规律性，‘求’就是我们去研究。我们要从国内外、省内外、县内外、区内外的实际情况出发，从其中引出其固有的而不是臆造的规律性，即找出周围事变的内部联系，作为我们行动的向导。而要这样做，就须不凭主观想象，不凭一时的热情，不

① 《邓小平文选》第3卷，382页，北京：人民出版社，1993年。

凭死的书本，而凭客观存在的事实，详细地占有材料，在马克思列宁主义一般原理的指导下，从这些材料中引出正确的结论。”[①]经毛泽东改造升华之后，“实事求是”成为一个科学的哲学概念。邓小平由此认为：“马克思、恩格斯创立了辩证唯物主义和历史唯物主义的思想路线，毛泽东用中国语言概括为‘实事求是’四个大字。”[②]

2. “实事求是”是马克思主义哲学的精髓

按照邓小平的观点，实事求是既是辩证唯物主义和历史唯物主义基本原理的凝练，是马克思主义哲学一般原理的要求和反映；又是在辩证唯物主义和历史唯物主义一般原理指导下，对中国革命经验的哲学概括和总结。因此，实事求是源于马克思主义哲学的基本原理，是马克思主义哲学基本原理的结晶，又是中国化的马克思主义，即毛泽东思想的精髓。

实事求是作为马克思主义哲学原理的结晶，根源于马克思主义哲学的下列基本观点。

（1）实事求是源于唯物论的观点。马克思主义哲学唯物论认为，世界是物质的，世界统一于物质。这就要求人们在观察了解情况时，不能从抽象的定义出发，不能用主观的框框去套。实际是什么情况，就如实地反映它的本来面目，并按照实际情况办事。恩格斯指出：“人们决心在理解现实世界（自然界和历史）时按照它本身在每一个不以先入为主的唯心主义怪想来对待它的人面前所呈现的那样来理解；他们决心毫不怜惜地抛弃一切同事实（从事实本身的联系而不是从幻想的联系来把握的事实）不相符合的唯心主义怪想。除此以外，唯物主义并没有别的意义。”[③]因此，唯物论的观点无非是指世界在本质上是物质的，人在认识和把握世界时，就要按照世界的本来面目来理解世界，从事实本身的联系来把握事实，“按照实际情况决定工作方针”[④]。

（2）实事求是源于辩证法的观点。辩证唯物主义不仅认为世界统一于物质，而且认为世界上一切事物都是以运动、变化、发展的形态

① 《毛泽东选集》第3卷，801页，北京：人民出版社，1991年。

② 《邓小平文选》第2卷，278页，北京：人民出版社，1994年。

③ 《马克思恩格斯文集》第4卷，297页，北京：人民出版社，2009年。

④ 《毛泽东选集》第4卷，1308页，北京：人民出版社，1991年。

存在的。事物运动、变化、发展的规律是客观的和不依人的意志为转移的。辩证法要求人们，从事物的变化发展中把握客观实际，使自己的思想适应变化了的客观情况，并按照事物运动、变化、发展的规律，通过自己的实践，推动事物向有利于人的方向发展，促进新事物的产生和旧事物的灭亡。所以，马克思指出："辩证法不崇拜任何东西，按其本质来说，它是批判的和革命的。"①以实事求是为核心的彻底的唯物主义，正是这种合理形态的辩证法的贯彻和体现。

（3）实事求是源于反映论的观点。马克思主义反映论是以实践为基础能动的、革命的反映论，即认识是主体在实践过程中对客体的能动的反映。这一反映过程随着人们实践的发展由感性认识到理性认识，并且通过实践、认识、再实践、再认识这一循环往复以至无穷的过程，使认识不断深化。认识辩证运动的过程充分体现了主观与客观、理论与实践之间的具体的历史的统一。要实现这种统一，就必须反对教条主义和经验主义。教条主义只从本本、教条出发，忘记了认识、理论应随着客观事物的发展而不断改变自己的形式。经验主义把局部经验当作普遍真理，到处搬用，硬要客观实际服从自己的狭隘经验。因此，经验主义和教条主义都拒绝对具体事物进行具体分析，都违反了主观符合客观的唯物主义反映论的原则。

总之，实事求是以凝练的形式体现了马克思主义世界观和方法论的高度统一，体现了辩证唯物主义和历史唯物主义的基本观点和要求。

实事求是是毛泽东思想的精髓。邓小平在回顾中国共产党的历史时指出，毛泽东思想的基本点就是实事求是，就是把马列主义的普遍原理同中国革命的具体实践相结合。毛泽东在延安为中央党校题了"实事求是"四个大字，毛泽东思想的精髓就是这四个字。

3. "解放思想、实事求是"是邓小平理论的精髓

解放思想、实事求是不仅是马列主义毛泽东思想的精髓，而且是邓小平理论的精髓。它贯穿邓小平理论形成和发展的全过程，贯穿邓小平理论的各个方面。只有把握解放思想、实事求是这一精髓，才能深刻理解邓小平理论，并且正确贯彻和发展这一理论。

（1）解放思想、实事求是是邓小平理论形成和发展的逻辑起点

① 《马克思恩格斯文集》第5卷，22页，北京：人民出版社，2009年。

和前提条件。“文化大革命”结束后，中国面临向何处去的问题，拨乱反正遇到了“两个凡是”的严重障碍。邓小平以无产阶级革命家的非凡胆略和科学态度，号召全党解放思想、实事求是，恢复和发展毛泽东倡导的实事求是的思想路线。他指出，“两个凡是”不行，要完整准确地理解毛泽东思想；要把作为科学理论的毛泽东思想与毛泽东晚年所犯的错误区别开来。邓小平推倒“两个凡是”，支持实践是检验真理的唯一标准的大讨论，否定“文化大革命”和“无产阶级专政下继续革命的理论”；同时维护毛泽东的历史地位，肯定毛泽东思想是我们党的精神财富，这就是解放思想、实事求是的精神体现。也正是由于冲破了“两个凡是”的禁锢，既解放思想，又实事求是，邓小平才能在继承毛泽东思想的基础上发展毛泽东思想，创立当代中国的马克思主义。

解放思想、实事求是在邓小平理论的发展中也发挥着重要作用。1978年底邓小平所作的《解放思想、实事求是，团结一致向前看》的重要讲话是开辟社会主义现代化建设新时期新道路的宣言书，党的十一届三中全会重新确立了解放思想、实事求是的思想路线。从党的十一届三中全会到党的十三大，我们党形成了“一个中心、两个基本点”的基本路线。1992年初邓小平视察南方的谈话，深刻回答了长期束缚人们思想的许多重大认识问题，是把改革开放和社会主义现代化建设推进到新阶段的又一解放思想、实事求是的宣言书。可见，没有解放思想、实事求是思想路线的确立，就不会有马列主义与中国当代实际相结合，就不会有邓小平理论的形成和发展。

（2）解放思想、实事求是是邓小平理论的哲学基础。解放思想、实事求是，是我们党的思想路线。思想路线又叫认识路线或哲学路线，是人们在认识世界和改造世界中坚持的世界观和方法论。思想路线回答和解决的核心问题是主观与客观、认识与实践、思想与实际的关系，这是思维与存在的关系这一哲学基本问题在实际工作中的表现。

马克思主义按照辩证唯物主义的观点回答思维与存在的关系，认为物质第一性，意识第二性，世界是可知的，思维能反映存在。解放思想、实事求是的思想路线，体现着辩证唯物主义的世界观和方法论。邓小平指出，解放思想就是从本本中解放出来，从外国模式中解放出来，从旧习惯旧观念中解放出来；实事求是就是一切从实际出发，理论联系实际，以实践为标准检验真理。只有解放思想，才能从“实事”中求到“是”，揭示事物的内在本质及其发展规律，得出真理性的认识。哲学观是思想体系的根本和灵魂，解放思想、实事求是体现了辩证唯物主义的哲学观，因而成为邓小平理论的精髓。

（3）解放思想、实事求是是统摄邓小平理论体系的活的灵魂。邓小平理论不是照搬书本或模仿外国模式形成的，而是解放思想、实事求是，在实践中解决建设有中国特色社会主义道路问题的过程中形成的。只有解放思想、实事求是，我们党才能纠正超越发展阶段的“左”的错误，从我国实际出发，作出我国将长期处在社会主义初级阶段的科学论断。同样，如果不确立解放思想、实事求是的思想路线，就不可能提出既尽力而为，又量力而行的“三步走”的发展战略，也不可能提出建立社会主义市场经济体制、社会主义民主政治的改革目标。解放思想、实事求是是贯穿邓小平理论体系的中心线索，邓小平对每一个重大问题的阐述都渗透着解放思想、实事求是的精神。

（4）坚持解放思想、实事求是的思想路线是我们党永葆蓬勃生机的法宝。解放思想、实事求是，是我们永远需要坚持的思想路线，为我们提供了一个重要的方法论原则，就是不唯书，不唯上，要唯实。党的十一届三中全会以来，解放思想、实事求是不仅有力地推动和保证了拨乱反正的进行，而且有力地推动和保证了全面改革的进行。由于坚持解放思想、实事求是，邓小平才科学地评价了毛泽东，成功地找到了建设有中国特色社会主义的正确道路，从而作出了两大历史性贡献。在以江泽民同志为核心的党的第三代中央领导集体的领导下，我们也只有坚持解放思想、实事求是，才能正确认识世界发展的大势；才能借鉴别国现代化建设的经验，从本国实际出发，创造性地工作，把改革开放和现代化建设推向新的发展阶段。

（二）解放思想与实事求是的辩证统一

什么是解放思想？邓小平指出：“解放思想，是指在马克思主义指导下打破习惯势力和主观偏见的束缚，研究新情况，解决新问题。”[①]

① 《邓小平文选》第2卷，279页，北京：人民出版社，1994年。

1. “解放思想”的本质内涵

邓小平所揭示的解放思想的本质内涵，至少包括了三个基本点：

（1）揭示了解放思想的根本指导思想——马克思主义。马克思主义是指导我们思想的理论基础，如前所说，它的精髓是实事求是。也就是说，坚持马克思主义为指导，坚持实事求是，才是真正地解放思想。这样就把解放思想与“头脑发热”“主观随意”区别开来。前者是一种科学指导下的理性行为；而后者不仅不是什么思想解放，其本身恰恰就是陷于盲目性的一种思想束缚状态。

（2）揭示了解放思想的根本内容——打破习惯势力和主观偏见的束缚。所谓习惯势力，既指从旧社会遗留下来的人们司空见惯、习以为常的陈腐传统，又指几十年来在蒙上一层革命色彩的“左”的思潮长期影响下所形成的定型化的思维模式。这种历史和现实的习惯势力相互交融，形成种种主观偏见。习惯势力和主观偏见束缚人们的结果，就是使人思想僵化，因循守旧，墨守成规，使人们缺乏对真理的追求，“不敢多说一句话，多做一件事”[①]，最终，毁掉我们的事业。邓小平尖锐地指出：“不打破思想僵化，不大大解放干部和群众的思想，四个现代化就没有希望。”[②]因此，在邓小平那里，打破思想僵化，冲破习惯势力和主观偏见的束缚，是解放思想的根本内容。

（3）揭示了解放思想的基本目的——研究新情况，解决新问题。解放思想本身不是目的，“解放思想必须真正解决问题”[③]。解决问题才是解放思想的目的。那么，“什么是我国今天最重要的新情况，最重要的新问题呢？当然就是实现四个现代化。”[④]解放思想，就是要深入研究和解决“中国实现四个现代化所遇到的新情况、新问题，并且作出有重大指导意义的答案”[⑤]。

在这个问题上，邓小平讲得很具体。他说：“真正仔细地研究新情况，解决新问题，切实地想办法使我们的步伐快一些，使生产力发展快一些，使国民收入增加快一些，把领导工作做得更好一些。”[⑥]在建

① 《邓小平文选》第2卷，142页，北京：人民出版社，1994年。
② 《邓小平文选》第2卷，143页，北京：人民出版社，1994年。
③ 《邓小平文选》第2卷，279页，北京：人民出版社，1994年。
④ 《邓小平文选》第2卷，179页，北京：人民出版社，1994年。
⑤ 《邓小平文选》第2卷，179页，北京：人民出版社，1994年。
⑥ 《邓小平文选》第2卷，279页，北京：人民出版社，1994年。

设中国特色社会主义实践中，邓小平坚持解放思想，坚持实事求是，从而正确回答了中国这样的经济文化比较落后的国家如何建设社会主义，如何巩固和发展社会主义的一系列基本问题。

2. 解放思想与实事求是的相辅相成

邓小平不仅深刻说明了解放思想的本质内涵，而且辩证地阐明了解放思想与实事求是的相互关系。邓小平在1980年12月中央工作会议上的讲话中指出:“解放思想，就是使思想和实际相符合，使主观和客观相符合，就是实事求是。今后，在一切工作中要真正坚持实事求是，就必须继续解放思想。”[①]这段精辟的论述，不仅指出了解放思想的核心要求，而且阐明了解放思想和实事求是的辩证统一关系。这种辩证统一关系具体地表现在以下两个方面：

一方面，解放思想是实事求是的前提条件。即要做到实事求是，首先必须解放思想。这是因为，要想做到实事求是，就必须敢于面对现实，认识“实事”，进而去研究“实事”以求得“是”。这就产生了如何认识“实事”及研究“实事”以求“是”的问题，即作为认识者的人本身的主体条件的问题。

从人本身的主体条件来说，关键是人的精神条件。解放思想，也就是要关注作为主体人的精神条件，即用什么样的立场、观点、方法去认识和研究“实事”，求得“是”的问题。一些同志常常喊着实事求是的口号，也有一些同志的内心也确实希望能做到实事求是，然而陈旧的思想观念、知识结构、思维方式和价值取向，将这些同志紧紧束缚着，其结果往往是背离实事求是的初衷。邓小平敏锐地觉察到这一点，认为要恢复党的实事求是的思想路线，首先必须从解放思想，打破僵化入手。他说:“解放思想，开动脑筋，实事求是，团结一致向前看，首先是解放思想。只有思想解放了，我们才能正确地以马列主义、毛泽东思想为指导，解决过去遗留的问题，解决新出现的一系列问题，正确地改革同生产力迅速发展不相适应的生产关系和上层建筑，根据我国的实际情况，确定实现四个现代化的具体道路、方针、方法和措施。”[②]

由此可见，要坚持从实际出发，实事求是，使认识符合客观实际，

① 《邓小平文选》第2卷，364页，北京：人民出版社，1994年。

② 《邓小平文选》第2卷，141页，北京：人民出版社，1994年。

就必须要求首先解放思想，敢于打破一切陈旧的、过时的、僵化的观念的束缚，跟上时代的步伐，敢于确立符合实际的新思想、新观念，并敢于把它们付诸实践。

另一方面，解放思想又必须以实事求是为根本指针，使解放思想为实事求是服务。既然解放思想是冲破习惯势力和主观偏见的束缚，既然解放思想是研究新情况、解决新问题，也就必然要求主观与客观的统一，从而也就决定了解放思想的本质只能是实事求是，实事求是是解放思想的本质规定。实事求是原则正是从这一根本点上规定着解放思想的方向和轨道，指明了解放思想的起点和归宿。离开了实事求是这个根本指向，思想解放便会失去自己的根据和目标，其结果不是重新陷于思想僵化，被新的主观偏见所束缚，就是变成不切实际的幻想，甚至是胡思乱想。

一句话，离开实事求是去谈解放思想，必然走偏方向，而这绝不是邓小平所说的解放思想。邓小平用主观和客观相符合的原理来揭示解放思想的本质，来阐明解放思想与实事求是相统一的论断，为我们坚持解放思想提供了科学的思想武器。凡是主观认识与客观实际不相符合的东西，都应当通过解放思想来打破，来克服；凡是主观认识与客观实际相符合的东西都应当在解放思想的过程中加以肯定和提倡。

总之，在邓小平看来，解放思想和实事求是是辩证统一的。解放思想是为了实事求是，要坚持实事求是必须坚持解放思想，在解放思想的过程中达到实事求是，在实事求是的过程中不断解放思想。解放思想和实事求是的统一是在实践过程中实现的，是在具体的认识问题和解决问题的过程中实现的，是通过解放思想和实事求是的互相推动、互相促进来实现的。事物在不断地发展，实践在不断前进，总会出现许多新情况和新问题，只有理论联系实际，把握实践发展的脉搏，倾听人民群众的呼声，总结新的经验，才能保持思想的活力，防止思想僵化，也才能发现新的规律，找到解决问题的新办法。这是一个在实践基础上，实事求是与解放思想不断深化的过程。

（三）开拓中国现代化建设新路的锐利武器

解放思想、实事求是思想路线的恢复，最重要的意义就在于，它为建设中国特色社会主义提供了认识导向，即强调走自己的路，不把书本作教条，不照搬别国模式，以马克思主义为指导，以实践作为检验真理的唯一标准，解放思想、实事求是，尊重群众的首创精神，建设中国特色的社会主义。

邓小平认为，每个国家都有自己的国情，各国的国情必须由各国人民自己来认识，中国的国情也必须由中国人民自己来认识。“中国的事情要按照中国的情况来办，要依靠中国人自己的力量来办。”[①]中国的社会主义建设，必须走中国自己的路。

要走中国自己的路，就必须立足中国的国情。我国是一个人口多，底子薄，还未从根本上摆脱贫穷落后状态的社会主义大国。基于对我国国情的正确分析，邓小平提出了我国还处于社会主义初级阶段的科学判断。他说：“一切都要从这个实际出发，根据这个实际来制定规划。”[②]

要走中国自己的路，就必须发扬勇于实践，勇于探索的精神。邓小平说：“我们现在所干的事业是一项新事业，马克思没有讲过，我们的前人没有做过，其他社会主义国家也没有干过，所以，没有现成的经验可学。我们只能在干中学，在实践中摸索。”[③]邓小平总是满腔热情地鼓励人民群众和各级干部要敢于试验，大胆创造，不怕失败。要有一股子气，一股子劲，走出一条好路、新路。

要走中国自己的路，就必须从中国的实际出发，形成一整套关于建设有中国特色社会主义的理论和策略。这个理论和策略的集中表现就是党的十三大报告中所概括的“一个中心，两个基本点”的基本路线。这条基本路线是引导我们向社会主义现代化目标迈进的指南。

要走中国自己的路，最后要落实到有利于社会主义、有利于人民这样一个根本点上。所以，邓小平把衡量实事求是的实践标准进一步具体化和深化为生产力标准，以及包括生产力标准在内的“三个有利于”标准。

十一届三中全会以来的实践证明，解放思想、实事求是是邓小平理论的精髓，是中国特色社会主义建设取得成功的锐利武器。

---

① 《邓小平文选》第3卷，3页，北京：人民出版社，1993年。

② 《邓小平文选》第3卷，252页，北京：人民出版社，1993年。

③ 《邓小平文选》第3卷，258、259页，北京：人民出版社，1993年。

二、恢复、坚持和发展实践标准

坚持解放思想、实事求是，走建设中国特色社会主义的道路，必然要求遵循实践第一的观点，要求尊重实践标准的权威。这是因为，是不是真正做到了解放思想，是不是真正坚持了实事求是，是不是走出了一条建设中国特色社会主义的好路和新路，实践是唯一的检验标准。因此，是否坚持实践标准，这是一个关系能否坚持党的实事求是思想路线，关系社会主义中国的命运和前途的重大问题。20世纪70年代末在我国进行的针对“两个凡是”的关于真理标准问题的大讨论，重新恢复了实践标准的权威，由此吹响了中国人民思想大解放的号角，并从此迈开了中国改革开放和社会主义现代化建设的历史性步伐。

（一）恢复实践标准的权威

1976年10月，粉碎了“四人帮”，全国上下一片欢腾。人民迫切希望迅速结束和纠正“文化大革命”的“左”的错误指导思想，用马列主义、毛泽东思想的科学理论来指导各项工作；希望邓小平重新出来工作；希望停止使用“以阶级斗争为纲”的口号；希望纠正“文化大革命”期间的冤假错案；希望抓经济建设、抓发展生产，改善和提高人民生活。

然而，当时中央主要负责同志违背了人民的意愿，提出了“两个凡是”的观点。1977年2月7日，《人民日报》、《红旗》杂志、《解放军报》发表社论《学好文件抓住纲》，首次公开提出：“凡是毛主席作出的决策，我们都坚决维护，凡是毛主席的指示，我们都始终不渝地遵循。”在3月召开的中央工作会议上，当时的主要领导人又重申了“两个凡是”的方针。“两个凡是”严重阻碍了拨乱反正工作的进行，受到党内外许多同志的批判。从深层意义上说，坚持还是反对“两个凡是”，就是坚持从本本出发还是坚持从实际出发来评价“文化大革命”、来确定新的治国方略的根本原则问题、大是大非问题。

怀着对社会主义事业的强烈责任感，邓小平敏锐地觉察到问题的严重性，认为拨乱反正，首先必须从思想路线上开始。否则，一切都无从谈起。因此，必须批判“两个凡是”。他明确表示：“两个凡是”不行。

一是因为它不符合实际。“一个人只要做工作，没有不犯错误的。……马恩列斯都犯过错误，如果不犯错误，为什么他们的手稿常常改了又改呢？改了又改就是因为原来有些观点不完全正确，不那么完备、准确嘛。毛泽东说，他自己也犯过错误。一个人讲的每句话都对，一个人绝对正确，没有这回事情。”[①]

二是“两个凡是”是完全违背马克思主义的。邓小平认为，如何看待“两个凡是”，这是个“重要的理论问题，是个是否坚持历史唯物主义的问题。彻底的唯物主义者，应该像毛泽东说的那样对待这个问题。马克思、恩格斯没有说过‘凡是’，列宁、斯大林没有说过‘凡是’，毛泽东自己也没有说过‘凡是’”[②]。

邓小平得出结论说，“要用准确的完整的毛泽东思想来指导我们全党、全军和全国人民”[③]，毛泽东思想是个体系，“我们不能够只从个别词句来理解毛泽东思想，而必须从毛泽东思想的整个体系去获得正确的理解”[④]；毛泽东思想有很丰富的内容，“对我们党的现状来说，我个人觉得，群众路线和实事求是特别重要”[⑤]。邓小平的讲话从根本上批判了“两个凡是”的观点。

1978年5月1日，《光明日报》以头版显著位置发表特约评论员文章《实践是检验真理的唯一标准》。次日，《人民日报》和《解放军报》转载，由此引发了全国范围的关于真理标准的大讨论。该文一发表，便引起了坚持“两个凡是”的人的责难和反对，理论界也有一些人对此持有异议，认为这是“丢刀子”“砍旗”，是对待毛泽东思想的态度问题。当时的中央主要领导人指示中宣部“不表态，不加入”。

邓小平不失时机地对真理标准问题的讨论表示支持。他说，马列主义、毛泽东思想的原则，我们任何时候都不能违背，这是毫无疑义的。但是，一定要和实际相结合，要分析研究实际情况，解决实际问题。正是通过这场大讨论，全党和全国人民才从根本上认识到，衡量

① 《邓小平文选》第2卷，38页，北京：人民出版社，1994年。

② 《邓小平文选》第2卷，38、39页，北京：人民出版社，1994年。

③ 《邓小平文选》第2卷，42页，北京：人民出版社，1994年。

④ 《邓小平文选》第2卷，43页，北京：人民出版社，1994年。

⑤ 《邓小平文选》第2卷，45页，北京：人民出版社，1994年。

党的路线、方针、政策正确与否的标准，既不是个别领袖人物的观念和意志，也不是书本上的现成结论和答案，而是人民群众的社会实践。邓小平指出："目前进行的关于实践是检验真理的唯一标准问题的讨论，实际上也是要不要解放思想的争论。大家认为进行这个争论很有必要，意义很大。从争论的情况来看，越看越重要。……只有解放思想，坚持实事求是，一切从实际出发，理论联系实际，我们的社会主义现代化建设才能顺利进行，我们党的马列主义、毛泽东思想的理论也才能顺利发展。从这个意义上说，关于真理标准问题的争论，的确是个思想路线问题，是个政治问题，是个关系到党和国家的前途和命运的问题。"①

这场大讨论，使人们敢于打破一度盛行的个人崇拜和迷信书本的教条主义精神枷锁，推动全党以科学的态度对待和认识历史上的一切问题，肯定应当肯定的东西，否定应当否定的东西。这是一场震动我国社会各个领域的关于世界观和方法论的大讨论，是新中国成立以来最具有深远意义的马克思主义思想教育和思想解放运动。它对于把党和国家的工作从"左"的错误中转到正确的轨道上来，起了巨大的推动作用，为具有伟大转折意义的党的十一届三中全会准备了充分的思想条件。

（二）贯彻实践反馈的方法论原则

党的十一届三中全会实际上确立了以邓小平为核心的第二代领导集体，实现了党的工作重点的转移。以此为界，中国的社会主义建设进入了一个新的时期，即在恢复和确立实践标准的权威的基础上，通过实践，探索出一条适合中国国情的新的社会主义建设道路的时期。邓小平在题为《目前的形势和任务》的重要讲话中，坦率地承认："苏联搞社会主义，从一九一七年十月革命算起，已经六十三年了，但是怎么搞社会主义，它也吹不起牛皮。我们确实还缺乏经验，也许现在我们才认真地探索一条比较好的道路。"②

如何探索出一条好的社会主义建设道路，邓小平把马克思主义哲学的实践标准，具体化为一种探索创新中的实践反馈方法，即大胆试

---

① 《邓小平文选》第2卷，143页，北京：人民出版社，1994年。

② 《邓小平文选》第2卷，250页，北京：人民出版社，1994年。

验，走一步、看一步，不断反馈，善于总结经验，不断开拓前进的方法。

1. 坚决地试，大胆地闯

邓小平说："改革开放胆子要大一些，敢于试验，不能像小脚女人一样。看准了的，就大胆地试，大胆地闯。"[①]这是因为"我们干的事业是全新的事业。"[②]"我们建设社会主义的方向是完全正确的，但什么叫社会主义，怎样建设社会主义，还在摸索之中"，"中国是这么大的国家，我们做的事是前人没有做过的……搞改革完全是一件新的事情，难免会犯错误，但我们不能怕，不能因噎废食，不能停步不前。胆子还是要大，没有胆量搞不成四个现代化。"[③]

邓小平所说的胆量，不是糊涂胆大，盲目从事，而首先在于要"敢于试"。"试"在这里的意思是尝试、试探、试验。试的认识意义在于求得对未知事物的内在联系有一个完整、正确的理解和把握，并掌握其运动发展的规律，是在实践中发现真理、检验真理和发展真理方法的深化和具体化。"试"是"闯"的一种准备、一种前提、一种条件，是使"闯"达于科学化的必然要求。当然，"试"本身也是一种"闯"，也要以"闯"为前提，没有一股闯劲，也就谈不上敢于试。因此，"试"和"闯"二者相辅相成，相互贯通。没有闯，改造世界就迈不开步子，但瞎闯又肯定要坏事。所以必须经过试验，抓好典型，解剖麻雀，取得经验再全面推开。在小范围内大胆试验，探索前进，这是邓小平的一贯主张。

这一主张，早在20世纪60年代，他在《执政党的干部问题》一文中就提出试验的思想。他说："我提出干部能上能下，是不是可以试验一下。"以后在中国改革开放和现代化建设中不断出现新情况、新问题，如何解决这些新问题，邓小平更强调通过小型试验，以典型引路。比如，对如何"学会用经济方法管理经济"，邓小平说："在全国的统一方案拿出来以前，可以先从局部做起，从一个地区、一个行业做起，逐步推开。中央各部门要允许和鼓励它们进行这种试验。"[④]

---

① 《邓小平文选》第3卷，372页，北京：人民出版社，1993年。

② 《邓小平文选》第3卷，253页，北京：人民出版社，1993年。

③ 《邓小平文选》第3卷，227、229页，北京：人民出版社，1993年。

④ 《邓小平文选》第2卷，150页，北京：人民出版社，1994年。

在邓小平这一思想的鼓舞下，1980年，加入管理自主权试验的企业超过6600家。接着，首都钢铁联合总公司率先进行了“上缴利润递增包干”的试点；东北工业重镇沈阳市推出了资产经营责任制试点；以中外合资经济为主的“东莞模式”和以私营经济为主的“温州模式”及以集体所有制乡镇企业为主的“苏南模式”悄然崛起。1981年，建立了深圳特区。邓小平说：深圳是个试验，从世界的角度上来说，也是一个大试验。搞试验就有可能失败。邓小平说：“什么事情总要有人试第一个，才能开拓新路。试第一个就要准备失败，失败也不要紧。”[①]关键在于，要“走一步，看一步”，善于总结经验。

2. 走一步，看一步

马克思主义认识论的实践反馈方法要求遵循“走一步，看一步”的原则，在实践中不断总结，有效地朝着正确目标前进。1984年邓小平曾就“我们的宏伟目标和根本政策”问题作了一次谈话，指出“农村改革经过三年就见成效。城市改革大体上也要三年至五年才能够看到显著的变化。农村改革的经验使我们相信城市改革能够搞好。同时，我们也意识到，由于城市改革的复杂性，可能会出些差错。但这影响不了大局，我们是走一步看一步，有不妥当的地方，改过来就是了”[②]。

走一步，看一步，就是要把大胆试验与稳步求实结合起来。所谓“走一步”，即通过调查研究，把问题理一理，把主意拿好，然后再进行。所谓“看一步”，即在实践中检验决策和操作的科学性、真理性，有哪些不妥当、不完善，需要加以纠正；有哪些新情况、新问题需要研究解决，可以做到及时反馈。邓小平指出：“改革是中国的第二次革命。这是一件很重要的必须做的事，尽管是有风险的事。……我们的方针是，胆子要大，步子要稳，走一步，看一步。我们的政策是坚定不移的，不会动摇的，一直要干下去，重要的是走一段就要总结经验。”[③]善于总结经验，不断开拓前进。

走一步，看一步，是为了走好下一步。即通过总结经验教训，对的坚持，好的补充，错的纠正，使实践与反馈保持循环，逐步深化、

① 《邓小平文选》第3卷，367页，北京：人民出版社，1993年。

② 《邓小平文选》第3卷，78页，北京：人民出版社，1993年。

③ 《邓小平文选》第3卷，113页，北京：人民出版社，1993年。

提高。邓小平特别强调我们每走一步都要总结经验。一步步走，一步步地总结经验，不对头赶快改，不是大改，大的方针不会变了。不仅在具体的方面，邓小平强调要善于总结经验，而且在宏观的治国方略上，也主张大胆探索，不断总结经验，一旦取得经验，就以文件形式、决定的形式把它确立起来并加以推广、补充、丰富，然后就致力于使之定型，形成适当的制度，以确保长期不变。

邓小平说:“恐怕再有三十年的时间，我们才会在各方面形成一整套更加成熟、更加定型的制度。在这个制度下的方针、政策，也将更加定型化。”[①]这样，建设有中国特色的社会主义就会获得成功。我们不靠上帝，而靠自己努力，靠不断总结经验，坚定地前进。总之，邓小平把检验真理的实践标准，转化为探索创新中的实践反馈操作方法。在实践与反馈的循环往复中，通过“试验—理论（经验总结）—立法（制度化、法律化）—实践”的途径，不断把有中国特色社会主义建设事业向前推进。

（三）从实践标准到“三个有利于”标准

实践是检验认识真理性的唯一标准，这是马克思主义认识论的一个基本原则。所以邓小平对真理标准问题的大讨论给予了高度评价，并明确指出:“实践是检验真理的唯一标准，实践是检验路线、方针、政策是否正确的唯一标准。”[②]然而随着改革开放和现代化建设事业的发展，一般认识论意义上的实践标准，已经不能具体解决我们在社会主义建设实践中所面临的问题。这不是说实践标准不适用，而是说实践标准本身需要进一步深化和具体化。即必须走出认识论一般原则的层次，与唯物史观相结合，提供较为具体的具有可操作性的标准。 这个标准就是邓小平提出的以生产力标准为根本标准的“三个有利于”标准。如前所说，马列主义、毛泽东思想、邓小平理论的精髓是实事求是。而能否坚持实事求是，其衡量的标准是实践。在社会主义建设中，人们实践的结果应集中表现在生产力发展和人民生活提高的程度上。所以，以生产力发展为根本标准的“三个有利于”标准是马克思主义的实事求是原则和实践标准在社会主义建设中的深化和具体化。

① 《邓小平文选》第3卷，372页，北京：人民出版社，1993年。

② 《邓小平文选》第3卷，28页，北京：人民出版社，1993年。

或者说，坚持实事求是原则，坚持实践标准，在社会主义建设中最重要的是具体化为坚持“三个有利于”标准。

邓小平在中国共产党内，一向是以务实著称的，他的关于“三个有利于”的思想由来已久，是逐步形成和发展的。

早在1978年9月16日，邓小平在听取吉林省委常委汇报工作时就讲道：“我们是社会主义国家，社会主义制度优越性的根本表现，就是能够允许社会主义生产力以旧社会所没有的速度迅速发展，使人民不断增长的物质文化生活需要能够逐步得到满足。按照历史唯物主义的观点来讲，正确的政治领导的成果，归根结底要表现在社会生产力的发展上，人民物质文化生活的改善上。”[①]根据这样一个观点，邓小平于1978年12月13日召开的中央工作会议闭幕会上的讲话中，明确提出了衡量各条战线党委领导工作好与不好的标准问题。他说，看一个经济部门的党委善不善于领导，领导得好不好，应该主要看这个经济部门实行了先进的管理方法没有，技术革新进行得怎么样，劳动生产率提高了多少，利润增长了多少，劳动者的个人收入和集体福利增加了多少。各条战线的各级党委的领导，也都要用类似这样的标准来衡量。这就是今后主要的政治。离开这个主要的内容，政治就变成空头政治，就离开了党和人民的最大利益。因此，“为人民造福，为发展生产力、为社会主义事业作出积极贡献，这就是主要的政治标准”[②]。不难看出，在思想路线和政治路线全面拨乱反正之初，邓小平已经形成了“三个有利于”标准的基本思想，并将这一思想具体化为指导工作的根本方法。

1983年1月12日，邓小平在同国家计委和农业部门的负责同志谈话时，进一步重申了上述思想，并将其表达为三个“有助于”。他说：“各项工作都要有助于建设有中国特色的社会主义，都要以是否有助于人民的富裕幸福，是否有助于国家的兴旺发达，作为衡量做得对或不对的标准。”[③]

1992年春，邓小平在视察南方的谈话中，对“三个有利于”标准的思想，进一步作了科学的表述。他明确指出，判断改革开放的具体

① 《邓小平文选》第2卷，128页，北京：人民出版社，1994年。

② 《邓小平文选》第2卷，151页，北京：人民出版社，1994年。

③ 《邓小平文选》第3卷，22页，北京：人民出版社，1993年。

方针政策成败得失的标准，“应该主要看是否有利于发展社会主义社会的生产力，是否有利于增强社会主义国家的综合国力，是否有利于提高人民的生活水平”[①]。

“三个有利于”的判断标准不仅包括和肯定了生产力标准的基础地位，而且把发展生产力、增强综合国力和提高人民生活水平有机结合起来，从而集中体现了马克思主义真理论和价值论的统一。这是对生产力标准的深化和发展，是邓小平反复思考怎样建设社会主义的重要结论。“三个有利于”的判断标准，体现了马克思主义历史唯物主义的基本原则。在“三个有利于”标准中，最基本的是生产力标准。按照历史唯物主义的观点，生产力是人类社会赖以存在的基础，是社会发展的最终决定力量。因此，历史唯物主义承认并主张把是否适合生产力发展作为衡量和评价一切社会制度和人们的社会活动的根本尺度。毛泽东在《论联合政府》中说：“中国一切政党的政策及其实践在中国人民中所表现的作用的好坏、大小，归根到底，看它对于中国人民的生产力的发展是否有帮助及其帮助之大小，看它是束缚生产力的，还是解放生产力的。”[②]

“三个有利于”标准为判别、检验中国特色社会主义建设的理论和一系列方针政策提供了基本理论前提。

例如，关于社会主义的发展道路，其中心思想就是要从中国的实际出发，走自己的路，建设中国特色社会主义。所谓从实际出发，主要就是从中国社会主义初级阶段生产力落后的实际出发，从解决我国现阶段的主要矛盾即人民日益增长的物质文化需要同落后的社会生产的矛盾出发。为了改变生产力的落后状况，解决我国社会主义初级阶段的主要矛盾，我们要以经济建设为中心，坚持改革开放，坚持四项基本原则。改革和开放都是为了促进生产力的发展，增强我国的综合国力，提高我国人民的生活。

因此，改革开放的历史必然性、内容、步骤、方法、目标模式的选择，时机和力度的把握，以及用什么来衡量其中的是非得失等一系列问题，都只有依赖于“三个有利于”标准的理论，才能得到正确的说明。

---

① 《邓小平文选》第3卷，372页，北京：人民出版社，1993年。

② 《毛泽东选集》第3卷，1079页，北京：人民出版社，1991年。

综上所述，“三个有利于”的判断标准是对我国社会主义建设实践经验的科学总结，是实践标准在社会主义建设中的具体化和深化，是对历史唯物主义基本原则的体现和社会主义本质和根本任务的必然要求。它对我们坚持解放思想、实事求是的思想路线，深化改革，扩大开放，加快社会主义现代化建设，具有重要的理论意义和实践意义。

三、集中力量发展生产力

在人类社会发展的历史长河中，经济关系“归根到底还是具有决定意义的，它构成一条贯穿始终的、唯一有助于理解的红线”[①]。邓小平在领导中国人民“走自己的路”的伟大实践中，始终在经济领域探求社会主义的根本任务和动力，并以此为核心，系统地建构了社会主义生产力发展的动力理论，从而集中地体现了马克思主义理论和中国社会主义建设实践的统一，坚持马克思主义和发展马克思主义的统一。

（一）马克思主义最注重发展生产力

到底什么是人类社会发展的动力？社会历史为什么能够不断地向前发展？这一历史观的重大问题，很久以来就困扰着人们。

马克思主义产生以前，唯心主义在社会历史观上长期占据统治地位，他们把历史的动因，或者归结为人的思想意识，归结为帝王将相等少数英雄人物的意志、愿望；或者视作神的旨意或上帝的力量。马克思、恩格斯另辟蹊径，独树一帜，一扫几千年来的只从精神或神、上帝那里解释社会发展的唯心史观，从现实的社会物质生活出发，把“尘世的粗糙的物质生产”作为起点，揭示了人类社会发展的规律，即生产力与生产关系矛盾运动的规律，以及在此基础上形成的经济基础和上层建筑矛盾运动的规律。

生产力和生产关系的矛盾是一切社会形态的最基本的矛盾，是整个人类社会发展的根本动因。在这对矛盾运动中，生产力是矛盾的主导方面，随着生产力的发展和革命，必然要引起生产关系以及整个社会上层建筑的变化和变革。因此，“人们……的生产力——这是他们的

① 《马克思恩格斯文集》第10卷，668页，北京：人民出版社，2009年。

全部历史的基础。”[①]生产力是整个人类社会发展的最终决定力量。

这一关于生产力历史作用的理论，是马克思主义历史唯物主义的最核心的理论观点。正是从这一核心出发，马克思把资本主义必然灭亡、社会主义必然胜利的历史趋势，归结为生产力不断发展的必然结果。正因为如此，社会主义革命胜利以后，尤其是社会主义制度建立以后，无产阶级就要把发展生产力的任务提到首位。

马克思、恩格斯在《共产党宣言》中指出：“无产阶级将利用自己的政治统治，一步一步地夺取资产阶级的全部资本，把一切生产工具集中在国家即组织成为统治阶级的无产阶级手里，并且尽可能快地增加生产力的总量。”[②]列宁在十月革命后更加明确强调：“要把创造高于资本主义的社会结构的根本任务提到首要地位，这个根本任务就是：提高劳动生产率。”[③]依据当时社会主义与资本主义尖锐斗争的形势，列宁进一步指出：“劳动生产率，归根到底是保证新社会制度胜利的最重要最主要的东西。”[④]

从以上论述中，可以清晰地看到，无论是马克思、恩格斯，还是列宁，都注重强调社会主义革命胜利以后，必须尽快地发展生产力，推动社会主义的不断巩固、不断完善、不断发展，以最大限度地满足人民的物质文化生活的需要，为人的自由和全面发展创造物质基础。

正如邓小平所说：“马克思主义的基本原则就是要发展生产力。”[⑤]“马克思主义最注重发展生产力。”[⑥]毛泽东在我国生产资料的社会主义改造过程中也曾指出，社会主义革命的目的是解放生产力。在社会主义改造基本完成以后，他又指出，我们的根本任务已经由解放生产力变为在新的生产关系下面保护和发展生产力。然而，他后来并没有一如既往地实践他的这些正确思想。恢复马克思主义唯物史观的本来面目，确立以经济建设为中心，坚持社会主义的根本任务是发展生产力这样一个重大的使命，历史地落在了以邓小平同志为核心的党中央第二代领导集体的肩上。

① 《马克思恩格斯文集》第10卷，43页，北京：人民出版社，2009年。
② 《马克思恩格斯文集》第2卷，52页，北京：人民出版社，2009年。
③ 《列宁选集》第3卷，490页，北京：人民出版社，2012年。
④ 《列宁选集》第4卷，16页，北京：人民出版社，2012年。
⑤ 《邓小平文选》第3卷，116页，北京：人民出版社，1993年。
⑥ 《邓小平文选》第3卷，63页，北京：人民出版社，1993年。

（二）社会主义的根本任务是发展生产力

社会主义的根本任务是发展生产力，这一马克思主义的基本原理，我们过去并不是始终都认识清楚的，而是在付出了沉重的代价。在党的十一届三中全会总结了我们以往的历史经验教训以后，才有了比较清楚的认识。

在这一过程中，邓小平依据马克思主义的原理，依据我国社会主义建设的实践，对发展生产力问题，讲得最多、最全面、最深刻。邓小平从社会主义本质的高度，把解放生产力，发展生产力作为社会主义本质的首要内容，从而深刻说明了社会主义社会解放生产力，发展生产力的根本意义。换句话说，发展生产力作为社会主义的根本任务，不是从外部赋予社会主义的，也不是一时的权宜之计，它本身就内含于社会主义的本质之中，是社会主义的本质要求。从它们的相互关系来说，社会主义的本质决定社会主义的根本任务，社会主义的根本任务体现社会主义的本质，它是社会主义本质的外化形式和实践层面。从社会主义本质的高度来规定社会主义的根本任务，由此引出的必然结论就是，要巩固和发展社会主义，就必然要把解放生产力，发展生产力作为社会主义的根本任务，否则就谈不上真正的社会主义，就会是死路一条。

首先，发展生产力，才能为社会主义的巩固提供强大的物质基础。唯物史观认为，历史上任何一种社会形态都是适应一定的生产力状况建立起来的。每一种社会制度都有它赖以生存的物质基础。作为资本主义社会基本矛盾不可调和产物的社会主义，必须要以比资本主义更高水平的生产力作为自己的物质基础。

但现实中的社会主义中国，由于历史因素，在整体社会生产力方面，比发达资本主义国家落后，物质文化基础都很薄弱。这种状况绝不能长久下去，否则，已经取得的社会主义革命的胜利成果就难以巩固。邓小平以他深邃的洞察力密切注视到了这一点。他说："社会主义如果老是穷的，它就站不住。"[①]根本出路只有一条，把发展生产力作为根本的首要的任务，把经济建设搞上去，"离开了经济建设这个中

① 《邓小平文选》第2卷，191页，北京：人民出版社，1994年。

心，就有丧失物质基础的危险。”[①]正是从这样一个现实的基点出发，邓小平把发展生产力、实现社会主义现代化看作“一场根本改变我国经济和技术落后面貌，进一步巩固无产阶级专政的伟大革命”[②]。

其次，发展生产力，才能实现社会主义的根本目的，使人民过上幸福的生活。列宁说，社会主义取代资本主义，意味着“不仅满足社会成员的需要，而且保证全体社会成员的充分福利和自由的全面发展”[③]。邓小平也说：“发挥社会主义的优越性，归根到底是要大幅度发展社会生产力，逐步改善、提高人民的物质生活和精神生活。”[④]因此，坚持社会主义，“首先要摆脱贫穷落后状态，大大发展生产力，体现社会主义优于资本主义的特点。要做到这一点，就必须把我们整个工作的重点转到建设四个现代化上来，把建设四个现代化作为几十年的奋斗目标”[⑤]。邓小平还明确指出：“搞社会主义，一定要使生产力发达，贫穷不是社会主义。我们坚持社会主义，要建设对资本主义具有优越性的社会主义，首先必须摆脱贫穷。现在虽说我们也在搞社会主义，但事实上不够格。只有到了下世纪中叶，达到了中等发达国家的水平，才能说真的搞了社会主义，才能理直气壮地说社会主义优于资本主义。现在我们正在向这个路上走。”[⑥]

在社会主义现代化建设的实践中，邓小平始终坚信这一点，只有坚持发展生产力，不断满足人民日益增长的物质和文化生活需要，社会主义才能有生机和活力，这样的社会主义才是人民群众所需要、所欢迎的，也就是说，才能使社会主义真正成为众望所归的时代旗帜。

最后，发展生产力，才能为实现共产主义理想创造条件。忠诚于马克思主义的邓小平始终不忘社会主义是共产主义的第一阶段；即便现在是处在社会主义的初级阶段，他也时刻牢记着共产主义的崇高目标。邓小平指出：“马克思主义的最高目的就是要实现共产主义，而共产主义是建立在生产力高度发展的基础上的。社会主义是共产主义的第一阶段，是一个很长的历史阶段。社会主义的首要任务是发展生产

① 《邓小平文选》第2卷，250页，北京：人民出版社，1994年。
② 《邓小平文选》第2卷，135页，北京：人民出版社，1994年。
③ 《列宁全集》第6卷，218页，北京：人民出版社，2013年。
④ 《邓小平文选》第2卷，251页，北京：人民出版社，1994年。
⑤ 《邓小平文选》第3卷，224页，北京：人民出版社，1993年。
⑥ 《邓小平文选》第3卷，225页，北京：人民出版社，1993年。

力，逐步提高人民的物质和文化生活水平。”[①]以后，他又强调指出：“我们多年奋斗就是为了共产主义。我们的信念理想就是要搞共产主义。……要实现共产主义，一定要完成社会主义阶段的任务。社会主义的任务很多，但根本一条就是发展生产力，在发展生产力的基础上体现出优于资本主义，为实现共产主义创造物质基础。”[②]他坚信：“马克思主义的理想是实现共产主义。……生产力不断发展，最后才能达到共产主义。”[③]

总之，社会主义的根本任务是发展生产力，集中力量实现现代化，这是我国历史经验的总结，是邓小平把马克思主义的历史唯物主义同社会主义建设实践相结合而得出的科学结论。有中国特色的社会主义建设的实践，归根到底是以经济建设为中心，集中力量发展生产力。

四、坚持以经济建设为中心

任何一个组织要生存和发展，总要围绕既定的目标，设计规划自己的行为。但在一个历史阶段，我们的行为只能有一个中心。否则，多中心就是无中心，无中心则会失去方向，难以有所作为。

十一届三中全会，中国共产党确定了党的工作重心的转移，即集中力量搞经济建设。综观三中全会以来邓小平的讲话，可以看出，以经济建设为中心，解放和发展生产力，建设有中国特色的社会主义，像一根红线贯穿其中。邓小平多次讲到，经济建设这个大战略，大方向、大政策不能变，要全党同志一心一意搞建设，抓住发展生产力这个中心不放，除非发生了世界大战、外敌的大规模武装入侵。打过仗后还要搞建设。以经济建设为中心，围绕发展生产力做文章是有其理论根据和现实根据的。

首先，它是由现阶段我国社会的主要矛盾所规定的。有人以为，把发展生产力作为社会主义的根本任务，与把发展生产力作为社会主义国家的中心任务，在内涵上并没有什么不同。其实，区别还是有的。具体说来，把发展生产力作为社会主义的根本任务，这是由社会主义

① 《邓小平文选》第3卷，116页，北京：人民出版社，1993年。
② 《邓小平文选》第3卷，137页，北京：人民出版社，1993年。
③ 《邓小平文选》第3卷，228页，北京：人民出版社，1993年。

社会的基本矛盾决定的；把发展生产力作为社会主义国家的中心任务，这是由我国社会主义初级阶段的主要矛盾决定的。当然，它们并不是互不关联的。社会主义社会一定阶段的主要矛盾是社会主义社会的基本矛盾在该阶段的表现形式和运行状态。在社会主义革命时期的主要矛盾集中地表现为无产阶级和资产阶级的矛盾。也就是说，阶级矛盾是社会主义革命时期的主要矛盾，解决这个主要矛盾的最终目的也是为解放生产力、发展生产力。但在这个时期，中心任务不是经济建设，而是阶级斗争。只有在社会主义制度建立以后，在我国社会主义初级阶段，社会主义社会的基本矛盾才集中地表现为人民日益增长的物质文化需要同落后的社会生产之间的矛盾。为了解决这个主要矛盾，社会主义的根本任务就在社会主义国家的中心任务上直接体现出来了，也就实现了“中心任务”与“根本任务”的重合，把发展生产力作为社会主义国家的中心任务，更加凸显了我国社会主义初级阶段发展生产力的紧迫性和极端重要性。

其次，它是解决我国现阶段各种社会矛盾所必需的。由于资本主义世界性矛盾的中心的东移，以及与此相联系的社会主义革命中心的东移，先行走上社会主义道路的，并不是西方发达国家，而是俄国和中国等东方落后国家。而且中国与俄国相比，则更为贫穷落后。因此，在生产力较为薄弱的基础上建立的社会主义，只能是初级阶段的社会主义。在社会主义初级阶段，贫困落后所造成的社会压力是巨大的，由此引发的矛盾也是多种多样的，难以有效克服种种利益差别所造成的社会矛盾和不平等现象。因此，只有把集中力量发展生产力摆在首位，把经济工作作为全党全国工作的中心，不断提高人民的物质文化生活水平，才能从根本上解决社会主义初级阶段的各种社会矛盾，解决社会生存和发展中的种种问题，保持稳定局面，做到长治久安；才能为社会主义民主政治和精神文明建设提供物质条件；才能有助于贯彻“一国两制”方针，实现祖国和平统一；才能有助于提高我国的国际地位，反对霸权主义，维护世界和平。

最后，它是以科学地分析当前国际形势为依据的。过去我们不能坚持以经济建设为中心的一个重要原因，就是对国际形势判断的失误。过去我们的观点是战争不可避免，而且迫在眉睫，因此我们的经济建设是从战备需要出发，造成了很大的浪费。现在我们党认为，“在较长时间内不发生大规模的世界战争是有可能的，维护世界和平是有希望的”[①]。“现在的问题是要注意争取时间，该上的要上。大战打不起来，不要怕，不存在什么冒险的问题。”[②]邓小平说，1978年我们制定一心一意搞建设的方针，就是建立在这样一个判断上。总之，邓小平在无产阶级取得政权，开始建设社会主义的条件下，以马克思主义的生产力理论为指导，回答了如何进一步去解放生产力和发展生产力这一时代课题。

五、“两手抓”的科学方法论

邓小平提出的“两手抓、两手都要硬”的著名论断，是对唯物辩证法和历史辩证法的深刻把握和具体应用，它对促进我国社会主义建设和改革开放事业的健康发展，有着极为重要的方法论意义。

（一）“两手抓”的丰富内涵

邓小平提出的“两手抓”思想有着丰富的内涵，概括起来说，大体包括了以下几个方面：

1. 一手抓改革开放，一手抓打击犯罪和惩治腐败

随着对外开放和对内搞活政策的实行，一方面大大促进了社会主义经济的发展，另一方面又滋生了经济犯罪活动和腐败现象。邓小平对此早有警觉，并多次告诫全党：“我们要有两手，一手就是坚持对外开放和对内搞活经济的政策，一手就是坚决打击经济犯罪活动。”[③]要在深化改革，扩大开放的同时，抓紧惩治腐败。他说：“我们一手抓改革开放，一手抓惩治腐败，这两件事结合起来，对照起来，就可以使我们的政策更加明朗，更能获得人心。”[④]后来，邓小平还多次强调，对重大经济案件要从快、从严、从重处理，对那些特别严重的经济犯罪分子要处以“死刑”。只有这样，才能使我国的改革开放沿着正确的方向前进。

① 《邓小平文选》第3卷，127页，北京：人民出版社，1993年。
② 《邓小平文选》第3卷，25页，北京：人民出版社，1993年。
③ 《邓小平文选》第2卷，404页，北京：人民出版社，1994年。
④ 《邓小平文选》第3卷，314页，北京：人民出版社，1993年。

2. 一手抓经济建设，一手抓民主法制

邓小平在1986年1月中央政治局常委会上指出："搞四个现代化一定要有两手，只有一手是不行的。所谓两手，即一手抓建设，一手抓法制。"[①]邓小平强调指出："全党同志和全体干部都要按照宪法、法律、法令办事，学会使用法律武器……同反党反社会主义的势力和各种刑事犯罪分子进行斗争。"[②]"我们要认真建立社会主义的民主制度和社会主义法制。只有这样，才能解决问题。"[③]

3. 一手抓物质文明，一手抓精神文明

邓小平指出，在推进社会主义现代化事业的过程中，要在建设高度物质文明的同时，提高全民族的科学文化水平，发展高尚的丰富多彩的文化生产，建设高度的社会主义精神文明。1992年初视察南方时他对广东的同志说："广东二十年赶上亚洲'四小龙'不仅经济要上去，社会秩序、社会风气也要搞好，两个文明建设都要超过他们，这才是中国特色的社会主义。"[④]

（二）"两点论"与"重点论"的统一

"两点论"是对唯物辩证法的核心即对立统一规律的通俗解释。毛泽东说，一点论是从古以来就有的，两点论也是从古以来就有的。这就是形而上学跟辩证法。他形象地说明，必须坚持唯物辩证法的对立面统一的"两点论"，摒弃形而上学的"一点论"。邓小平继承和发挥了毛泽东的"两点论"思想，提出了"两手抓"的思想方法和工作方法。他曾说："一手抓改革开放，一手抓严厉打击经济犯罪，包括抓思想政治工作。就是两点论。"[⑤]之所以要坚持两点论，是因为事物总是存在着互相联系又互相对立的两个方面。比如，不改革开放，社会主义就没有出路。但是，对外开放，门户打开，又必然会飞进来一些"苍蝇""蚊子"，这就是事物的两面性。不能只看到对外开放的必要性，不重视对外开放的健康发展问题；也不能怕进来一些"苍蝇""蚊子"，就把大门重新封闭起来。唯一正确的

① 《邓小平文选》第3卷，154页，北京：人民出版社，1993年。
② 《邓小平文选》第2卷，371页，北京：人民出版社，1994年。
③ 《邓小平文选》第2卷，348页，北京：人民出版社，1994年。
④ 《邓小平文选》第3卷，378页，北京：人民出版社，1993年。
⑤ 《邓小平文选》第3卷，306页，北京：人民出版社，1993年。

方针就是坚持“两手抓”，既坚持对外开放，又坚持打击犯罪，包括抵制资本主义的腐蚀性影响。

“两手抓”不仅坚持了唯物辩证法的“两点论”，而且坚持了“两点论”与“重点论”的统一。唯物辩证法认为，矛盾着的两个方面不是平列的，有主要方面和次要方面之分。邓小平非常注意在坚持两点论的前提下，抓中心，抓重点，即抓住矛盾的主要方面。在他看来，“两手抓”并不意味着任何时候和任何情况下抓工作都要平均使用力量。他说，有时这只手重些，有时另一手重些，要根据实际情况。在不同的时间和地点，不同的情况和条件下，“两手抓”应有主次、轻重、缓急之分。在战略上，要强调两手抓的一贯思想和原则，防止因突出一手而忘记另一手，导致一点论和片面性；在战术上，则可以根据实际需要突出重点，围绕重点展开各方面的工作，做到全面兼顾而又突出重点，以防因为坚持“两点论”而导致形而上学的“均衡论”。“两点论”和“重点论”的统一，是邓小平“两手抓”科学方法论所必然要求的。

（三）生动的历史辩证方法

社会主义社会与任何社会一样，都包含着生产力与生产关系、经济基础与上层建筑这样两对基本矛盾。正是这两对矛盾的运动推动了社会的发展。邓小平的“两手抓”思想是对社会主义社会基本矛盾运动规律的正确把握，体现着生动的历史辩证方法。之所以要坚持经济建设和民主法制两手抓，就是因为在社会发展中，生产力对生产关系和政治上层建筑具有直接或间接的决定作用，这是一条规律。

同样，政治上层建筑对生产力的发展也有直接或间接的巨大反作用，这也是一条规律。坚持经济建设和民主法制“两手抓”，就是自觉运用这两条规律的相互促进作用，以实现社会主义经济和政治的协调发展。之所以要一手抓改革开放，一手抓打击犯罪，这是因为改革开放是根据社会主义基本矛盾运动规律的科学认识作出的抉择。只有推进改革，社会主义才有光明的前途，发展市场经济会给社会主义注入生机和活力。但改革也有风险，市场经济是利益驱动的经济，会引发一些人的拜金主义，并导致一些犯罪现象的发生。在这种情况下，只有发挥惩戒的震慑作用，才能遏制犯罪，使其尽可能地减少，这也是一条规律。打击犯罪就是运用这条规律的作用去抑制罪恶的产生，从而使改革开放得以健康地进行。

坚持物质文明和精神文明两手抓，也是因为一定的精神文明总是以一定的物质文明为基础和适应物质文明发展需要而形成和发展的，这是一条规律。同样，一定的物质文明是以相应的精神文明为动力和保证发展起来的，这也是一条规律。如果孤立地强调其中一个规律的作用，则是片面的，都会产生负面效应。具体地说，孤立地强调前者可能导致精神万能论；反之，孤立强调后者则会导致经济决定论。因此，只有实现互补，才能使这两者的负面作用得到抑制，使其正面作用得到充分的发挥。坚持物质文明建设和精神文明建设“两手抓”的方针，正是利用上述两条规律之间存在的互补作用，以推动整个社会主义现代化事业的发展。

总而言之，邓小平的哲学思想是建设中国特色社会主义理论的哲学基础，为邓小平理论体系的形成和发展提供了可靠的理论依据，从中可以得到许多有益的启示，从而树立为社会主义、共产主义事业奋斗终生的坚定信念。

与时俱进与解放思想和实事求是*

在延安时期，毛泽东同志提出要“实事求是”；在改革开放新时期，邓小平同志提出要“解放思想、实事求是”；在世纪之交，江泽民同志提出要“解放思想、实事求是、与时俱进”。下面来谈谈这三者之间的关系。

一

实事求是就是一切从实际出发，理论联系实际，按客观规律办事，在实践中发现和发展真理。

实事求是是马克思主义哲学世界观和方法论的集中概括，是马克思主义哲学的精髓所在。

首先，它体现了马克思主义哲学的唯物论观点。唯物论的观点无非是指世界在本质上是物质的。因而人在认识和把握世界时，就要按照世界的本来面目理解世界，从事物本身的联系来把握现实，“按照实际情况决定工作方针”。

其次，它体现了马克思主义哲学的辩证论观点。辩证论要求人们从事物的运动变化发展中把握客观实际，使自己的思想适应变化了的客观情况，并按照事物运动变化发展的规律，通过自己的实践，去推动事物向有利于人民的方向发展。

最后，它体现了马克思主义哲学反映论的观点。即认为，认识是主体在实践过程中对客体的能动反映，强调认识要随着实践的不断发展而发展，使主观和客观、理论和实践不断实现具体的历史的统一。

正因为如此，所以邓小平概括说，实事求是是马克思主义的精髓。

---

* 2002年12月下旬在一次学习会上的发言。

但同时，他还说，实事求是也是毛泽东思想的精髓。这不仅因为毛泽东思想继承了“实事求是”这一马克思主义的根本精神，而且还因为：第一，实事求是表明了中国共产党人对马克思主义的根本态度。那就是“矢”和“的”的关系。即用马克思主义之“矢”，去射中国革命之“的”。因而这里的关键是“管用”。追求“管用”就是“实事求是”。第二，实事求是是我们党反对“左”倾和右倾机会主义，特别是教条主义的一面旗帜。高举这面旗帜，使我们党化险为夷，找到了一条自主进行革命的道路。第三，实事求是也是毛泽东探索，继而邓小平开创的中国特色社会主义道路的理论指南。

二

邓小平在实事求是前面加了四个字，这样便成了八个字：“解放思想，实事求是”。为什么要加上这四个字呢？说到底，也是作为一种思想武装，借以冲破“两个凡是”的禁锢，开创一条中国特色社会主义建设道路。邓小平指出，解放思想，就是要从本本中解放出来，从外国模式中解放出来，从旧习惯、旧传统中解放出来。只有解放思想，才能做到实事求是。因此，解放思想是实事求是的前提条件。当然，解放思想也不是胡思乱想，天马行空，而是要以实事求是为根本指针和最终归属。

作为20多年来中国改革开放和现代化建设的参加者，我们每个人都深深感受到“解放思想、实事求是”这八个大字所发挥的巨大历史作用。它吹响了中国人民思想大解放的号角，并从此迈开了中国改革开放和社会主义现代化建设的历史性步伐。具体说来就是：

其一，通过拨乱反正，纠正了以阶级斗争为纲的“左”的错误，实现了全党工作重心的转移。即提出了以经济建设为中心，大力发展生产力的主张。

其二，指明了我们的一切工作都必须从我国现阶段所处的历史方位，即社会主义初级阶段出发。

其三，为了促进生产力的发展，就必须改革高度集中的计划经济体制和政治体制。要发挥市场的作用，要加强民主法制建设，要实现对外开放，吸收人类所创造的一切文明成果。

其四，提出了实现百年强国目标的“三步走”发展战略。

总之，中国共产党人，以“解放思想、实事求是”为根本指导原则，开辟了“一个中心，两个基本点”为核心内容的中国特色社会主义道路。

三

现在江泽民同志又在这八个字后面加了四个字。这样就成了十二个字：“解放思想、实事求是、与时俱进”。

为什么要加上与时俱进，它与解放思想、实事求是的关系如何？我认为，这不是多余之笔，也不是人为附加。它是解放思想、实事求是的根本要求和具体体现，同时它又是对解放思想、实事求是内涵的丰富和发展。

首先，解放思想、实事求是、与时俱进等三者是内涵一致、密不可分的统一体。如前所说，解放思想就要做到使我们的思想认识，从一切不合时宜的观念、做法和体制的束缚下解放出来，从对马克思主义的错误和教条式的理解中解放出来，从主观主义和形而上学的桎梏中解放出来；实事求是的精神实质就是力求在探索和实践的过程中，打破陈规，追求真理，达到主观与客观、认识和实践的统一；与时俱进则是将我们的认识和行动，置于时空变化的背景下，力求突破、创新和发展。

由上可知，与时俱进以解放思想和实事求是为先导，解放思想和实事求是又在与时俱进的过程中得以拓展和升华。与时俱进以实事求是为前提。这是因为真正的创新不是随心所欲地标新立异，而是必须尊重实践，尊重事物发展的规律，把勇于探索的精神和科学求实的精神结合起来。与时俱进的核心是创新。这种创新是指运用马克思主义的立场、观点、方法，根据客观实际变化发展的趋势，进一步把握中国先进生产力的发展要求、中国先进文化的前进方向和中国最广大人民群众的根本利益，不断深化对共产党执政规律、社会主义建设规律，以及人类发展规律的认识，在实践中探索新路子、寻找新答案，从而使党的执政活动顺应时代发展的规律，不断提高执政水平和领导水平，永葆党的先进性。

其次，与时俱进是对解放思想、实事求是内涵的丰富和发展。这里是说，与时俱进有其相对独立的本质规定。这些相对独立的本质规定，又是对解放思想、实事求是内涵的丰富和发展。与时俱进相对独立的本质规定，概括起来有以下三个方面。

把握时代脉搏的敏锐性。这里是指，我们要站在时代的前列，要充分反映时代进步和发展的要求，体现时代的特点和时代精神。这是从宏观方面说的。从微观方面来说，要时刻观测时代风云变幻，注意社会发展，包括国际社会发展的新动向、新情况、新特点，及时拿出对策、抓住机遇，减少和避免大的风险。为什么强调要有把握时代脉搏的敏锐性，这是因为当今世界运转快速，科技发展日新月异，国际竞争十分激烈，重大突发事件时有发生。盲目无知，必遭淘汰；反应迟钝，必然落后。过去讲“30年河东30年河西”，现在恐怕只是几年、十几年。为此，也就要求做到下面一点。

把握规律基础上的前瞻性。这里的规律是社会规律，不是指自然规律。自然规律有量的表现，比如$2H+O=H_2O$；社会规律很难有量的表现，主要表现为质的趋势，表现为历史的总趋势。与时俱进，就是要研究历史发展的总趋势，以及这种总趋势在具体历史条件下的具体表现。这样，才可能具有预见性、前瞻性。因此，把握规律基础上的预见性，即要具有科学的预见性，才能与时俱进。有了科学预见，才能不为一时一地的得失所左右，而能够着眼大处，把握关键，迎接未来。例如，1997年东南亚金融风波发生之时，日美资金大量抽逃，避之唯恐不及。这时中国庄严承诺，人民币不贬值，并向东南亚国家无偿提供40亿美元资助，帮助东南亚国家经过2年多的努力，逐渐走出困境。我们之所以这样做，因为有一个基本估计，即东南亚国家的困难，只是其发展中的一段插曲，发展的主旋律是不会改变的。

解决重大现实问题的创新性。这里的创新，包括理论创新和实践创新两个方面。要通过理论创新，使认识不断进入新境界；要通过实践创新，使工作不断开拓新局面。如果没有从单一公有制到公有制为主体多种经济成分共同发展的创新；没有从平均主义、大锅饭到通过诚实劳动和合法经营，使一部分人先富裕起来到达于共同富裕的理念创新；没有从计划经济到社会主义市场经济的创新，那么我们就没有改革开放以来的进步，也就会丧失先进性。

十六大报告指出："实践没有止境，创新也没有止境。我们要突破前人，后人也必然会突破我们。这是社会前进的必然规律。"[①]又说："创新是一个民族进步的灵魂，是一个国家兴旺发达的不竭动力，也是一个政党永葆生机的源泉。"[②]坚持与时俱进，不断创新，对一个国家，一个民族，一个政党来说，更突出了它作为历史主体的积极性、能动性，更体现了当今时代变化迅速、形势逼人、不进则退的特点，以及我国现代化建设实践的迫切要求。

总之，坚持解放思想、实事求是，要求与时俱进；只有解放思想、实事求是，才能与时俱进。

① 《江泽民文选》第3卷，538页，北京：人民出版社，2006年。

② 《江泽民文选》第3卷，537页，北京：人民出版社，2006年。

“三个代表”的时代内涵*

党的第三代领导集体贯彻“解放思想、实事求是、与时俱进”的思想路线，从理论创新角度来说，其最大成果就是提出了“三个代表”重要思想。即“我们党始终是中国先进生产力的发展要求、中国先进文化的前进方向和中国最广大人民根本利益的忠实代表”①。

“三个代表”重要思想，真的是那么重要吗？在我看来，十分重要。但是毋庸讳言，有一些人认为并不那么重要，甚至认为，没有多少新意，不过是对马列毛邓有关思想的概括和综合。为什么会有这样的观点呢？我认为，主要还在于对“三个代表”重要思想学习得不够，研究得不够。另外，还有一个思维方式、思维角度的问题。

对于任何一个理论，我们可以从两个角度去加以理解和评价。一是从学理的即从理论形式，或理论表现形式的角度，二是从理论的时代内涵的角度。这两个角度都是需要的，但更重要的是时代内涵的角度。因为如果脱离一定的历史条件，不顾及时代所赋予的现实内涵，那么任何一个理论命题，也就只剩下了抽象的字面意义了。这种思维方式不是马克思主义所提倡的，是违背马克思主义的。马克思在著作中经常提到黑格尔说过的一句话，即同样一句格言，从饱经风霜的老人嘴里说出来与从缺乏生活阅历的年轻人嘴里说出来，其内涵是不一样的。比如，“人生不易，热爱生活吧”，这句格言，如果从学理上考察，字面意义是没有变化的，但不同的人说出来，所包含的现实内涵是不一样的。

下面我们侧重现实内涵的角度，从以下两个方面来理解“三个代表”重要思想。

---

* 摘自2003年3月10日召开的安徽省高校宣传部长“三个代表”研讨会上的发言。

① 江泽民：《在中央党校省部级干部进修班毕业典礼上的讲话》，《人民日报》，2002·06·01。

一、“三个代表”涵纳的时代内涵

这里分别来加以说明。

（一）关于始终代表中国先进生产力的发展要求

生产力理论是马克思历史唯物主义的一个最重要的基础理论。邓小平曾说，马克思主义最注重发展生产力。马克思的生产力理论，其内容主要有三点：①生产力是社会发展的最终决定力量。②无产阶级夺取政权以后要大力发展生产力，增加生产力的总量。③极大地提高劳动生产率，为社会主义过渡到共产主义创造物质条件。

这三点也是马列毛邓共同的理论，但由于历史条件的限制，其指谓的时代内涵是不一样的。

马克思恩格斯生活的时代是19世纪的西欧。那时的西欧正处在从18世纪开始的工业革命的进程中。通常称之为第一次工业革命，即以蒸汽机为标志的大机器工业代替手工操作的工业革命。因此，那时马克思所指的先进生产力是指包含科学技术在内的、以蒸汽动力的大机器生产为标志的生产力。

列宁继承了马克思的生产力理论，但由于他所处的时代是电力革命以后的时代，也就是第二次工业革命的时代。因此，列宁所理解的先进生产力是以电气化为标志的生产力。列宁曾经说过，什么是社会主义呢，社会主义=苏维埃+全国电气化。社会主义革命是在东方落后国家搞起来的，所以，列宁特别强调无产阶级夺取政权以后，发展生产力的紧迫性。他说，只有创造出比资本主义更高的劳动生产率，才能战胜资本主义，才能巩固苏维埃政权。

毛泽东继承了马列的生产力理论，他所理解的先进生产力，就是用科技武装国民经济各部门，全面实现工业化，以及后来提出的实现四个现代化的宏伟目标，即农业、工业、国防、科技的现代化。

邓小平继承了马列毛的生产力理论，极大地发展了这个理论。他提出：①社会主义不仅要发展生产力，而且要解放生产力，提出了改革开放理论、社会主义市场经济理论。②科学技术是第一生产力的理论。③以经济建设为中心，大力发展生产力的理论。

江泽民继承和发展了邓小平的生产力理论。主要有三点：

第一，走新型工业化道路的中国现代化发展战略。即以信息化带动工业化，以工业化促进信息化。现代化是一个内涵丰富的历史范畴。当今的现代化理论普遍主张将现代化分为两个阶段，即第一次现代化和第二次现代化。第一次现代化以工业化、城市化为主要标志，第二次现代化以信息化为主要标志。世界上的发达经济体，都先后经历了这两次现代化，而走进发达行列的。那么后发国家面对现代化的这样两个阶段，该怎样选择呢？这里有三种选择，一是先工业化，后信息化。即沿着发达经济体走过的道路再走一遍。二是超越工业化，实现信息化。三是相互渗透，相互带动，相互促进。第一种选择跟在人家后面爬行，只能永远落后。第二种选择也会落空。因为没有工业化的物质基础，就不可能有信息化的实现。第三条道路才是我们的明智选择，才是中国现代化的发展战略。江泽民说：“中国现代化的任务还十分繁重，又面临着实现信息化的使命，我们将大力推进国民经济和社会信息化，以信息化带动工业化，努力实现我国生产力的跨越性发展。”[①]走出一条科技含量高，经济效益好，资源消耗低，环境污染少，人力资源优势得到充分发挥的新路子。

第二，坚持“引进来”和“走出去”相结合，特别是坚持“走出去”的国际开放战略。这里所体现的是一种生产力发展的国际观、全球观。解放战争有一个从内线作战到外线作战的转变过程。我国的经济的发展也正经历着这样一个转变过程。我们总在讲要做大做强，从国家角度来说，就是要打造中国的经济航空母舰，为此，就要在更大范围、更广领域和更高层次参与国际经济合作与竞争。如果不推动我国企业走出去，不参与国际市场的竞争，我们就不可能培育出具有国际竞争力的中国跨国公司。过去我们只有中国石化等3家企业进入世界500强名单，现在已有11家，这是一个不小的进步。

第三，使全世界的生产要素在中国实现最佳结合的体制创新战略。改革不仅是针对中国自身阻碍生产力的那些因素，而且要改革妨碍世界上的生产要素向中国流动和在中国实现最佳结合的那些因素，使中

① 江泽民：《论科学技术》，227页，北京：中央文献出版社，2001年。

国成为最能吸引外资、技术、采用最先进管理，人力资源得到充分发挥的国度，最安全、效率最高、创造利润最大的国度。

总之，始终代表中国先进生产力的发展要求，揭示了生产力发展的根本性与工人阶级政党的历史主动性之间的辩证关系。即先进生产力是社会发展的根本动力。中国共产党要立足时代条件，推进中国先进生产力的发展，把中国建设成为一个富强、民主、文明、和谐的社会主义现代化强国。

（二）关于始终代表中国先进文化的前进方向

马克思有自己的文化思想，但从总体上说，马克思强调经济的决定作用、政治的重要作用，但对文化的作用包括理论的反作用是很肯定的，但没有展开说明。应该说，他的文化理论是不充分的。概括起来说，有这样三个方面的观点：①人类生产包括物质生产和精神生产，即文化生产，因而有两种生产力，即物质生产力、精神生产力或文化生产力，马克思将语言、文学、艺术、技术能力等归于其中。②精神生产服从生产的普遍规律，具有明显的物质性，即文化生产的过程也表现为一个物化的过程，也是一种物质的技术的制作过程。③文化艺术作为精神方面的生产力，必然有其特殊性、相对独立性。

列宁继承了马克思的思想，比较强调文化教育，对于落后国家进行社会主义建设的重要性，列宁说在一个文盲充斥的国家是不能建设社会主义的。列宁提出了文化革命这个概念，他说："只有实现了这个文化革命，我们的国家就能成为完全社会主义的国家了。"[①]

民主革命时期，毛泽东大力提倡革命文化，认为它对于人民大众是革命的有力武器。因此，要取得革命胜利，就必须建立两个军队，一是拿枪杆子的武装的军队，二是拿笔杆子的文化的军队。不仅如此，认为通过革命所建立的新民主主义社会，必须进行新民主主义经济、新民主主义政治、新民主主义文化三位一体的建设。在社会主义时期，提出了要建设社会主义文化的主张，要用社会主义文化战胜资本主义文化，并提出百花齐放、百家争鸣的发展文化艺术的方针。诚然，毛

① 《列宁全集》第43卷，368页，北京：人民出版社，1987年。

泽东主要是从文化的政治功能讲的，也就是说，他十分重视的是文化的意识形态功能。

邓小平强调，既要抓物质文明建设，又要抓精神文明建设，两个文明都搞好，才是中国特色社会主义。而且强调越是发展经济，越要加强思想道德建设；越是实行市场经济，越要重视精神文明，越要把社会主义精神文明提到更加突出的地位。

十六大报告在文化理论上的贡献有这样两点：

第一，深刻揭示了文化的战略地位和作用，反映了文化与经济和政治交融的一体化趋势。

也就是说，文化除了政治功能以外，还有巨大的经济功能，而且这种功能愈来愈显著。如果说，资本主义工业大生产是以经济生产与文化艺术的对立、分离为特征的话，那么以信息技术为核心的智能生产力，正是以经济、政治、文化的一体化为特征。这表现为文化的经济化、产业化和经济的文化化。在今天，文化产业在国家经济中的地位越来越重要，成为国民经济的重要支柱产业之一。

美国的视听产品已经成为仅次于航空航天业的主要创汇产业，美国的《读者文摘》已成为年收入25亿美元的国际性大企业，风靡世界的好莱坞电影《泰坦尼克号》创下十几亿美元的票房价值。高技术、高文化、高附加值的计算机信息产业不断扩大，1997年数字企业已跻身世界前10强之列。所谓经济的文化化，指现代经济发展中文化的、科学技术的、信息的，乃至心理的要素越来越具有举足轻重的作用。比如温州的灯有触摸感应灯、声控灯、流动风景挂灯、仿真风景壁灯等，这种灯给人一种科技感觉、整体美感，因而它占据国内60%的市场。美国宝洁公司的品客薯片同样也是在出售一种科技感觉：以往的薯片装在塑料袋里，易碎又不好保存，宝洁公司开放新技术，可用脱水马铃薯制成大小相同，且节省空间的薯片。这在给人美感的同时，也给人一种科技感觉。

十六大报告指出：“当今世界，文化与经济和政治相互交融，在综合国力竞争中的地位和作用越来越突出。文化的力量，深深熔铸在民族的生命力、创造力和凝聚力之中。”[①]文化是一个民族的生命力、创

① 《江泽民文选》第3卷，558页，北京：人民出版社，2006年。

造力和凝聚力的源泉，这是对唯物史观关于文化功能和作用思想的进一步深化。

第二，深入论述了社会主义先进文化的功能和作用。

十六大报告指出："在当代中国，发展先进文化，就是发展面向现代化、面向世界、面向未来的，民族的科学的大众的社会主义文化。"[①]发展先进文化的目的，就是不断丰富人们的精神世界，增强人们的精神力量。其基本任务是，以科学的理论武装人，以正确的舆论引导人，以高尚的精神塑造人，以优秀的作品鼓舞人，培育有理想、有道德、有文化、有纪律的公民。

社会主义先进文化具有防止西方文化渗透和控制的作用，具有弘扬和培育民族精神的功能和作用。在信息时代，西方国家以强大的物质力量为基础，利用信息工具，对第三世界国家进行文化侵略。

美国人口占世界人口的5%，但世界上80%以上的新闻传播，都由美国和西方的通讯社所垄断。在电影行业，美国的生产量只占世界总量的6%—7%，却占世界总放演时间的一半以上。这些大众传媒以爆炸的方式倾销其文化产品，第三世界的上空一片乌烟瘴气。外国电视节目占危地马拉的84%，乌拉圭的62%，马来西亚的71%，赞比亚的64%，埃及的41%。英国记者哈里森指出："今天，西方化的现象已经扩展第三世界的每个角落。它钻进当今社会的主动脉，从内部散布毒素。"[②]《伸向全球：跨国公司的力量》一书的作者巴尼特和马勒惊呼："外国公司对墨西哥处于底层的一半人民的思想影响，毫无疑问，比墨西哥政府和墨西哥教育制度的影响更为持久。"[③]

十六大报告指出："民族精神是一个民族赖以生存和发展的精神支柱。一个民族，没有振奋的精神和高尚的品格，不可能自立于世界民族之林。"[④]社会主义先进文化必须把弘扬和培育符合时代与社会发展要求的民族精神作为自己极为重要的功能和作用。

---

① 《江泽民文选》第3卷，559页，北京：人民出版社，2006年。

② ［英］保罗·哈里森：《第三世界——苦难、曲折、希望》，钟菲译，43页，北京：新华出版社，1984年。

③ 转引自［美］斯塔里亚诺斯：《全球分裂——第三世界的历史进程》，迟越等译，514页，北京：商务印书馆，1993年。

④ 《江泽民文选》第3卷，559页，北京：人民出版社，2006年。

（三）关于始终代表中国最广大人民群众的根本利益

这一点，从马列毛邓来说是一致的。他们都有许多论述，但人民群众的根本利益在不同历史时期，具体表现不一样。

比如土地革命战争时期，打土豪，分田地，建立和扩大红色根据地是根本利益；抗日战争时期，打倒日本帝国主义是中国人民的根本利益；在我国现阶段，把我国建设成为富强、民主、文明、和谐的社会主义现代化强国，全面建设小康社会，实现共同富裕是最广大人民群众的根本利益。

首先，要正确处理人民的根本利益与利益多样化的关系，最广泛最充分地调动一切积极因素，不断为中华民族的伟大复兴增添力量。放手让一切劳动、知识、技术、管理和资本的活力竞相迸发，让一切创造社会财富的源泉充分涌流，以造福于人民。

其次，正确处理地方利益和中央利益的关系，要在继续发挥和调动地方积极性的同时，进一步强调维护全局，强调地方服从中央的原则，以保证中央政令畅通，维护党中央的权威，维护全国人民的根本利益。

再次，正确处理一部分人富裕与共同富裕的关系。

最后，正确处理经济发展与环境保护的关系，这是人民群众的根本利益和长远利益的必然要求。

总之，“三个代表”中的每一个代表都有反映时代特点和现代化发展要求的新的内容，都有创新性的内涵。

二、“三个代表”的综合创新内涵

“三个代表”重要思想作为一个完整的命题从来没有人提过，它融立党、执政、兴国于一体，是我们党在新世纪全面推进党的建设的伟大工程和社会主义现代化建设伟业的强大思想武器，是我们党赢得未来，振兴中华，创造新的辉煌的制胜法宝。下面分两个方面来讲。

（一）把党的建设提升到了时代的新高度

“三个代表”把新时期党的建设的目标、任务、要求，提到了一个新的高度，具有鲜明的时代特征。新世纪我们在“建设一个什么样的党，怎样建设党”的问题上，江泽民提出要把我们党建设成为用马克思列宁主义、毛泽东思想和邓小平理论武装起来，全心全意为人民服务的，思想上、政治上、组织上完全巩固的，能够经受住各种考验的，始终站在时代最前列，领导全国人民建设中国特色社会主义的马克思主义政党。

“三个代表”强调从三个方面来综合衡量和审视党的先进性，说到底是为了人民的利益而发展先进生产力，为了人民的利益而发展先进文化。离开了这两点，为人民谋利益就会落空，立党为公就会落空，那么党就会失去先进性，就会失去人民的信任。

（二）把党的执政使命提升到了时代的新高度

中国共产党作为执政党，有一个执政合法性的问题。“三个代表”实际是作为执政党的共产党改善和扩展新世纪执政合法性的一个政治宣言。

这里的合法性不是法学意义上符合法律规范或法律原则，而是政治上有效统治的必要基础，由广大群众给予积极的社会支持和认可的政治统治的合理性和正当性。判定某一政权是否具有合法性，并不在于统治者自己宣称，也不在于统治者为自己的执政制定法律根据，而在于占人口绝大多数的民众是否认同，这就是中国古语所说的人心的向背，也就是邓小平所说的，人民高兴不高兴，人民拥护不拥护，人民赞成不赞成。

中国共产党在1921年成立时，是只有五十多人的一个小党，共产党一心为人民，在反对帝国主义、封建主义和官僚资本主义的斗争中，赢得了人民的信任，从而获得执政的合法性根据。但是任何一个政党都没有权利仅凭自己的政治遗产而享有执政权。一部世界政党的发展史告诉人们，一个执政党不管它的资格多老，如果不站在时代潮流的前列，不能赢得最广大人民群众的拥护，失去先进性，人民就会把它抛弃。资产阶级或民族主义政党是如此，社会主义国家的执政党也是如此。

1990年苏联一家报纸在公众中做了调查，被调查者中，85%的人认为苏共代表了机关干部的利益，11%的人认为它代表了党员利益，只有7%的人认为它代表了人民利益。曾任苏共领导人的久加诺夫曾著文说：“党的理论、路线因为没有与时俱进而脱离时代、脱离实际、脱离人民，这是它失去政权的根本原因。”[①]

就此而言，有着80多年光辉历程的中国共产党，一旦失去了它应有的先进性，其在中国社会发展中的领导资格迟早会丧失，世界历史舞台也就没有它的地位。中国共产党为了改善和拓展自己执政的合法性基础，就必须坚持“三个代表”，坚持“执政为民”。

与时俱进也好，“三个代表”也好，说到底，就是要领导人民去奔一个美好的前程。在革命战争年代，这个美好的前程，就是推翻那个三座大山压在人民头上的旧中国，迎来一个社会主义新中国；今天，这个美好前程，就是把中国建设成一个富强、民主、文明、和谐的社会主义伟大国家。

① 转引自邱芝：《论“与时俱进”的科学内涵》，《南京社会科学》，2003（A1）。

坚持符合科学发展观要求的发展*

邓小平说，发展是硬道理。胡锦涛说，发展是我们党执政兴国的第一要务，并且强调指出，发展应该是科学的发展。为此，党中央郑重提出了科学发展观。

科学发展观是对马克思的社会劳动科学化思想的继承和发展。

社会劳动的科学化是马克思于1857年10月到1858年5月所写的《政治经济学》批判一文中首先提出来的一个理念。后来又在多部著作中有所论述。如果综合概括马克思恩格斯关于社会劳动科学化的观点，那么至少包括以下几个方面的内容：

第一，社会劳动的科学化指社会劳动要遵循自然生态规律，坚持开发自然与保护自然相统一。“人是自然界的一部分”①，因而保护自然，就是保护人的生存家园。“劳动是人和自然之间的物质变换过程”②，这一过程要良性互动，永续进行，因为这是人类生活的永恒必然性③。

第二，社会劳动的科学化指社会劳动要遵循节约原则，不仅要节约一切物质资源，而且要节约人力资源，总之要节约劳动时间，要用少的投入获得比较大的产出④。

第三，社会劳动的科学化是指社会劳动要遵循人的发展规律，消除人对人的奴役，服务于每个人的生存和发展的利益。要消除人对自然的剥削，要消除人对自然的争夺，要消除对自然的私人占有，并以此作为剥削他人的手段的做法⑤。

---

* 摘自2008年安徽省哲学年会上的发言。

① ［德］马克思：《1844年经济学哲学手稿》，57页，北京：人民出版社，2000年。

② 《马克思恩格斯文集》第5卷，207页，北京：人民出版社，2009年。

③ 参见《马克思恩格斯全集》第23卷，56页，北京：人民出版社，1972年。

④ 参见《马克思恩格斯文集》第7卷，928页，北京：人民出版社，2009年。

⑤ 参见《马克思恩格斯全集》第46卷（上），488页，北京：人民出版社，1979年。

第四，社会劳动的科学化只有在人是社会主人的时候才能实现，这样的社会就是社会主义和共产主义社会[①]。

我们党在新的历史条件下，在中国现代化建设进入新时期的背景下，提出了科学发展观的理念。这一新理念的提出，不仅继承和坚持了马克思关于社会劳动科学化的思想，而且在新的实践基础上丰富和发展了这一重要思想，使其具有了当代的科学形态，是马克思主义当代中国化的最新成果。

中国改革的最大的成就是实现了社会主义和市场经济的结合。既发挥社会主义的优越性，又发挥市场经济的优越性，使整个社会充满发展的活力和创造力。

科学发展观的巨大意义就是从发展的角度入手，初步回答了在市场经济条件下，怎样发展社会主义的重大理论和实践问题。

市场经济体制，既有其优势，又有其固有缺陷。如何克服其缺陷，实现又好又快的发展？这是在现代世界，搞市场经济的发展中国家所面临的共同问题，但却没有找到解决这个问题的更好的出路。

对市场经济的缺陷，资本主义国家也有一定认识，想了一些办法。但历史和现实告诉我们，资本主义自身解决不了这个问题。

回顾资本主义市场经济的发展历史，资本主义国家几乎都遵循了相同规律。在发展初期，运用自由市场经济焕发出了巨大的生产能力，获得了经济高速发展，但很快资本主义市场经济弊端的一面就暴露出来，出现了严重的两极分化、国内资源枯竭、市场饱和、环境污染、社会矛盾激化等问题，从而爆发了一次又一次的经济危机和生态危机。解决的办法，只有发动战争，对外掠夺资源，强占市场，转移国内社会矛盾。两次世界大战就是这样爆发的。

二战以后，发达资本主义国家没有爆发像过去那样的严重的经济危机，也没有发动新的世界大战，一个重要原因，是它们现在主要不是通过发动大规模战争的方式（必要时也发动局部战争），而是通过建立有利于自己的不合理的国际政治经济秩序，即通过这种“游戏规则”的制定来攫取财富，把国内矛盾转移到发展中国家，从而在一定程度上缓解了自身矛盾。所以，资本主义不能从根本上解决市场经济的缺

① 参见《马克思恩格斯文集》第7卷，928页，北京：人民出版社，2009年。

陷。它们所能做的，就是把这些矛盾转移到全世界，使资本主义市场经济的固有矛盾全球化。发展中国家特别是发展中的大国，在这样的国际环境中怎样发展起来，是一个世界性的难题。

可见，资本主义市场经济的发展道路，始终是一个充满痛苦、战争、不平等和不公正的历史过程。资本主义国家之所以不能解决市场经济的缺陷，不在于它们是否认识到自身存在的问题，而在于资本主义私有制的性质，即占有生产资料的少数资本家利益集团对资本利润的最大化追求，即使他们认识到了问题的所在，也不能从根本上加以解决。

解决市场经济固有的缺陷只能靠社会主义，靠发挥社会主义的优越性。中国特色社会主义是从中国的实际出发，创造性开辟了一条以社会主义与市场经济相结合为主要特征的社会主义建设道路。这条道路就是既要使市场在资源配置中起基础性的作用，又充分发挥社会主义制度的优越性，有效克服市场本身存在的缺陷，推动经济社会更好更快地发展。

如何发挥这两种作用，如何使经济社会更好更快的发展，我们正处于这样的十字路口。

应该说，我们推行社会主义市场经济改革，极大地促进了我国经济的发展，但是又要看到这种发展造成了两个方面的紧张，一是人与自然关系的紧张，二是人与人关系的紧张。

人与自然关系的紧张，表现在发展模式上是高投入、高消耗、高污染。高投入是在人员低工资基础上形成的，人员的低工资造成了消费的低增长，内需拉动乏力。我们现在主要是外贸出口拉动。中国这么大一个经济体靠出口拉动，必然会引发许多国际矛盾，这种拉动模式不可能持续下去。另外，高消耗，2006年我国国内生产总值占全世界国内生产总值的5.5%，而能源消耗占全世界的15%，钢材占30%，水泥占54%，这种高消耗也使经济发展不可持续。高污染包括水污染、土壤污染、空气污染，这在中国已经发展到严重程度。因此，中国急需转变发展方式。

所谓人与人关系紧张，是指在抓发展的同时，如何促进公平。这里存在四个方面的问题：一是中国的贫富差距拉大，据中国社科院的研究表明，2006年的基尼系数达到0.496；而同年，印度为0.33，美国为0.41。二是中国贫困人口还有1.3亿（世界银行的标准，每天收入在1美元以下）。三是一些收入不高的家庭看病难、买房难、上学难。四是中国公共服务十分缺乏（公共医疗、公共卫生、公共教育、公共安全）。原来的发展模式不能继续下去了。因为它不能获得广泛的社会支持，也削弱了共产党执政的合法性基础。这个合法性基础，一是经济成就，二是人民幸福。为此就要抓发展、促公平，就要以人为本，就要坚持符合科学发展观要求的发展。

所谓符合科学发展观所要求的发展，主要有对内和对外两个方面。对内坚持科学发展、统筹发展、和谐发展，对外坚持和平发展、开放发展、合作发展。

在解决矛盾中追求和谐*

——与张奎良、郭和平及李楠明先生商榷

一、问题的提起

构建社会主义和谐社会这一理想目标的提出，引发了一些论者关于“和谐思维”问题的讨论。

什么是和谐思维呢？张奎良先生认为，和谐思维有别于“从对立和斗争的视角思考问题”，而是“以对立面和谐的视角来化解矛盾，推动事物的发展”。在张先生看来，对立和斗争的思维适用于阶级对抗的社会，而和谐思维适用于社会主义社会。对立面双方的和谐可能吗？张先生认为，因为对立面双方有同一性，“必有其一致和共同的东西”，因而其双方可以互相取长补短；可以“互助和协作”；可以“实现对立面的双赢”①。（以下简称张文）

郭和平先生对张文的上述观点给予了某种程度的肯定。他认为“和谐思维”“只在否定斗争哲学的意义上成立”，但不能把对立面和谐加以泛化，并不是“凡矛盾都要和谐”。因此，“不鉴别问题性质笼统讲和谐，欠妥”。在他看来，“哲学意义的总体提法，还是辩证思维较妥”②。（以下简称郭文）

与郭文对“和谐思维”论有保留的肯定不同，李楠明先生持一种完全肯定的态度。他说，在社会主义社会中，“不能再用观察阶级社会那样的对立、斗争和矛盾冲突的眼光看待和处理问题，而要从积极的态度、宽容的心情，从矛盾双方的协调、统一去认识问题”。他甚至认为，用和谐思维取代对立、斗争的思维“体现了对辩证法性质的全新

---

* 原刊于《赣南师范学院学报》，2007（2）。

① 张奎良：《辩证思维与和谐思维》，《光明日报》，2005·02·08。

② 郭和平：《矛盾理论的创新：辩证思维与和谐思维》，《光明日报》，2005·04·05。

认识和对辩证法内容的丰富和扩张”，因而是对“辩证理论的创新”[①]。（以下简称李文）

认真阅读了上述三篇文章，受到不少启发，也引起了我对“和谐思维”的一些思考。我认为，和谐是人类世代追求的目标。和谐是矛盾的完满解决。要使矛盾解决达于完满，单纯的“斗争哲学”和单纯的“和谐思维”都是不可取的。只有坚持辩证思维，坚持矛盾解决中的斗争性、同一性与价值性的辩证统一，掌握这种统一的适度原则，落实相关的制度安排，才能促进和谐社会建设。

现在把通过思考所形成的一些不成熟的意见表述如下，以求得到指教。

二、人类世代的目标追求

张文和李文把和谐目标的追求，把按照和谐原则去认识世界和改造世界的价值准则与构建社会主义和谐社会联系起来，这是有道理的。但是，如果把和谐的价值目标和价值准则仅仅与社会主义社会相联系，甚至把它说成是仅仅适用于社会主义社会的原则，那就狭隘了。

从历史的角度看，和谐作为一种理想状态，不仅是社会主义社会的人们所追求的目标，而且也是人类世代的一种企盼，并且在以往的历史中，人类是在愈来愈大的程度上和范围内，促进着和谐目标的实现。

在中国思想史上，古代儒家、道家等学派都有丰富的和谐思想。

比方，在人与自然关系上，主张“天人合一”[②]，肯定人与自然的统一，强调人应该认识自然、尊重自然、保护自然，反对对自然的一味的征服、索取。

在人与人的关系上，主张“和而不同”[③]、推己及人[④]、“己所不欲，勿施于人”[⑤]。儒家提倡宽和处世，协调人际关系，创造“人和”

① 李楠明：《和谐思维与辨证理论的创新》，《光明日报》，2005·08·23。

② 《正蒙·乾称》。

③ 《论语·子路》。

④ 《孟子·梁惠王上》。

⑤ 《论语·颜渊》。

的人际环境，追求人际和谐的大同社会理想。

在心与身的关系上，主张人之身心和谐，保持平和、恬淡的心态，正确处理“理”与“欲”的关系。

在民族与民族、国家与国家的关系上，主张和谐共处，“协和万邦”①，“万国咸宁”②。

张岱年先生在20世纪90年代初所作的《中西文化之会通》一文中，还把中国古代的和谐思想肯定为是“中国文化对于人类的独特贡献”。他说，“这种贡献主要有二：一是重视自然与人统一的‘天人合一’观，二是以‘和’为贵的人际和谐观”。

当然，这样说，并不否认古代西方也有丰富的和谐思想。所不同的是，中国古代思想家所偏重的是内在方面的人际关系和整个社会的和谐，而西方古代思想家所偏重的则是外在方面的元素关系的和谐（主要表现为韵律、节奏、比例、均衡、对称等）。

比如，毕达哥拉斯就是从数的比例关系讲和谐。他说：“在数目中间见到了各种各类和谐的特性与比例。”他“认为整个的天是一个和谐，一个数目”③。又比如，赫拉克利特是从音调的高低、长短来谈音乐的和谐。他说：“音乐混合音域不同的高音和低音、长音和短音，造成一支和谐的曲调。”④

由上可见，和谐思想源远流长，追求和谐是一个古老、恒久而日新的命题。在以往的历史中，尽管不同时代、不同阶级的人们，以及不同的个人所理解的和谐，在内涵上不尽相同⑤；尽管在生产力不甚发展以及受此所决定的阶级对抗的社会中，所形成的种种和谐思想总难免会带有孤陋和浪漫的性质，但我们在看到这些和谐思想的历史局限性和阶级局限性的同时，还应该承认，在不和谐社会中的这种和谐追求，总是给人以某种希望、以某种力量，总是激励人们以这种或那种

---

① 《尚书·尧典》。

② 《周易·乾卦》。

③ 北京大学哲学系外国哲学史教研室编：《西方哲学原著选读》上卷，19页，北京：商务印书馆，1982年。

④ 北京大学哲学系外国哲学史教研室编：《西方哲学原著选读》上卷，23页，北京：商务印书馆，1982年。

⑤ 这在社会理想的设定上表现得尤为明显，比如柏拉图的“理想国”，孔子的“礼之用，和为贵”，老子的田园诗般的“小国寡民”理想，近代启蒙学者的“理性王国”，英国空想社会主义者欧文的“新和谐公社”等所体现的和谐，无不打上了时代的阶级的烙印。

方式，去为克服生活中的不和谐而斗争。这些和谐思想作为人类的精神财富，也总是给后人，包括当代人以某种启迪和教益，因而它也是我们今天构建社会主义和谐社会所必须加以创造性地阐发与运用的一份珍贵的文化遗产。

三、和谐是矛盾的完满解决

追求和谐，首先要弄清楚什么是和谐。关于和谐的内涵，可以从不同角度和不同侧面去加以说明。张文和李文是在对立面共存、结合、共赢的意义上来谈和谐的。这样谈并非不可，但格局偏小。从更高的立意来说，和谐是矛盾解决达于完满的一种状态，或者说，和谐是矛盾的完满解决。

就“和谐”的哲学性质来说，它不属本体论范畴，而是一个价值论范畴。

人是价值的主体，一切价值都是相对于人而言的，和谐也不例外。和谐之作为和谐，归根到底是对人而不是对物而言的。也就是说 对无机物和生物来说，并不存在和谐与否的问题。对此，有人会提出反问，比方，如何解释星系有序运动的和谐？如何说明自然界的风调雨顺、生态平衡以及各种声音协调所体现的和谐？

应该承认，这些反问具有挑战性。的确，上述种种被人视为的和谐，其直接关系项都是物，不是人。但是能否由此认为，以上种种和谐是对物而言的和谐呢？不能。

事实上，人们视风调雨顺是一种和谐，只是因为风调雨顺有利于作物生长，能使人喜获丰收；同样，因为生态平衡有利于生物再生，能使人永续加以利用；各种声音的协调统一，能使人享受音乐美感，所以它们才被人视为和谐。至于星系的有序运动被人视为和谐，那也只是人的和谐观念的一种外推、一种折射的表现而已。

可见，和谐是一个内涵人的价值理想和价值尺度的概念。所以，在人类生活中，“和谐”的“和”总是与“好”“善”“顺”“美”等字分别联结，因而有“和好”“和善”“和顺”“和美”之说。而这些标示正面价值的概念，其内涵又可以在“完满”这个概念中获得更为集中、更为概括的表达。完满意指完全、完好。因此，毕达哥拉斯最早用

“完满”来说明和谐概念[①]。由此，也可以说，好在完满，善在完满，顺在完满，美在完满。

和谐是相对于不和谐而言的。什么是不和谐呢？从辩证理性的角度说，不和谐就是矛盾冲突未获解决的状态。和谐是对不和谐的克服，是使矛盾冲突获得解决的一种状态。当然和谐是相对的，是相对一定矛盾的完满解决而言的。但和谐一旦实现，其本身也会产生新的矛盾、新的不和谐，当然这是后话。

就矛盾的解决而言，可以是一方克服（吃掉）另一方；可以是矛盾双方同归于尽；也可以是双方融合为一；可以是双方共存共荣。但不管矛盾解决的具体途径如何，也不管矛盾解决的具体结局如何，只要矛盾的解决达于完满就是和谐。

由此可见，矛盾的解决是否达于和谐，并不是就矛盾的任何一方，或对立双方的命运而言的，也不是就矛盾解决的方式而言的，而是就矛盾解决的结局是否达于完满而言的。因此，不能仅仅认为矛盾双方的共存、结合、共赢才是和谐，而矛盾一方吃掉另一方就不是和谐。殊不知矛盾一方吃掉另一方，如果其总体结果达于完满，也是一种和谐。比方，在社会领域中，就是通过革命力量、进步力量战胜和瓦解反动力量、保守力量，而使社会从不和谐转化为和谐，从低度和谐跃升到高度和谐的。

那么，如何理解矛盾解决的结果达于完满呢？我认为，这里的完满是相对的，是指通过矛盾的解决，使事物内部和事物之间的关系达于协同。现代协同学证明，任何系统要存在和发展都需要实现两个协同：一是系统内部各要素之间的整体协同，二是系统与环境之间的协同。对人而言，在力所能及的范围内，通过矛盾的解决，促进事物的协同发展，从而以小的代价换取价值目标的最大实现，这就是完满，也就是和谐。

四、辩证斗争性与“斗争哲学”

如何才能使矛盾解决达于和谐呢？能否如张文、李文所主张的坚

① 北京大学哲学系外国哲学史教研室编：《西方哲学原著选读》上卷，19页，北京：商务印书馆，1982年。

持对立双方的“互相协作”“协调”“宽容”，就能功德圆满呢？我认为，这里需要作具体分析。就总体而言，要使矛盾解决达于和谐，就必须坚持矛盾同一性、斗争性与价值性三者统一的原则。

这里先从矛盾同一性与斗争性的关系谈起。

同一性和斗争性是矛盾的两种基本属性。它们是相互联系而存在的。矛盾同一性与斗争性的相互联系和相互作用，推动事物的运动、变化和发展。所以列宁说:“发展是对立面的‘斗争’……发展是对立面的统一。”[①]或用毛泽东的话:“任何一个过程，都是由矛盾着的两个侧面互相联系又互相斗争而得到发展的。”[②]因此，要推动事物的发展，使矛盾解决达于和谐，首先就必须坚持矛盾的斗争性与同一性相统一的原理。如黑格尔所言：“从对立面的统一中把握对立面，或者说，在否定的东西中把握肯定的东西。”[③]

基于矛盾同一性与斗争性辩证统一的原理，我认为，要使矛盾解决达于和谐，既要反对单纯的“斗争哲学”，也要否定单纯的“和谐思维”。下面先就辩证斗争性与“斗争哲学”的关系问题展开论述。

在现实生活中存在的斗争性有这样两种形态：一是辩证斗争性，二是形而上学斗争性。辩证斗争性，就是那种与同一性相结合的斗争性，是在斗争中既发挥斗争性作用，又发挥同一性作用的斗争性，是矛盾一方扬弃对方，又扬弃自我的斗争性，是通过扬弃达于事物发展的斗争性。因此，这种斗争性又可称之为积极的斗争性。我们党在抗日战争时期，对顽固派所进行的“有理、有利、有节”的斗争，就是一种辩证斗争性。在人民内部，在革命队伍内部所坚持的“团结—批评—团结”的方针，这里的批评也是一种辩证斗争性。

形而上学斗争性，是一种与同一性相脱离的斗争性。这种斗争性的现实表现，就是一味斗争，乱斗一气；就是否定一切，打倒一切；就是一味地“对着干”；在人民内部，搞残酷斗争，无情打击，等等。这种斗争性曾经给我们党和党所领导的事业造成过巨大损失，这是了解那段历史的人记忆犹新的。因此，形而上学斗争性是一种消极的斗争性。现在世界上有少数国家在国际关系的处理上搞“以暴易暴”，或

① ［俄］列宁:《哲学笔记》，408页，北京：人民出版社，1974年。

② 《毛泽东著作选读》下册，843页，北京：人民出版社，1986年。

③ ［德］黑格尔:《逻辑学》上卷，杨一之译，239页，北京：人民出版社，1976年。

坚持“冷战思维”，这也是一种消极的斗争性。

总之，不能只看到辩证斗争性的积极性就认为斗争性是绝对的好，而一概加以肯定；也不能只看到形而上学斗争性的消极性，就认为斗争性是绝对的坏，而一概加以否定。这里的关键在于，要把辩证斗争性和形而上学斗争性区别开来，分别加以对待，即肯定辩证斗争性，而否定形而上学斗争性。

我们否定“斗争哲学”，不是否定辩证斗争性，也不是否定“斗争哲学”的提出者和赞同者的良好初衷[①]，而只是认为“斗争哲学”这一概念，讲的就是“斗争”，并不包含与同一性相结合的意思。因此，它失于粗疏和笼统，没有把辩证斗争性与形而上学斗争性区别开来，容易对人造成误导，甚至被别有用心者加以利用。因此，必须抛弃“斗争哲学”。

对于“斗争哲学”，列宁也是持否定态度的。列宁在1909年针对波格丹诺夫、卢那察尔斯基等人提出的所谓“无产阶级斗争的哲学”，曾经明确指出，我们只知道“有马克思和恩格斯的哲学唯物主义，但是在任何地方都没有‘无产阶级斗争的哲学’”[②]。

五、辩证同一性与“和谐思维”

否定“斗争哲学”，能否如张文、李文所主张的，用“和谐思维”取而代之，或如郭文所认为的，在反对“斗争哲学”的意义上，“和谐思维”可以成立。我认为，在反对“斗争哲学”的意义上，“和谐思维”也不能成立。原因在于：这种用一个极端取代另一个极端的思维，也是片面的、形而上学的。

在现实生活中，同一性有这样两种表现形态：一是辩证同一性，二是形而上学“同一性”。

辩证同一性，是一种与斗争性相结合，通过斗争性促进矛盾转化、矛盾解决，促进事物发展的同一性，因而这种同一性也可称之为积极

① 据许全兴先生所言，在革命队伍中，“斗争哲学”是爱国将领邓宝珊先生于1939年最早提出来的，后被毛泽东借用，曾在中央的两次重要会议上，即中共“七大”和1959年召开的庐山会议上讲道：“共产党的哲学就是斗争哲学。”（许全兴：《为毛泽东辩护》，277页，北京：当代中国出版社，1996年。）

② 《列宁全集》第45卷，257页，北京：人民出版社，1990年。

的同一性。在人民内部，通过互相帮助，互相促进，共同提高，这是辩证同一性的体现。为了维护人民的利益，必须对犯罪分子施以打击，要剥夺他们的政治权利和人身自由，但除对极少数罪大恶极者要施以极刑外，对绝大多数犯人，还必须尊重他们的生命权、生存权、人格权；对他们施以教育、感化、挽救，使他们重新做人。这也是辩证同一性的一种体现。

形而上学"同一性"，并不是真正的同一性，而是虚假的同一性。这种同一性被辩证法经典作家称之为抽象的同一性，即那种与斗争性相脱离的"同一性"。这种所谓"同一性"在现实生活中或是表现为没有竞争的一潭死水；没有批评的一团和气，或是表现为不思进取的得过且过；在原则问题上放弃斗争的妥协退让，等等。因此，这种"同一性"是一种消极的"同一性"，是中国古人所说的"同则不继"的"同一性"。

如前所说，不能因为否定"斗争哲学"，而把辩证斗争性也给否定掉了。如果是那样，那么与辩证斗争性不可分割地联系在一起的辩证同一性也就被否定掉了。这样一来，剩下的也就只能是形而上学的"同一性"了。

我们否定单纯的"和谐思维"，并不是否认"和谐思维"提出者的良好初衷，而仅仅在于这里的"和谐思维"是在否定或贬低矛盾对立和斗争的意义上立论的，它所强调的"和谐"是以单纯的同一性，或夸大同一性的作用为依据的。即如"和谐思维"论者所说的，因为对立面双方有同一性，也就是"一切对立面双方必有其一致和共同的东西"，所以能够实现对立面双方的"共存""结合"和"共赢"。而"实现对立面的结合"，就能"发挥对立面斗争所不能起到的更大的积极作用"。李文甚至认为，在现代社会条件下，"对立和对抗、矛盾和冲突不是解决问题的出路，相容共处才是正确的选择"。在这些论者看来，要"重视对立面同一的作用"，要"擅长从对立面和谐的视角化解矛盾，推动事物的发展"。

以上这些观点，其中有多处是需要加以推敲的。

第一，矛盾都有同一性，要重视对立面同一的作用，这都是无疑的。但不能把矛盾都有同一性，等同于矛盾双方都有一致和共同的东西，这里的思维跳跃是不允许的。比如，在台湾归属问题上，把主张和平统一与主张“台独”的对立双方联系起来了，这就是同一性，但此对立双方并无一致和共同的东西可言。

第二，有的对立面双方有一致和共同的东西，在这个前提下，去追求对立面双方的共存、结合、共赢，无疑是一种明智的选择。比如，我国在现代化建设中，坚持统筹协调、共同富裕的原则；在与世界各国交往中，坚持友好相处、共同发展的原则，就是这种明智选择的生动体现。但是此种矛盾双方的共存、结合、共赢的实现，并不是一帆风顺的，总要排除种种干扰，战胜重重困难，克服各种阻力，方能成功。拿香港回归祖国来说，最终实现了双方的共赢，但是这一胜利来之不易，其中每一步前进都经过了艰苦的斗争，这是众所周知的。因此，像张文、李文那样，把有些矛盾双方的共存、结合、共赢的实现仅仅与“重视对立面同一的作用”相联系，而否认矛盾斗争性的作用，这是甚为不妥的。

第三，化解矛盾是解决矛盾的一种方式。能化解的矛盾一定要尽力加以化解，要避免矛盾的激化。这是我们认识和处理许多矛盾，特别是人民内部矛盾的一个重要原则。但也不是任何矛盾在任何情况下都可以化解。比如，身上长疮，在刚刚发生时可以通过吃药、打针（斗争）加以化解。但如果溃烂了、化脓了，那就化解不了。另外，更为主要的，化解矛盾也是通过斗争解决矛盾的一种方式。因此，不能像张文那样，把这里的矛盾化解与坚持矛盾斗争性的原理对立起来。

第四，一个民族、一个国家如果贬低矛盾的斗争性，把单纯的“协作”“宽容”作为化解矛盾的手段加以片面强调，那么就会失去奋发进取的斗争精神，就会失去生气和活力，就会在激烈的斗争中落伍以至被淘汰，就会在国际斗争中被某些人视为软弱，以为可欺。这是应该警醒的。

总之，在解决矛盾以达于和谐的问题上，纯粹的“斗争哲学”不可取，纯粹的“和谐思维”也不可取，而必须坚持斗争性与同一性的辩证统一。即在斗争中把握同一，在同一中把握斗争。如果做到了这一点，才是真正掌握了辩证法的精神，才有利于促进和谐目标的实现。

六、坚持斗争性、同一性与价值性的统一

坚持矛盾解决中的斗争性与同一性的结合，还必须以和谐的价值理想为导向，以和谐的价值标准为规范，才能使矛盾的解决达于和谐。换句话说，要实现矛盾的完满解决，就必须坚持同一性、斗争性与价值性相统一的原则。

就三者的关系来说，没有价值性的参与，同一性和斗争性的结合就失去了价值依据，失去了结合的价值准则，也就找不准这种结合的合理平台。反之，如果没有斗争性或同一性的参与，没有斗争性与同一性的结合，矛盾就不能正确解决，事物发展就失去了动力，价值的实现也必然会落空。从某种意义上说，坚持斗争性、同一性与价值性的统一，也就是人类活动的合规律性与合目的性相统一的原则在解决矛盾过程中的具体体现。

由于现实中的矛盾都是具体的、特殊的，因而其同一性、斗争性的性质、表现形式，以及其与相关人的价值关系也是各不相同的。因此，在矛盾解决中，如何实现斗争性、同一性与价值性的统一，必须坚持具体情况具体分析的原则。

对当今的中国来说，价值性的最集中的表现和体现，就是在矛盾解决中要以最小的代价，换取十几亿中国人的根本利益的日益增大和持久的实现。为此，就既要坚持发展、改革、开放，也要保持社会稳定，要正确处理各种矛盾，要合理协调各方利益，要科学统筹社会的全面发展和进步。总之，要在维护好、实现好和发展好全中国人民根本利益的前提下，针对不同的矛盾，实现矛盾斗争性与同一性的合理结合，促进矛盾的完满解决。

实现斗争性、同一性、价值性合理结合的关键是掌握适度原则和落实制度安排。从矛盾解决的角度说，适度原则就是依据主体的行为目的和矛盾存在的具体情况，采取适当的措施，以实现矛盾同一性、斗争性和价值性的合理结合，从而推动事物的发展。

把握适度原则，这对矛盾的合理解决是十分重要的，也是构建社会主义和谐社会的一个重大课题。就构建社会主义和谐社会来说，要坚持适度原则，就必须体现为一定的制度安排、制度保障。这里的制

度是广义的，包括法律、法规、规则、规范等等。有了制度安排，国家才能有效地引导各种利益主体以理性、合法、恰当的方式，在表达利益诉求的基础上，使社会中的矛盾冲突得以解决，才能使全体社会成员在一个平等、自愿、有序、祥和的竞争环境中发挥其聪明才智和创造力，公平占有社会资源并参加社会财富的分配。即保障社会全体成员各尽其能、各得其所又和谐相处。

总之，要在解决矛盾中追求和谐，要通过各种社会矛盾的合理解决，去构建社会主义和谐社会。这是一个宏伟、艰巨的系统工程。在这里，必须抛弃种种单一化、片面化的思维，坚持马克思主义哲学的辩证思维，根据矛盾的具体情况和变化，采取综合性的、多种多样的办法来解决。不同的矛盾要用不同的方法来解决，同一性质的矛盾因其表现不同，也必须用不同的方法来解决。

要“和”同不要“专”同*

——“和而不同”新解

一

在中国崇尚和谐的传统中，儒家开山祖孔子是一位倡导和谐的杰出代表。他的“和为贵”①“君子和而不同”②等论断，脍炙人口，影响深远。因此，在当今以人为本构建和谐社会的讨论中，这些名言佳句被人们广泛引证，实属理所当然。但是，人们对“君子和而不同”的理解，至今还沿用历代注疏家的字面解释，即“君子要和不要同”，这是很不妥的：这种解释没有能体现“和”与“同”的历史文化内涵和孔子有关的辩证思想，而把“和”与“同”绝对对立了起来。

其实，包括儒家在内的中国远古思想家们既尚和，也尚同。在儒家著作《礼记·礼运》中就是把“大同”世界看作他们心目中的理想社会。在《易·系辞下》中也有“天下同归而殊途，一致而百虑”之语。《书·泰誓中》则是把君主与臣下“同心同德”视作治国安邦的重要保障。《诗·秦风·无衣》篇中也曾有言：“修我戈矛，与子同仇。”这里表现了强烈的同仇敌忾的精神。

由上可知，中国远古思想家们不仅尚同，而且其所尚之同，并非单纯的同一，或无差别的雷同，而是以多样性、差异性为前提的“趋同”与“共同”。中国古人把单纯的同一，或无差别的雷同，称之为“专同”，而把多样性的趋同，或差异性的共同，称之为“和同”。“专同”与“和同”这两个概念最早见于《国语·郑语》中所记载的关于

* 原文来源于中国人学学会编：《以人为本与中国特色社会主义》，北京：当代中国出版社，2008年。

① 《论语·学而》。

② 《论语·子路》。

西周末年的史伯与郑桓公的一段精彩的对话。在中国文化史上，这段对话也是孔子“和而不同”命题的思想源头。因此，不把握这段对话的精妙之处，也就不可能理解和把握“和而不同”的真实内涵。

二

在这段对话中，郑桓公问：“周其弊乎？”史伯答：“殆于必弊也。”意思是：郑桓公问史伯，西周快衰败了吗？史伯回答，几乎必定要衰败。那么原因何在呢？史伯解释道：“先王……务和同。”相反，周“王将弃是类也，而与剸（同“专”——引者注）同。天夺之明，欲无弊，得乎？”就是说，周王抛弃了先王所采取的“和同”原则，而追求“专同”。由此，上天势必剥夺掉他的智慧，这样一来，要想不衰败，又怎能做得到呢？在这里，史伯明确提出了“和同”与“专同”这样两个互相联系，又互相对立的概念，这在中国文化史上是一种首创。

那么“和同”与“专同”的含义如何呢？

史伯认为，“和同”是指“以他平他”。也就是使一物与多物相补、相辅、相长，生成一种新物。即所谓“以他平他谓之和，故能丰长而物生之”。那么何谓“专同”呢？史伯认为，“专同”就是指“以同裨同”。即同一种事物的简单相加。用今天的哲学语言来说，“和同”是多样性的统一，即辩证的统一。“专同”是单纯的同一，即机械的形而上学的同一。史伯在这里的论述深刻揭示了“和同”与“专同”的本质区别，这对我们今天建构和谐社会仍然具有很大的启发意义。

史伯不仅提出和科学解释了“和同”与“专同”这样两个概念，而且明确主张要“和同”不要“专同”。他在对这个问题的说明中，还第一次提出了一个十分重要的哲学命题：“和实生物，同则不继。”从上文的论述可知，这个命题是对“和同实生物，专同则不继”的一种简约表达。不过，这种文字运用的简约，确实也给不加深察的后学者对这个命题的误读提供了某种可能，这是必须警惕的。

对“和同实生物，专同则不继”这个命题，史伯根据日常经验生动地阐明了它的合理性。他说，用土与金、木、水、火相互结合起来，才能造成百样东西。即所谓“以土与金、木、水、火杂，以成百物”。他接着又说，调和五味才能适合胃口，锻炼四肢才能使身体健康，调和六律才能使耳朵聪敏。即所谓“以和五味以调口，强四肢以卫体，和六律以聪耳”。总之，和同才能生物。

相反，专同则不继。在史伯看来，只有一种声音就很难听，只有一种颜色就不漂亮，只有一种味道就不好吃，只有一种事物就无法比较。即所谓“声一无听，色一无文，味一无果，物一不讲”。由此，史伯得出结论：要“和同”不要“专同”。

在继承了史伯上述思想的基础上，孔子明确提出了“和而不同”这一命题，并把“和而不同”作为区分君子和小人的一个标准：“君子和而不同，小人同而不和。”其意义是，君子之间在各抒己见，相依互补中达于一致，而非单纯的同一；小人则是固执己见，各怀心机，貌合神离。因此，“君子和而不同”这个命题，只能理解为君子要“和同”不要“专同”，而不能按字面解释为：君子要和不要同。这是因为“和同”与“专同”是互相排斥的，所以不能兼而要之。对君子来说，只能选择前者而拒斥后者。在多样性统一的意义上，“和”与“同”的关系则并非如此，它们是融为一体的，所以，必须统而要之。

三

所谓“和”与“同”融为一体，是指“同”是“和”的核心，而和则是同的呈现。所以，“和”本身就是一种“同”，即“和同”。如前所说，“和同”是指以多样性、差异性为前提的趋同与共同。世界万事万物，五光十色，各式各样。因此，事物具有多样性与差异性，这是一种客观存在。诚如黑格尔所言，承认事物的多样性与差异性并不需要多大聪明。这里的关键在于：要发现同中之异，异中之同，并在人力所能及的范围内，扩大共同点，协调差异处，以求进一步趋同、达同，促进人与社会的和谐发展。

很显然，如果多样性止于离散而不趋同，差异性陷于杂陈而不统一，那么也就无所谓“和谐”可言。和谐就其本质来说，就是多样性与差异性以“同”，即统一性和共同性为导向和规范所呈现的优化状态。由此观之，那种对“和而不同”所作的要和不要同的解释，不管主观愿望如何，其最终结果只能使“和”陷于空洞的抽象。

当今社会弥漫着一种推崇多样性与差异性的风气。这有其可取之处。至少在精神层面有助于抑制“一言堂”和话语霸权等不良现象，从而避免古人所说的“专同”；另外，也有助于培养国人的包容精神和博大情怀。但也不能因此而淡化相对于多样性、差异性而言的统一性与共同性。

殊不知，如果隐去了标示统一性与共同性的“同”所具有的凝结和导向作用，那么所谓的多样性与差异性所带来的也绝不是人们所希望的丰富多彩、生机勃发，而只能是混乱不堪、内耗衰败。懂得这一道理，对我们推进社会的和谐进步，是有着不可忽视的战略意义的。由此可见，那种对“和而不同”所作的要和不要同的解释，不仅没有表达孔子的真实思想，而且对其人格精神也是一种遮蔽。不然，孔子也就不是历史上那个心忧天下的伟大智者。

孔子生活于社会大动荡的春秋时代，面对激烈的矛盾冲突，孔子深知尚同的重要。他认为，没有同，也就没有社会的安宁与和谐。在孔子看来，同的根本内涵就是“礼”。他曾提倡人们的视听言动都要同于礼，即符合礼的要求。就一般而言，“礼”是指政治制度和道德规范。孔子说：“礼之用，和为贵。”这句话的意思是，礼的最可贵的作用就在于，能使人与人、人与社会保持和谐。墨子在为其“尚同”之说辩护时也指出，国家上下如果不实施相同的礼法，则必然是天下大乱的局面。《管子·立政》中也说：“大臣不和同，国之危也。”在这里，管子继史伯之后，再次以明白无误的语言论述了坚持“和同”的重要性。在老子那里，也曾在肯定和相互关联的意义上使用了“和”与“同”这两个概念。在《老子·第五十六章》中有“和其光，同其尘”之话语。我理解，老子在这里是提倡一种融汇不同色彩、消除封闭隔阂的宽广胸怀。由此可见，主张“和同”并非孔子一家之言，而是当时许多思想家的共识。

总之，就文化传承和孔子思想的精神实质来说，把“和而不同”解释为“要和同不要专同”是恰当的。

促进社会主义和谐社会建设*

在当代中国，弘扬马克思学说的人本主题，坚持以人为本，有助于改善民生，协调各种利益关系，共建共享文明成果，从而极大地调动广大人民群众建设社会主义和谐社会的积极性。

一、社会和谐是社会主义的本质属性

和谐社会或社会和谐作为一种价值理想或价值目标，这是人类世代的追求；和谐社会关系作为一种具体的个别存在，在任何社会都不乏其例，甚至传为历史的美谈。但和谐社会作为社会的一种总体状态，只能与社会主义相联系，或者说，只能是社会主义社会的一种总体状态。这是因为和谐社会是社会主义的本质属性。

1. 和谐社会是社会的一种总体状态

（1）和谐社会及其理想。

和谐社会与和谐社会理想是两个不同的概念。和谐社会是一种客观存在的社会现实，而和谐社会理想只是一种关于和谐社会的设想、期待、向往或目标。这种目标不仅为社会主义社会的人们所追求，而且也是人类世代的一种企盼、一种愿望。比如，中国古代思想家的“大同社会”论、近代启蒙学者的“自由、平等、博爱”社会论，以及空想社会主义者的“和谐制度”社会论，就是其典型的代表。

不过这些关于和谐社会的良好愿望，只是一种单纯的价值诉求，缺少现实条件的支撑，因而在以往的社会中并没有能变成现实，而是沦为空洞的幻想。因此，不能把作为社会现实的和谐社会与作为良好愿望的和谐社会理想混为一谈。也就是说，不能因为以往的社会中形

---

* 原文来源于陶富源、陶庭马：《马克思学说现实人本主题》，芜湖：安徽师范大学出版社，2016年。

成了和谐社会的理想追求，就牵强附会地认为，以往的社会也能达于社会和谐。

（2）和谐社会是关于社会的状态性概念。

和谐社会所指谓的是一种社会状态还是一种社会形态？

要回答这个问题，先要弄清楚二者的关系。按一般的用语习惯，社会形态是指社会类型。而社会类型是就社会根本制度的区别而言的，是对不同社会制度根本性质的比较而言的。比如封建社会、资本主义社会、社会主义社会就是通过根本制度的比较而对不同性质社会的指谓。

社会状态不是就不同社会制度根本性质的区别而言的，而是就一个社会的内在关系结构及其在外部环境作用下所呈现的面貌而言的。这种面貌或因内在关系结构的变化，或因外部环境作用的变化，或上述二者的共同作用，使同一社会呈现不同的状态，比如治世与乱世、战争与和平、贫穷与富裕、萧条与繁荣、死气沉沉与生机勃勃等。

和谐社会不是标示社会类型的制度性概念，而是标示一个社会在内外因素作用下的状态性概念。2002年江泽民在党的十六大报告中说："集中力量，全面建设惠及十几亿人口的更高水平的小康社会，使经济更加发展、民主更加健全、科教更加进步、文化更加繁荣、社会更加和谐、人民生活更加殷实。"[①]这里所谈的就是更高水平的小康社会所应呈现的六种状态，社会和谐是其中之一。

胡锦涛对于社会主义和谐社会也曾作过一个简明扼要的概括："我们所要建设的社会主义和谐社会，应该是民主法治、公平正义、诚信友爱、充满活力、安定有序、人与自然和谐相处的社会。"[②]这里所说的也是和谐的社会状态。

这里需要指明的是，社会和谐是社会总体状态的指谓，不是就社会的某个局部或个别关系而言的。可以说，在任何一个社会中，在其局部或个别关系上，比如在夫妻、父子、上下级、朋友等关系上表现为和谐，这是完全可能的。汉代的卓文君与司马相如相恋的传说，梁鸿与妻子举案齐眉的美谈，就是和谐夫妻关系的一些突出表现。

---

① 《江泽民文选》第3卷，543页，北京：人民出版社，2006年。

② 中共中央文献研究室编：《十六大以来重要文献选编》中，706页，北京：中央文献出版社，2006年。

2. 社会和谐是社会主义本质属性的体现

（1）以往的阶级社会不可能达于和谐社会。

如前所说，和谐社会是社会的一种总体状态，不是标示社会根本制度的概念，那么它与社会根本制度的关系如何呢，也就是说，能否认为有原始社会的和谐社会、奴隶社会的和谐社会、封建社会的和谐社会，以至资本主义的和谐社会呢？这个问题应进行深入的研究。

有人按照肯定、否定、再否定的三段式，认为人类的原始社会是初级的和谐社会；阶级社会是对抗冲突的社会；社会主义社会和共产主义社会是高级的和谐社会。其实，三段式的思维方式在这里是不能套用的。因为“在高级阶段重复低级阶段的”只是“某些特征、特性”①，而不是总体的状态。原始社会的总体状态并不和谐，它是人对自然，及个人对原始共同体的绝对依赖状态。

有人把中国封建社会中出现的“治世”或“盛世”视为一种和谐社会，并进而认为阶级社会也可以实现社会和谐。其实，这一认识并不妥当。就古人来说，其称赞“治世”或“盛世”，这可以理解。因为“治世”“盛世”在中国古代实在难求。自秦汉以来延续两千多年的封建社会中，屈指可数的几个治世或盛世都是在社会经历长期的大动乱之后，在开明君主领导下，通过阶级关系调整，所实现的一种社会稳定。

社会和谐以社会稳定为前提，但社会稳定不同于社会和谐。在阶级社会中，社会稳定或是阶级矛盾在政治高压下的压抑状态，或是阶级对立双方势均力敌的僵持状态，或是上文所说的通过调整所实现的相对缓和状态，但这些状态都不是标示阶级对抗的根本解决。也就是说，终有一天会爆发冲突。

资本主义社会相对于封建社会是一个进步的社会，但两极分化，矛盾对抗依然如故。因此，在存在阶级压迫和剥削的社会中，和谐社会的理想尽管反映了社会大众向往美好生活的愿望，但这种愿望在根本上是无法实现的。

（2）和谐社会以消灭阶级对立为根本前提。

在近代历史上，把和谐社会的实现与消灭资产阶级联系起来的首

① 《列宁专题文集·论辩证唯物主义和历史唯物主义》，140页，北京：人民出版社，2009年。

推空想社会主义者。他们把和谐社会作为未来社会的理想。在这种理想社会中，消灭了私有制，消灭了各种奴役和不公，使所有的人都有平等的劳动权利、享受劳动成果的权利、享受教育的权利。

马克思主义创始人对空想社会主义者所提出的和谐社会理想是充分肯定的。认为他们的著作“提供了启发工人觉悟的极为宝贵的材料。它们关于未来社会的积极的主张，例如消灭城乡对立、消灭家庭、消灭私人营利、消灭雇佣劳动、提倡社会和谐、把国家变成纯粹的生产管理机构——所有这些主张都只是表明要消灭阶级对立”[①]。马克思对魏特林的《和谐与自由的保证》一书也给予了高度评价，称其为“天才著作”。他说：“资产阶级，包括其哲学家和学者在内，有哪一部论述资产阶级解放——政治解放——的著作能和魏特林的《和谐与自由的保证》一书媲美呢?”[②]恩格斯也认为魏特林的书“评述了旧的社会制度，概述了新的社会制度”[③]。

马克思恩格斯继承了空想社会主义关于消灭阶级对立，实现社会和谐的理论，并且把它建立在科学的基础之上。马克思主义认为，生产力是社会发展的最终决定力量，只有在高度发达的生产力基础上，才能消灭资本主义，才能建设和谐社会。而“为了把社会生产变为一个由合作的自由劳动构成的和谐的大整体，必须进行全面的社会变革，也就是社会的全面状况的变革。除非把社会的有组织的力量即国家政权从资本家和地主手中转移到生产者自己手中，否则这种变革决不可能实现”[④]。通过社会变革，“代替那存在着阶级和阶级对立的资产阶级旧社会的，将是这样一个联合体，在那里，每个人的自由发展是一切人的自由发展的条件。”[⑤]

“自由人联合体”是马克思恩格斯所设想的未来和谐社会的一个目标样态。马克思还指出，在共产主义社会的第一阶段，即社会主义社会，由于个人天赋、能力，及家庭负担等不同，因而人们的收入和享受还会存在事实上的不平等。这种事实上的不平等只有到共产主义社会才能消除。所以和谐社会的建构是一个从初级阶段到高级阶段的发

① 《马克思恩格斯文集》第2卷，63页，北京：人民出版社，2009年。
② 《马克思恩格斯文集》第4卷，229页，北京：人民出版社，2009年。
③ 《马克思恩格斯全集》第3卷，487页，北京：人民出版社，2002年。
④ 《马克思恩格斯全集》第21卷，271页，北京：人民出版社，2003年。
⑤ 《马克思恩格斯文集》第2卷，53页，北京：人民出版社，2009年。

展过程。

社会主义者为什么要把消灭阶级对立作为实现社会和谐的根本前提？这是因为阶级对立是少数人压迫剥削多数人，压抑了多数人的劳动积极性和社会参与的积极性，造成整个社会发展的正能量的削弱。另外，阶级对立必然引发阶级冲突，引发社会内耗，造成整个社会发展的负能量的增长。这一增一减必然使社会整体价值趋小化。

因此，不消灭阶级对立，就没有社会和谐，也就没有社会整体价值的最大化。这是因为和谐社会能消除社会不公现象，化解社会矛盾，使社会各方面的力量和睦相处，有利于降低损耗，有利于团结协作，团结就是力量，协作提高效率，从而有利于实现社会系统整体价值的最大化。

社会和谐作为社会的一种整体状态，主要取决于支撑社会整体的内在结构性质。阶级社会中，这种含有根本缺陷的阶级对立结构也就从整体上决定了社会的不和谐。因此，建设和谐社会也就必须以消除阶级对立为前提。

（3）构建和谐社会是中国共产党人的不懈追求。

中国共产党自1921年成立以来，就以马克思主义为指导，怀揣共产主义和谐社会理想，经过28年前赴后继的斗争，推翻了压在人民头上的“三座大山”，迎来了新中国的诞生。新中国建立以后，经过几年恢复、发展，开始了社会主义三大改造运动，到1956年底这一改造任务基本完成，初步建立了社会主义基本制度。社会主义制度虽然那时还极不完善，但毕竟已经是“太阳照在桑乾河上”，几千年的剥削制度消灭了，国家的发展进入了全面建设社会主义的新历程。在社会主义制度框架内，一些我们现在称之为构建社会主义和谐社会的目标和任务已被提出。

比如，毛泽东明确指出，人民对于经济文化迅速发展的需要同当前经济文化不能满足人民需要之间的矛盾是我国国内的主要矛盾。这就为经济、文化发展，进而为构建和谐社会提供物质和文化的基础奠定了理论基础。又比如，要严格区分两类不同性质的矛盾，正确处理人民内部矛盾，这也是希望达到社会和谐的景象。再如，社会主义社会要造成一个又有集中又有民主，又有纪律又有自由，又有统一意志、又有个人心情舒畅、生动活泼，那样一种政治局面。用毛泽东的话说，就是要让党经常保持活力，让人民事业欣欣向荣，让中国变成一个让人可亲的大国、强国。这事实上已经在为社会主义制度框架内的和谐社会建设进行较为系统、集中的规定。

然而从1957年下半年开始，中国共产党在探索社会主义建设的道路上遭受到了曲折和挫折。首先，1957年下半年以后，党开始犯“左”的错误，否定了八大提出的正确路线，认为两个阶级、两条道路的斗争是社会主义社会的主要矛盾，强调以阶级斗争为纲，忽视了发展生产力和改善人民的物质文化生活。继而，在“文化大革命”中，这种以阶级斗争为纲的错误指导思想更是被彻底贯彻。结果造成民主法制被破坏，社会处于无序状态。很显然，只要还坚持以阶级斗争为纲的指导方针，政治运动就会连绵不断，那么就不可能构建社会主义和谐社会。换言之，构建和谐社会与以阶级斗争为纲是完全相克的两个指导方针。

《中共中央关于构建社会主义和谐社会若干重大问题的决定》指出：“党的十一届三中全会以后，我们党坚定不移地推进改革开放和现代化建设，积极推动经济发展和社会全面进步，为促进社会和谐进行了不懈努力。”[①]1978年十一届三中全会后的改革开放新时期作为构建社会主义和谐社会的历史起点，究其根据有二：

一是，党实现了指导思想的转变，即从以阶级斗争为纲到以经济建设为中心的转变。在这个过程中，党对社会主义本质逐步有了新认识，即要不断解放生产力，发展生产力，并追求社会主义的共同富裕，从而为构建社会主义和谐社会创造了基本前提和经济基础。

二是，党深刻反思二十年“左”倾错误的制度根源，即在于制度建设的失败。“民主集中制被破坏了，集体领导被破坏了。否则，就不能理解为什么会爆发‘文化大革命’。”[②]在痛定思痛的基础上，邓小平指出：“领导制度、组织制度问题更带有根本性、全局性、稳定性和长期性。这种制度问题，关系到党和国家是否改变颜色，必须引起全党的高度重视。”[③]根据邓小平的这一重要思想，党的十三大报告提出要

① 中共中央文献研究室编：《十六大以来重要文献选编》下，648页，北京：中央文献出版社，2008年。

② 《邓小平文选》第2卷，348页，北京：人民出版社，1994年。

③ 《邓小平文选》第2卷，333页，北京：人民出版社，1994年。

“在党的建设上走出一条不搞政治运动，而靠改革和制度建设的新路子”；党的十五大报告提出，要“依法治国，建设社会主义法治国家”。显然，只有实现社会主义民主的制度化、法律化，各阶层的正当利益才有政治和法律方面的安全保障，一个安定团结、生动活泼的政治局面才能出现。

作为对建设社会主义和谐社会实践经验的理论说明，在2004年9月召开的党的十六届四中全会上，我们党第一次明确提出“构建社会主义和谐社会”的思想。党的十六大报告在阐述全面建设小康社会的奋斗目标时已提出“社会更加和谐”的发展要求，但它尚未明确提出构建社会主义和谐社会的科学概念和系统规定。“一个理论概念的形成，一个重要思想的诞生，自然有许多孕育它的思想因子和直接的理论胚胎，但形成新概念、提出新思想，不能不说是理论认识的一次飞跃。”①

以胡锦涛为总书记的中央领导集体对构建社会主义和谐社会的认识又有了进一步的丰富。2005年胡锦涛在中央党校省部级主要领导干部提高构建社会主义和谐社会能力专题研讨班上的讲话中阐明了社会主义和谐社会的内涵。指出：“我们所要建设的社会主义和谐社会，应该是民主法治、公平正义、诚信友爱、充满活力、安定有序、人与自然和谐相处的社会。”②这一充满时代气息的阐述，说明党关于构建社会主义和谐社会的理论升华到了一个新的层面。

2006年党的十六届六中全会进一步明确了构建社会主义和谐社会在中国特色社会主义事业总体布局中的地位和性质。指出：社会和谐是中国特色社会主义的本质属性，是国家富强、民族振兴、人民幸福的重要保证，是我们党不懈奋斗的目标。这一阐述无疑说明党关于构建社会主义和谐社会理论的基本框架已日渐形成。

（4）构建和谐社会是中国特色社会主义的本质要求。

社会主义社会消灭了剥削制度和剥削阶级，这从根本上消除了社会的阶级对抗性。社会主义社会建立了以公有制和按劳分配为主体的社会经济制度和人民当家作主的民主政治制度，这就从根本上体现和

---

① 石仲泉：《和谐社会：制度起点、历史起点和理论起点》，《学习时报》，2007·01·09。

② 中共中央文献研究室编：《十六大以来重要文献选编》中，706页，北京：中央文献出版社，2006年。

保障了广大社会成员根本利益的一致性，为和谐社会的构建提供了基本前提。

不仅如此，构建和谐社会，还是中国特色社会主义的本质要求。社会主义的本质是解放生产力，发展生产力，消灭剥削，消除两极分化，最终达到共同富裕。这里可以归纳为两点：一是发展，二是公平。邓小平曾明确提出贫穷不是社会主义，我国现阶段必须以经济建设为中心，大力发展生产力。但正反两个方面的经验又告诉我们，经济发展，社会繁荣了，还要共享社会发展的成果，要走共同富裕的道路。就社会主义国家来说，贫穷不是社会主义，分配不公也不是社会主义。

为了发展生产力，必须利用市场经济的优长。市场经济，从生产力角度说，它是通过市场配置资源的经济，讲究的是效率优先；从人与人关系的角度说，市场经济是竞争经济，讲究的是优胜劣汰。发挥市场经济在效率和竞争方面的优势，才能大力发展生产力，创造更好更多的社会财富。但提高效率不能以牺牲公平为代价，牺牲了公平最终也会妨碍效率的提升。提倡竞争，也不能搞零和游戏，不能像资本主义社会那样，侵犯劳工群众和广大消费者的利益，追求所谓资本利益的最大化。社会主义的本质要求，既要讲效率，也要讲公平；既要讲竞争，也要讲共赢，如前所说，是要追求社会整体利益的最大化。

效率与公平的兼顾，竞争与共赢的统一，就是社会和谐。离开公平讲效率，离开共赢讲竞争，固然没有社会和谐；同样，离开效率讲公平，离开竞争讲共赢，也没有社会和谐，那只是单纯的同一，或无差别的雷同。这样的同一、雷同所呈现的状况不是社会和谐，而是死水一潭，了无生气。社会和谐是以社会多样性存在为前提，以多样性竞争为动力的。诚然，如果多样性竞争缺失了公平和共赢所具有的凝聚和导向作用，那么这种所谓多样性竞争所带来的也绝不是丰富多彩，生机勃发，而是混乱不堪，内耗衰败。

需要指出的是，肯定社会和谐是中国特色社会主义的本质属性，这只是意味着，建立社会主义基本制度，为和谐社会的建设提供了根本的制度保证。另外，还要通过建立适当的社会主义具体体制和采取相关的政策来促进和保障广大社会成员具体利益的实现和协调。也就是说，社会主义和谐社会是广大社会成员在根本利益一致前提下具体利益多样性协调发展的社会。因此，只有社会主义根本制度所决定的根本利益的一致，并不是社会主义和谐社会的全部，甚至不是关键，关键是人民群众具体利益多样性的发展与协调。

而随着生产力发展，社会利益多样性必然随之发展，人们的独立性和自主性也会不断发展，这其中必然会产生许多矛盾和问题。面对这些矛盾和问题，面对广大群众在根本利益一致前提下具体利益多样性的发展，认识和化解这些矛盾，在人们之间建立起和谐的社会关系，就成为国家富强、民族振兴、人民幸福的重要保证。因此，和谐社会建设体现了建设社会主义现代化国家的内在要求，体现了全党全国各族人民的共同愿望。如果搞不好，矛盾也会激化，社会主义社会也会出现动乱。

我国现在还处于社会主义初级阶段。它在基本经济制度上的特点是以公有制为主体，与包括私有制在内的各种所有制的同时存在和发展。它的社会关系比单纯的社会主义社会或资本主义社会都要复杂。其经济体制的主要特点是社会主义市场经济，其中的社会关系比资本主义市场经济或社会主义计划经济也都要复杂。

我们国家是人民当家作主的国家，可在民营企业和外资企业内部仍然存在具有对抗性的劳资矛盾。这个矛盾处理不好，也可能走向冲突。这对资方不利，对劳方不利，对国家也不利。为了避免这种情况的发生，作为人民代表的国家和政府可以通过多种措施，使这种对立通过调整、协调、互相让步来缓解，进而达于劳资两利，互惠双赢，这也就是和谐。劳资矛盾作为对抗性矛盾，在资本主义社会中其可能的最佳状态是缓和，而在当代中国则可以把这种缓和进一步发展为和谐。其原因在于其所处的历史环境不同。正如马克思所说："极为相似的事变发生在不同的历史环境中就引起了完全不同的结果。"[①]

二、人民幸福是社会主义和谐社会的根本要求

什么是社会主义和谐社会，对此有广义和狭义两种理解。

1. 社会主义和谐社会的广义和狭义理解

社会主义和谐社会的广义理解是指作为社会有机体的社会主义社

---

① 《马克思恩格斯文集》第3卷，466页，北京：人民出版社，2009年。

会所呈现的一种整体状态；社会主义和谐社会的狭义理解是指支撑社会有机体的人际关系的总体状态。

广义的社会主义和谐社会是指中国社会主义社会系统的内在关系和外在关系所呈现的一种协同状态。其外在关系包括自然与社会、国内改革与对外开放两个方面；其内在关系包括社会发展与人的发展，经济发展与政治发展和文化发展，各民族之间、各地区之间、各群体之间等关系。

狭义的社会主义和谐社会，是在中国特色社会主义建设总体布局中，相对于经济建设、政治建设、文化建设和生态文明建设而言的社会建设的目标。这里的社会建设不是外在于经济建设、政治建设、文化建设和生态文明建设的，而是把渗透、包含其中的共有的社会关系或人际关系突出出来，加以专门建设。人类社会无处不存在人际关系。当然这些关系，是通过经济现象、政治现象、文化现象和生态环境现象表现出来的，在现实社会中，既没有脱离这些现象而存在的人际关系，也没有不通过这些现象表现的人际关系。比如生态环境问题，其坐标是人类社会，它在实质上是这部分人与那部分人（污染制造者与污染受害者）、一部分人与全人类、当代人与子孙后代的关系问题。

那么广义的社会主义和谐社会与狭义的社会主义和谐社会的关系如何呢？学术界一致的观点是，二者是辩证统一，不是截然对立的。但是对辩证统一，又有着不同的理解。有论者从整体与局部的角度来理解上述二者的辩证统一，认为广义的理解是整体的和谐社会，狭义的理解是局部的和谐社会，二者是包含与被包含的关系；另有论者认为广义的理解是综合的和谐社会，狭义的理解是单项的和谐社会，二者的关系是综合与单项的辩证统一关系。

但仔细加以分析，可以发现，这两种理解都不甚切当。广义社会主义和谐社会与狭义社会主义和谐社会，并不是指谓两种和谐社会，而是对同一个社会主义和谐社会从不同角度，即从其存在层次和本质层次所作的理解和指称。广义理解所指谓的是存在层次的社会主义和谐社会；狭义理解所指谓的是本质层次的社会主义和谐社会。从二者的关系来说，广义社会主义和谐社会是狭义社会主义和谐社会的现实存在；狭义社会主义和谐社会是广义社会主义和谐社会的本质规定，或本质内涵。

既然广义社会主义和谐社会和狭义社会主义和谐社会的统一，是社会主义和谐社会的现实存在和本质内涵的统一，那么坚持这种统一，也就必然要求以广义社会主义和谐社会建设为着力点，以狭义社会主义和谐社会建设为聚焦点，要坚持“着力点”与“聚焦点”的统一，来加强社会主义和谐社会建设。正如党的十八大报告所指出的：“坚持一切从实际出发，正确认识和妥善处理中国特色社会主义事业中的重大关系，统筹改革发展稳定、内政外交国防、治党治国治军各方面工作，统筹城乡发展、区域发展、经济社会发展、人与自然和谐发展、国内发展和对外开放，统筹各方面利益关系，充分调动各方面积极性，努力形成全体人民各尽其能、各得其所而又和谐相处的局面。”①

2. 社会主义和谐社会的科学内涵

关于社会主义和谐社会的科学内涵，胡锦涛在2005年中央党校省部级主要领导干部提高构建社会主义和谐社会能力专题研讨班上的讲话中作了深刻阐述。他指出：社会主义和谐社会是民主法治、公平正义、诚信友爱、充满活力、安定有序、人与自然和谐相处的社会。

这里从以下几个方面来加以说明。

（1）社会主义和谐社会是安定有序的社会。

安定有序是任何一个正常社会存在和发展的前提，也是社会主义和谐社会的起码条件。安定有序就是人们按照社会分工，各谋其职，各举其业；按社会公认的规则，互易劳动，互相服务。没有安定就没有正常的生活，更谈不上和谐的生活。“有序”是正常生活的一种状况，也是和谐生活的一种状态。相反，无序就意味着紊乱，意味着失常、失和。因此社会主义和谐社会就是社会成员按照自己所充当的角色及其所应遵守的社会规范来行动的、井然有序的社会。

（2）社会主义和谐社会是民主法治的社会。

社会主义和谐社会的安定有序，不是在政治高压下，维护等级特权的“君君、臣臣、父父、子子”的那种安定有序，而是通过民主法制所实现的安定有序。社会成员在从事活动中，总会产生矛盾，靠什么去解决这些矛盾，靠什么去安邦定国，法治国家靠的是至高无上的法。这在资本主义社会和社会主义社会是共同的。因此，在法治国家

① 胡锦涛：《坚定不移沿着中国特色社会主义道路前进　为全面建成小康社会而奋斗——在中国共产党第十八次全国代表大会上的报告》，9页，北京：人民出版社，2012年。

中，法不仅意味着秩序，而且意味着“法律面前人人平等”。可见，没有法治，就没有和谐。但有法治并不必然产生和谐。这是因为代表少数人利益的“法”不会带来和谐，只有作为公民意志体现的“法”才能导致和谐，为此就要求立法的民主化，要实现民主法治。社会主义和谐就是引导各种利益主体以理性、合法的方式在表达利益诉求的基础上，通过民主法治使社会中的矛盾和冲突得以解决的社会。

（3）社会主义和谐社会是公平正义的社会。

社会公平正义是社会主义和谐社会的主旨。公平是指公正、平等，正义是指符合公正的道理。这里的公平正义不仅是上文所说的法律意义上的公平正义，即不仅是法律面前人人平等，而且是人在社会中地位和活动的平等，享受到这样的平等就是公正，就是正义。这里的地位平等包括经济、政治、文化、人格等方面的地位平等；这里的活动平等是指人们投身社会活动的条件、过程和结果的公平，或曰权利公平、机会公平、程序公平、分配公平。只有坚持公平正义才能调动各方面的积极性，增强社会经济发展的活力，提高社会的整合度，实现社会的全面协调发展，达于社会的和谐。社会主义和谐社会就是社会成员在劳动、知识、才能、创造等面前享受公平正义的社会。

（4）社会主义和谐社会是诚信友爱的社会。

诚信友爱是社会主义和谐社会的道德要求。诚信是指诚实守信，其中包括个人诚信、社会诚信和政府诚信。其中特别是政府诚信。友爱是指人与人之间的友好互助。全体人民道德水平提高了，社会冲突就会大幅减少，社会管理成本就会大幅降低。这是因为，诚信能产生信赖与和谐，友爱能促进沟通与包容。

（5）社会主义和谐社会是充满活力的社会。

社会主义和谐社会是开放的社会。不开放必然僵化、停滞，但开放并非兼收并蓄，而是以我为主，吐故纳新，借鉴发展。社会主义和谐社会是多元竞争的社会， 多元并非没有主导，竞争并非没有协同。这种统一在文化上表现为坚持马克思主义一元主导与多种文化的共存，及主旋律与多样性的统一；在政治上表现为共产党领导与多党共存合作和政治协商的统一；在经济上表现为社会主义公有制和按劳分配为主体与多种所有制经济与多种分配方式的共存与统一。坚持这种有主导、有协同的多元竞争，才能使社会主义和谐社会充满活力，而又活而不乱，活而有序。

（6）社会主义和谐社会是人与自然和谐相处的社会。

社会主义和谐社会是追求人与自然和谐相处的社会。人与自然和谐相处是人类现代文明的重要体现，因而也是社会主义和谐社会的题中应有之义。人通过实践可以认识和驾驭自然规律，成为改造自然的主体。但同时人又要处理好正确认识自然、合理改造自然与有效保护自然的关系，成为自觉爱护和保护自然的人。因此，我们应该牢固树立以人为本的科学发展观，走生产发展、生态良好、生活富裕的可持续发展道路，真正实现人与自然和谐相处。

3. 社会主义和谐社会的根本是人民幸福

英国哲学家休谟曾说："一切人类努力的伟大目标在于获得幸福。"[①]这句话诚然是很正确的。但人们对幸福的理解是各式各样的。需要指明的是，当今对幸福的理解有这样一个趋势是很有意义的，即人们不是从某个单项指标，比如金钱与财富、运气与成功、健康与亲情，而是从总体来理解幸福。认为幸福是一个人稳定、持续的美好感觉，是对生活的总体满意，对自己生活质量和生存状态的总体肯定。

为了表达这种关于幸福的总体理解，人们提出了各种各样的"幸福指数"，或曰"幸福地图"。其角度有两个：一是侧重从个人角度，二是侧重从社会角度。前者可称为个人幸福指数，后者可称为社会幸福指数，或国民幸福指数。所谓幸福指数，也就是关于幸福的数据模型。

英国莱斯特大学的怀特先生曾提供了一张自称世界第一的"幸福地图"，认为幸福是健康、财富和教育（获得接受教育的机会）的总和。英国的一个非政府组织"新经济基金"制定了一个"幸福星球指数"，认为"幸福=生活满意程度×寿命÷生态足迹"（关注环境保护和可持续发展）[②]。不丹第四世国王吉格梅·辛格·旺楚首次提出了"国民幸福指数"的概念。其中涵盖了政治廉政善治、经济增长、文化教育发展和环境保护等四个方面的内容。[③]日本滋贺大学校长佐和隆光提出了建设"幸福社会"的概念。他认为幸福社会应该是没有人感觉被

① 转引自张慧芳、文启湘：《民生幸福与社会和谐》，《光明日报》，2007·06·05。

② 参见马建国：《"幸福"，英国人说了算?》，《参考消息》，2006·11·19。

③ 参见毛晓晓：《走进"国民幸福指数"首创国——不丹》，《参考消息》，2011·05·13。

抛弃；理想的社会应该是低失业率的；没有人被排除在医疗、教育和其他公共服务之外；每个公民都真正感觉到他（她）“参与”了国民政治；社会可持续；社会成员能够享受一个优美的环境。

由上可见，幸福指数是衡量社会进步和人的发展水平的重要尺度，是迈入后工业化时代人类心声的反映。因而上述关于幸福指数的观点都是很有启发意义的。

中国共产党人提出了社会主义和谐社会建设的理念，正是集中体现了人类追求幸福的时代心声，集中体现了全中国人民追求幸福生活的美好愿望，并把它变成了执政理念，变成了国家战略。

社会主义和谐社会是人民幸福的社会，是人民群众共建共享幸福生活的社会。

社会主义和谐社会建设以人民幸福为根本宗旨。即要通过努力，不断提高人民群众的生活质量，为人的全面发展创造一个更好的环境条件，拥有一个有利人健康长寿的自然生态环境；有一个切实尊重和保障合法权益的民主法治环境；有一个人们彼此尊重、诚信交往的人际和谐环境；有一个人的素质和能力得到提高和发挥，自我价值得到实现和肯定的良好发展环境；有一个身心协调、健康的心理环境。

社会主义和谐社会建设以人民幸福为根本动力。什么是幸福，从马克思主义的观点看来，幸福就是必要需求的满足。人们是为了追求幸福，追求需要的满足而从事活动的。因此，追求个人幸福是人生的动力，把亿万人追求幸福的愿望和行动加以组织、协调，就形成建设社会主义和谐社会的巨大力量。构建社会主义和谐社会的中国梦，是国家的梦，也是十三亿中国人的梦。放飞幸福的梦想才能激发广大人民群众建设社会主义和谐社会的积极性、主动性、创造性，才能使和谐社会的理想变成现实。

社会主义和谐社会建设以人民幸福为根本标准。在当代中国，衡量一个地区、一个单位，以至整个国家和谐发展的根本标准是什么，最根本的标准就是能否很好地满足人们的生存需求、能否为人们提供广阔的自由发展的空间、能否坚持发展目标上的以人为本。或者说，是反映人民生活质量的幸福指数如何。当前我国正处于改革深化时期，我们应当密切关注各项重大政策对人们整体幸福感的影响，关注城乡居民、东中西地区居民幸福感的差异和走势，关注社会不同利益群体，特别是弱势群体幸福的状况，充分考虑发展的速度、改革的力度和人们幸福度的协调和统一，从而把以人为本这一社会主义和谐社会建设的核心原则真正落到实处。

总之，人民幸福是社会主义和谐社会建设之本、之源、之衡，它是我们构建和谐社会的一切工作为之旋转的核心。

三、坚持以人为本的社会主义和谐社会建设

坚持以人为本，有助于尊重和保障个人权益，改善民生，协调各种利益关系，共建共享文明成果，从而极大地调动广大人民群众建设社会主义和谐社会的积极性。

1. 坚持以人为本是构建社会主义和谐社会的必然要求

（1）充分尊重个人权益，促进社会和谐。

①要尊重和保障人权。这是构建社会主义和谐社会的基础。人权得不到尊重和保障，就谈不上社会和谐。

改革开放以来，我国在人权建设方面取得了令人瞩目的成就，其标志是“国家尊重和保障人权”在2004年被载入宪法，使尊重和保障人权获得了宪法依据。但是，我们也要看到，我国在人权的内容和实际受到保护的程度方面还有待进一步加强。

第一，应在宪法层面拓展人权的内容和范围。目前我国在宪法上对人权的规定只有一些概括性的表述，集中体现在宪法修正案中“国家尊重和保障人权”的条文，而对于人权的具体内容则没有规定。因此，应进一步拓展人权的深度和广度，使人权成为公民在社会生活中切实享有的权利，并使这些权利在各个环节和各个方面得到切实维护。

第二，应进一步扩大人权的主体范围，尊重和保障所有公民的基本人权，尤其是要尊重和保障弱势群体的基本人权。从法律自身的角度来看，保护弱势群体，实质就是对宪法和法律的公平、正义原则的体现和落实。正义有形式正义和实质正义。在同一尺度面前的人人平等，是形式正义的典型表现，但由于社会中每个人的禀赋、能力、性格等不同，因而人的综合能力是有差别的，如果仅有形式上的平等，就可能会导致结果上的不平等。因此，这就需要在形式平等的基础上，对弱势群体实行有差别的倾斜保护，以矫正形式正义的不足，体现社

会对实质正义的追求。

②要承认和保护个人的合法利益。人们为之奋斗的一切，都同他们的利益有关。利益按其享有主体的不同，可分为个人利益、集体利益和国家利益。资本主义国家非常强调个人利益，主张私有财产神圣不可侵犯。在我国，曾经存在一种过分强调集体利益和国家利益，而忽视个人利益的倾向。随着经济体制和政治体制的改革以及人们价值观念的变革，当代中国开始认可和保护个人的合法利益。2004年宪法修正案明确规定："国家依照法律规定保护公民的私有财产所有权和继承权。"事实上，个人利益的实现是集体利益和国家利益实现的基础和前提，反过来，集体利益和国家利益的实现又能促进个人利益的实现，三者是统一的。因此，构建社会主义和谐社会，并不排斥个人利益，而是在承认和保护个人利益的前提下，使全体人民各得其所和各方面利益得到协调发展。

（2）不断创造条件满足人的需要，促进社会和谐。

社会发展是人的发展的基础和前提，社会发展是为人的发展创造条件。因此，社会发展的质和量在根本上决定着人的发展状况。社会主义和谐社会由于消灭了阶级剥削和阶级压迫，在社会发展的质和量上都大大优越于以往的任何社会，因而更能满足人们各方面的需要。

人的需要包括物质需要、政治需要、文化需要、社会需要等。现实存在的人与社会之间的不和谐现象，恰恰是由于没能满足人们的各种需要所造成的。因此，必须坚持以人为本，大力加强经济建设，满足人民群众日益增长的物质需要，为人与社会的和谐发展奠定坚实的物质基础；大力加强民主法治建设，满足人民群众日益增长的政治需要，为人与社会的和谐发展提供坚强的政治保证；大力加强先进文化建设，满足人民群众日益增长的文化需要，为人与社会的和谐发展提供强大的精神支撑。同时，最直接也最重要的是，要大力加强社会建设，满足人民群众日益增长的社会需要，尤其是满足人民群众对教育、科学、文化、医疗、卫生、就业、安全等方面的迫切需要，为人与社会的和谐发展创造良好的社会环境。

总之，只有坚持以人为本，不断满足人民群众日益增长的各方面需要，才能实现人与社会的和谐。

（3）坚持可持续发展，促进人与自然的和谐。

要坚持可持续发展，在处理人与自然关系上，必须转变传统观念，树立新的生态文明理念。

①对传统正义观进行扩充和延伸，确立“生态正义观”。传统正义观认为，正义只是就主体人而言的，它观照的主要是人与人之间的关系。也就是说，它只关注权利、利益如何在人与人之间进行分配，至于作为客体的“物”和自然环境，则被认为是纯粹外在的东西而不在它的视野之中。生态正义观是将正义行为的概念扩大到作为人的生存和活动的环境、条件和利用对象的自然界本身，确认自然界的所有生命在自然状态中维持生存的权利，从间接来说，也是人类本身的生存权利。

②对传统权利观进行扩充和延伸，倡导“环境权”。传统权利观侧重对私权的保护，无论是“自然权利”，还是“天赋人权”，都是就个人私权而言的。19世纪开始强调社会权，这是一个进步。而20世纪出现的“环境权”，则又是一个进步。它指的是公民享有在良好、适宜的环境中生活的权利。在1972年联合国召开的世界环境会议上，环境权首次得到国际承认。会议发表的《人类环境宣言》宣告：“人类有权在一种能够过尊严和福利的生活的环境中，享有自由、平等和充足的生活条件的基本权利，并且负有保护和改善这一代和将来的世世代代的环境的庄严责任。”①目前，许多国家已将环境权作为公民的一项一般性权利规定在宪法中。我国还没有在宪法中直接规定公民享有环境权，但在民法、刑法等部门法中，实际上都直接或间接地承认公民和法人享有环境权。

2. 坚持以人为本有助于改善民生

所谓民生，主要是指“民众的基本生存和生活状态，以及民众的基本发展机会、基本发展能力和基本权益保护的状况等”。通俗地说，民生问题就是与老百姓的衣食住行、生老病死等日常生活密切相关的问题。也可以说，是老百姓过日子所遇到的种种问题。在古人那里，民生大抵就是解决衣食之忧即温饱问题。但是随着社会的发展进步，民生不再仅仅局限于温饱问题，而是具有丰富的内涵。党的十七大报

① 万以诚、万岍：《新文明的路标》，3页，长春：吉林人民出版社，2001年。

告把“民生”概念细化为教育、就业、收入分配、社会保障、医疗卫生、社会管理等六大领域，具体包括劳动就业、社会保障、教育、医疗卫生、收入分配、住房、产品质量安全、安全生产、社会治安等人民群众最关心、最直接、最现实的利益问题。

民生问题关系社会的和谐稳定。纵观中外历史，民不聊生必将产生动乱，重视和改善民生则是促进社会发展、保持社会和谐稳定的一个基本前提。构建社会主义和谐社会的核心是解决利益平衡和协调问题，维护社会公平正义。而改善民生，特别是解决好人民群众最关心、最直接、最现实的利益问题，是促进社会公平正义、实现社会和谐的基本条件。

和谐社会不是在利益分配上没有差别，相反，只有在利益分配上存在一定的差别，才能激发人们的积极性，社会才能充满活力。但是，这种差别应该是有限度的，应该是大多数社会成员都可以接受或承受的。也就是说，和谐社会要能够保证大多数人的利益，使大多数人生活得更好。只有这样，社会才能保持和谐稳定。

而我国目前的现实是，新时期出现的一些与民生有关的社会问题，正严重影响着社会的和谐稳定。一是收入分配不公带来的贫富差距持续扩大；二是劳动关系失衡带来的劳动者权益不断受损；三是城乡发展失衡导致的城乡差距扩大；四是地区发展失衡导致的地区差距扩大，等等。这些问题暴露了社会成员在利益分配上的差别已经超过了民众所能容忍和承受的限度，如不及时化解就有可能酿成社会动乱。

因此，坚持以人为本，构建社会主义和谐社会，就必须切实改善民生，妥善协调各种利益关系。“要多谋民生之利，多解民生之忧，解决好人民最关心最直接最现实的利益问题，在学有所教、劳有所得、病有所医、老有所养、住有所居上持续取得新进展，努力让人民过上更好生活。”①

（1）优先发展教育，实现学有所教。

教育是民族振兴和社会进步的基石，教育公平是社会公平的重要体现，发展教育可以把我国巨大的人口压力转化为人力资源的优势。要把教育放在优先发展的战略位置，坚持教育的公益性质，加大国家

① 胡锦涛：《坚定不移沿着中国特色社会主义道路前进　为全面建成小康社会而奋斗——在中国共产党第十八次全国代表大会上的报告》，34页，北京：人民出版社，2012年。

财政对教育的投入，健全公共财政投入和保障机制，规范教育收费，保障经济困难家庭、进城务工人员子女平等接受义务教育。

（2）深化劳动就业和收入分配制度改革，实现劳有所得。

就业是民生之本，劳动就业是每个公民应该享有的基本权利。要实施更加积极的就业政策，鼓励多渠道多形式就业，促进创业带动就业。要深化收入分配制度改革，努力实现居民收入增长和经济发展同步、劳动报酬增长和劳动生产率提高同步，提高居民收入在国民收入分配中的比重，提高劳动报酬在初次分配中的比重。初次分配和再分配都要兼顾效率和公平，再分配更加注重公平。规范收入分配秩序，保护合法收入，增加低收入者收入，调节过高收入，取缔非法收入。

（3）推进养老保障体制改革，实现老有所养。

要整合城乡居民基本养老保险制度，逐步做实养老保险个人账户，实现基础养老金全国统筹。改革和完善企业和机关事业单位基本养老保险制度，探索建立农村养老保险制度，统筹基础养老金管理，建立养老基金投资运营制度，确保基金安全和保值增值。

（4）深化医药卫生体制改革，实现病有所医。

看病难、看病贵始终是影响国计民生、社会和谐的一个突出问题。要进一步深化医药卫生体制改革，按照保基本、强基层、建机制的要求，重点推进医疗保障、医疗服务、公共卫生、药品供应、监管体制的综合改革，完善国民健康政策，为群众提供安全有效方便廉价的公共卫生和基本医疗服务。健全全民医保体系，建立重特大疾病保障和救助机制，完善突发公共卫生事件应急和重大疾病防控机制。巩固基本药物制度。健全农村三级医疗卫生服务网络和城市社区卫生服务体系，深化公立医院改革，鼓励社会办医。

（5）推进住房体制改革，实现住有所居。

当前，我国住房制度过多地赋予住房以经济发展的功能，住房市场化过度，居民住房消费能力与房价严重脱节。要合理调整公房租金，确保国家、企业、个人承受能力的平衡。改革金融体制，调整信贷结构。加强房地产市场管理，健全廉租房保障制度，为低收入群体提供住房保障。

3. 坚持以人为本有助于共建共享改革发展成果

共建共享是社会主义和谐社会建设的根本原则。只有坚持以人为本，才能在和谐社会建设中贯彻这一根本原则。

共同建设是构建社会主义和谐社会的基础。“我们要构建的社会主义和谐社会，是在中国特色社会主义道路上，中国共产党领导全体人民共同建设、共同享有的和谐社会。”①人是社会发展的主体，人民群众是历史的创造者，也是构建社会主义和谐社会的主体，因此它是包括社会各阶层在内的全体人民的共同事业，所以要切实维护人民群众的主体地位，动员广大人民群众共同参与，只有把人民群众的积极性、主动性和创造性调动起来了，才能使这一宏伟目标变成现实。

共同享有是构建社会主义和谐社会的根本目的。在社会主义中国，人民是国家和社会的主人。人民共享改革发展的成果，是社会主义本质的必然要求，也是构建社会主义和谐社会的根本目的。必须坚持以人为本，始终把实现好、维护好、发展好最广大人民的根本利益作为一切工作包括构建社会主义和谐社会的出发点和落脚点，要做到发展为了人民、发展依靠人民、发展成果由人们共享。这样就必须针对影响社会和谐的突出矛盾，从解决人民群众最关心、最直接、最现实的利益问题入手，着力发展社会事业、促进社会公平正义、完善社会管理、增强社会创造活力，真正把改革发展成果体现在人民幸福指数的提高上，由人民群众共同享有发展成果，使每个社会成员都从社会发展中受益。

① 中共中央文献研究室编：《十六大以来重要文献选编》下，650页，北京：中央文献出版社，2008年。

世界历史视角中的当代资本主义与和谐世界建构*

认识当代资本主义和规划人类出路有一个从什么角度来认识和规划的问题。这里提倡用世界历史视角来认识当代资本主义和规划人类的出路。为此，下面先来谈谈什么是世界历史视角。

一、世界历史视角及其认识功能

（一）世界历史视角的本质内涵

世界历史视角与民族视角是相对而言的。民族视角，是指从一个民族出发去看待和处理问题的观点和方法；世界历史视角，是指从世界各民族各国家相互关联出发去看待和处理问题的观点和方法。

近代以前，世界各民族基本上是处于孤立发展的阶段，即民族历史的阶段。在这个阶段上，运用民族视角看问题大体就可以了。但近代以来，随着蒸汽技术生产力到电力技术生产力再到信息技术生产力的发展和世界市场的形成、扩大，以及全球化的推进，仅有民族视角已经不够了，还必须有世界历史视角。

这里所说的"世界历史"不是通常的、历史学意义上的世界史，即整个人类历史，而是指世界趋于一体化以来的历史。世界一体化是指世界各民族各国家在愈来愈广泛的交往中，逐渐结成一个不可分割的整体。因此，这个意义上的世界历史是相对于民族历史而言的。

世界历史，从经济角度来说，它包含了经济国际化、经济全球化、经济一体化三个发展阶段。它形成于近代，即资本主义时代。马克思以其惊人的洞察力注意到了这一历史发展趋势。他用"历史向世界历

---

*原文来源于《合肥师范学院学报》，2012（1）。

史转变”这一命题来表征这一历史趋势。在马克思看来，“世界历史”本身是一个历史范畴。

人类历史首先在几个古老的民族那里获得相对独立的发展。由于生产力的低下，高山大海的阻隔，交通工具的落后，各个民族之间的交往甚少，人类各大文明圈在相当长的时期处于相互隔离的状态。

随着生产力的发展，自然经济向市场经济的过渡，并由一个国家内部的地域性市场经济到民族性市场经济，再到世界性市场经济的发展，以国际贸易为基础的国际交往的扩大和国家间联系的发展，历史也就在愈来愈大的程度上成为世界历史。

我们现在处在这样一个历史阶段上，既不是狭隘的民族历史的阶段，也不是世界一体化已经实现的历史阶段上，而是处于向世界一体化实现的过程中。什么时候真正实现世界一体化呢？那就是在全世界消灭了阶级和国家的时代。在阶级、国家、地区集团还存在，甚至还存在对立的情况下，世界一体化总是相对的。因此，我们要在相对意义上来研究世界历史的形成和作用。如果说在世界历史形成以前，一个民族的发展还是一种自我展开的线性关系（单线因果联系），那么在世界历史形成以后，一个民族也就处于全球联系的网络之中，因此必须从全球系统的观点，或世界历史的视角来看待和处理问题。

（二）世界历史视角的认识功能

这些功能可以归纳为三个方面：

第一，从全球联系中看待局部事变的倍增效应。一个局部事变不仅影响局部，而且可以放大，甚至一损俱损，一荣俱荣。“各人自扫门前雪，休管他人瓦上霜”所反映的状况已经成为过去。1997年的东南亚金融风波，首先从泰国发生，不久刮到东盟各国，接着刮到日本到俄罗斯，再到埃及、墨西哥、美国、加拿大，从而形成了全球性的殃及效应。2008年美国的次贷危机引发的金融危机也是从美国扩大到了全球。2010年突尼西一个小贩的自焚引发冲突，作为一个燃爆点，竟然导致了一些阿拉伯国家的政府垮台。

第二，在世界历史背景下充分拓展主体的能动空间。这表现在，过去在一国范围内不能做的事，在世界历史背景下就可能做成。如日本、韩国基本上没有石油和铁矿石资源。显然，在民族历史的时空中，它们不可能发展成为工业国。而在世界历史条件下，日本不仅成为了工业强国，而且从1968年至2010年还成为了世界第二大经济体，韩国也成了世界经济的第十六强。它们发展起了在国际上领先的钢铁和汽车工业。它们所消耗的石油和铁矿石资源绝大部分是在世界范围内解决，它们的产品也是销往世界各地。据说日本在它的经济起飞阶段，平均每五分钟就有一艘进出日本的海轮经过台湾海峡。

第三，着眼于世界的网络联系预见事物的复杂变化。在一国范围内的一些矛盾冲突可能激化，而在世界历史条件下，这种矛盾冲突可以向国外转嫁。当然，这种危机转嫁是有条件的。一般是强国向弱国转嫁，从而使其国内矛盾得到缓解。这是西方发达国家不时采用的一种手法。

在一国范围内的一些矛盾冲突可能不会激化，但在世界历史条件下，由于内外因素的相互作用，造成涨落的叠加，因而可能导致激化。第三世界的一些国家在二次大战后发生的不少政治事件，往往都少不了西方一些发达国家从中插手。

因此，在当今世界看待问题，特别是看待一些重大问题，除了应具有民族视角以外，还应具有世界历史视角。

主张对当代资本主义进行世界历史的观照，也是因为资本主义不是在一国或少数国家中存在的事物，而是世界历史性的事物。因此，必须从世界历史的视角来看待它的存在和发展、矛盾和走向。

二、当代资本主义的性质及特点

当代资本主义，从总体上说，是经历了自由资本主义和私人垄断资本主义两个发展阶段之后而形成的国家垄断资本主义。

随着生产社会化的发展，在这三个阶段中，资本形式发生了部分质变。资本主义在发展的初期，可以说是一种“自有、自产、自销”的小本经营的资本。随着近代第一次科技革命，即蒸汽技术革命的发生，社会生产有了很大发展，逐渐形成工业资本、商业资本、银行资本三种独立发挥经济职能的资本。这是资本主义发展史上出现的资本形式的第一次重大变化，是自由资本主义的发达形式。它的出现，标志着资本主义经济内部分工与资本关系的重大发展。资本形式的第二次重大变化，发生在19世纪末20世纪初。那是在第二次科技革命，即在电力技术革命的基础上，资本主义的发展所经历的又一次重大的阶段性变化：自由竞争转变为私人垄断。当历史进入20世纪下半期，又在一种新的情况下，即以信息技术为中心的第三次科技革命的基础上，私人垄断资本继续发展的同时，与国有资本进一步结合起来。由于这一结合，资本的主导形式便由私人垄断资本转化为国家垄断资本。这便是资本形式发生的三次重大变化。

有论者认为，当代国家垄断资本主义已过渡到了以跨国公司为支柱的国际垄断资本主义的新阶段。其论据有：一是跨国公司的生产、经营已经跨越了国家的地域疆界，超越了国家的主权范围；二是跨国公司内部的贸易和生产分工在比重上已经超越了国家之间的国际贸易和生产的分工；三是所有国家都受到跨国公司的强烈影响。

应该说，上述观点及其论据并非一点道理没有。20世纪以来，全球跨国公司发展到6.3万多家。从20世纪80年代起，跨国公司的生产总额占发达资本主义国家生产总额的40%以上，现在世界80%以上的对外直接投资和90%以上的科技开发和转让都是由跨国公司进行的。但是上述这些论据从总体上说，还不足以支撑其观点。这是因为跨国公司的生产和经营是跨国的，但其中的绝大多数仍然是有国籍公司。这里的有国籍并非纯粹形式，而是有内容的。一是大多数跨国公司的资产和雇员集中在母国。比如，美国通用汽车在美国拥有20%以上的雇员和超过70%的资产；日本的丰田汽车公司在日本拥有其63%的资产和雇员。二是跨国公司的大部分生产集中在母国，或者其研究和开发集中在母国，比如飞利浦公司在母国荷兰只占有15%的资产，但其研究和开发却有40%在荷兰进行。三是董事会的组成和高级管理层也都把持在母国人手中。所以，到目前为止，跨国公司仍然是国家垄断资本主义运行的一种方式、一种载体。

生产社会化与生产资料资本主义占有制的矛盾是资本主义社会的基本矛盾。这个关于资本主义社会的本质规定，至今依然正确。但是随着资本主义三个阶段的发展，资本占有的主导形式也发生了变化。即从资本家个别占有，到一些资本家出资的股份公司的占有，再到总资本家，即以国家名义代表整个资产阶级占有的形式变化。

另外，资本的运作手段也发生了变化。在资本主义发展的早期，古典经济学家亚当·斯密和大卫·李嘉图都是自由放任资本主义市场经济的鼓吹者，市场万能的信奉者。他们主张政府不必干预经济，听任市场的自发性这只“看不见的手”发挥作用。因此，有个说法，管得最少的政府是最好的政府。这种自由放任的市场经济理论和体制是与资本主义工业化的初期阶段是相适应的，那时的资本主义市场经济还处于相对独立的、分散的、狭小地域的发展阶段。

随着生产社会化程度的提高，这种机制的弊端日益显现。特别是1929—1933年的资本主义世界经济危机的爆发，使它的弊端充分暴露。这场危机曾给资本主义造成了空前的灾难，在寻求应变之策的过程中，英国经济学家凯恩斯提出了应从根本上摒弃传统的自由放任的政策，由国家积极干预经济生活的主张。为此，第一个采取实际步骤走向宏观调控市场经济的政治家是美国总统罗斯福。罗斯福鉴于古典市场经济陷入危机，又吸取了苏联30年代计划经济的优长，开始在美国搞“新政”改革。“新政”的最大特点是政府大规模地干预经济，所推行的是宏观调控的资本主义市场经济。

这种市场经济有两只手在发挥作用，一是看不见的手，即价值规律；二是看得见的手，即宏观调控。因而又有一个说法，即管得最适当的政府是最好的政府。

资本主义生产力的发展与资本主导形式和运行机制的矛盾从激化到部分化解，在资本主义历史上表现为危机时期和稳定发展时期交替嬗变的历史过程。到目前为止，经历了三起三落。所谓三起，是指自由资本主义的上升时期、私人垄断资本主义的上升时期、国家垄断资本主义的上升时期。所谓三落，即自由资本主义的没落时期、私人垄断资本主义的没落时期，以及我们眼前正在开始经历的国家垄断资本主义的没落时期。危机时期是资本主义国家的国内矛盾相对激化时期，生产力遭到破坏，大批企业倒闭，群众的罢工和反抗斗争频发的时期。稳定发展时期是其国内矛盾得到某种缓和、解决的时期。

从历史的经验看，资本主义危机时期，容易使工人阶级及其政党产生资本主义快完蛋了的想法，容易对资本主义的生命力及其自我调节能力估计不足，这就是认识上的历史局限性。不少革命导师，包括马克思在内都有这种历史局限性。马克思不止一次地说过，他在估计革命形势和估计革命时机到来问题上常常犯错误。列宁当年也认为垄断资本主义是资本主义发展的最高阶段，而他当时所指的垄断资本主义也只是私人垄断资本主义。斯大林也曾说过，资本主义将面临总危机等等。

相反，资本主义相对稳定时期，生产力的发展，工人生活的相对改善又容易在工人阶级内部产生种种不切实际的幻想，甚至滋生背离工人阶级根本利益的机会主义思潮。

在马克思主义发展史上，在资本主义第二个稳定发展时期，出现过伯恩斯坦修正主义，说什么可以通过局部的改良，和平进入社会主义。伯恩斯坦修正主义的泛滥断送了第二国际。在资本主义的第三个稳定发展时期，又出现了赫鲁晓夫——戈尔巴乔夫的修正主义。这个修正主义断送了一批社会主义国家。

当代资本主义所经历的第三个相对稳定发展的时期，即国家垄断资本主义的上升时期。这个时期从20世纪40年代到90年代。然而好景不长，当代资本主义从相对稳定的发展而转向衰退和危机的阶段。这个衰退和危机经过了近20多年的潜伏期到2008年美国引发的世界性金融危机，成为一个标志。

当代资本主义有哪些特点呢？

1. 当代资本主义是制度性缺陷充分暴露的资本主义

资本主义社会的基本矛盾是生产社会化与生产资料资本主义占有制的矛盾。这个矛盾在当代资本主义那里也就具体地表现为以下三个方面的现实矛盾。

（1）宏观调控与自由放任的矛盾。生产社会化的发展要求国家加强宏观调控，而生产资料资本主义私有制则要求放松管制，放任自由。前者在理论上的表现就是凯恩斯主义，或新凯恩斯主义；后者在理论上的表现就是自由主义，或新自由主义。新自由主义主张企业私有化，主张取消国有企业。主张市场化，反对国家干预；提倡自由化，即资本市场自由化，允许资本自由进出。用新自由主义取代凯恩斯主义，其标志是1979年撒切尔在英国上台，1980年里根在美国上台，实行弗里德曼的自由货币政策，倡导所谓金融创新，从而使虚拟资本大幅膨胀起来。

（2）虚拟经济与实体经济的矛盾。虚拟经济也就是货币经济。20世纪60年代，美国在东南亚与越南进行了一场昂贵的战争。美国在

1945年时拥有世界上80%的黄金，而越南战争的花费使这些黄金越用越少，美国发行美元的25%要靠黄金来支撑，现在已经没有黄金了，于是美国当时的总统尼克松于1971年宣布美元贬值，美元与黄金脱钩。这就为美国任意印发作为国际货币结算与储备手段的美元开了方便之门。这种没有黄金支撑完全符号化的纸币，推动虚拟货币、虚拟资本和虚拟经济的膨胀。所谓虚拟经济或货币经济的膨胀，是指它不是与工业经济结合，并为之服务，而是脱离工业经济即实体经济，于是成了操纵市场大肆投机的泡沫化经济。在美国的GDP中，实体经济创造的份额在下降，从1950年的61.78%，降到2007年的33.99%，其中同期制造业则由27%下降为11.7%；同期的虚拟经济创造的GDP则由11.37%上升为20.67%（而其虚拟货币面额则要大十几倍）。因此，现代资本主义的特点不是工业资本，而是金融资本；不是一般的金融资本，而是虚拟化和泡沫化的金融资本。比如美国银行的利润不是给工业经济贷款而获得利息，而是通过发放信用卡征收13%的利息。通过房贷，从第一回合中获得利息，据说，在高峰时期美国70%的银行贷款都是房地产抵押贷款。然后把贷款人的债务变成债券，让人购买，用投资债券的钱再放贷，在第二回合中获得利息，如此循环，据说其放贷规模可以超越原先债券市场的三倍。

（3）超前消费和偿还能力的矛盾。生产社会化与生产资料资本主义私人占有制的矛盾，表现为生产过剩与工人支付能力缺乏的矛盾。为了解决这个矛盾，刺激需求，发达资本主义国家不仅提倡高消费，而且鼓励超前消费。所谓超前消费就是今天花明天挣的钱，即形成虚拟购买力。用中国人的话说，也就是寅吃卯粮。居民消费靠贷款支撑，使广大低收入家庭沦为“债奴”。2001—2004年“次贷”快速膨胀时期，美国家庭债务占收入的比重上升到136%，家庭债务余额即虚拟购买力在2004年近14000亿美元。美国政府靠举债度日。美国的去工业化，除了某些软件和IT产品，美国能在世界市场上销售的东西不多，由此造成了巨大的贸易逆差。2009年1—11月，美国的贸易逆差共计4700亿美元（其中欧盟644亿，日本400亿，中国2082亿美元）。自己挣不来钱，又挥霍无度，只好借钱。美国的内外债务相当于国内生产总值的380%，比英国的100%，意大利的120%，法国的90%，日本的240%高得多。

虽然，我们不能说资本主义已经走向终点，但资本主义已经充分暴露出它的制度性缺陷。正如美国学者约翰·贝拉米福斯特所言：资本主义制度是“失败的制度”。

2. 当代资本主义是萌生了一些社会主义因素的资本主义

到目前为止，社会主义虽然还不能在全世界取代资本主义，但资本主义内部已经萌生了一些社会主义因素。这些因素表现在：第一，当代资本主义不能使人民成为国家的主人，但它又通过社会改革提高了人民群众在社会生活的地位。它通过劳动法、产权法、人权法等一系列法律在一定程度上维护了工人的劳动权利、参与权利和收入权利。在今天的美国、欧洲、日本，著名作家狄更斯在《双城论》《孤星血泪》和雨果的《悲惨世界》里所描绘的资本家对工人的残酷剥削和压迫的情景已经不存在了。第二，当代资本主义没有创造一个平等、公正的社会，但它又采取措施增进了社会公平和社会平等。比如它通过社会保险、社会福利、社会公共服务，使人民群众在一定程度上享受到了社会发展的成果。资产阶级国家利用掌握在手中的巨大财力，通过宏观调控保护市场机制的积极作用，规范市场行为，抑制消极作用，减弱其自发性和盲目性带来的经济波动，弥补市场机制对投资大风险大的公共设施、基础工业、科技事业方面所造成的缺失，建立了包括财税制度、银行制度、价格制度、国民收入再分配制度，以及宏观产业政策在内的政府控制体系；建立了包括失业保险、养老保险、医疗保险和各种社会救助在内的社会保险体系；建立了使市场经济沿着健康轨道发展的社会监督体系。因此，在西方发达国家中，出现了“资本主义也有计划”的状况。这是资本主义市场经济发展过程中有深远意义的重大转折。

二战以来，整个说来，西方发达国家的人民生活水平有了很大提高，工资有了增长，住房得到改善，耐用消费品如彩电、冰箱、洗衣机、空调、汽车等得到普及，劳动时间大为缩短，医疗和社会保险事业也有了相当的发展。与上述情况相联系，发达资本主义国家的阶级矛盾相对缓和，社会相对稳定。

当然，对这些社会主义因素的价值不可估计过高，因为它局限于资本主义的框架内，所以不具有根本的意义，但其透露出来的信息却又是很有意义的。它表明资本主义不能照旧生活下去，它需要借助具有社会主义色彩的措施才能得以延续，然而这样做又会引起新的矛盾，从而使这些措施的施行遇到障碍，效用低下。

3. 当代资本主义是造成全球贫富两极分化的资本主义

发达资本主义国家之所以能一次次地从危机中脱身，并走上新一轮的稳定发展之途，这与西方资本主义国家凭借自己的优势，不断从国外攫取利益，又不时向国外转嫁危机相联系的。这由此引起了两个方面的矛盾，一是资本主义发达国家与广大被剥削被压迫国家和人民的矛盾，二是发达资本主义国家之间的矛盾。前一个矛盾造成了日益加剧的国际贫富两极分化；后一个矛盾其激烈的表现，则是两次世界大战的爆发。

因此，可以说，资本主义发达国家的存在和发展是以广大亚非拉国家的贫困为前提的。而且，二次大战以来，国际的贫富两极分化已成为资本主义腐朽性的主要表现。

三、当代资本主义腐朽性的主要表现

（一）现代生产力可以使人类过上富裕的生活

在农业文明晚期的1650年，全球人口为5亿，国民生产总值推算只有约1000亿美元，人均200美元；到1830年，全球人口为10亿，GDP为3000亿，人均约为300美元；2003年全球人口为63亿，GDP约36万亿美元，人均5700多美元，2010年全球人口69亿，GDP为58万亿，人均8400美元。总量是1650年的580倍，1830年193倍，2003年1.6倍。人均量是1650年的42倍，1830年28倍，2003年近1.5倍。按理，在这样高的经济水平上，人类完全可以过上相当富裕的生活，但分配结果却令人十分失望，且富的越富，穷的越穷。

（二）全球化背景下贫富两极分化加剧

首先，从国家贫富差距看。据联合国开发计划署1999年2月发表的《人类发展报告》显示，占世界人口1/5的最富有的国家拥有全球GDP的86%，出口市场的82%，外国直接投资的68%，而占全球1/5的贫困人口的国家在上述几项中的占有率仅约为1%。

世界上最富裕的5个国家所拥有的财富与最贫困的5个国家相比，已从1960年的30:1扩大到1997年的74:1。

1994年前世界贫困人口为13亿，到1999年已达28亿；1979年联合国确定的最不发达国家为29个，到1999年已增加到49个。南北差距的扩大，进一步加深了发达国家与发展中国家的矛盾。

其次，从个人收入差距看。1999年世界人均GNP最高的国家是卢森堡，人均GNP44640美元，最低的国家埃塞俄比亚仅为100美元，两者之间是446:1，前者一天的收入超过后者一年的收入。一方面少数高收入国家居民享有极高的生活水平，生活费平均每天70美元；另一方面，非洲、亚洲却有13亿人口生活在生活费不足1美元的状态下。

美国《福布斯》杂志评选出了2002年497名净产值超过10亿美元的富翁，他们的总财产达到15400亿美元，接近中国和印度2000年23.77亿人口的GDP（15593亿美元）；世界首富比尔·盖茨的净财产达528亿美元，超过孟加拉国1.3亿人的GDP（478亿美元）。数字鸿沟愈来愈大。由此可见，经济全球化并没有使世界各国普遍受益，世界经济发展中的不平衡更趋严重。

再次，从主要国家和地区的GDP占世界GDP总量的百分比看。据世界银行公布的2003年GDP和人口统计数字，7国集团（美、英、法、德、日本、加拿大、澳大利亚）共占世界人口11%，GDP占世界的65%；其余地区占世界人口的89%，GDP占35%。其中亚洲、太平洋地区人口占世界人口的52%，GDP约占8%；非洲现有7亿人口，约占世界人口的11%，GDP约占世界1%。

最后，从生活状况看。20世纪八九十年代第三世界国家：基础教育每年支出约60亿美元，供水和卫生设施支出约90亿美元，健康和粮食保障支出约130亿美元。与此形成巨大反差的是，世界军备支出约为7800亿美元，毒品支出约4000亿美元，欧洲酒精支出约1050亿，欧洲香烟支出约500亿美元，欧洲和美国的狗粮支出约170亿美元，而全世界用于消除饥饿的支出仅约为190亿美元。

非洲撒哈拉沙漠以南地区有4亿多人口，其国民生产总值只等于一个人口仅为1000万左右的比利时。在这些地区，由于经济落后，人民极端贫困。例如，非洲就有20—30%的人口经常处于饥饿和营养不良的状况下，有45%的儿童营养不良；在拉美地区也有2000多万儿童流离失所，许多人挣扎在死亡线上。对于这种情况，邓小平早在20世纪80年代就曾明确指出，南北问题十分突出，“发达国家越来越富，相对的是发展中国家越来越穷”①。又说：“南北之间差距不是在缩小，而是在扩大，而且越来越大。”②

（三）全球贫富两极分化的原因

那么，造成国际贫富两极分化的根源何在呢？从世界历史的角度说，世界贫富两极分化的主要根源在于生产的全球化和生产资料资本主义占有制的矛盾。

这个矛盾在民族关系、国家关系上就表现为资本主义发达国家在全球背景下，利用自己先发优势对发展中国家进行剥削压迫。这种剥削和压迫有以下四个方面的表现。

一是发达国家垄断资本赚取国际超额利润。所谓赚取国际差额利润，即压低原料和半成品的价格而抬高工业产品特别是高科技产品的价格。由于历史原因，国际贸易中的商品交换，发达国家出口的大多是制成品和高科技产品，而广大不发达的国家出口的大多是初级产品和一般工业品。西方发达国家往往利用经济技术的优势，提高自身出口的制成品和高科技产品的价格，并压低发展中国家出口的初级产品和一般工业品的价格，从而形成国际贸易中的价格剪刀差。70年代以来，情况更加严重，国际市场上的农产品和初级产品的价格下跌了2/3左右，而被发达国所垄断的体现知识、商誉、技术、专利、市场信息、人力资源、管理技能等附加值高的工业制成品价值不断上升。国际商品价格长期较大幅度地背离了国际商品价值，发展中国家以廉价的原材料及粗加工产品与发达国家的产品进行不等价交换。如发达国家利用其技术垄断优势，对技术转让制定高价。定价过高的程度最低在30%，最高达8200%（82倍）。

二是提高对发展中国家资本输出的利润率。二战后，西方发达国家资本输出的规模日益扩大。发达资本主义国家利用发展中国家地价、原料和工人工资低，以及就地销售产品又免交进口税等条件，扩大资本输出，剥削那里的人民。跨国公司对发展中国家资本输出的利润率

① 《邓小平文选》第3卷，56页，北京：人民出版社，1993年。

② 《邓小平文选》第3卷，281页，北京：人民出版社，1993年。

比对发达国家资本输出的利润率要高出50%以上，有的甚至高出将近1倍。

有人会说，既然是这样，那么为什么我们还要吸引外资？这是因为吸引外资可以增加税收和解决就业问题，解决几千万人的就业问题，这可是一个重大问题。对一个穷国来说，有两个主要的政策目标，一是就业，二是税收。吸引外资可以增加税收，可以增加出口。但是外国资本不能无障碍进入，不能使民族工业遭遇破产，而且应该通过引进、改造和提升民族工业，走创新之路。现在我国的家用电器，包括电视机、洗衣机、冰箱、空调、手机等都已实现了吸收创新基础上的发展。民族工业的发展，相对降低了外商对我国的剥削程度，使我国人民得到了实惠。

三是债务利息剥削。发展中国家要发展自己，开始最缺乏的是资金。于是为了获得借款不得不提供各种优惠。从70年代中期开始，西方发达国家的垄断资本利用发展中国家急需发展基金之机，向他们大量放债，每年收取巨额利息收入。对发展中国家来说，他们借入外债一般是为了弥补国内资金的不足，以形成新的生产能力，使自己的产品能更好地满足国内的需求，减少进口，并扩大出口。外债本息利用扩大出口的外汇收入来加以偿还。但是在旧的国际经济秩序下，西方发达国家不愿意发展中国家发展过快，以免对自己造成直接或间接的竞争威胁，于是就利用垄断优势和贸易保护主义对发展中国家的出口在各方面（关税、价格、出口方向、规格）进行限制。富裕国家向最贫困的国家的商品征收的平均关税是它们从其它工业化国家进口产品的四倍。配额和“反倾销”惩罚还被用来限制第三世界的产品进入第一世界的市场。

贸易保护主义与贸易自由化是两个相对的概念。少数发达国家以贸易自由化为招牌要求发展中国家开放市场，这是不利别人，而有利于自己的。贸易保护主义则是保护自己，而限制别人的。世界上已经生效的自由贸易协定多达600份，但美国仅签署了其中的20份。贸易保护主义针对的主要产品是农产品和纺织品。近年来，还采用反倾销和关税、非关税措施限制发展中国家的进口。外债大量增加而出口创汇能力却未能得到提高，久而久之，他们的偿债能力就会下降，发生支付困难，于是利滚利，外债负担愈益沉重。据统计，1997年，发展中国家的外债总额突破2万亿美元大关，达到2.2万多亿美元，其中2/3是长期外债，平均每人欠西方约420美元。发达国家也曾扯起减免债务的旗帜，但为最穷国家债务减免计划所提供的50亿到70亿美元——大致是美国公民每年买运动鞋所花的钱——只占最可能获得债务减免的国家中1/5国家债务额的5%[①]。

四是利用优厚条件吸引发展中国家的高级人才。西方发达国家为了保持它们在经济和科学技术上的领先地位，除了在它们之间互挖墙脚以外，还千方百计从发展中国家抢夺人才。1999年因受过3年以上高等教育的人才外流，哥伦比亚损失20亿美元。1998年俄罗斯移居国外的科技人员，到德国48126人，到以色列的16680人，到美国的10753人，由此俄国每年损失高达600—700亿美元。据联合国的数据，美国在科学和工程项目领域就业的工作人员达1200万，其中72%的人员出生于发展中国家。水平越高的领域，这个比例越大。23%的拥有博士文凭的人出生地不在美国，在计算机领域这个比例高达40%。1992年美国国会通过了一个所谓“中国学生保护法”，借口中国留学生回国无保障，可以留在美国寻求保护，其目的就是与我国争夺在美的中国留学生。联合国认为，这是不合理的，因为发展中国家为促进发展在人才培养方面进行了大量投资，而工业国家对这些流进人才的培养没有付出任何代价。美国为什么要与我争夺留学生。其一可以节省投资。据估计，美国大学生取得学士学位约花费10万美元，大学毕业后取得硕士学位约需花费5万美元。我国大学生培养费用低，但绝对数还是可观的。如果将1名公派留学人员在国外生活一年的费用用在希望工程中，至少可以资助200名失学儿童返校。美国的大卫·兰波顿教授在其主编的《恢复关系》一书中认为，中国政府对留美人员的财政资助实际上也在财政上支持了美国一些院校的科研计划。其二可以为美国的科研作出贡献。美国教授对中国学生的评价一般都比较高，南卡罗来纳大学的化学家奥托·斯克勒曾向美国7所名牌大学中与中国学者共过事的教授作过调查。70%的教授回答说，中国学者对科研项目作出了意义重大的贡献。有一位教授说：“如果你对中国学生的要求是100%，他们完成的将是150%。”[②]其三可以削弱中国的竞争力。

① 李慎明：《全球化与第三世界》，《中国社会科学》，2003（3）。

② 陈昌贵：《有效地吸引留学人员为祖国建功立业》，《求是》，1995（20）。

我国大量外派留学生，现在已经出现了人才回流的收获期和创业期。到2009年底，我国出国留学人员累计达139万，其中学成归国人员占1/4多，还在国外的约占3/4。在国外的，其中1/2还在外国高校学习，余下近1/4有三种情况：一是学无所成，无颜见江东父老；第二是学有所成，但如果回国，国内条件跟不上，其研究会中断；三是目前还不打算回来。我们党和政府的方针是“支持留学，鼓励回国，来去自由，欢迎以各种方式为祖国现代化服务”。这些服务包括回国讲学，或回国参加学术会议，或与国内学者共同培养研究生，或承担国内科研课题等。

但中央相信，广大留学人员是爱国的，他们中的多数人，或绝大多数人，在今后若干年中，将陆续回来，在国内谋得发展。近几年，每年出国留学与回国服务的人数基本持平。在回国服务的留学人员中，不少人已经作出了杰出贡献。

在科学技术对经济发展愈来愈具决定作用的今天，西方发达国抢夺发展中国家的高级人才，这已成为它们剥削发展中国家愈来愈重要的手段。

那么，美国是如何利用经济全球化谋取私利，而对世界其他国家进行剥削的呢？其手段主要有：①在加工贸易的发展中，利用掌握的高科技专利，处于产业链的上游，从而获得最大的利润。②利用各种条约、协定、协议，占据了世界上最大的、最具发展潜力的市场，市场成为美国经济持续发展的生命线。③通过跨国公司，甚至借助战争把战略资源掌握在自己手中，这里包括：石油、稀缺矿产、粮食，并用手中控制的这些战略资源操控市场行情，用高油价、高矿产品价、高粮价等搜刮发展中国家，牟取暴利。④利用美元霸主地位，用没有黄金支持的纸币美元投资获取高额回报；推行弱势美元政策，使美元大幅贬值，美元储备缩水，以减轻美元的外债压力，使包括中国在内的一些国家蒙受巨大损失；印发美元，造成巨额投机资本（有资料估计，每天在市场上流动的热钱1万多亿美元），在国际金融市场兴风作浪，破坏市场秩序，操控外汇行情，搅乱股市，时刻威胁着发展中国家的稳定与安全。

随着全球化进程的发展，资本流向世界，利润流回西方，这种情况所造成的全球范围内的巨大财富和资本进一步向极少数的人手里集中，必然会进一步加剧少数强国和广大发展中国家的贫富不均，全球绝大多数人民的生活境遇有可能更加悲惨，生产资料的资本主义占有和生产社会化、全球化的矛盾也必然会更加尖锐，必然会造成广大被压迫人民、被压迫民族的新的觉醒。

四、人类的出路何在

（一）一个根本取向：在全世界用社会主义取代资本主义

即在全世界消灭剥削、压迫制度，消除贫困，消灭战争。到那时不仅军费开支没有了，而且吸毒、赌博、卖淫、走私等方面所浪费的财富也可以省下来，为解决诸如此类问题的社会管理费用也会节约下来，人们可以在全球范围内合理地组织社会生产和安排社会生活。

然而现在还走不到这一步，这还只是一种取向、一个理想。

（二）一条现实道路：构建和谐世界

在我们这个世界上，现在还存在着209个国家和地区，存在着众多的民族，信仰着各不相同的宗教，创造着各具特色的文明，秉持着不同的价值观念。据统计，在人类历史近6000年里，出现过26个文明形态。现在全世界约有63种宗教，193个国家，292个民族，6700多种语言。在这样一个五彩缤纷的世界上，如何相处，如何解决各种分歧、各种对立、各种纷争，如何求得发展，中国领导人提出了构建和谐世界的主张。

构建和谐世界的主张不仅是基于世界的多样性，根本的还在于随着世界历史的发展，全球化实践的深化，世界各国家各民族愈来愈多地处于一种共在的关联之中。构建和谐世界的主张正是体现了对世界历史发展趋势的深刻把握，同时也是对全世界绝大多数国家和人民要和平要发展要合作愿望的集中表达。因此这个关于“和谐世界”的主张是行大道，不是行小道，是行世界和平之大道、发展之大道、合作之大道。这个大道的具体内容可以概括为三点：

第一，相互尊重，多样共存。这里是指：尊重文化、宗教、价值观的多样性；尊重各国选择社会制度和发展模式的自主权。要实现两个尊重，就要反对冷战思维（以某种意识形态和社会制度作为评判标准和处事方式的思维）、单极主义、排他主义、民族沙文主义、文明冲突论。

第二，友好相处，平等对话。世界上这么多国家、民族，这么多种文明、宗教，有争端、有分歧是必然的。如何处理呢？不能像过去的帝国主义、殖民主义那样搞炮舰政策，以武力威胁，甚至不惜挑起战争。如果在二战以前，大国、富国、强国对于小国、穷国、弱国还可以通过武装侵略获利一时的话，那么，二战以后，这种可能性已越来越小。20世纪50年代美国发动的朝鲜战争、60年代发动的越南战争，70年代苏联出兵阿富汗，引发的阿富汗战争，90年代以来美国发动的伊拉克战争以及阿富汗战争等，都没有能取得胜利，反而招致了失败。这些事实说明，在现在世界上，通过平等对话，互相协商是解决国际争端的最佳选择。这里的平等对话就是按国际规则办事，维护国际正义。

第三，共谋发展，合作共赢。要发挥联合国在消灭贫困和促进发展方面的作用。富国要在减免贫困国家债务上，在支援贫困国家发展上加大力度，要对后发国家产品的进口上，对后发国家技术转让上减少限制，也就是要增强开放度。一国发展要为其他国家发展提供机遇。

总之，“和谐世界”建设是世界发展的一个必然趋势，是一个长期的过程。尽管到目前为止，它基本上还是中国领导人的一个理念，还只是树起了一面旗帜，但是我们坚信，这个理念代表了世界上绝大多数国家和人民的利益，因而它必将变成世界的共识，在这面旗帜下，必将聚集愈来愈多的人为之奋斗。当然，这需要正反两个方面的经验教训的积累，需要示范，需要榜样的作用。社会主义中国应该当仁不让地成为构建“和谐世界”的一支重要的建设性力量。我们坚信，行大道者，必众望所归，必赢得尊敬。

要构建和谐世界必须反对民族利己主义、以邻为壑。为此要克服一些陈旧观念的束缚。比如马基雅维利曾经认为，国家行为不同于任何个人的行为而带有非人格化的特性，因此，“为维护国家，常常不得不背信义，不讲仁慈，悖乎人道，违反神道。”[1]对此凯恩斯在《凯恩斯文集》中也说过一些类似的话。他说诚实等美好的感情，只能存在于个人感情之间，不可能存在于国家关系之间，国家间的关系中存在着的是与诚实等美德相反的东西。这些观念在处理国际关系问题上，一直被一些国家奉为座右铭。其实，这些观念是与当代国际伦理理念完全相悖的。

马克思曾告诫第一国际的领袖们：“努力做到使私人关系间应该遵循的那种简单的道德和正义的准则，成为各民族之间关系中的至高无上的准则。”[2]

当代中国奉行和平、发展、合作的方针正是体现了马克思的上述期待。

① ［意］马基雅维利：《君主论》，潘汉典译，85页，北京：商务印书馆，1985年。

② 《马克思恩格斯文集》第3卷，113页，北京：人民出版社，2009年。

附录：《旅行期间六天的哲学对话》*（译 作）

第五天　发展的思想及其对科学的渗透

第十三次谈话（早晨）　不变观念及其破灭

父亲：醒醒吧，年轻的伙伴。我们的休息结束了，很快该上路啦。我们暂时可以谈谈什么叫路途休息。要知道，这就是短暂的停歇、静止，它不过是运动的一个组成部分。因此，对于静止，经常需要在某种相应的关系中进行具体考察：比如在飞机上，你安静地坐着，就是说，相对于飞机而言，你是不运动的。在这同时，对于地面来说，你却是和飞机一起运动着。

儿子：那么，我们所有生活在地球上的人，相对于太阳来说，是和地球一起运动的吗？

父亲：是这样，而且正是这一事实的确立，奠定了第一次科学革命的基础。在这一革命中，那种信仰外在表面性（看上去似乎如此的一切）的观点毁灭了。人们拥有的是现实性本身。结果是那些与表面性相反的东西才是正确的。这不，自从人们发现，不是太阳环绕地球运动，而是地球环绕太阳运动以后，他们就认定，他们已经获得了完满的知识，再无进一步深入之处了。照他们看，自有史以来，从世界的始端，地球就开始绕太阳运转，并且就这样终世运转下去。这就意味着承认，太阳系同它的所有星体将是不变的。这也就是承认，那些思想保守的人经常所说的："在月亮底下没有新东西。"

儿子：可是这一切当初是从哪里开始的呢？我们周围的整个世界，

---

* 原文来源于［俄］凯德洛夫：《旅行期间六天的哲学对话》，刘雪英、谢道文、陶富源译，北京：北京出版社，1989年。

包括我们自己在内，是从哪儿来的呢？是从天上以准备好的形式降落下来的吗？

父亲：是的，形而上学大致也是这样提出问题的。它否认自然界的发展，承认自然界的一切实物和现象，都具有永恒性和不变性。当牛顿运用万有引力定律来说明天体间所有物体都存在相互作用的时候，这对于宇宙过程的认识，是一个巨大的进步。然后，他把绕太阳的运动分为由两种运动所组成，建立了平行四边形的力：一种力是沿着连接两个天体中心的直线（沿垂直方向）起作用；另一种力则沿着曲线的切线方向起作用，这个切线能够描述行星围绕太阳的运动。试把一块石头系在绳子上，把绳子的另一端用手拉住。如果石头获得了很强的推动力，那么它将以绳子为半径，环绕你的手做圆周运动。牛顿还认为，在天体之间起作用的直线引力，就是万有引力。现在，为了说明太阳系行星的运动，应该允许设想，好像有谁使所有天体获得了切线方向的推动力。谁是推动者呢？牛顿作为信仰主义的科学家，作了如下回答：上帝给了一切天体以最初的推动力，所以天体才得以运动起来。他说，从上帝创造了世界运动的那个时候起，世界就一直没有变化，并且将一直要原样地保留到世界末日。

这就是形而上学。它合乎逻辑地导致承认造物主。因此在上述这个前提下，用其他方式回答存在于我们周围的世界从何而来的问题，曾经是不可能的。

儿子：可是要知道，除了太阳系和它的行星以外，还存在着地壳及其表层，在地球上有生物——植物、动物和我们人类。难道形而上学也认为所有这一切，也都是完全不变的吗？

父亲：形而上学承认运动和变化。但是，这些运动、变化只是永远在同一个圆圈里重复地进行着。当然，植物从种子萌发，动物和人由胚胎生成，以后，它们生长、成熟，并死亡。但是，据说，所有这一切植物和动物在本质上各有不同的种类都是保持着不变性的。这种不变性一旦由上帝创造出来以后，就一直要保持到世界末日。形而上学曾经宣扬的就是这样的一种观点。不难看出，在这里，它逻辑地导致承认造物主，推崇关于上帝的教义和宗教。

儿子：可是化学物质呢，自然界的力量呢，还有地球上的山脉和海洋呢，它们也被认为是永恒的和不变的吗？

父亲：是的，在形而上学看来，这一切都是这样。形而上学所谓的运动，只是经常不断地重复，是无数次地出现，又无数次地归于消失的东西。化学元素及其原子也被认为是永恒的，不可再分的……。在这种世界图景的基础上，关于事物的观念是某种脱离其他质而不变的、孤立的东西。正因其质的不变性，它们相互间的独特性，它们之间具有绝对不可超越的界限、隔绝，这就是那个时代形而上学的特征。正因为这种关于质的形而上学观点，所以没有可能科学地回答下列问题：从哪里产生了所有这一切在质上各不相同的事物。例如，从原子和微妙的砂粒到天体及星系，从细胞到人的事物的多样性。把不同质的差异绝对化，变成了互不联系的某种永恒的和绝对不变的东西，这就产生了盲目相信关于自然界是完全的绝对不变的观念。这是一个顽固的、根深蒂固的观念，它在18世纪前半期形成，并且大约存在到19世纪30年代后期。

儿子：那么，以后这个观点被破除了吗?

父亲：是的，它是经过长达一百多年的时间才被破除的。在1755年，德国哲学家伊曼努尔·康德才给这种不变性观念以第一次沉重打击。他提出了新的宇宙演化的假说。根据这个假说，我们生活于其中的太阳系，不是上帝在某一天用神秘的方法创造的。它是历史地由物质的单纯状态产生出来的，即由炽热的星云构成的。最初是原始的星云，这种星云曾经自己旋转着，它的物质开始凝聚起来。在星云的中心形成了太阳，并在太阳周围形成了行星。可是，有人却认为，声名狼藉的“上帝第一推动力”，似乎不知在什么时候与行星发生了联系，使它们进入运动状态，以后便消失了。人们既然承认太阳系，太阳及所有行星都有自己的历史，就是说，我们的地球也同样有自己的历史。这样就掀起了第二次科学革命。并且这个革命在天文学领域也开始了。

早在星云假说提出的200年以前，哥白尼的太阳中心说，给信仰表面性的观念以第一个沉重打击；现在，康德的宇宙演化论给予了“自然不变论”以第一个打击。从那以后，正如我们所看到的，这两种形式的革命经常汇合到一起，一个伴随着另一个而发生。物理学中也曾是这样，在生物学中也是如此。但是，如今在这个新的革命里，提到首位的是那种相信关于自然界的各种事物和现象完全不运动和绝对孤立的观点的毁灭。

如果说，在18世纪，辩证法及其关于普遍变化和发展的观点，仅仅还是刚刚开始进入关于自然科学中的话，那么，到了19世纪前半期，它已经在自然科学中开辟了广阔的道路。在19世纪初，由于道尔顿的发现，创立了化学原子论，从而在理论上证明了按照规律可以把无机物变成为有机物。由于这个成果，许多世纪的障碍被消除了。这个障碍曾把自然界分为死寂（矿物）的王国和两个有生命（植物和动物）的王国。现在所有的物质都可以看作由一种或几种化学元素，按照这一种或那一种化学规则产生的。1828年，德国化学家佛里德里希·维勒首次用人工合成的方法，从无机物中获得了一种有机化合物——尿素。从此以后，有机化学开始很快地发展起来。

在生物学中，拉马克于1809年公布了关于生物进化的理论。这个理论给关于生物物种永恒不变的理论以打击。但是他的这个学说还是很肤浅、很不完善的，并且具有机械论倾向。就是说，生物的进化，只是渐进的过程，只有量的变化，而不会导致根本的质变。在拉马克的学说中，除了这一缺点以外，正如我们已经同你谈过的，这个学说还具有很浓厚的表面性。拉马克学说的这种表面性，到达尔文那里，才得以克服。但是在拉马克那里已经开始突破形而上学关于物种不变的观点，关于那种仿佛一经神力的创造，动物和植物的物种就永远如此存在的观点。

但是，另一个法国学者若尔·居维叶在1812年反对拉马克。他站在关于质的绝对不变的立场上，否认自然的进化观点。他说，地面上会发生周期性的灾变，它类似于《圣经》故事中所说的世界性洪水。在这样的灾变发生的时候，似乎所有的生物都灭亡了。于是，上帝只好每一次都要重新创造它们。但是，这已经是某种其他的植物或动物了。在否认进化论的同时，居维叶描述了自然界爆发式的突变。这种突变论的观点认为，任何生物物种的产生，都是没有准备的，因而是不可理解的突发过程，他把这种突发过程叫作“革命”。实际上，正如恩格斯所指出的，居维叶的理论，在口头上是革命的，而实质上是反动的，因为它整个浸透了形而上学和神学观点。形而上学在那时，已经和科学的进步发生了不可调和的矛盾，正如当时神学经常同科学为敌一样。

但是，19世纪30年代，在生物学领域中，德国学者施莱登、施望所建立起来的细胞学说，具有特别重要的意义。这个学说揭示了生物界中植物和动物这两个王国的统一性，揭示了植物和动物在结构上的共同性。这就是说，它们的起源具有共同性。所以不管多么复杂的生物，原来都是从一个单细胞发展而来的。这样，到上一个世纪的40年代初，在科学革命的第二个周期充分展开的过程中，变化和发展的思想引入了自然科学，从而大大加速了自然科学的发展。下面该是轮到物理学的革命了。

儿子：我已经猜到了，在物理学中，应当破除的曾也是那种不运动的观念和自然界永恒的能量的观念，这种观念是以某种虚幻的、不可量度的物质的形式表现出来的。要知道，这曾是十足的形而上学。

父亲：你猜中了，我的朋友。但是，这是在物理学中，两个革命恰恰是汇合在一起的：一个是破除了不变的观点，另一个是破除了表面性的观念。类似于热质说的不可量度流体，被认为是永恒的不变的非实体的自然力量。科学家们设想，在每个物体中，都存在着一定数量的热质。当它在受到震动或敲击的时候，它就会发热。这说明，潜藏在物质里的热质从其内部释放了出来。比如当你想暖和的时候，用力地搓手，也会从手上产生热质，这种推断的结果是信崇表面性。我们看到，物体受到敲击，它就发热，这在铁匠铺里能够用这种方式把铁变软变形。这就是说，我们可以做出结论说，我们所看到的外表，就是现实。好像在物体里包含着热质，我们可以轻易地把它从其中挤压出来似的。这就好比从湿衣服里挤出水一样。要知道，从这种“流体”物质中获取要容易和简单得多。在我们用铁锤打击铁砧之前，就寻找能从何处获得热。换句话说，在这里，人们要寻找看不见的原因，要比在现实中获得明显可见的东西困难得多。结果，人们便接受现象的原因，因为，它们可以被直接看到。

但是，还在19世纪初期，美国人仑福德就观察到，炮手们钻炮膛时，炮身和金属屑一起发热，并且对炮膛越是钻得厉害，钻得越深，释放出来的热就越多。这种热是从何而来呢?显而易见，是由于碰击和摩擦所引起的机械运动，转变成热。早在17世纪，波义耳已经考察过热是分子微粒的运动。罗蒙诺索夫在18世纪也已经明确指出，在锤子打击铁砧时，这种明显的大的物体的运动可以转化为肉眼看不见的极小微粒的运动，物体就是由这些微粒组成的。这就是说，任何所谓热质都是不存在的。

儿子：那么热质说这个虚假的理论，为什么在过去能够这样长久地存在呢?

父亲：这里的原因是多方面的。主要是，当时要从根本上破除关于自然的形而上学观点还不可能，因为辩证法及其发展的道路还未开辟出来。还记得吗？只是18世纪前半叶的初期，康德以他的星云假说在陈旧的、僵化的宇宙观上打开了第一个缺口。热质说之所以还能存在，就是因为他与这种陈旧的形而上学的宇宙观完全一致的。不仅如此，热质说正是产生于康德刚刚提出星云假说的时候。布莱克在这个时候指出，在冰融化的时候，要吸收外面的热，并不会引起温度的提高，而是被冰的融化所消耗。与此相反，当液态的水结成冰的时候，反过来要释放出同样数量的热。布莱克把这种热称为溶解中的潜热，并且解释说，在这种情况下，热，实际上变为与水分子紧密结合的东西。当然，下面一个因素也起过不小的作用，即物理学之区别于化学的地方。由于这一点的存在，因而并非轻易地和用其他方法能消除形而上学关于绝对质的观点。所有这些造成了热质说长期的存在，以至到40年代开始，它才最后破灭了，并以热的力学理论取而代之。热的力学理论认为，机械运动能够转化为热运动，就如在摩擦的情况下一样。人类早期，就是用这种方法取得火的；相反，热也能转过来变成机械运动。这在蒸汽机的工作中可以看到。但是这个热反向转化为机械运动，是发生在有限的范围内，这种限度，19世纪20年代法国工程师卡诺首先进行了研究。结果表明了，原来两种能量（运动形式）之间都是相互联系，相互转化的。这对于把自然界的所有能量看作不是彼此孤立的，而是互相转化的观点，是重要的先决条件。

儿子：而电能、光能和化学能也是这样的吗?

父亲：是的，所有这一切物理的和化学的能量，在本质上都不过是同一个运动的不同形式而已!

儿子：为什么会是“同一个”呢？这是怎样求得的呢?

父亲：在机械热力学的理论基础中就承认，一定的机械运动功(427克/米，相当于427克货物提高1米所做的功）等于1千卡热量所发挥的效用（1千卡是多少热量呢？即在一定条件下，能把1公斤水温度升高摄氏1度所需要的热量)。反之，如果1千卡热量全部变成机械运动，能够做的功相当于427克/米。就是说，物理学家们断定，从明显的机械运动，转化为不明显的，即分子的热运动过程中，运动是守恒的。这种互相关系对于其他自然能量之间也是存在的，或更恰当些说，各种运动形式，比如电的、光的、化学等运动形式之间也存在这种相互关系。

儿子：那么，这里表示出运动的度量吗?

父亲：完全正确。这里所谈的是，一切不同质的形式的运动都有自己所特有的量的规定性。你可能还记得，在化学中，有原子量是12的碳原子与原子量是16的氧原子的结合。在碳原子与氧原子相结合的这种关系中，12与16的意义是彼此等值的。因为，正是在这种量的关系中，碳原子与氧原子相结合。12与16的值在此情况下就是指质量。在物理学中，有些不同，但在本质上，这种质量关系或等值是427克/米的机械运动，变成了1千卡热量，也就是说，它同1千卡的热量是等值的。这对于其他运动形式来说也是一样。由此可以得出结论：从一种状态转变为另一种状态，从一种形式转变为另一种形式，运动总是守恒的。这就是1842—1845年德国科学家迈尔所发现的关于自然界的伟大的物理定律——能量守恒和转化定律。

儿子：你谈到过能量，能量本身也是运动，是吗?

父亲：开始我们说过了，自然力的守恒和转化。在这里用“力”的概念，显然是不适合并过了时的。因此，科学家们已经开始使用另一个概念——能。这个概念是表示，在事物自身的一切性质改变的情况下，运动的量是守恒的，不能创造，也不能消灭，而仍然保持数量上的恒定。这就是说，在“能量”这个概念里体现了事物和现象的规定性，即数量规定性(运动的保存)和质的规定性（按照自身的形式转化的能力)。但你知道，质和量的统一，就是度。因此，能量就是运动的度，并且，无机的运动形式的度包括从机械的到化学的运动形式的度。

儿子：现在你为什么说，“从”机械的运动“到”化学的运动呢?

父亲：只是因为当时把机械运动当作了最简单的运动形式，而把化学的运动当作无机的形式中最复杂的了。甚至比物理的运动形式，如热的、辐射的以及其他的形式更复杂。因此在这里好像体现了从简单到复杂，从低级到高级这样上升的过程。这就是说，能量守恒和转化定律，为在物理学领域贯彻发展思想，开启了门径。在自然界是运动形式的提升，是从自身的最简单、低级的形式，提高到越来越复杂的高级形式。在这个过程中，运动是永恒的，既不是从无中产生什么，也没有消失什么，不能化为乌有。

儿子：就是说，在这里发生着自身的飞跃，即从量到质的过渡吗?

父亲：那当然是。要知道，只有当达到一定强度时，物理的运动（一种质）就转化为另一种质的化学的运动，正如你刚刚点燃了正在熄灭的篝火。而你是怎样做这件事的呢?你拿起火柴，把火柴放在火柴盒外面粗糙的旁侧面上摩擦，但你用力很弱，火柴头只是微微地变热。一定量的机械运动，转变成了另一种质的热运动。但是，你想划着火，于是就要用更大的劲摩擦它。通过摩擦，这种机械运动获得的热，使火柴头的温度增加到必要的程度，火柴头便燃烧起来。这就是说，在这个量变的阶段上（物理形式的运动），转化为比较高一级的质（化学形式的运动）。须知，燃烧是个化学的过程。你看见了光，看见了火。这就是说，在化学运动的同时，还发生了辐射形式的运动。你看，如果从哲学上看这个事实，在普通燃烧的火柴中，隐藏着何等深刻的辩证法呀!

儿子：但是，要知道，在这里我们获得的最主要的是关于度的关系的线索，这一点，你对我说过。

父亲：是呀，从你刚才话中可以看出，在我还没有来得及给你解释以前，你自己已经领悟到我们所谈的意思了。的确，在这里，一种机械运动形式的度，直接同另一种运动形式的度，即物理的、热运动的度相连接，而那就是说，它还连接另一种（化学的）运动形式的度。这样，在自然界中，运动形式的转化，是在质的转化秩序中实现的，即这种转化是在这些度的关系为主线的范围内实现的。而这就是在无机界实现着的发展过程。

儿子：而生物界又如何呢?

父亲：关于这个问题我们就要谈到。现在我看出，这个能量守恒和转化定律，对不变的观点是一个毁灭性的打击，它从根本上破除了关于非生物界的形而上学观点。这是物理学领域的一次重大革命。与这个革命相一致，形而上学在生物学领域的丧钟也敲响了。在1859年，达尔文以自己的《物种起源》一书，给关于自然界的，特别是给关于生物界的形而上学观点以有力打击。正是达尔文从根本上粉碎和彻底消灭了有机界旧的形而上学观点，粉碎和彻底破除了关于生物物种的永恒性和不变性的观点。

儿子：是的，当提到达尔文和拉马克的时候，关于这一点，你已经说过。不过我记得你曾这样认为：拉马克是一个肤浅的进化论者，他仅承认量的渐进过程，而居维叶以其灾变论与之相对立。居维叶只承认一种急剧的质变，即他认为的，在自然界里全是灾变。那么，达尔文是继承了他们中间的谁呢？

父亲：达尔文的学说，既不是与拉马克的理论，也不是与居维叶的理论相衔接。在实际上，达尔文是辩证法家，他摒弃了拉马克肤浅的进化论，特别是摒弃了居维叶的灾变论观点。达尔文善于描述对立现象的统一，比如飞跃和渐进性，根本的质变和缓慢的量的渐进过程。由于达尔文这样认识的结果，生物界的飞跃（质变）在达尔文学说中，是以往发展合乎规律的结果，是在这之前量的变化所准备的结果，而这一点正是居维叶所不具有的。从而也就最终确定了一个由量的准备向质的变化的方向，而这一点，又是拉马克所不具有的。因此，达尔文主义，无论如何也不是拉马克的肤浅的进化论同居维叶的灾变论的结合。因为如果是那样，也就不是战胜形而上学，而是形而上学获得了加强。实际上，在达尔文学说里，形而上学才是真正被克服了。

儿子：为什么你说，达尔文在实际上是辩证法家？难道他自己不是辩证法的维护者吗？

父亲：不，达尔文不认为自己是辩证法的维护者。不仅如此，他以为，他证明了自然界根本不存在突变，而一切都是严格地循序渐进的进化过程。他甚至接受了一位生活在距他很久以前的德国哲学家——布莱尼茨说过的一句古老格言：“自然从来不飞跃。”可是，实际上，达尔文证明了，在自然界只是不存在居维叶所主张的那种突变和突变式的飞跃。他认为，生物界遵循这样的规则，它的发展是很缓慢和渐进的，但是，特殊形式的飞跃，也是时常发生的。这是怎样的一种形式呢？这种形式是从旧的质渐变过渡到新的质。从前存在过的生物物种——旧的质。从其中产生着的新的物种——新的质。在这里，从旧质到向新质转变的发生，如同液态的水蒸发一样，是缓慢的、渐进的。渐渐地减少或者削弱旧质的成分，同样，渐渐地聚集或者加强新质的成分。而这些新质成分的积累，就会引起飞跃，引起量向质的转化。

儿子：但是，难道达尔文没有看到这一点吗?

父亲：当然，达尔文是看到了这一点。但是，很显然，达尔文对“飞跃”一词本身的解释，是与居维叶的灾变论相一致的。达尔文揭示了在生物界发生质变的形式，不是突变进行的，而是渐进的、缓慢的过程。于是他断定，在这里一般不存在飞跃，但是他的主要著作的名称本身就直接指出，他说的是新物种的产生，是生物界新质的产生。而这里所指的，在哲学意义（不是在日常生活意义）上说，也就是飞跃。苏联学者米丘林曾经明确指出，对于达尔文所信奉的格言，可以补充表述为：“自然界没有急剧的飞跃。”这句格言比较正确地表达了达尔文的思想。

儿子：达尔文是以怎么样的方式提出自己的物种起源论的呢?

父亲：你无疑知道，生物物种有它的变种，变种存在于种内。因此，变种之间的差别，较之物种之间的差别相对来说，要少一些。如果物种之间存在的差别是质的差别，那么，物种本身就具有各种质；在一个或另一个种的内部变种的差别，则是以量的形式表现出来的。当然，变种是可以重新出现的。你从幼年就知道，狗与狗之间常常不相似，可是要知道，它们全是属于一个种类。另外，鸽子和鸡也有类似的情况。因此，达尔文由此推论说，如果在同一个物种内的变种特征是如此分散，那么从这样的变种中，就会越出该物种的范围，并从这种变种中组成新的物种。这种新的物种，完全是通过同一种途径，即使所有变种之间加强了和增长了的量的差别而转化为不同质的物种。这就是为什么达尔文说，变异，是产生着的新的物种，是变种发展到了物种差别程度的变异。就是说，开始的时候，量的变化是在现有物种的质的范围内发生的，而这个变化发展到一定阶段，引起新物种的质的形成，而这经常是以飞跃的途径完成的，可见，质的飞跃依赖于量的积累。可是达尔文把这种飞跃过程，理解为是不依赖于量的变化的途径和方式的，他否认质变是飞跃，这就是以“达尔文主义”的名义而著称的达尔文进化论的若干特点。关于这个学说的其他重要方面，我不能给你谈什么，比如自然淘汰、生存竞争、变异和遗传等等。这样做，是便于我们把主要精力集中在问题的主要方面，比如，在生物学中，关于不变的观念是怎样破灭的，以及伟大的、普遍发展的思想是怎样产生的？在这里，当前科学的革命是怎样完成的，等等。

儿子：你说说，达尔文的进化论，曾经有过它的敌人吗？

父亲：是的，有过这样的敌人。要知道，相对于在他以前的科学家哥白尼、伽利略和布鲁诺等人，达尔文给主张上帝造人（按照人的方式和模样）的教会学说，以更加沉重的打击。达尔文证明了，人是从动物进化而来的，人和现代类人猿起源于类似于猿的祖先。这样，达尔文的学说，立即遭到了教会人士和各种各样的黑暗势力的千方百计的攻击和辱骂。这些人试图推翻和禁止这个学说，然而，达尔文的学说正像任何真理一样，是人类获得的认识成果，并被科学所最终认定。

我还记得，甚至在我们这个世纪的20年代，美国还建立了一个有组织的诉讼程序，其目的是迫害在学校中讲授达尔文学说的教师。这个诉讼程序，名字叫对“猴子的诉讼”。他们这样做，与当年宗教裁判所所组织的那种迫害先进学者的行为何其相似！正如你看到的，只是因为科学的发现，触犯了自私的压迫者的利益，因而现在压迫者的奴仆们就是千方百计地“推翻”这个发现。而这个新学说的捍卫者却受到了法庭的迫害。

请记住，我的朋友，要牢牢记住，并且任何时候都不要忘记，那些压迫别人、别国和人民的人，首要地不是捍卫真理，而是把他们的自私的阶级利益放在最重要的地位上。只要新的真理与他们的利益发生冲突，那么，为了排除不利于他们的真理，压迫者总是要想方设法推翻它，或者宣告它是不存在的。在这一点上，他们是不需要任何考虑的，也是不会有丝毫动摇的。

儿子：这是不是说，由于19世纪自然科学的三大伟大发现，以及其他发现，从而使不变的观念彻底地，并且在任何地方都崩溃了呢？与此同时，发展的思想是不是树立起来了呢？

父亲：如果是就生物界和较复杂的物质，以及非生物界的认识而言，情况是这样的。但是，形而上学关于自然界某些物体永恒不变的观点，还仍然在一个科学领域存在，即正是在研究简单的物质形式（原子和化学分子），以及物质自身存在的最普遍的形式（时间和空间）

的领域内存在。但是，关于这个问题我们以后再谈。

儿子：你只要告诉我，辩证法是在什么时候渗透科学中来的，而形而上学是什么时候才最终完全消灭的?

父亲：你现在体会到了吧，形而上学比你对它的初步印象更为复杂。可以说，形而上学，是人类思维中一种特殊的，而且是很有传染性的病症。从表面上看，吃了药，似乎是把它除掉了，但以后会发现，除去的只是一处，它会以新的力量，在别的地方，以另一种形式爆发出来的。在这里，客观辩证法就是治这种病的药。不管你是否乐意，甚至连习惯于形而上学地进行思维的学者，也不得不服这种药。在自然界的一个领域中揭示出现象的辩证性质的同时，他试图用某一种幻想的方法，保持住自己对于整个世界的形而上学的见解，保持住对别的领域现象的见解，就是说，保持在科学还没有来得及揭示出它们的辩证性质的地方。

不仅如此，这里还有两点，要用自己的劳动去寻找和揭开自然本身所固有的客观辩证是一回事，作为辩证法来了解和认识它，那却完全是另外一回事。在自然科学中，直到现在，在西方国家中，还常常发生或正在发生着这样的情况，即学者们作出了辩证法的发现，而在思想上，却继续用形而上学进行思维。这是一个最深刻的矛盾。他们陷入了这个矛盾之中，而只有当学者们自觉地掌握了辩证意识的条件下，才可能从这个矛盾中摆脱出来。可是，现代帝国主义国家中占统治地位的反动世界观，又总是竭力阻碍他们迈出这一步，所以，辩证法要在那里发展起来，就要用气力，要付出巨大的劳动，要违反学者们传统的意志和意识。换句话说，仅靠学者们自发发现的辩证法是不行的。

呶，现在该是我们重新上路的时候了。

第十四次谈话（中午）　科学分类的两种不同原则

父亲，请坐下，我的朋友，让我们一起准备午饭吧。现在一边煮饭，一边继续我们的谈话。早上，我和你进行的交流，整个谈话还未结束，因为我感到疲劳了，可你也一样。但是，现在我们有劲儿了，因而可以把我们早上的谈话继续下去儿子：那我们交谈什么呢？

父亲：还是谈关于发展的思想。你通常会问，在自然界和我们的思维中，是怎样表现出发展思想的。关于自然界我们已经说过了，而关于思维，我们说得很少。现在我想把你的注意力转移到这样一个认识领域中来，而这个领域涉及与科学的关系问题。很长时间以来，我已经在思考，关于哲学与其他科学之间的关系。而现在我所要开始谈的是，所有科学通常是怎样联系的，相互之间是如何转化的。

儿子：而这里发展的思想是在什么意义上说的呢？

父亲：这一点你现在看到了，所谓发展，如果指的是进步的、一往直前的前进的运动，那么这里所说的，就是一种从低级到高级，从简单到复杂，从不发达的萌芽状态到发达的，即在自身性质上展开了的对象循序渐进的发展。这样的发展概念，在19世纪，在分类科学领域，就获得了传播，它揭示了各类科学之间的相互联系。但是，它并未立即得到和远不是简单地得到了传播。

儿子：是什么原因妨碍着发展的思想进入这个领域呢？

父亲：总的说，这个原因就是形而上学。它教人们不是把事物放在它们的自然的或者是历史的联系中来把握，而是把事物与这些联系割裂开来，同所有其他事物孤立开来，不是在事物的运动和发展中来把握，而认为事物是永恒不变的。这种习惯在科学本身中，在理解学科的相互关系中，导致了很流行的形而上学的思维方式。

儿子：这一点我有些不完全明白，要知道，任何科学都是一定要发展、要前进的，在科学中，不断地有新的发现，甚至发生革命，这是你曾经给我谈过的，怎么忽然又说，科学中有形而上学的观点呢？

父亲：要知道，这里的问题在于，如何理解科学之间的联系？

16世纪的英国哲学家弗兰西斯·培根，是首先对人类知识进行分类者之一。他把人类知识分成三个类，它们依赖于人类精神（或悟性）的何种属性参与其中：第一是记忆，与它相联系的是历史；第二是想象，与之相联系的是艺术；第三是理性，与之相联系的是科学。法国百科全书派哲学家狄德罗和数学家达兰贝尔以这个分类为18世纪法国著名的百科全书派奠定了基础。这种分类的主要特点在于，个别的学科是一个挨一个简单地附加上去的，从而组成了一般的序列。在19世纪初期，法国空想社会主义者圣西门奉行了学科的外在对比性原则，而抛弃了以人类精神的属性为学科分类基础的做法。他现在开始把分类学建立在个别科学研究的现象描述的基础上。他把研究最简单现象的学科如机械力学和天文学放在序列的前面，然后排列的是物理学，再后面是化学，最后列的是生理学，在这里包含着人类学。

儿子：这里所获得的结果，是从简单到复杂的循序渐进的上升的图景，这也就是你所说的发展。

父亲：问题在于，这里没有学科之间的转化。在这种观点看来，学科之间有的只是坚固的、无法克服的障碍，仅仅是人为地一个挨着一个的，好像搭积木似的排列。这里，我给你讲一个俄国人民关于勇士的童话故事。据说，有两个狡诈的恶毒的敌人要杀死他，他们把勇士身体的各部分截成碎块，随便抛掉。老鸦是勇士的仆从，在勇士被害死以后，它飞到了两个妖魔的住地，从那里取出了勇士的尸体和生命之水。当它开始用生命之水喷洒尸体前，先把尸体所有部分集拢在一起，并且有条理地拼成一个整体，在这样做了以后，再把生命之水喷在上面，勇士便复活了。在这个童话里面，包含了深刻的哲学思想。在复活之前，为了使被割裂的尸体的各部分活动起来，开始需要把尸体的各部分按正常次序结合在一起，然后才能使他复活，并行动起来。圣西门和他的学生孔德，也仅仅完成了对学科进行合理排列的初步任务，建立了从简单到复杂的研究对象的秩序。但是这个排列失去了能动性，没有活力。孔德还否认哲学的独立意义，并且把所有科学都仅仅以实际（实证）的知识加以限制，他是实证主义的始祖之一。实证主义是这样一个哲学派别，它否认哲学，并宣称科学本身就是哲学。

儿子：在科学及科学之间的相互关系上，难道圣西门和孔德都没有任何具有历史意义的观点吗？我觉得，作为一个真正的学者，这似乎是不可能的。

父亲：在科学研究对象——自然和人——方面，没有这种观点。但在科学上是有的，这种观点在于，从简单到复杂的学科的序列，这种序列是同科学自身发生和发展的连贯性相适应的。开始发生和发展起来的一批学科，是数学科学，这里还包括力学和天文学（当时的天文学是天体力学），以后发生和发展起来的是物理学和化学，在这以后是生物学。在这种情况下，孔德比自己的老师多走了一步，他从生物学中划出了社会学（关于社会的学问）。

儿子：那么，实证论者在学科分类的研究中，添入了某种肯定的东西，不对吗？

父亲：是的，当然是对的。有一点肯定要指出的是，圣西门和他的学生孔德按照循序渐进的序列安排各门学科，顾及了各门具体学科发生和发展的历史的连贯性。而且，开始的学科的对象，比后来产生的那些学科的对象要简单，后来发生的那些学科的对象则是越来越复杂。但是，实证主义者安排学科的次序，是使学科研究对象的复杂性逐渐增加。这样，他们就在分类科学方面，为引入发展的思想准备了基础。关于这一点，俄国的达尔文主义者季米里亚泽夫曾经说过，这种排列顺序，有这样两点是有利于承认发展思想的。其一，从动态的角度来说，使人们直接观察到发展的过程从一个过程转向另一个过程的变化和过渡；其二，从静态角度来说，可以有利于对现实有机体各个发展的代表物之间进行比较，而且在那个顺序中，即从那种低级的萌芽的形式，循序渐进地组成越来越高级的、越发达的形式。这样能够在森林中看到任何树木的各个发展阶段，从种子开始，到成年个体结束。如果把所有这些阶段，安置在从种子到成年的连续的顺序中，那么，就会轻易建立起关于这个树木的成长是怎样发生的印象。前面为了简化和形象化，我曾经给你作过比较，即把身体割成分离的部分，并喷洒生命之水。这就是19世纪前半期，实证主义者对于学科分类的观点。

儿子：那么，这个分类是怎样喷上生命之水的呢？

父亲：这是由恩格斯在1873年所做的工作。恩格斯指出，关于能量转化的学说，包括了在无机界起作用的能量形式：最简单的机械运动，从机械运动实现向物理形式的运动的转化，继而从机械运动、物理运动实现向化学运动的转化。上次我们已经就这点作了详细的叙说，并且以普通火柴的燃烧为例，直观地考察了连续转化的全部过程，即从能量的比较简单的形式，直到比较复杂的化学形式的转化过程。但是，当时你已经注意到，这个序列在化学形式那里中止了，同时也没有把关于生物界的生物学包括于自身，也没有论及关于人和人类社会的问题。正是恩格斯看到了这一点，并且努力解决这个任务，它包括所有科学关于发展的思想，从最简单的低级的机械运动，到与人类社会和思维相联系的最复杂的、高级的运动。

儿子：恩格斯是怎样解决这个任务的？大概恩格斯为了用关于发展和相互转化的一般的能的概念来概括所有能量的形式，而采用了关于生命能、社会能以及精神能等等这样一些概念。

父亲：没有，我的朋友，这一次你算猜错了。这样做是不行的。因为能量只有在无机的运动形式的关系中，才是运动的度。如果到处引申，用同一个能量概念来看待生物界，特别是社会生活和人的心理，那么这也就意味着否认了物质发展的高级阶段——人类的特殊性，那也就是退回到了机械论的立场上去了。恩格斯是以另一种方式处理这个问题的。他提出了运动形式的概念，这较之能量形式的概念更广泛些，但是它又包括能量形式的概念在内。这样，不仅机械运动、物理运动、化学运动，而且生物形式的运动、社会形式的运动，都能够列入运动形式。

儿子：但是要知道，这里的主要之点在于，要揭示各种运动形式之间的转化。

父亲：完全正确！全部问题就在这些转化里。只有这些转化能够使整个科学分类活跃起来，并且除掉各学科之间的坚固的分界障碍。要知道，如果这些学科的对象能够发展和相互转化，那么研究这些对象的科学本身，也就具有了同样的能力，即活跃、运动起来。当孔德建立自己的学科分类序列时，他把这种分类叫做科学的“职位等级制”次序，即从简单到复杂的不断上升的学科次序。要知道，当时还没有揭示出能量守恒和转化定律，并且在科学中不变的观点还占着优势。在恩格斯时代，这种不变的思想已经遭到了毁灭，并可以使科学发展的思想朝着更广阔、更深刻的方向前进一步。而这一步是由恩格斯迈出的。

儿子：你看，我在这里描绘出了孔德的思想，即他所作的学科排列的部分，并描绘出了恩格斯所作的关于学科排列的部分。上面的一行表示的是孔德的观点，下面的一行表示的是恩格斯的观点：

力学 | 物理学 | 化学 | 生物学 | 社会学；

力学……物理学……化学……生物学……历史学。

在上面一行用垂直线标明孔德所认为的学科之间有着不可动摇的界限，这种界限把一门学科与另一门学科彼此截然分开，在学科之间彼此掘开一条鸿沟。下面一行，则用虚点表明恩格斯的观点，即学科及其对象之间是相互转化的，对吗？能这样表示吗？

父亲：好极了，我的朋友！你琢磨到了最主要的东西，即孔德的观点缺乏转化的思想，而恩格斯则是强调这一点的。但是要知道，承认转变就意味着用什么东西充填早已存在过的虚空，即空白点（所谓空白点，正如地理学家所说，是地图上不为人知道的，在星球上还没有被研究过的地区），从而证明学科之间是紧密联系的。恩格斯正是在抛弃了那种在学科之间人为地设置不可超越的界限的观点的同时，提出了这样一个任务，即探究这些过渡领域是用什么充填在学科之间的。

儿子：恩格斯找到了这些需要充填的空白了吗？

父亲：有些是找到了，有些是预言到了。但至少他是做了重要的事情。首先，他注意到了物理学和化学之间的过渡。虽然他当时还没有能充填起来，这里还存在着明显的脱节现象。但是，恩格斯从发展的思想出发表明，在这里应该有研究这个转化的特殊的学科。而学者们已经触及了这些转化。比如说，在研究化学作用的情况下，空气中引起了电火花。化学家说，这是物理学家的事，是物理学家研究的现象，因为那是电火花。而物理学家则反对这个观点，说这是化学家的事，须知，这里形成的是新的化学物质，完成的是化学过程。而正是在两门学科的结合点上，即你在前面打了虚点的地方，恩格斯期待着最有趣的发现。1885—1887年，瑞典学者阿列纽斯建立了电解质的电离学说，于是有趣的发现出现了。这样，还在恩格斯在世时，在物理学与化学之间就产生了物理化学；进入20世纪以后，还产生了一门边缘性的学科——化学物理。

儿子：那么在化学与生物学之间的情形如何呢？

父亲：在这里，恩格斯同样预言到从无生物向生物的转化，这个转化应该是通过化学途径实现的。化学有机物，在我们地球的演化过程中，逐渐复杂化。当在地球上产生了可能发生生命的有利条件时，这种有机化合物发展的复杂化，就导致了形成高级的物质——蛋白质。恩格斯认为，蛋白质是生命物质的承担者。这应当是地球上生命的起源。在我们的时代里，苏联学者奥巴琳研究了恩格斯的这些思想，建立了地球上生命起源的理论。研究化学与生物学之间运动形式转化的学科的产生，只是在恩格斯逝世前夕，并且在20世纪得到了发展。这一门学科，就叫作生物化学。特别是在最近一个时期，它取得了巨大的成绩，发现了生命遗传的物质负荷者，即存在于细胞核中的复杂的物质——核酸。它带有蛋白质没有的性质。因此，恩格斯的见解，现在明确化了，不仅是蛋白质，而且其他生物聚合物现在也被认为是生命的物质承担者。实际上正是这样，在化学和生物学之间，在颇大的程度上，由于生物化学而填满了以往的空白，对于晚些产生的学科，如生物有机化学、分子生物学也是一样。

儿子：但是在那时还剩下一个空白，即生物学与历史学之间存在的空白。但是，达尔文似乎充填了这个空白，他证明了，人类是从古猿发展而来的。

父亲：不是这样，达尔文仅仅是从生物学的一个方面考察了这个问题。他根据结构解剖学、生理学和形态学方面的特征，认为人特别近似于猿猴，认为人和猿有近亲关系，应该有共同的祖先。但是达尔文没有表明人是由于什么原因和怎样从自己的祖先进化而来的。要知道，人是社会的有思想的实体，所以，应该是某种社会因素，从而迫使我们远古的祖先从猿变成人。而恩格斯找到了这种因素，这就是劳动。动物不会也不能像人那样劳动，它们不会制造劳动工具，而只是利用自然界中天然的东西。而人能够并且善于从事劳动。正是由于协同的劳动，使人的手和脑，使作为交流工具的人的语言和人的思想发展起来了，产生了人们之间的社会关系，并且组成了社会。总之，猿变成为人，这之所以发生，是我们远祖的劳动。这样恩格斯充填了整个学科序列中的这个空缺，把社会的科学与自然的生物科学联系起来。恩格斯在这个问题上的观点获得了劳动人类学即人类起源论的名称，把它与关于人的一般自然科学联系起来。这样，恩格斯充填了在学科之间的中间地带和过渡领域早已存在的所有空白点，从而坚持了彻底的发展的理论。

儿子：恩格斯是在哪里阐明了自己这些观点的呢?

父亲：我告诉你，他的两本主要著作：一是《反杜林论》，其内容是关于批判形而上学唯物主义者杜林的；二是《路德维希·费尔巴哈与德国古典哲学的终结》，它系统地总结了马克思主义哲学在19世纪的发展。恩格斯还打算写一本单独的著作《自然辩证法》，但是并没有来得及完成它。因为在自己的朋友卡尔·马克思逝世以后，为了整理马克思来不及完成的《资本论》第二和第三卷，恩格斯献出了全部的精力和时间。恩格斯搁下自己原本打算写的书，是为了把已逝世的自己朋友的著作写到结束。恩格斯给我们树立了忠诚于伟大友谊的卓越榜样。

儿子：这是多么感人，多么有教益啊！如果所有的人都能像恩格斯那样，对待自己的朋友，该多好呀！

父亲：你可知道，恩格斯在生活的最后12年中，他所剩下的自由支配的时间虽然是很少的，但是在马克思逝世以后，他在哲学方面仍然写出了许多新的、有趣的和重要的东西。

儿子：我现在按照恩格斯的思想，试着建立稍微完备些的学科序列。从物理学开始：……物理学……物理化学……化学……生物化学……生物学……人类学……人类起源学……历史学。我在这里着重强调基础科学，而把过渡性的科学放在不被强调的地位。

父亲：好的，现在你不仅表达了恩格斯的科学分类的最主要的特点，而且抓住了全部现代自然科学和全部现代一般科学的特点。即由于边缘科学的建立，所有学科分支都在相互结合。这些边缘科学对现代科学大厦的建立，发挥了水泥粘固的基础作用，它们把类似砖头的各门分离的学科凝聚和联结起来，从而赋予了全部现代科学以综合的和内在统一的特点。如果在以往的学科分类中，当科学知识首先被分成为孤立的部门的学科时，分析的特点一直束缚着人们和占据着统治地位。那么现在，从恩格斯的分类学开始，综合的特征已占据着统治地位。而当以前分离的学科彼此有机地紧密联系和相互转化时，贯穿其中的则是统一的发展的思想。

儿子：力学也是这样吗？

父亲：是这样的。要知道，从康德时代起，在他提出宇宙起源假设的同时，发展的思想就进入天体力学中。在恩格斯有价值的物理学前面的学科序列中，从力学到物理学（热的学说）的转变，是在恩格斯之前实现的。因为在这之前就有了热的力学理论和后来的煤气动力学理论。由于热力学理论和煤气动力学理论揭开了所谓“机械”联系，就说明机械运动和热运动之间的转化，从而充填了力学与物理学之间的中间地带。

儿子：我还想问问你，关于数学问题。因为世界上没有可供数学研究的特殊的数学形式的运动，就像化学研究化学运动，生物学研究生物运动那样，在这种情况下，数学研究什么呢？它在一般学科序列中的位置如何？

父亲：你提出了一个有意义的问题。你是对的。数学不像化学、生物学那样与具体事物相联系。它是特殊形态的科学。它的对象是数学的概念，是数学的程序（效能、手段），其中反映着现实事物与自然现象的一定方面。

儿子：但是，当时数学是怎样包括到所有科学的一般序列中来的呢？

父亲：在圣西门与孔德那里，以及部分地在恩格斯那里，数学是产生在为力学和天文学服务的基础上的。而在实际上，从力学向数学的转化是在发展序列中实现的。但是，这不像我们前面所说的，是外部世界的对象的发展序列，而是在我们的思维和概念的发展序列中实现的。

儿子：我不完全清楚这一点。

父亲：那我就试着给你解释吧。举例来说，假如我们观察机械运动的最简单场合——沉重的物体在空间中和在规定的一段时间里作位置移动。这一现象在牛顿力学中是在叫作动力学的部分研究的，即为了使具有质量的物质运动起来，应当给他一个力。现在我们撇开这个重物，它的质量，以及有什么力量推动它运动。那时我们还剩下什么呢？只有在同样时间内物体所完成的路程。换句话说，只有这个物体在时间中的位置变动。这个力学的较简单的部分的名称叫作运动学。因为它所研究的——正如人们所说的——只是运动几何学。但是，我们在此以前一直谈的是关于现实物体的实际运动。而现在，你注意听我讲。我们完全撇开时间不管，来考察同一个物体本身的运动。那我们得到什么呢？已经不是运动的几何学，而只是几何学，即关于空间的数学理论。在广义上来理解的这种学说叫作拓扑学。但是，我们刚一撇开时间，就立即从力学领域转向数学领域：数学同存在于时间中的现实运动并无关系，而仅仅是现实事物的反映和表象。

儿子：但是，要知道数学是顾及空间的呀！

父亲：进行空间计算的并不是数学的全部，而仅仅是被称之为几何学和拓扑学的部分。但是我们可以朝撇开事物和运动的某种属性和特征以及它们的联系和关系方面，前进得更远些。现在，我们要撇开事物的时间形式与物体关系，这时，我们就立即从几何学和拓扑学进入了更抽象的数学部分。在那里就只是数量的关系和职能占统治地位（如数和数值等等），这就是算术、代数以及无穷小量的分析，即微分和积分的计算等等。当然，我在这里是过于简单化了，这是因为我现在的任务仅仅是在于向你表明，怎样以撇开现实事物的属性和形式的途径来实现从力学向数学的转化。

儿子：而建立学科分类的一般原则是什么呢？

父亲：这就是发展的原则。也就是从不太展开、较为简单和抽象，到更加展开、更复杂和更具体的上升的原则。对辩证法来说，这个原则被称之为从抽象（在不太展开的萌芽状态的意义上）上升为具体（在更为发展的、达到成熟阶段的意义上）的方式（或方法）。这种方法以撇开具体事物的形式，反映着事物胚芽开始达到事物成熟发展的真实过程。马克思在他的《资本论》中所运用的正是这个叙述方法。

儿子：但是，在这种情况下，在这个一般学科序列中，哲学处于什么样的地位呢？在一切现代科学知识的发展中，哲学的作用如何呢？

父亲：关于这个问题，等我们晚上休息的时候再谈。咱们现在又该上路了。

第十五次谈话（晚上）　关于科学的整体化与分化及哲学的特点

父亲：喂，我们休息得不错。并且在入睡以前我们必须得结束上次的谈话。你好像询问过，关于科学在现代科学知识整个序列中的地位，以及它在其中的作用如何？

儿子：是的，爸爸，现在我对这个问题很感兴趣。

父亲：为了这个问题，让我们先来谈谈关于科学知识的内在发生和发展的两个相反过程。一个叫作科学的分化，它是通过越来越新的科学门类或科目的建立表现出来的。另一个与第一个正相对立的过程叫作科学的整体化，它表现为各门科学和各门科目之间的结合，以及把它们联系为一个整体。

儿子：这类似于分析和综合的相互结合和相互补充吗？

父亲：在某种意义上说，是对的。但是它们又各有自己的特点：分析与综合，这是一般认识的和逻辑的方法，而科学的分化和整体化，是科学发展的两种相反趋势。

儿子：那么，在科学的发展过程中，它们是经常起作用的吗？

父亲：是这样的，但他们的作用是各式各样的。在文艺复兴时代，当第一批关于世界的局部性的科学，开始从原先的统一的哲学中分化出来时，这基本上是一个单方面进行的分解过程。从那个时候起，统一的知识就被分解为这种孤立的单独存在的部门。在这种条件下，科学的整体化，也只是局限于分散学科的外在联系，其目的在于使这些分散的学科之间不至于完全割裂。这就好比一根线穿着一串珠子一样，使它们一个接着一个地连接着。这种情况一直延续到19世纪下半叶的初期。从这个时候起，科学的分化和整体化的一般过程，突然改变了自己的性质。第一，是科学整体的出现，现在已经不像过去那样是科学的表面结合，在实际上又保留了学科之间鲜明分界的科学，而是内在联系着并相互渗透着的科学。第二，科学分化自身，再不是简单地继续对知识领域越来越狭窄的彼此分割。在科学分化的开始，同时变成过渡性的科学综合过程。这个过程发生在独立的基础性知识之间的结合部。天体物理学、物理化学、生物化学、地质化学及其他都是这样的一些科学。这些新产生的科学知识部门，不是引向对知识的继续分割，而恰恰相反，是引向有机的融合，引向科学的统一体系。换句话说，科学整体化自身是通过长久的科学分化而开始实现，并逐渐形成科学知识的整个大厦。从本世纪中期开始，当科学技术革命得到了充分发展的时候，这个趋势显得特别清楚。你听见了吗?……当然是关于控制论的，它在现代整体化科学中的作用是巨大的。但是，它不是像简单装着各种物品的盒子那样，包括各种科学于自身，它是贯穿于其他所有研究管理和自动化过程的一般规律的科学，而不管这些过程的特殊本质，即不管这种过程是在现实世界的什么地方进行的。这些过程是从细胞开始到生物界，在社会生活中，技术和人们的心理领域，都完成着这样的过程。在研究它们的同时，控制论贯穿于相应的科学和实用知识部门。

儿子：在这个现代科学整体化过程中，哲学起什么作用呢？

父亲：当然，你这里所指的是科学的哲学，即马克思主义哲学。到目前为止，我们谈的一直都是这个。在现代科学的整体化过程中，马克思主义哲学的作用是巨大的和不可替代的。要知道，如果天体物理学联系和衔接了物理学与天文学于自身，而生物化学联系和衔接了化学和生物学于自身，那么这种联系和衔接都是在自然科学的范围内，或者说是在一些自然科学的内部进行的。但是，科学的整体化就没有那么多内部戒律和学科间的戒律性质。这就是说，不仅自然科学之间要求联系，而且，一方面要联系、胶结所有的自然科学，首先是技术科学；另一方面要联系社会科学。同时，社会科学与技术科学不只是借助于自然科学间接保持联系，而且还可以直接发生联系。你大概听说过，在苏共第二十五次和第二十六次代表大会上，提出了加强社会科学、自然科学和技术科学间相互联系和相互作用的任务。那么，这个任务的解决正是组成完备的科学整体化现实的中心环节。马克思主义哲学，既然是与所有运动和发展的最一般规律相联系的，它恰恰提供了类似于解决广泛的、可以说是总体性任务的方式和方法。要知道，它研究的不是显示世界的某一领域，比如说，或只是自然世界或只是社会的规律，而是关于自然界、人类社会以及人类思想活动的最一般的规律。在研究这些广泛的规律的同时，辩证法即马克思主义哲学对于社会的、自然的和技术的科学不是从它们每一个特点的角度，即不是从把它们彼此区别和分开的角度来研究的，恰恰相反，是将它们的共同点统一起来的角度来进行考察的。因此，辩证方法按其自身的本质是在于实现社会科学、自然科学和技术科学的整体化，就是实现加强这些科学之间的相互联系和相互作用。这也就是我们党最近一次代表大会的决议所要求的。

儿子：你说的是关于科学的分化和关于马克思主义哲学在科学整体化中的作用。难道马克思主义哲学自身没有在整个现代科学知识内部发生的、科学分化的一般过程中受到影响吗？

父亲：你又重新提起了关于作为普通科学的哲学与局部科学总和之间的相互关系问题。从科学分化和整体化过程的观点来看，它们的相互关系是什么呢？马克思主义哲学是内在统一的、完整的学说，而不是分成零散的组成部分的科学。关于这个问题，列宁曾这样指出过，这些学说按其完整性和紧密结合来说，好似由一块整钢铸成的，因而它不能去掉任何一个基本前提、任何一个重要部分，否则就会落入资产阶级谎言的怀抱。哲学的这种完整性和内在的有机统一，决定了这种哲学并不把自己局限于现实的某一部分，哪怕这是很广大的部分，正像任何局部科学所能做到的那样，而它是贯穿于认识自身的一切方面，是从自然、社会和思维的整体的发生、发展的最一般规律的立场出发，包括全部和每一个单独部分。这种运动和发展的规律不被划分为只在自然界，或仅仅在社会，或是只在一般的外部客观世界，或是只在我们的思维中发生作用的，它不是被划分为相应的构成和组成部分的。马克思主义哲学自身自始至终是统一的。

儿子：为了能够用公式的形式记录下来，我该怎样简要地表述马克思主义哲学呢?

父亲：这个我给你说说。列宁曾经用一句话摘要记录了马克思与恩格斯之间延续了将近40年的大量的通信。在他们这些令人激动的信件中，我要着重强调这一点，列宁首先看到了唯物辩证法在科学的各个方面和革命实践中的作用。比如，用唯物辩证法从根本上改造全部政治经济学，把唯物辩证法应用于历史、自然科学、哲学，以及工人阶级的实践。正如列宁所指出的，辩证法这样的应用，是马克思恩格斯最感兴趣的事情。在这个应用中包含着他们所贡献的最重要和最新颖的地方，这就是他们在革命思想发展中首先向前迈进的一步。因此，列宁用一句话断定，马克思主义创始人的全部通信的中心在于“辩证法”这个词。现在你将明白，从我这里所期待的公式。根据马克思恩格斯的意见和主张，列宁说，他们的哲学过去是、现在仍然是辩证唯物论，同样也可以说，是唯物辩证法。你可以作这样的记录。

儿子：难道马克思主义哲学自身没有受到一般的科学分化的影响，难道它不分解为某些自己的组成部分?

父亲：你想想，马克思主义哲学在本质上是关于一切事物发展的最一般规律的科学。如果它可以分解，并从中分化出某种部分，它仅仅单独研究自然界，或仅仅研究一个社会，或仅仅单独研究一种思想，这样，哲学研究的这个部分也就变成了局部的科学，从而失去了到处都适应的反应一切发展的一般规律的能力，实际上它不仅仅是关于一个自然界、一个社会，或者一个孤立性的思想领域的科学。

儿子：但是要知道，正如你在这以前说过的，马克思恩格斯把辩证法运用于自然科学、哲学、历史和其他科学，这是否意味着，由于这样运用的结果，应当产生出某种以自然科学的哲学问题的形式出现的特殊哲学，而它们是从马克思主义哲学本身分化出来的，对吗?

父亲：你看，我的儿子，当辩证法渗透某种知识或实践活动的领域时，那它也就深入到了所有全部的地方，而不是局限于某个自身孤立的地方。我们的导师马克思、恩格斯和列宁把辩证法称为马克思主义的灵魂。而灵魂本身就是不可分割的，这你自己是知道的。当你在一个什么问题上进行思考的时候，当你因什么事而高兴的时候，或者当你因什么事发愁的时候，当你期待着什么的时候，你会建立起计划和抱定目标，那么在这种情况下，你就会去思考并会体验到，完全不是你的某个孤立的部分高兴什么，而其余的部分却在发什么愁。因此，在把辩证法称为马克思主义灵魂的同时，我们跟随着我们的导师在其中看到：第一，辩证法是整个马克思学说的内在的中心；第二，这个学说的基础部分的完整性和不可分割为部分。我再一次重复列宁的比喻，马克思主义哲学好似由一块整钢构成的。

儿子：如果哲学在渗透到其他科学中去时，不是分割为部分，那么它在这种情况下是如何发生作用的呢？

父亲：情况是这样的，我们设想在某个科学知识部门，比如物理学中，在自然科学的崭新的革命的影响下，发生了新的哲学问题，马克思主义哲学，即辩证唯物主义应"制服"（或应付）这些问题。列宁用"制服"这个词，是表明，产生了解释和解决哲学序列的困难的任务。譬如说，与企图解释原子的破裂或电子作为电磁性实体的存在相联系的问题，如像"物质消失了"或者"物质被电代替了"等。当辩证唯物主义给予这些问题以"制服"时，那么从这里它自身同时便赢得了存在，同时在那种科学的帮助下，辩证唯物论便起了作用，在这种情况下，这种科学就是物理学和所有现代自然科学。但这绝不意味着将从辩证唯物主义中分出一块什么来，也绝不意味着在马克思主义哲学内部，可以孤立地构成以哲学形式出现的自然科学问题，特别是物理学，来作为哲学的所谓特殊的组成部分。当然，不是这样的。这样的哲学问题，各种科学本身都可以提到而且经常提到哲学的面前，为的是能够"制服"这些问题，靠自己的力量加以解决，从而，不仅丰富了自己，而且丰富了给哲学提出哲学问题的那些科学本身。这种情况，在哲学与现代物理学的关系中，我们可以看到。在本世纪初，被物理学所推动的哲学问题的解决，使列宁获得了卓越的发现，即对物质的深层结构的认识是无止境的，对电子的认识也是不可穷尽的。

这些思想不仅丰富了辩证唯物主义本身，而且在许多年中，甚至提前10年，指明了现代原子和亚原子物理学发展的主要道路。在这里又一次显示了列宁的预见力量。

儿子：这样的结果，从马克思主义中就没有分出任何作为马克思主义哲学新组成部分的形式？

父亲：当然没有。你自己好好想一想。在完成自己的任务——征服物理学中新出现的哲学问题的同时，辩证唯物主义发展了自己关于物质的学说，关于无论它的任何基本形式和形态的不可穷尽的理论。如果在这以后，辩证唯物论把自己这些最新的、最重要的成果，突然从自身分解、分化了出去，并且把它们转给某种特殊的哲学学科，即似乎存在于辩证唯物主义之外的、被称为自然科学的哲学问题。那么结果就会造成十分奇怪的图景：在把被哲学解决的问题给予其他哲学学科后，辩证唯物主义“制服”了新物理学的哲学问题，在这种情况下，自己不仅没获得充实，而且明显地贫乏化了。当然，绝不能赞同这样一种观点。

儿子：但是，应当怎样理解马克思主义哲学，即辩证唯物主义的发展呢？

父亲：你看呢？我亲爱的。辩证唯物主义，这是一个具有非常多层次的、内容丰富的和有着无穷色彩的学问。这个学说不是停止不前，而是毫不间断地发展、充实，具体适应于全部新的社会生活和科学的。但是，在这里发生的不是通过对这个学说的某种分割的方法，不是用对哲学学科增殖的方法，而是通过表现和发展其越来越新的方面、特色和趋向来实现的。要知道，当研磨和加工金刚石并把它变成钻石的时候，决不是把它打成碎块，而是从各方面使它具有新的形状。作为马克思主义哲学的辩证唯物主义，就是这样发展的。当然，这仅仅是一个形象的比喻，但是它表达了主要的意思：前者和后者都不是分裂，而是表现出新的形态和色彩。结果，马克思主义哲学总是不断以自己的新的方面、新的特色，像钻石那样闪闪发光。

儿子：爸爸，你现在说的这样富有感情，好像是你要用自己话的真理性来说服某一个人，难道有人怀疑，甚至不赞成这个意见吗？

父亲：咳！我的儿子，在人们的争论中，有相当数量的人是持有这样一个观点的。他们中某些人甚至公开声明，好像列宁关于马克思主义哲学是辩证唯物主义的论断是所谓狭隘的，因而想出了自己所谓广泛的定义，来与之相对立。除了辩证唯物主义以外，他们加进了这样较广泛的规定，该规定或多或少是具有独立性的哲学科学：如历史唯物主义；自然科学的哲学问题；哲学史；逻辑学；美学；科学的无神论。在他们看来，辩证唯物主义作为其中的一部分，整个马克思主义哲学总共是由8个部分构成的。然而，在实际上，这样的规定绝不是广泛的，恰恰相反，它是很有局限性的。因为它用科学知识的仅仅7个部分来限制辩证唯物主义的传播。其实，列宁的论断是最广泛的，因为它预见了辩证唯物主义对任何一般知识部门进行传播和运用的可能性。比如对数学和控制论、心理和技术科学等等的运用和传播应该牢牢记住马克思主义经典作家所确立的基本原则和基本原理，这是他们的哲学学说的基石。不能也不应该为迎合某些个人的口味和情绪，对它们加以改变和曲解，也不能以任何在马克思主义哲学中自命为哲学革新者们的情绪而改变它们。既然这些基本的原则和原理在当时已被坚定地确立下来，就是说它们的真理性是被证明了的，那么它们就不应该遭受那些突如其来的毫无根据的伤害。

儿子：那就是说，在马克思主义哲学中，一般没有什么可能改变的。其中的一切都应该是不变的吗？难道这不就意味着站在形而上学的立场上去了吗？

父亲：没有的事！马克思主义的任何原则以及马克思主义哲学都可以改变——如果它不再与新的历史情况，或不与当前科学的新的发展相适应。但是，这种改变的必然性通常应该是公开的和经过很严肃的论证的。绝不能和不允许轻易地和简单地改变，因为这和马克思恩格斯与列宁所证明和确立了的东西是不同的。告诉你，列宁曾以德国马克思主义者梅林为例说明，当反对马克思已经陈旧的观点，并使之明确化，以符合新的历史情况时，最需要现实性的精神。列宁曾表明，用这种方式对马克思主义进行改变，经常是有充分理由和可靠的根据的。在这个问题上，不论何人何时，都不能模棱两可。

儿子：我准备好好地弄清楚这一切。无论如何，我清楚，绝不能轻率地、没有真正根据地怀疑马克思恩格斯和列宁的学说的基本原则。

父亲：不仅不能这么做，而且应当经常地积极捍卫它，以免受到我们思想上的敌人的侵袭，当然，有时是因为我们自己队伍中的糊涂。

现在我们睡觉吧。为了明天赶路，我们需要积累足够的力量。明天早上，我们继续今天的谈话，如俄罗斯谚语所说的，早晨要比晚上聪明些。

第六天 科学与哲学

第十六次谈话（早晨） 可穷尽性观念及其破灭

儿子：看来我们已该休息了。

父亲：是的，我和你已经走完了这一段长的路程，我们可以休息一下了，靠着火堆坐一会儿，并继续我们尚未结束的谈话。

儿子：难道我们上次的谈话还没有结束吗？

父亲：没有，要知道我们当时讲到发展的理论，而与此同时，还讲到辩证法渗透到了自然科学的一切领域和各个角落，并把关于自然界绝对不变的形而上学观点，从那里驱逐出去。当然，有一个领域是例外，我们现在谈谈这个领域。

儿子：我记得爸爸说过这个领域是指当时最简单的、人所共知的一个形式之一，它既是物质粒子（化学分子及其原子）的形式，也是物质存在的一般形式——时间和空间。因为科学在当时的发展还是不充分的，所以在这个领域，辩证法的贯彻是很困难的，我这样说，正确表达了你的思想吗？

父亲：完全正确，在19世纪科学能够进入物质的深处，并达到原子的领域，但是，深入到原子更深一层，科学还没有力量和手段达到。因此，它暂时还停留在原子世界的门槛里。但原子还没有被分开、破裂、分解，以致大多数科学家都认为原子一般是永恒的、不可分解的。

儿子：但是对于原子和化学分子的复杂性、可分性，没有任何揭示吗？比如指出原子和化学分子就像宇宙中的一切事物一样，是流动的和变化的，并且它们是有能力发展的？

父亲：你知道，我的孩子，还是从古代哲学的那个时候起，在许多学者的头脑中，就已经保留着关于世界归根到底是由某些基本的、绝对简单的形式所构成的思想。正如那个时候所认为的，归根到底是由这些基本的绝对简单的形式相结合，而产生了自然界的一切物质。相反，作为世界始基的基本成分的分裂，就是自然界的一切物质的崩溃。留基伯、德谟克利特、伊壁鸠鲁和卢克莱修的原子论就是这样的。但是，这些宇宙的基本因素，可以认为是初始物质的某种形式。这样的初始物质对于古希腊哲学家泰勒斯来说，就是水。而这个思想曾经影响了两千多年，直到波义耳。其他的古代思想家则是采取另外的一些说法。比如，恩培多克勒主张“四根说“（水、气、火、土）。阿纳克萨戈拉认为宇宙就是杂多（同素体）。但是，如果整个宇宙大厦在自己的基本因素上开始和结束，那么这就意味着宇宙是有尽头的，而与这一点相适应，我们关于世界的一切知识，也是以这些基本因素的知识为结束和完成的。既然，基本因素自身是进入物质和所有物体深层的终点，那么依据这样的观点，基本因素应该是很简单的、基本的和应当具有限量的性质，这样就形成了物质和它的成分，以及人们关于物质和它的成分的知识的可穷尽性的观念。

儿子：但这不就是形而上学吗？实际上这是一种不变的观念，对吗？

父亲：是的，他是形而上学的一种特殊表现。它承认世界上的一切都是变化的，它的一切状态和现象都是流动的，但仅仅除了那些所谓物质的、最终的和最简单的微粒或成分，仿佛是由这些微粒或成分构成了整个世界，可穷尽性的观念就是世界和物质有限性的观念。依照这种观念，我们进入物质的深处，迟早会达到终点，往前就无处可去了。一旦达到这个终点，人们似乎可以说：“够了，科学已经认识了一切，已经穷尽了自己周围的一切!”

儿子：这样的观点不只是存在于古代吧?

父亲：不，它的影响很久远。在19世纪，可穷尽性的思想还牢固地确定在自然科学中，并且，几十种化学元素还被认为是始初物质。虽然当时在学者们手中还没有掌握它们的变化和分解的直接证据，然而，间接的证据已经有了。这些间接的证据包含在1869年被伟大的俄国化学家们门捷列夫所发现的化学元素周期表，在此基础上，揭示了化学元素的周期律。这个体系使人产生了一种印象，即化学元素能够相互转化和变化，按照周期表从一个位置转变到邻近的位置。处在表中第一位的最轻的元素仿佛是最简单的。无怪乎，还在19世纪初期英国学者帕诺务特就提出过假设，以为所有的化学元素都是由原初物质的氢构成的。现在，门捷列夫周期表再次把化学引向这个思想。在元素周期表产生的这个背景下，似乎元素周期表以固定形式表明了，从最简单的处于开始地位的元素，到最重要的、最复杂的发展过程。于是，这个体系就完成了。这就是为什么英国物理学家和化学家鲁克斯把这个表叫作“无机的达尔文主义”的缘故。如果说，达尔文揭示了生物物种的发展过程和它们的起源，那么，门捷列夫的周期表和周期律则表明了化学物质形式，即化学元素也应该能够发展和具有自己的起源——比较复杂的和重的是从简单的和轻的发展而来的。

儿子：当时有哪些事实有利于克鲁克斯的观点呢?

父亲：到1895年以前还不知道这样是事实，所以克鲁克斯对门捷列夫体系所进行的独特的说明，还仅仅是一个假设。门捷列夫在一开始到拉姆塞以前好久，曾倾向于这样的观点，但因为他未能获得任何证明，于是他拒绝了关于化学元素具有可变性的假设，而站到了化学元素永远不变的立场上去了。在这些立场上，门捷列夫一直坚持到1907年自己去世。虽然在这个时期，学者们手中已经有了严格的经过证实的事实，论及了关于原子的复杂性和可分性以及关于化学分子的可分性和可变性。

儿子：你现在提到的是怎样的一些事实?

父亲：是关于这样的一些事实。我已经说过，在19世纪，原子被认为是最终的、不能再往下分解的物质粒子，它穷尽了我们关于物质的全部知识。化学元素被认为是深入到物质内部的、最后的界限。到19世纪末期，伟大的物理发现产生了，这些发现在根本上破除了这种旧的形而上学观念的残余。其中，第一批是四个发现，在1895年德国物理学家伦琴发现穿透性很强的X射线;1896年贝克勒尔发现了放射线；1897年英国物理学家汤姆逊发现了电子，电子是很小的带负电的粒子；1898年，皮埃尔·居里和他的夫人玛丽·居里(他是法国物理学家，她是波兰化学家)发现了新的化学元素镭。镭具有强度极大的放射特性。

儿子：为什么正是有了这些物理发现，才引起了关于原子和元素的旧的观念的崩溃呢?

父亲：是这样，稍晚一些的时候，科学家们才查明，原子有着类似小型的太阳系那样复杂的结构；带正电荷的原子核总是处在原子的最中心。在原子核中聚集了原子几乎所有全部的质量和将近全部的能量。但原子核的直径的长度大约等于原子直径长度的十万分之一。而在原子核外面，分布着由带负电的很轻的电子所构成的原子的外壳，电子以极快的速度在原子和周围旋转，且不会互相碰撞，也不会坠落到原子核。而被称为物理学上两大发现——X射线和电子——使科学家能够透过外壳而深入原子的内部。其余的两个发现:放射线和镭——使科学家能够深入原子核的内部，正是原子核在放射分解过程中发生了根本质的转化。英国物理学家卢瑟福和英国化学家索第在1902年首次证明了这一点。正如你所看到的，由于这一些发现，物理学在短时间直接闯入了原子的两个主要领域——它的外壳和它的核内，证明了原子完全不是物质最终的、绝对简单的、永恒的和不可分割的部分，但它是复杂的、可分的、可灭的，并且放射就是从一些化学元素变成另一些化学元素。这样，关于物质的最后微粒的可穷尽性的观念破产了。而且，这样还开始了科学革命的一个新的（第三个）阶段，列宁称它是“自然科学中的最新的革命”。

儿子：这就是说，发展的思想终究是进入了自然科学的这一个领域，这本是一块形而上学长久地、顽固地据守的地方。

父亲：进入了，而且是很彻底地进入了这块形而上学的世袭领域。在昨天，当我们说到达尔文学说的时候，我引证了达尔文的思想。达尔文认为，生物变种是形成生物物种的胚胎，而物种则是生物发展了的变种。化学元素种类的标志是原子核正电荷的多少。同一种元素的所有原子所拥有的核电荷数是一样的。而且核电数等于这种元素在门捷列夫周期表中的顺序号码。这也就是说，如果在这个表中，顺着变化的号码所在的位置，比如在1号的氢的位置，那么我们就可以按表中这个或那个元素的位置号码，知道所有原子的核电荷数。而当发生放射线分解的时候，就改变了某种元素原子的核电荷数，同时发生了元素在位置上向左移动两个位置，即向表的开端的方向变化，或者向右移动一个位置，即向着它的终端的方向的变化。这样看来，克鲁克斯是对的，在门捷列夫表中他看到了化学元素发生和发展的反应。这就是说，它们仿佛是能够顺着这个表的方向移动似的。看来，在这种情况下，具有同一种元素的原子，能够落到表中的同一个位置上，而这些原子是具有各种质量的这种原子的变态。索第称之为同位素，因为它们的核电荷数相同，因此在门捷列夫表中，它们落在同一个位置上。

儿子：既然是这样，原子有自己的形式和变态，那么，关于它们是否也可以说，就像达尔文所说的生物的物种和变种呢?

父亲：在一定程度上可以这样说。我们随便拿一种元素说，比如氧，它的原子量是16个原子单位。这是它们最普通的同位素(原子的变种)，我们可以想象，氧的原子量可以增加到17，还可以增加到18。这时我们会获得氧原子的重的同位素。而如果我们将氧的原子量增加到19个单位，这样一来，原子核就开始不稳定了，并且发生放射线分解。它释放出一个电子，还释放出一种轻的中性的粒子。这样一来，原子核增加了自己的电荷单位，并向右移动一个位置:从氧组成了另一个元素——氟。这说明了什么呢?这说明了变种的标志——原子量——每一次移动一个单位。在一定的阶段上，这个标志的改变，即原子量的增加;导致“种”的特征的改变——原子核电荷数发生了改变。结果在这里，原子的变种是没有开展的新的原子种，而新的原子种则是展开了原子的变种。

儿子：那么克鲁克斯所说的，门捷列夫的元素周期表意味着“无机的达尔文主义”，是表述了问题本质吗?

父亲：这是毫无疑问的。无论如何，从第一批物理学的发现中，完全能够得出这个结论。从此，在自然科学中，从放射线、同位素、电子和镭的发现，便开始了一个崭新的革命。这些发现几乎包含了关于原子结构学说领域中全部进步的胚芽。

儿子：哲学家们是怎样迎接第一批物理的发现呢?

父亲：他们是用不同方式对待的。唯心主义者从前反对各种革命，并且一般地反对科学的进步，而这一次突然改变自己的立场，并且用双手抓住了物理学的新发现。但是他们是按照自己的观点，根本错误地曲解了这些发现。因为从前他们把原子看作物质的最终部分，而物质本身常常被解释成原子的总和。突然间，原子成为可分解的、非永恒的存在，于是唯心主义者便从这里作出了为自己所需要的结论;物质泯灭了，消失了，它不再是永恒的了。其次，他们认为原子是由电粒子——电子构成的，而电子被认为是运动(能量)，由此又宣称，电子仿佛非物质化了。于是从这里又得出了有利于唯心主义者的结论：原子是所谓“虚无”，同时，物质本身也是“虚无”。物质可以用电代替，可以归结为电。总之，这一切都是唯心主义者的巧妙手腕，而他们这些伎俩都被列宁揭穿和驳倒了。物质是存在于我们周围的，为我们所感知和感觉的存在。列宁说，物质是在我们之外，不依赖于我们的感觉而存在，而被我们所感觉的客观实在。这就是说，电子、电，如原子一样，是物质的，说什么原子的“虚无化”是不对的，因为他本来就是复杂的、可以分解和可以击破的。

儿子：自然，我明白，唯物主义者是按照另一种态度，来对待新的物理发现的。

父亲：对的，但也并不是他们中所有的人都能正确评价新的发现，甚至还有些人整个地排斥新的物理学，并在客观上帮助这些唯心主义者把自己描绘成仿佛是最新的自然科学的哲学家，还有一些唯物主义者则相反，他们似乎是站在19世纪的，甚至17、18世纪的早已陈旧了的自然科学的立场上 。这些唯物主义者摒弃了自然科学中最新的革命。并且在这些人中间，很遗憾，甚至还有门捷列夫。对于他们来说，原子依然按陈旧的观点，被看成永恒的、不变化的，是物质的最终部分。这样，你就会明白，这些唯物主义者在这个问题上仍旧是站在形而上学立场上的。

儿子：是否有过这样的唯物主义科学家，他们接受了物理学中新的发现，但从这些新发现中却得出了形而上学的理论呢?

父亲：有过。当他们的观点还没有在物理学后来发现的影响下崩溃的时候，他们的人数是增长的。他们断定说：毫无疑问，原子是复杂的和可以分解的，而化学的分子是能够相互转化的。这就是一切，可是从这里得出什么结论呢?这些学者说，只能得出：迄今为止，在两千多年过程中，被认为是最后的、永恒的、不可再分的物质的微小粒子，据说不是实际上存在的那些原子微粒，而应该是这样的电子，即原子的组成部分，它比原子更小些和更简单些。后来，这里加入了与电子相近似的物理粒子，他们就像电子一样简单，人们给它们一个基本粒子的一般名称。

儿子：这些学者是怎样看待电子和其他基本粒子的可穷尽性的呢?

父亲：首先，他们赋予它们是没有自身体积的物质质点，因此也是失去一切内在结构的即绝对简单的。其次，这些质点又被赋予某些有限数量的特性。起初只有两个基本的特性——质量和带有电荷，或者不带有质量电荷。在1926年，还给这些质点增补了自旋性（一种特殊的性质，这种性质最初是与电子的回旋运动发生联系，而它可以有两种形式——或是沿着顺时针方向，或是沿着逆时针方向运动）。在知道了这些性质的意义的同时，我们就知道了关于基本粒子的一切（当时就像知道人所共知的电子微粒一样)。并且，我们可以在这个基础上，从电子建造原子和其他一切不管是多么复杂的自然物。最后，电子被认为是永恒的、不灭的，并且像从前认识化学分子那样，认为电子不会变成别的什么。简单地说，可穷尽性思想完全从原子转移给了电子。这样，尽管自然科学中发生了崭新的革命，而可穷尽性却作为不可动摇的观念在其中保存了下来。

儿子：我现在想请教你，辩证唯物主义者当时是怎样看待这一场革命的?列宁是如何对它估价的呢?

父亲：俄国的马克思主义者普列汉诺夫和他的学生们都不懂得这一场革命，并且没有看到这一场革命与唯心主义者利用新的物理学发现、达到“驳斥”唯物主义的企图这两者之间的联系。当时，在别的国家中也只有很少的辩证唯物主义者发现了这一点。恩格斯1895年逝世以后，在哲学与自然科学中发生的这种新情况，被列宁看到了。他仔细地研究了科学本身和思想斗争中所有这些新的现象，并与1908年写出了著作《唯物主义和经验批判主义》。在书中，他分析了当时在物理学和哲学中所发生的事情的实质，既批判了唯心主义者，也批判了旧派和新派的形而上学者。在这部著作中，表明了辩证唯物主义发展的列宁阶段，或者说，唯物辩证法发展的新阶段，这都一样。

儿子：对于物质最终粒子的可穷尽性观点，列宁是怎样看待的呢？

父亲：列宁绝对否认这样的观点。他认为，承认所谓最终的实体，以及永恒的质、始终不变的成分等等，都是形而上学的典型表现。列宁说，辩证唯物主义经常坚持原子可分割性的观点。因为，他不承认在世界上有什么始终不变的、僵死不动的、可穷尽的东西。因此，物理学上的一切新的发现，只能是对辩证唯物主义的证明。在用原子概念偷换哲学范畴的物质概念，把物质归结为原子时，唯心主义者们犯了惊人的逻辑错误。他们这样做，是为了实现这样一个目的，即从这个错误中，得出为自己所需要的臆想出来的关于“物质消失了”，以及杜撰出物质“虚无化”的哲学结论。实际上，如列宁所说的那样，原子和电子，这只是人们在科学上对物质深处进行认识的道路上的个别路标。这个道路是没有止境的，因为物质的深处是没有止境的。这就如从前的德国哲学家、辩证唯物主义者狄慈根所说的，物质的每一个微小部分，不管它看起来是多么简单，实践上是不可穷尽的。列宁曾多次强调过这一思想。在自然科学的崭新革命中，列宁看到了，在物质的终极性问题上的形而上学所信仰的物质可穷尽性观点的破产。这是当列宁研究了这个革命的实质以后，他所提出的如果不是最重要的，也是一个重要的原则。

新派的形而上学者断言，一切事物现在这样存在着，将来也是完整无恙的，它们是最终的和不变的，等等。宣称电子具有终极性，如同从前看见原子具有终极性一样。当时，自然科学中新的革命，似乎只是导致了形式上的更换，而其实质还是以往不可穷尽性观念的保留。

列宁说，不对，绝不是那种情况，不是把人们所认为的原子所处的旧的地位，再提供给新发现的电子。而事实在于，关于物质任何一般的微小颗粒，或者物质的一般形式的终极性思想本身的破灭。在世界上，无论如何，这种具有最后可穷尽性的东西，是没有的。这就是自然科学中崭新的革命在实际上所揭示的，这也正是唯心主义者和形而上学的新派别所看不到的，或者不想看到的东西。当他们宣称，仿佛是处于不变地位的原子，被不变的电子所代替时，一切都立即理顺了。可是，这种煞费心机的拯救可穷尽性的企图，正是利用了人们对电子的研究还很薄弱，因而可以不受制约地赋予电子以物质最终的、永恒的和不变的微粒的性质。但是，列宁曾竭力告诫和着重指出，电子和原子一样也是不可穷尽的，自然界是没有止境的。列宁的这些话，就像卓越的科学预见那样响亮。

儿子：那么以后，这个预言得到证实了吗？

父亲：得到证实了，而且还是光辉地证实了！英国物理学家、基本粒子物理学方面的专家鲍威尔说过，列宁关于电子不可穷尽性的这个简要的，但绝妙的预言，是为整个原子物理学提前几十年而提出的具有结论性的完整的纲领。而且最惊人之处在于，提出这个纲领的不是物理学家，而是离物理学很远的，但是用科学的哲学方法——唯物主义辩证法武装起来的有学问的社会活动家。在这里怎么会不令人想起，甚至诗人也带着理解的心情，接受了列宁的关于物质深处不可穷尽的思想。著名的俄国诗人布留索夫写道：

每个原子就是一个世界，

那儿有成百个行星往来；

原子是大世界体积的凝缩，

不过是以特殊的性质存在。

不应当只从字面上了解诗和艺术的词句……唯物辩证法给列宁提出并论证关于电子不可穷尽性的预见提供了可能。

儿子：有哪些物理学发明证明了电子是真正不可穷尽的呢？

父亲：我不能详细地给你谈这个问题，因为要说明这个问题，就是用从大城市到我们出来的往回走的整个路程的时间也不够。这是因为要详细说明这个问题，那就不得不叙述最近六十多年中，在物理学方面所做的许多的卓越的科学发现，而这是很费劲的。因此，我现在只谈谈其中几个发现，并尝试着如何对他们进行分类。这些发现的第一组，涉及电子和其他物理微粒的性质。开始时对它们知道的很少，以后随着对它们的发现数量的增长，以及发现其性质上变得更加奥秘，更加复杂，从而证实了电子本身的复杂性和不可穷尽性。构成第二组的发现，显示了电子向深层转化的性能。但它能一次变成为其他的微小的颗粒。在这种情况下，电子消失或者又重新出现，而从其他的微粒子产生出来。这种情况在很大程度上说明了原子中电子的复杂性和不可穷尽性。最后，不久以前，能够借助于更加完善的和强有力的，对于原子中的基本粒子发生物理影响的手段，从而开始揭示出它们的内在结构。在这里，暂时只是迈出第一步，但是已经暴露出这些微小粒子在任何情况下，都不是简单的、不具有体积的，因而失去了自己内在结构的物质的点。相反，它们是具有非常复杂的物质构成和特殊结构的。而这就是说，它们实际上是不可穷尽的。总之，沿着所有的线索和趋向，证实了列宁关于电子不可穷尽的预见。这就是说，对于物质的细微部分可以穷尽的观念，在现代科学中完全崩溃了。当然这并不排除，在科学的发展中和新的急转弯处，还有产生这种观点的可能性。

儿子：这样，在科学革命中，随时会有某些在实际上并不真实的观念崩溃吗？

父亲：是的，不然就没有任何革命可言。因此，我要提醒你注意这一点，革命恰恰正是对旧事物的最主要的和最基本的方面施以大规模的根本的破坏。因为被破坏的旧事物早已成为习以为常的东西，所以用新的东西去代替过了时的东西，往往又仿佛被人看成某种荒诞的、异常的、古怪的事情。赫拉克里特说得好，“自然界喜爱躲藏起来”。但是在今天，对我们来说，地球绕着太阳运动，或者说，燃烧不是物体的分崩离析等等，已经不是荒诞的了。要知道，在我们的先辈看来，所有这些应当是荒诞的、古怪的，简直不可思议的。因为他们看到的是，太阳在天空中运动，而应当认为运动的不是太阳而是地球；它们看到的是，火烧了木制的建筑，而应当认为，是什么东西在发生化合，而不是什么东西在分解；他们看见的是物体中放出热量，而应当相信的是，这个热量在物体中是不存在的，如此等等。在崭新的革命年代里，正是这样破除多少世纪以来在认识中牢牢地扎下了根的陈旧的观念，并在它们原先所占据的地方，确立起某种新的生疏的、稀奇的东西。

儿子：这种生疏稀奇的东西，是意味着承认物质的所有粒子具有不可穷尽性，并且认为物质的深处是无止境的，是吗?

父亲：对。因为人类的认识习惯于一切都是从某种东西开始，到某种东西结束。就是说，环绕于我们周围的一切事物都是有限的。而据说它们中最简单的事物可穷尽到终极点。因此，从这样的立场出发，来了解无限性是困难的。殊不知，有限性和无限性是这样两个对立面，正如一般和个别的对立的一样：一个没有另一个就不能存在，它们只有在自己的统一和自己的联系中，才有意义。

儿子：正如你所说的，我可以承认个别的、有限的物体，而有什么理由承认物体的无限性呢?

父亲：这种无限性的物体是不存在的。任何物体都是有限的，只是物体的联系是无限的，它们的发展是无限的，我们对它们的认识是无限的。你看见的石头，是一个个别的物体。但是，这个石头落到地球上的规律却不只是涉及这个石头，还涉及地球上一般的所有物体。我们多少次把它们向上抛掷，它们就有多少次能够落到地球上。这就是说这个过程可以无数次。不管它们有多少次落在地球上，它们的所有降落都为引力规律所包容。这个规律表现为一种无限性，这个无限包括在如此有限的事物中。比如，我们的地球以及地球上一切个别的物体。我们承认物质微粒的不可穷尽性，就是承认它们和其他物质微粒的性质和关系，承认它们的转化、它们的内在结构，这种内在结构引导我们的认识越来越进入物质的深处的无限性，这就是列宁为什么要把电子的不可穷尽性，同自然界的无限性相联系的原因之所在。

儿子：爸爸，当今，在相信不可穷尽性的观念之后，还要摧毁被人们臆想出来的另外什么观念呢？

父亲：关于这一点，我们可在另一次谈话中再说。

第十七次谈话（中午） 什么是科学以及它向何处发展

父亲：我们到大城市的路程不多了，现在已经可以对我们的谈话做出总结了。

第一个问题关于科学。

什么是科学？它往哪儿发展？有些人说，科学是精神性的现象(思想现象)。因为，科学的主要特点是认识研究对象规律。而我们是用自己的智慧、自己的意识和思维进行认识的。另有一些人则说：不，科学是客观的物质性的现象。科学的成果植根于生活和生产，并具体化为技术结构。因此，人们引证马克思的话，称呼科学（首先是关于自然界的科学）是直接的社会生产力；但如果精确些说——马克思说——科学越来越转化为这种形式的社会力量。

儿子：他们中哪一种观点是正确的呢？

父亲：这两种观点中的任何一种，都不完全正确，而是部分正确。但最好是说，不是这一种观点或那一种观点正确。因为，在科学中，必须包括这两种观点，有精神思想的一面，同时也有物质的、实践的一面。但正因为如此，绝不能把科学仅仅归结为精神性的现象，同时不能仅仅归结为物质性的现象。代替这种“或是……，或是……”观点的，应该是“既是……，又是……”的观点。问题的这样一种提法，比起某种习惯于主张“或是……，或是……”观点的人们来说更加辩证些，并且这种提法，完全符合马克思恩格斯和列宁所表达的思想。

儿子：不过，马克思不是说过关于科学变成直接的生产力，即科学变成物质的力量吗？可是要知道，这样的转化也就意味科学丧失了纯粹精神的（思想的）性质，不对吗？

父亲：是的，如果把纯粹精神性（思想）的科学，理解为脱离物质生产，脱离人们的社会历史实践的话。但是，科学变成直接的生产力，也绝不会使科学失去它的精神性质，即科学是对自然规律的认识，是对自然现象和本质的认识。科学能把精神的结果或成就具体化在技术或生产中，正如人们有时所说的，可以把精神的东西“物化”。但是，这还绝不意味着，科学不再创造自己的这些精神产品，科学简单地注入生产过程，并入生产，并消融于其中。我觉得，实际情况比这里说的，比初看上去要复杂得多。

儿子：你说科学“既是……，又是……”，即既是精神现象，与此同时又是什么物质现象。在科学中，这两个原则的相互关系怎样呢?

父亲：你提的问题很好，我的朋友。正是回答了这样的问题，才意味着阐明了事情的实质。通常在认识中，这两点——精神的和物质的是相对照的。这样做，是为了阐明它们谁是第一性的、基本的，谁是第二性的、派生的。如你所知道的那样，唯物主义认为物质是第一性的，精神是由物质所派生的。用这个观点来看待科学，就像看待人类活动的所有领域和整个世界一样，都是正确的。但是在科学中，除此之外，发生了另一个问题。这个问题的实质是关系到，物质变精神和精神反过来变为物质。换句话说，在这里完成着从物质向精神的转化和从精神再向物质的相反的转化。

儿子：你知道，关于这个我完全不懂。精神、思想怎么可以变成物质?要知道，这类似于宗教信仰中关于精神可以创造、造成物质的东西的观念。而这个物质的东西，怎么仿佛可以内化为思想，变成精神的东西呢?对于这点我无法理解。

父亲：这里不仅需要作正确的理解，而且不能只是从字面上了解“变成”“转化”的意思。要知道，我们说量“变成”或“转化”为质的时候，我们使用这些词是有特殊的意义的，而不是停止在字面上的，不是像液体变成蒸汽那样。在《资本论》中马克思就如何需要了解这一点，专门进行了说明。他用自己的辩证法和黑格尔的哲学相对照。他说，在唯心主义者黑格尔那里，精神是所有现实世界的造物主，是真正的造物主。对于马克思来说，精神的(思想)东西同样是物质东西。但是，它只是植入人的头脑中，并在头脑中改造过的物质的东西。怎样实现这样的植入和改造呢?“移植”是人的头脑反映外在世界的过程，即在人的意识中产生了比较完整的、正确的形象，这些形象是人们所认识和研究对象的真实形象。“改造”是从很多个别事实中，从无数的形形色色的流动着的事物和它们的现象中抽象出本质。这种本质是事物和现象中，以及他们之间的主要的和普通的东西。这样的“改造”，按顺序形成相应的概念、理论和假设，建立起科学原理和科学规律。要知道，所有以这些形式出现的精神产品，都是在我们头脑中形成的，它们在外部世界是不存在的，它们全是在外部世界中抽引出来的，并清除了那些无关的、偶然的、零碎的和非本质的东西。对这些东西做这样的清除，是我们进行认识和研究的理想化结果。但是，在我们的认识形式中所反映的关于外部世界的内容，不是随心所欲的，不是我们臆想出来的，而恰恰是外部世界在我们的头脑中，在我们意识中的反映形式。这就是把物质的东西，“移植”到我们头脑中来，将它们“改造”成为思想的东西的意思。简言之，思想的来源和它的内容是物质的。

儿子：精神反过来是怎样变成或转化为物质的呢？

父亲：在这里，最重要是人的实践活动的目的，特别是科学认识本身的目的。好比说，你为了想做什么事情，决定预先采取什么步骤，你已经预先拟定了要达到的目的。为了实现这个目的，你拟定了行动计划。难道你不就是这样行事的吗？

儿子：好像是这样，无论如何，为了达到拟定的目的，我要在我的头脑中，组成所要做的事情的计划。

父亲：但是，提出目的和拟定自己行动计划的同时，你已经在自己的头脑中，预先想象地看到你力图实现的结果。然后，你已经是用自己的行动，努力执行和实现自己的计划了。而这就意味着，你在把思想的东西变为现实的（物质的）东西。可是在这之前，它只存在于你的头脑中。这样，你看到，精神的东西向现实的东西的变化、转化，绝不是那样奇怪，也与所谓宗教观点、神创造世界的思想没有任何关系。唯心主义和宗教歪曲意识的能动作用，把意识变成一种特殊的、最高的、超自然的力量。在实际上，人在给自己提出目的，并拟定实现目的的计划时，任何类似的东西是不存在的。

儿子：这个观点可以在所有的人中间推广吗？

父亲：可以推广到人的自觉的有目的的活动的一切形式。马克思在《资本论》中写道，蜘蛛与蜜蜂用它们自己的本能表现了胜过任何建筑师劳动的准确性。但是，最蹩脚的建筑师也比蜜蜂高明，因为他在开始建造什么之前，就已经在自己的头脑中形成了未来建筑的模型。

儿子：这一切在科学领域里是怎样看到的呢?

父亲：科学既有自己的最近的，又有自己最终的目标。最近的目的，是搜寻和发现新的研究对象的规律。比如说，自然对象的规律。最终的目的，就是在人们的实践中运用这些规律。比如，把自然规律运用于技术和生产。试问，在实际上，人们为什么需要关于自然规律的知识呢？要知道，这不是为了满足纯粹的求知欲，或是因为没有什么事情可做。只有当科学成为人们需要的时候，当他们在自己的实践中，首先是在生产活动中，感到没有科学，已经不能继续下去的时候，于是科学才会出现。为了在工业中有成效地利用自然的力量和自然物质，需要了解自然规律，同时依据这些自然规律，为了谋取自己的实际利益，而驾驭自然过程。结论是这样的，精神（思想）的东西与物质的东西之间的转化，不仅是互相的，而且是互相之间合乎规律地联系在一起的。因为，实践、工业、生产对于科学思想物化的结果是极为关心的，于是它们推动着人们进一步去寻求和发现自然的规律，尔后又反转过来，在技术结构中和生产技术操作过程中，找到它们的物化和科学的具体化方法。于是，这就获得了一个统一的链条：物质的东西转化为精神的东西（移植到人的头脑和在人的头脑中进行过改造的意思），这样做是为了在以后的活动中，能够使精神的东西，在人们的实践中，重新转化为、变成为物质的东西。

儿子：对这个观点，我自己做了这样的简略记录：物质的东西转化为精神的东西，是为了把精神的东西重新转化为物质的东西。这也就是说，科学变成直接的社会生产力，是吗?

父亲：这种变化，发生在科学发展的很高阶段上，即发生在科学的特性或功能十分发展的时候。科学大厦的建造，就像任何大厦的建筑一样，比如要建厂房，开始需要聚集建筑材料，以后拟定计划，末了，按照这个计划，使用这些物资，将厂房建筑起来，工厂才得以开工、运转。科学的情形，大致也是这样。但是，为了对这个问题研究得更详细些，需要简单追踪科学所走过的全部道路。特别是从15世纪文艺复兴时期开始，这个时候，自然科学才从哲学中分化、独立出来。科学发展的最初阶段是经验的、搜集材料的阶段。这个时候，需要的是精确地确立起事实。为此，要清除那些所有并非科学本身所固有的、人为地添加上去的东西，并积累、集中这样的事实（作为建筑未来科学大厦的建筑材料)。在19世纪，科学（我们指的是自然科学）上升到了自己发展的理论阶段，在积累了经验材料基础上的综合阶段。在这个阶段上，科学的特点已经不是简单地描述的职能，而是表现了更加复杂的解释和预见的职能。借助于理论思维的帮助，自然规律的发现，科学理论的建立，假说的提出等等，所有这一切，其目的都在于洞察事物的本质和从事物的本质出发对它们加以说明。这样，进入19世纪初期，道尔顿就是这么做的，他在原子的化合和分解的基础上，说明了化学现象和物质的化学性质。同样，物理学家们也是这么做的，他们在19世纪的后半期，在分子动力学理论的基础上，说明了气体的性质和理想气体的规律。再晚一些时候，波尔在原子结构和现代物理学的基础上，说明了门捷列夫的元素周期表。

儿子：爸爸，你现在所说的科学预见的功能，是科学的特殊功能吗？或者它是某种与科学的解释功能相联系的吗？

父亲：科学预见的能力乃是科学自身完全特殊的和非常重要的功能。当科学家概括经验材料，并从中引出新的自然规律的时候，那么，他所注意的问题是已经实现了的经验，即过去的经验。而当科学家进行预言的时候，他是使自己全部想象力注视着未来，转向还没有到来的、在科学里还只是所期待的东西。科学预言，这是一个为已经作过的概括和说明工作所不可比拟的、更重大的和更复杂的任务。但是，按照科学进行预言的能力，不是简单的猜测和预测，而完全是建立在被观察现象的规律的基础上的。只有了解了环绕该现象的规律，并依据这些知识，才可以预见还无人知道的、没有发现的，或者一般来说，还没有到来的那些事物。要知道，规律是现象中这样一种稳定的联系，这种联系不仅现在起作用，而且在将来也起作用。抓住这个指路的线索，可以把自己的想象转向将来不为人所知道的领域，并可试图把将来想象为现实的合乎规律的继续。或者以已经为人所知道的规律为基础，试图在自然界中找到应该在其中存在的，但还未被发现的东西。科学的这种能力，说明了科学的成熟和壮大。

儿子：可以看到还未被发现甚至还没有出现的东西，大概这对人们会产生强烈的印象，是吗？

父亲：是的。但是，这种强烈的印象不是在预见出现的时候，而是在预见被证明和证实的时候。比如，道尔顿在他发现的普通的倍比定律的基础上，预言道，除了水以外，在氢和氧之间应该还有一种化合物，在那里有第二个氧原子与水分子相化合。这样的化合物很快就被发现了，它就是过氧化氢。但是，在全世界引起特别强烈的反响的，是关于太阳系有一颗新的行星的预言。在1846年法国数学家勒维烈研究了这颗行星可能出现的位置。他指出，天王星是到目前为止离太阳最远的一颗行星，但是它的运动轨道与牛顿的万有引力不相符合，它经常偏离自己的轨道，似乎有一个未知的行星“干扰着”它的运动。勒维烈推测这颗迄今没有发现的行星与太阳的距离，比天王星距离太阳要远。他进行了计算，并确定了那颗未知行星在天空中应该处的精确位置。当德国天文台台长加勒把自己的望远镜对准勒维烈所指向的方位时，他果真在那里发现了一颗新的行星。这颗新行星后来被命名为海王星。这一预言的实现，在全世界引起了巨大震动，人们赞扬理智的超前预测的力量。

儿子：是不是所有的科学发现，都是按照这样同一个方式，千篇的一律地进行呢?

父亲：当然不是这样。科学发现的方式是各不相同的，正如科学预见所依据的规律都不相同一样。在19世纪的化学中，有些预言，如同可以发现缺少的纸牌一样。如果其余的纸牌按照花色，或者按照它们所表示的意义排列，比如，按水平线分成一排红方块，另一排分成黑桃等等。按照纵行分出一栏爱司牌，而另一栏分出大王，这样，一个王在另一个王之下，如此等等，这时候，就会一下子发现所缺少的牌，比如，缺少了方块皇后。法国化学家热拉尔就利用了这种类似的方法。他编程这样的一些排列，在那里沿着一个方向，依照它们的色调排列着化合物（碳水化合物、醇、酸等等）。而沿着另一个方向，依照它们的“意义”进行排列（当时，在它们的碳氢化合物的残余中，或者在化学“根”中增加相同几组的数量，从1开始，或者从0开始）。这个时候，马上会发现还应该有什么样的有机化合物存在。而且以后不久，这种预言中的许多有机化合物，真的用化学合成的方法产生了。但是，在世界上引起特别强烈影响的，还是在化学元素周期律的基础上，被门捷列夫所预言的，还没有被发现的化学元素的存在。问题在于，在门捷列夫周期表中，在横的方向上的元素是按照元素原子量的相近的意义，从小到大的顺序排列，而在纵行的方向上，则是按照化学的“花色”进行排列的（在第一个纵行里是碱金属，在下一个纵行里是铜族金属，然后是碱土元素，等等）。在对元素这样的排列后，就会立即发现表中心的空缺。但是，沿着邻近的被已知的元素占据的方格，门捷列夫在1869—1871年间不只是很精确地预言了那些还没有被发现的元素的存在，而且还预言了这些不为任何人所知晓的元素的基本的物理和化学性质。这以后过了4年，从1875年到1886年的11年中，发现了被门捷列夫所预言过的三种元素。这种发现被视为发现者所在国家的荣誉；它们分别是：镓的发现是法国人的荣誉；钪的发现是斯堪的纳维亚国家的荣誉；锗的发现是德国人荣誉。这不仅仅是在周期律基础上所做出的这些预言的极伟大的胜利，而且一般地说，是用辩证的方法武装起来的人类智慧的胜利。

要知道，门捷列夫做出自己的预见，在实际上是运用了质量互相转化的规律：原子量的逐渐变化，造成向具有质的新的意义的其他元素的转化（转化为另一种质）。知道了这些具有质的意义的有规律的变化过程，可以预先计算出某些空缺的元素，门捷列夫就是这样做的。这样，在自然科学领域就出现了科学预见的功能。

儿子：告诉我，爸爸，怎样可以确定发展到理论水平的科学和技术之间的关系呢?

父亲：你大概已经猜测到了，在19世纪，科学已经开始赶上了技术，就当时科学开始能够解决技术和工业对科学所提出来的任务的意义上来说，是赶上了。我给你引证这样一个事例，可以有助于理解这一点：在18世纪，人们采用经验主义的方法，制造了蒸汽机。但是，它工作起来是很不经济的。据说，大量的热就这样白白地散掉了，人们说它变成了风。为了不浪费全部热量，或者最低限度能够使比较多的热量转化为机械运动，可不可以对机器进行改造呢？换句话说，问题的关键在于提高蒸汽机的有益作用的效率。而这也就意味着，盲目用手摸着走路的陈旧的经验主义方法，已经不能解决这个任务。在这里需要的是科学的帮助。正如我已经跟你说过的，卡诺开始了对这种科学的研究。他是首批给技术和动力生产实践以直接帮助的人之一，他证明了科学赶上了这个实践，并和实践长得一般高了。加之自然科学所表现出来的预见性的功能，为科学对实践的积极帮助，提供了可能性。当然，这同时也证明了科学自身的成熟壮大。

儿子：在社会科学中，预见性的功能也能显示出来吗?

父亲：从马克思主义哲学出现的时候起，社会科学才上升到真正科学的水平，并第一次显示出预见的力量。正是在揭示了资本主义社会经济发展规律的基础上，马克思预言了资本主义灭亡的必然性和通过无产阶级社会主义革命的道路，用社会主义取而代之的必然性。这个精彩的预言，为1917年俄国十月社会主义革命的胜利所证明。然后，被欧洲、亚洲、美洲等一系列世界其他国家的社会主义革命的胜利所证明。在第一次世界大战期间的1915年，列宁曾经预言过，在世界帝国主义的薄弱链条上，社会主义可以首先单独在一个国家取得胜利。在这种情况下，列宁这个预言是根据资本主义发展的不平衡规律作出的，这个规律在资本主义发展的最高阶段——帝国主义阶段上，表现得特别尖锐。列宁的这个语言早已被俄国无产阶级革命经验所证实了。

儿子：把科学的这种预见性功能，恰当地比喻为指南针，对不对呢?

父亲：这是很恰当的比喻。科学的预见性，能够走在现实前面很远。从而为生产和革命实践指明正确的道路。但是当自然科学上升到生产实践的一种比较高级的阶段上的时候，自然科学的预见作用，在生产活动领域中，在自然科学里还要显示出特殊的职能。当然，科学与实践存在着经常的联系。科学诞生于实践的需要，并且总以自己的本性来满足实践的需要。但是，只要科学暂时走在技术前面，或仅仅赶上技术，那么，科学就不能在完整的程度上，发挥自己的能力和职能。因此，科学对实践的帮助暂时还是有限的。在20世纪，当科学的生产实践功能在充分的程度上展开时，科学在自己的发展中，夺步走在了技术和生产的前面，超过了它们，并且提出和解决着实践本身还不能直接提出来的任务。这种情况是目前在全世界所进行的科学技术革命的一个重要特征。

儿子：但如果科学超过实践，跨越到实践前面去，那么，这是否意味着科学脱离实践呢?

父亲：这里不存在什么类似的科学与实践相脱离的情况。相反科学走到实践前面，只是意味着，在某种东西运用于生产以前，必须进行比较全面的科学探讨。拿原子能的利用来说，它的发现是在19世纪末，但当时人们关于它什么也不了解。这样可以马上使它运用于生产和技术吗？显然是不可能的。因而需要开始对新的自然现象进行全面而又深刻的研究，弄清它的原因、它的本质，揭示它的规律，而后，在这些知识的基础上，寻找重新被发现的自然力在工业和技术上的运用方式。这样，物理学家们纯粹利用自己的科学手段，花了44年时间，研究了核过程。在这以后和在这个基础上，在5年时间中，技术上才解决了被认识的这种自然力在技术和工业上运用的任务。人们可以得出结论，物理学和一般科学就是这样为生产和技术的发展开辟道路的。科学已经不是简单地指出实践应当朝着什么方向发展（就像指南针所做的那样）。科学的这种作用，好似打孔的工具，在坚硬的岩石上钻通一个小孔，然后，生产和技术能够沿着科学开辟的这个通道向前发展。所以，科学的这种最高的，即指导生产实践的功能，可以回过来真正和钻孔工具的作用来比较。人所共知，在这种功能中，科学表现出变成社会直接生产力的能力。

要知道，科学形成和发展的道路，可以用简短的形式来表达。这个形式，列宁在1914年至1915年所写的《哲学笔记》中谈到这一点。这种形式表明，达到真理的辩证的道路，人们对客观现实认识的道路，开始于生动的直观，并导致抽象的思维，再从抽象的思维到实践。全部科学史都证明了这一点。

儿子：我还有一个问题向你请教，科学给人类带来的是幸福，还是不幸？当原子能没有被认识的时候，是绝不会造成原子弹的。这就是说，物理学家是有罪的。因为这种炸弹被美国人于1945年扔在了日本不设防的城市里，给普通的日本人民造成了多少痛苦和不幸啊！我这样认识，不对吗？

父亲：你提出的这个问题，现在是使全世界焦躁不安的问题，包括推动科学技术向前发展的科学家。在原子弹的使用问题上，科学家是无罪的。

告诉我，你带着棍子走路，你依靠它爬山，这棍子对你有益，你需要它，是吗？

儿子：当然喽，所以，我在路上总拿着它。

父亲：可是，如果不管是谁，用你这个棍子打伤了你，那时你会怎么办？你会沉默吗？所以，在这里，棍子没有什么过错，全部问题在于棍子在谁的手里和它为着什么样的目的服务。原子能在爱好和平和自由的人民手里，就会给人们带来幸福和快乐。如果说，美国的好战分子是把原子能用之于破坏的目的，那么在苏联，它第一次运用原子是造福于人民。正是在这里，首先建立了原子能发电站，把原子核的能量用于和平的目的，并且，在这里为了同样和平的目的，造成了“列宁”号原子破冰船。科学的成果，如同整个科学技术革命一样，其目的是在于人类的幸福，给人类带来很大的快乐，减轻他们的劳动，保护他们的生活和健康。相反，这些成果在帝国主义者和资本主义垄断组织的手里，由于他们所关心的只是获得无节制的利润这个自私自利的目的，维持其对劳动人民的压迫，因而只能给人民造成无数的不幸、苦难和泪水。所以，现在可以更加清楚地得出结论：不能让把人类智慧的成果变成对人类有极大危害的社会制度存在的权利……而现在摆在我们面前的任务，就是要完成最后的过渡，消灭危害人类的社会制度。

第十八次谈话（晚上）　应该怎样阐明和研究辩证法

父亲：我们六天的旅行这就结束了。这是最后的休息啦！我们接近了大城市，明天早上我们就进入城里了。我建议你坐下来，我还要和你就哲学问题，谈谈结论性的题目。

你看，周围这么黑了，只有前面大城市的灯光在闪烁。而在我们的头顶上，明亮的星星在闪耀。

儿子：爸爸，我接受你的建议。说不定什么时候，我还会有幸和你一起走这么远的路程，并在休息时谈论辩证法。

父亲：那么，关于辩证法，在我们分手之前谈什么来着？要知道，你还要继续自己的学习，而我应当回家去了。

儿子：在我们交谈的时间里，我从你那儿知道了这么多新的东西，我相信，我现在已经很懂得什么是辩证法了。

父亲：不，我亲爱的，你作出这样的估计，说明你关于这个问题还有深深的误解。你还只是开始与它相识，与它初步接触。你现在还不能说，你真正了解了它，因为你距离这一点还很远。当一个人开始认识对他来说是新的领域的知识的时候，这种情况经常会发生的。在这以前，他对新的知识什么都不知道。但是，当他对新的知识似乎都了解时，其实，他还没有来得及接触关于它的最新情况，以及认识到它的根本意义。他时而接触一个领域，时而接触另一个领域，时而又接触第三个领域，况且那个领域中，就有着越来越困难、越复杂的任务。于是他陷入了僵局，不能解决这些任务。在悲观失望中，他得出结论说，他什么也不知道。这样，他顷刻就会束手无策，从开始时充满了对自己知识的信心，而转变成为完全丧失信心。

古代的一位诡辩主义者苏格拉底说过："我只知道一点，即我什么也不知道。"这就是诡辩主义者巧妙的手腕：既然他知道哪怕是随便一样什么东西，那么，他也就不能说，他什么也不知道。但这可以提醒人们，在从一个极端跳到另一个极端之后，他开始懂得事情的缘由，就是说，开始猜测、认识他所还不认识的东西。从而他就会努力去增补自己的认识，懂得用那些迄今仍然有用的知识去填补自己知识的空白点。这样，可以得出结论：从起初忽然认为"我一切都知道"，到以后又突然认为"我什么也不知道"，到最后"我知道我还有什么东西不知道"。如同射击目标，开始时弹得太远，以后又打得太近，到最后才命中目标。

儿子：而我为了要真正了解（射准）辩证法，还需要什么呢？

父亲：你要知道，所有的科学都应当研究辩证法。一般说来，认识运动是循序渐进的，一步一步地从不知到知，从最简单的认识逐渐过渡到愈加复杂的认识。一切发展正是这样实现的。因此，掌握某种科学的我们的思想，也应当以认识这个途径来发展和丰富。这就是说，我们的思想应当经常辩证地发展。但是，辩证法也是科学。它有自己的基本规律，自己的范畴和原则的体系。所以，必须认真地研究它。你要注意和牢牢地记住这句话："辩证法需要辩证地研究。"现在，对你来说，懂得这一点还有困难，但是你必须尽量去做。

儿子：是的，如果你把这一点给我讲详细些，我会懂得的。

父亲：我就试一试。我认为，当研究任何科学或某种工艺技术的时候，在基本上须经过三个阶段或时期，才能掌握。初步地认识新的对象，是开始的、低级的阶段。在中间阶段，是详细地，也可以说，尽量充分些认识这个对象。在高级阶段，掌握该对象要达到这样的程度，即能开始自由地使用和运用它，并在新的条件下将它运用于实践中。对待辩证法的研究，也应该这样。

儿子：这就是说，我们是从第一个阶段，即低级阶段开始了对辩证法的研究了？

父亲：呶，当然是的。所有起步者都要经过这样的阶段。这是辩证法的初步知识，科学入门之类的东西。我们可以管它叫作该科学的“乘法表”。当你暂时还不懂得这门科学的基本知识和它的“乘法表”的时候，那是绝不能前进的。而你知道这些科学的初步知识是解答什么问题的吗？

儿子：我有所感触，但是，我还不能用语言表达出来。

父亲：它们回答的问题：这是什么东西？我和你就是从什么是辩证法这个问题开始交谈的。实质上，我们在一路上，在全部休息时间里，谈的都是这样一个问题，并且到现在还没有结束。因为这是一个很大和困难的问题。但是，不管多么困难，我们毕竟还是少许弄懂了些什么。不过要知道，为了回答这个问题，必须引用很多图解例证来说明，要研究它的各个方面，要有几次回到先前已经说过的问题上去。当然，这不是简单的重复。而每一次我们仿佛都是更深入地努力弄清以前讨论过的问题。这里，我们还常常要采用形象的比较和类比的手法，这样做的目的仍然是为了更好地把问题解释清楚。由于这一切的结果，可以认为，我们虽说还远不能完满地，但已经能够回答什么是辩证法这个问题了。

儿子：现在我们已经能够进入第二阶段吗？

父亲：不要急，我的朋友！你现在还需要掌握在我们的旅途中，你从我这里所听到的知识，而为了达到这个目的，你还要多读些关于辩证法的小册子以及报纸和杂志上关于辩证法的文章。这些书籍和文章，里边就有关于辩证法的这个或那个问题的解答。最后，从我们的交谈和你读过的东西中，尝试着把某些主要的你还需要再读的内容摘录下来，并尝试着起草一个不大的表格，列出提纲，正如你不止一次地做过的那样。

比如，做出表格，在其中的一半将是“辩证法”栏，另一半是“形而上学”栏。从而作为辩证法的对立面，对照起来。在它们下面按照要点列出它们各自的特点。比如，辩证法的特点，是承认事物和现象的普遍的有规律的联系。因此，你在第一栏里写上“普遍联系”。在与之相反的第二个栏里写上形而上学的特征，是否认这种普遍联系。

你尝试着就辩证法的三条主要规律的基本特点写成提纲，同时表示出这三条规律之间的内在联系。在这时，你要记住，矛盾（对立面的斗争与统一规律）是在辩证法的其他两条规律中展开和具体化的：对立统一规律可以转变成为质量互变规律和否定之否定规律[①]。另外，当你了解我们的谈话的时候，你可以读几篇列宁关于马克思主义哲学的文章。其中特别要介绍给你的：《卡尔·马克思》《弗里德里希·恩格斯》《马克思主义的三个来源和三个组成部分》《马克思主义和修正主义》《论战斗唯物主义的意义》。在恩格斯的著作中，你可以读他的《路德维希·费尔巴哈和德国古典哲学的终结》[②]。只有这样做了，你才可以认为，自己是有准备地转入研究辩证法的第二个阶段。

儿子：构成这第二个阶段的内容是什么？

父亲：在第一个阶段，是对科学对象进行比较通俗的解释。现在，第二个阶段，要按照科学的要求，严格地一贯地从逻辑的观点出发进行阐明，这就如同在大学里，给大学生们按照所有一般的科学要求讲授课程一样。它们的叙述的逻辑在于，高等学校是辩证地进行讲授。虽说，教师们自己不使用“辩证法”这个词，或者一般地不使用“辩证”的这个术语。但在实际上，如果讲的是真正的科学，它的阐述不可能是另外的样子，而只能是辩证的。

儿子：你给我解释一下，事情怎么会是这样呢？

父亲：我已经给你说过了，辩证地阐述和研究科学，就是说，在理解这个科学时，你的思想，是以某种秩序和连贯性运动的，其中发生着前进的、进步的一切过程，即从简单到复杂，从低级到高级，从其萌芽的尚未展开的状态，发展到展开状态的过程。当你按照这种方式研究某一门科学的时候，你似乎使自己的思想完成了认识上的升华。你前进的每一步都依靠着你的思想所走过的全部道路，这就是说，这里，你所采取的发展原则，就是辩证法的基本原则。

儿子：在这样的研究中，最困难的是什么？

父亲：对你提的这个问题不能简单地回答。但是，也许可以说，这里最困难的是开端：整个的叙述从什么地方开始呢？显而易见，既

① 我的读者，虽然我建议你把读过的这本小册子的两个题目做成笔记，这也是必要的——作者。

② 这个建议也是对你——我的小册子的读者提出的——作者。

然问题是关于我们研究的对象的思想的发展，那么，这样的思想的开端，应当从现实对象发展的开端起步。比如，某种高等植物的发展，是从哪里开端的呢?

儿子：从胚胎状态的细胞开始的。

父亲：正确。与高等生物的有机体从细胞开始自己的发展一样，在任何科学中都有某种类似的情况。一切同辩证法方法相一致的科学现象的叙述和研究，都应该从这样的“细胞”开始。

儿子：对于生物学来说，这一点我明白。而对其他的科学来说，我一下子还不能理解，怎么会是这样呢?

父亲：你稍微想一想，思索一下，科学的“细胞”是作为这门科学的最简单的、最基本、最初始的起点。因此，对于这种情况来说，是以“初级的”开端为特征的。在生物学中，常常把有机体的“细胞”称之为基本单位。而在化学中，它的对象的基本形式是化学元素（现在，人们已经知道有100多种化学元素），原子是元素的最小微粒，由原子组成分子。而元素之间的结合，组成了化合物。任何物质的复杂化，都是由基本的元素以最简单的形式，从初始的元素过渡到它们的开端，然后，变成越来越复杂的化合物，这恰恰是表明了无机界物质的发展过程。这就是为什么门捷列夫曾经敏锐地看到了化学的这种辩证法。他说，可以把现代化学称之为关于元素的学说（而我要补充的是：还有关于化学元素的化合）。

儿子：别的自然科学也是这样精确地建立和规定自己的对象的吗?

父亲：是的。在大多数情况下，如果是关于自然现象这个或那个领域的科学展开到如此程度，即能够从一些“细胞”或“元素”中，思维地展开自己的对象。比如，研究所谓物质的聚集态的分子物理学——蒸汽状的、滴液的、固体的或确切说是结晶体的物质：这就是分子物理学和它们的联结。原子物理学，这是关于原子核及其转化的物理学。还有基本粒子及其相互作用的物理学。在结晶学中，有自己的“基本晶体单位”。在岩石学，即关于石头的科学中，也有这样的“细胞”或“元素”。从这些“细胞”或“元素”，形成了岩石，成为矿体等等。这样，你看见了吧，所有的自然科学都按照统一的原则建立起来的，这种原则就是发展的原则。它在对生物界和无机界的关系上是同样的。这就是说，现代自然科学体现了深刻的辩证法。

儿子：这样的辩证法，也是社会科学所具有的吗？

父亲：那当然。要知道，人们所研究的社会，总是不断发展的，就是说，是从低级到高级，从没有展开的到展开的运动。

比如，马克思的经济学说就是这样。马克思花了很长时期寻找作为社会经济发展的开端的“细胞”，这个“细胞”导致了资本主义的发生和进一步的发展。他终于发现了它：这个细胞就是商品。简单的商品交换。然后，从简单的商品交换发展产生了货币，货币在一定条件下转成了资本。这样就从最初的简单的商品经济中，历史地发生和发展成为资本主义。马克思在自己的著作《政治经济学批判》中，揭示和阐述了这个辩证法。尤其是在《资本论》中，对作为科学政治经济学进行了系统的阐明。将来，你一定要花时间读读这些著作，当然不是简单地读，而是要把马克思主义的这些卓越的著作仔细地加以研究。

儿子：爸爸，请告诉我，数学和所有数学化的科学一般也是用这样的方式建立的吗？

父亲：是的。不过只是辩证法把这些科学的对象相区分，就如我们在自然科学和社会科学中所看到的那样。正如你现在已经知道的，作为自然科学或社会科学的对象的“细胞”，是这个对象的发端的、萌芽的形式，就像生物机体的胚种，或化学物质的元素那样。而在数学以及与数学相联系的科学中，情形是不同的。在这里，“细胞”是比较简单的公理。从这些最简单的公理出发，同样可以连贯地发展该科学的内容。在自然和社会中发展着事物或事物的关系；在数学中发展着概念或概念之间的关系。但无论在这里，或是在那里的发展，都在思维中表现为从简单到复杂、从低级到高级的辩证过程。

儿子：请原谅，爸爸，你能不能以某一门数学科学为例来说明你的上述观点呢？

父亲：你回忆一下，在古代欧几里得创立了几何学，几何学是从什么时候开始的，你还记得吗？

儿子：我当然记得，它是从公理开始的，即两点之间最短的距离是一条直线。

父亲：你的记性不错，值得羡慕。公理，这是最简单的原理，就像完全显而易见的东西一样，无须证明就可以采用。从公理中不断地引申出别的原理——定理和公式，并且用几何的这种方式或那种方式对它们进行真正的证明。这样也就展开或者说发展了学校教的几何学的全部内容，从平面几何学开始，然后是立体（三维空间）几何学。但是，在这里发展的不是自然科学和社会科学中的物质本身，而是概念，是关于物体的思想。我重复给你说，因为所有的数学，不是关于物质的科学，而是关于概念的科学。公理在这里起着初始“细胞”的作用，从几何思维的“细胞”出发，展开或发展了这门科学。在这个意义上可以说，数学公理的推演方法就是辩证法的另一种表现。所有真正的关于自然的、社会的科学，都是辩证地阐述自己的内容的。这就是说，不管是研究物质的发展，还是关于思维（概念）的发展，这都一样，都是与发展原则相一致的。

儿子：那么辩证法本身应该怎样阐述呢?

父亲：不言而喻，辩证法是科学。因此，它至少应该像阐述所有的具体科学那样，辩证地进行阐述。可是十分遗憾，一直到现在还没有能做好这件事。虽然，正是辩证法在很大程度上，较之其他任何科学的叙述，与它自身的基本原则——发展的，即辩证的原则相一致。

儿子：这是怎么一回事呢？为什么会造成这样一种局面呢?

父亲：你看嘛，开始，我们是按照马克思主义哲学著作所解答的问题：什么是辩证法？什么是唯物主义？在回答第一个问题的时候，人们指出或列举了辩证法的四个特点，而在回答第二个问题的时候，指出或列举了唯物主义哲学的三个特点。现在，这些回答则按另外的方式进行了，但在原则上它的结构仍然是回答：这是什么？什么是辩证法的原理？什么是辩证法的规律？什么是辩证法的范畴？什么是作为真理标准的实践和认识的基础？要知道，没有任何一门局部的科学，比如，在化学或政治经济学中，在系统地阐述这些问题时，不会发现这样的情况，不知在什么地方它的基本规律，孤立地被阐述过，也不知在什么地方对辩证法的范畴，孤立地被阐述过，等等。如果是这样的话，那么也意味着，科学的阐述是肤浅的、简单的，但不是对辩证法的系统形态的阐述，直率地说，这种阐述，还没有超出第一阶段的范围。

儿子：我重复说一下我的问题：这是怎么一回事呢？为什么会造成这样的一种局面呢？难道不能像所有其他的科学那样，辩证地阐述辩证法吗?

父亲：你看，这里产生了关于开端的“细胞”的问题。列宁在阐述辩证法时，曾经以最简单的建议或见解坚决地提出了关于“细胞”的问题，并认为应该从开端出发，来展开辩证法的全部内容。为此，列宁表明，需要揭示出包含在我们思想中的一般和个别的矛盾，并要考察它是怎样在我们的思想继续发展的范围内，更广泛和更深刻地展开的。为了阐明辩证法，在列举这种“细胞”的同时，列宁特别举出“哈巴狗是狗”的判断，关于这一点，不久以前，我详细地和你谈过。

儿子：但是，假如是这样，如果列宁真的说了关于阐述辩证法的“细胞”，那么，我不明白，为什么列宁当时的这个建议，到现在还没有执行呢?

父亲：我给你说说，关于这个问题我自己的意见。

在我看来，这里有两个原因，第一，很长时间里，马克思主义哲学工作者是按照这种方式写作的：这是什么？这样写比较习惯和简单。对于写作来说，人们走的是一条熟悉的小路。而遵循列宁的建议，就意味着克服很多困难，要求有严肃的创造性和花费大量的劳动。

形成上述局面的第二个原因是，某些哲学家认为，把辩证法作为思维的辩证法来叙述，是不适当的，因为它不像阐述物质客体的辩证法那样，类似于化学阐述物质元素发展的辩证法，生物学阐述生物机体的辩证法那样，去阐述辩证法。他们称呼自己是用所谓“本体论”的观点来看待辩证法的捍卫者。“本体论”这个词被他们在以下的意义上使用的：与思维的、认识的过程没有联系的意义上使用的。因此，他们寻求的是与列宁不同的另一种类型的“细胞”。按照他们的意见，这样的“细胞”是与物质概念，或者也可以说，是与本体有关的某种东西。

儿子：但是要知道，“哈巴狗是狗”的判断也是与物质的东西有关的?

父亲：是的，但这毕竟是我们思维的“细胞”，而不是物质本身。然而，在“本体论”观点的卫道士们看来，这似乎不是充分唯物主义的。但是，唯物主义完全不在于用对物质世界或对物的世界的描绘来限制自己，而是在于懂得，在我们的思想、概念、思维中，看到物质世界的反映。这就是唯物主义辩证法的实质，这就是唯物主义认识论的实质。

儿子：在这种情况下，能否立即按照辩证法的创始人马克思恩格斯和他们的继承者列宁的著作来研究辩证法呢?

父亲：在你自己的一生中，在你为此而具有了足够思想准备之后，对他们的著作，不是简单地阅读，而是必须要进行深入的研究。当然，如果缺少必要的准备，那么这种阅读会引起严重的困难。第一，马克思恩格斯和列宁的所有基本的哲学著作，都具有非常的论战的性质。他们进行写作不是简单地为了阐述自己的哲学观点，而是为了与当时马克思主义的论敌进行斗争。这样的著作有：马克思的《哲学的贫困》，是为了反对唯心主义者蒲鲁东而写的，恩格斯的《反杜林论》包含了对糊涂虫杜林的批判，列宁的《唯物主义和经验批判主义》则是抨击了马赫主义者乱七八糟的唯心主义。阅读这些著作是需要的，但是困难的，因为马克思恩格斯和列宁在阐述自己的观点时，总是交织着对自己哲学上的敌人的尖锐的批判性的分析。第二，恩格斯的有些著作，比如《自然辩证法》和列宁的《哲学笔记》没有写完，并且其中有相当大的部分仍然是草稿，有些地方也只有对他们自己来说，才能明白其意思。阅读和研究这些片段性的材料，对于无准备的读者来说，当然是很困难的，有些地方甚至完全不可能理解的。

儿子：有些什么东西可以帮助研究这些著作呢?

父亲：有很多为了这个目的，而特意写作的参考书，比如怎样学习恩格斯的《反杜林论》和《自然辩证法》，以及列宁的《唯物主义和经验批判主义》和《哲学笔记》等等。将来，你可以亲自去阅读它们。

儿子：你还能不能给我提供什么好主意，以便于我在继续研究辩证法和一般的马克思列宁主义哲学时加以遵循的呢?

父亲：很乐意这样做，我的朋友。你看，长久以来，哲学被认为是抽象的科学，认为它离开日常生活很远，其实，马克思主义哲学并不是这样。它与生活本身经常保持着紧密的、活生生的联系，与社会历史的实践，与现实的历史时代，与每天向前快速运动的科学的新的发展紧密联系着。马克思主义哲学给所有这一切提供了自己的说明，自己的解释，用自己的立场去概括它们。马克思主义哲学就好比照亮认识道路的明灯。当你开始独立地研究辩证法的时候，要力求掌握它，当然要努力做到，不要简单地记住它的原则，而是要联系你所知道的科学发展和现代社会生活的材料。但，只是任何时候都不要急于作出结论，而要一次又一次地斟酌它们和仔细地加以审查，把它们同你所知道的东西，首先是同我们的导师马克思恩格斯列宁的观点相对照，和作为马克思主义哲学和辩证法基础的那些原理相对照。

儿子:对的，对的！我将时刻遵循你的建议。但是我在这个领域是个新手，可能容易出错。可是，要知道，避免错误的某种药方，可惜是不存在的。我该怎么办呢?

父亲：你要懂得，哲学是具有思考一切的智慧，充满了追求新的真理的求知欲。在这种情况下，你自己可能发现你有这样的愿望，即对这个或那个哲学问题，时常想要按照某种新的、按照自己的理解，作出具有自己特点的说明，这里包括人们所说的早已成为我们哲学起码真理的基本的、原则性的东西。

儿子：为什么这是不正确的呢？正如你所说过的，世界上的一切都是发展的，因此，需要我们自己重新审查，不对吗?

父亲：当然，一切陈旧的东西，都会失掉自己的意义，都要求重新审查和重新估价。但是，如果在这里一般所指的是我们导师的观点，特别如果是指他们的哲学学说中的基本原理，那就不能匆忙地得出这个结论，这些基本原理在任何时候都不许匆忙地加以曲解和修改。你要牢牢记住，这些原理是不可动摇的。对于马克思主义的某些个别原理的修改，都需要一次又一次地斟酌和审查；只有确定无疑是陈旧了的，才可以修改。你要记住下面一句很好的谚语：七次量衣，一次裁。不久之前，我曾看过苏共中央总书记安德罗勃夫同志刊登在1983第3期《共产党员》杂志上的文章，其中说得好，对于马克思主义的基本的真理，一般应该慎重，因为忘却或对它缺乏理解，那就会受到生活本身的严厉惩罚。

儿子：你说，爸爸，这些话也同样关系马克思主义哲学吗?

父亲：毫无疑义，完全应该这样。要知道，马克思恩格斯和列宁所坚决确立的马克思主义哲学的普遍原理，是马克思主义哲学的重要的和基本的内容，绝没有任何根据对它们进行修改。我要反复强调，它们是不可动摇的。因为生活本身、社会实践千百次地证明了它们的科学性和正确性。但是难免也会发生这样的情况，有些人自己没有能力去创造性地理解和概括新的现代科学和社会历史实践，但却一定要臆想某种新玩意儿。于是他便开始按照自己的方式曲解、改变马克思主义哲学的起码的真理。任何这样的思潮，都是不健康的，都应该加以提防。当对那些早已经过证明的基本原理，开始进行更改和歪曲，并重新对它们进行论证的时候，当然是荒谬的。

儿子：那么，这种歪曲和更改是在什么样的形式中表现出来的呢?

父亲：我在这里，给你只说几种典型的形式。

第一，把内在统一的学说或它的原理，人为地分割成彼此孤立的碎片或部分。我已经给你说过，马克思主义哲学是统一的完整的辩证唯物主义。如果异想天开地把它分割为七个和更多的部分，使它失去固有的内在整体性，还美其名曰是“马克思主义哲学的分解”，这在实际上，是不存在的。比如，列宁就曾多次强调指出，辩证法与唯物主义认识论的不可分割的内在统一性，不允许人为地违反列宁的这个教导，使这两者互相分离和使它们互相对立起来。正是在这个基础上，会使所谓的“本体论”复活起来。这是关于一般存在、关于存在自身的学说。这种“本体论”不是别的，而是经院哲学理论化的典型。当时列宁就察觉了关于类似的苏沃洛夫的企图，列宁这样写道，普遍存在的学说，在大批的经院哲学家的代表以各种形式发现它以后，又重新发现了。列宁的这些话应该引起我们对所有类似的关于“存在一般的本体论”观念的非批判态度的警戒。类似的观点，特别是所有哲学的基本的认识论问题——关于具有两个方面的思维对存在的关系问题，被粗暴地割裂成两个部分，仿佛如某些人所认为的，第一方面是所谓的“本体论”和只包括它的第二方面的认识论。与此观点相适应，列宁关于物质的认识论概念，也被割裂成两个部分——“本体论”和认识论的部分。这种观点，明显是与恩格斯和列宁所明确陈述的观点相违背的，是与早就被公认的马克思主义哲学的起码的真理相违背的……

第二，是人为的结合，准确地说，是把各种不同的事物或概括加以混淆。例如，基于任何矛盾都不可能通过对立面的调和来解决的观点，就作出了这样一个错误的结论，仿佛所有的矛盾都带有同样的不可调和的，即敌对的性质。这样一来，也就把对抗性矛盾和非对抗性矛盾混为一谈了。把各种各样的概念相混淆的例子，就是人为地把作为普遍科学的哲学同这种或那种具体科学相混淆。在完成了哲学与具体科学的分割之后，他们这种将把哲学和具体科学混淆的做法，什么问题也不说明。列宁同样曾经坚决摒弃了把哲学对物质的认识论的概念，偷换成为物理学关于物质结构的概念，偷换成原子、电子以及相类似的概念。同样，用关于自然发展的一般规律，即用自然科学的规律去偷换以自然，社会和思维的一般规律为依据的自然辩证法的哲学学说，也是不能容许的。

儿子：这些背离马克思恩格斯和列宁哲学观点的东西，是建立在什么基础上的？您能用一句话回答这个问题吗？

父亲：完全可以。这个词就是折衷主义。正是它把事物内在统一的整体，割裂成了零散的碎片。正是它硬要混淆各种各样的事物，硬要把这一个偷换成另一个。列宁在1917年十月革命前夕写的《国家与革命》一书中指出，用折衷主义偷换辩证法——是我们理论上的反对派所采取的修正马克思主义的最通行的方法。列宁认为，这样的伪造，并不新奇。用折衷主义冒充辩证法是最容易欺骗群众的。这样能使人感到一种虚假的满足，似乎它给人们指出了社会发展的一切趋势和一切矛盾的影响等等，但在实际上并没有给予社会发展过程以任何完满的革命的理解。列宁在1921年初在《再论工会目前局势及托洛茨基和布哈林的错误》这本著作中，同样坚决地批判了从根本上敌视辩证法的折衷主义。这就是我为什么要坚持建议：处处要避免折衷主义。要谨防它，并以自己的力量所及去反对折衷主义，只要你能够……

儿子：你瞧呀，天已经亮啦，太阳很快就要升起，我和你就要进入大城市了。

父亲：科学的哲学就是这样，他就像太阳那样，驱散夜晚的无知昏暗，激发人的勇敢和意志，为了人们的幸福，鼓励人们快速地沿着没有止境的认知道路，向着发现越来越新的真理的方向飞奔。真理的光芒把人类的未来照亮，智慧的力量使时代的列车驶向美好的远方。人类智慧的母亲，她的名字，就叫辩证法哲学。凡是想认识它的奥秘的人，已经永远也不能把它忘记，并且将经常不断地向她寻找生气勃勃的、新鲜的，能满足对新知识渴望的源泉，犹如指南针那样，不断反复指向北方，为人们指出正确的航向。

谢谢你，我的朋友，因为你听了我的谈话，并且以你自己的问题，唤起了我寻找回答这些问题的正确答案的愿望。

儿子：我很感谢你，爸爸。因为你想尽办法，唤起了我对辩证哲学的兴趣。

父亲：你看呀！滚圆的太阳升起来了，新的一天将开始，我们的谈话结束了。让我们在取得已有成绩的基础上，对真理开始新思考和新的探索吧！在这过程中，你会得到科学的哲学——辩证法的帮助的！